suhrkamp taschenbuch 4380

W0076624

August 1916, die Todeszelle eines Londoner Gefängnisses. Roger Casement erinnert sich an seine Jahre im belgischen Kongo, wo er für die britische Regierung einen Bericht über die kolonialen Grausamkeiten verfasst. Er denkt zurück an seine Kindheit in Irland und seine zwiespältige Herkunft aus einer katholisch-protestantischen Familie. An das Jahr 1910, als er die Gräuel einer mit britischem Kapital im Amazonasgebiet tätigen Firma aufdeckt. Und an seine eigentliche Mission, die Berlinreise, wo er Unterstützung für die irische Unabhängigkeitsbewegung sucht. Doch in den Wirren des Ersten Weltkrieges gerät er zwischen alle Fronten. Und wird von denen verraten, die er zu lieben glaubt …

»Ein Werk, das zittert vor Empörung und Empathie.«
Deutschlandradio Kultur

Mario Vargas Llosa, geboren 1936 in Arequipa/Peru, lebt heute in Madrid und Lima. Neben zahlreichen anderen Auszeichnungen erhielt er 2010 den Nobelpreis für Literatur. Sein Werk erscheint auf Deutsch im Suhrkamp Verlag.

Angelica Ammar lebt und arbeitet als Übersetzerin (u. a. Felisberto Hernández, Guillermo Martínez, Sergio Pitol) und Autorin in Berlin.

Mario Vargas Llosa
Der Traum des Kelten

Roman

Aus dem Spanischen von
Angelica Ammar

Suhrkamp

Die Originalausgabe erschien 2010 unter dem Titel
El sueño del celta
bei Alfaguara, Madrid.

Erste Auflage 2012
suhrkamp taschenbuch 4380
© Suhrkamp Verlag Berlin 2011
© Mario Vargas Llosa, 2010
Suhrkamp Taschenbuch Verlag
Druck: CPI – Ebner & Spiegel, Ulm
Umschlag: any.way grafik partner
Umschlagabbildungen:
© Gloria Wallington / Private Collection / Bridgeman (Celtic Image);
Hemera / thinkstock (rote Palme);
iStockphoto / thinkstock (Fischerboot, Palmwedel)
Printed in Germany
ISBN 978-3-518-46380-2

Für Álvaro,
Gonzalo und Morgana.
Und für Josefina,
Leandro, Ariadna, Aitana,
Isabella und Anaís.

Jeder von uns ist, sukzessive, nicht *einer*, sondern *viele*. Und diese Persönlichkeiten, die eine aus der anderen hervorgehen, zeigen untereinander die sonderbarsten und verblüffendsten Kontraste.

José Enrique Rodó, *Motivos de Proteo*

Der Kongo

I

Als die Zellentür aufging und mit dem Lichtschwall und Windstoß auch der Straßenlärm hereinbrach, schreckte Roger aus dem Schlaf. Während er blinzelnd gegen die Benommenheit ankämpfte, machte er den im Türrahmen lehnenden Umriss des Sheriffs aus. Die boshaften Äuglein in dem schwammigen Gesicht mit dem blonden Schnurrbart musterten ihn mit unverhohlener Abneigung. Für diesen Menschen wäre es ein schwerer Schlag, sollte die englische Regierung das Gnadengesuch erhören.

»Besuch«, brummte der Sheriff, ohne den Blick abzuwenden.

Roger stand auf und rieb sich die Arme. Wie lange hatte er geschlafen? Eine der Qualen im Pentonville-Gefängnis bestand darin, nicht zu wissen, wie spät es war. Im Gefängnis von Brixton und im Tower von London hörte man wenigstens alle halbe Stunde die Kirchenglocken läuten. Durch das dicke Gemäuer hier drang dagegen weder das Geläut in der Caledonian Road noch der Trubel des Marktes von Islington, und die Wächter an der Tür hielten sich strikt an den Befehl, nicht mit ihm zu reden. Der Sheriff legte ihm die Handschellen an und forderte ihn mit einer Geste auf, ihm voran nach draußen zu gehen. Vielleicht brachte sein Anwalt gute Nachrichten? Hatte das Kabinett getagt und eine Entscheidung getroffen? Bedeutete der heute besonders große Abscheu im Blick des Sheriffs, dass man ihn begnadigt hatte? Er wanderte den langen Korridor aus schmutzigem Backstein entlang, vorbei an Zellentüren und verwitterten Wandpartien, in die alle zwanzig oder fünfundzwanzig Schritte ein hohes vergittertes Fenster eingelassen war, durch das er ein Stückchen grauen Himmel erspähte. Warum fror er nur so? Es war Juli, Hochsommer, woher also die Eiseskälte, die ihm solche Gänsehaut verursachte?

Als er den kleinen Besucherraum betrat, verließ ihn der Mut. Nicht sein Anwalt, George Gavan Duffy, erwartete ihn, sondern einer von dessen Assistenten, ein blonder junger Geck mit schiefem Gesicht und hohen Wangenknochen, der während der vier Prozesstage Akten zwischen den Verteidigern hin und her getragen hatte. Weshalb schickte Gavan Duffy einen Mitarbeiter, statt selbst zu kommen?

Der junge Mann musterte ihn kühl. In seinem Blick lag Geringschätzung. ›Was hat dieser Typ nur? Er starrt mich an, als wäre ich Ungeziefer‹, dachte Roger.

»Irgendwelche Neuigkeiten?«

Der junge Mann schüttelte den Kopf. Dann holte er tief Luft.

»Wegen Ihres Gnadengesuchs«, sagte er brüsk und zog eine Grimasse, die sein Gesicht noch schiefer wirken ließ, »müssen wir warten, bis der Ministerrat zusammengetreten ist.«

Roger störte die Anwesenheit des Sheriffs und des anderen Wärters. So still und reglos sie dort auch standen, wusste er doch, dass sie jedes Wort mithörten. Das machte ihm das Atmen noch schwerer.

»Aber angesichts der neuesten Entwicklungen«, fügte der junge Blonde mit übertriebenen Mundbewegungen hinzu und blinzelte zum ersten Mal, »ist jetzt alles viel komplizierter geworden.«

»Man erfährt hier nichts von der Welt da draußen. Was ist passiert?«

Und wenn die deutsche Heeresleitung sich endlich entschlossen hatte, Großbritannien von der irischen Küste aus anzugreifen? Wenn die erhoffte Invasion tatsächlich stattfand und die Kanonen des Kaisers in ebendiesem Moment die irischen Patrioten rächten, die von den Engländern beim Osteraufstand erschossen worden waren? Sollte der Krieg diese Richtung genommen haben, würden sich seine Pläne trotz allem verwirklichen.

»Die Erfolgsaussichten sind jetzt gering, wenn nicht sogar ausgesprochen schlecht«, sagte der Assistent. Roger sah unter seiner blassen Haut die Schädelknochen durchschimmern. Er stellte sich das Grinsen des Sheriffs vor, der hinter ihm stand.

»Wovon sprechen Sie? Herr Gavan Duffy war zuversichtlich bezüglich des Gesuchs. Was ist vorgefallen, dass er seine Meinung geändert hat?«

»Ihre Tagebücher«, antwortete der junge Mann gedehnt und verzog verächtlich das Gesicht. Er hatte die Stimme gesenkt, so dass Roger ihn kaum noch verstand. »Scotland Yard hat sie in Ihrem Haus in der Ebury Street gefunden.«

Er machte eine lange Pause in Erwartung einer Reaktion. Doch als Roger stumm blieb, ließ er seiner Entrüstung freien Lauf:

»Wie konnten Sie nur so unbesonnen sein, Menschenskind.« Dass er dabei so langsam sprach, die Silben so betonte, machte es noch verletzender. »Wie konnten Sie derartige Dinge schwarz auf weiß zu Papier bringen. Und wenn Sie es schon taten, warum haben Sie diese Tagebücher dann nicht vernichtet, ehe Sie zum Verschwörer gegen das Empire wurden?«

›Was fällt diesem Grünschnabel ein, mich mit ›Menschenskind‹ anzureden‹, dachte Roger. Er war mindestens doppelt so alt wie dieser Fatzke.

»Auszüge dieser Tagebücher sind momentan überall im Umlauf«, sagte der jetzt, den Blick abgewandt. »In der Admiralität hat der Sprecher des Ministers, Hauptmann Reginald Hall, höchstpersönlich an Dutzende Journalisten Kopien verteilt. Sie kursieren in ganz London, im Parlament, im House of Lords, in den liberalen wie konservativen Clubs, in den Zeitungsredaktionen, in den Kirchen. Die ganze Stadt spricht von nichts anderem.«

Roger blieb stumm. Wieder hatte er das seltsame Gefühl, das ihn in den letzten Monaten häufig übermannt hatte, seit er an jenem regnerischen, grauen Morgen im April 1916 halb erfroren in der Ruine von McKenna's Fort im Süden Irlands verhaftet worden war, das Gefühl, dass nicht er es war, der dies durchlebte, dass all das einem anderen zustieß.

»Ich weiß, Ihr Privatleben geht weder mich noch Herrn Gavan Duffy noch sonst jemanden etwas an«, redete der Assistent mit beleidigender Sachlichkeit weiter. »Es handelt sich hier um eine rein berufliche Angelegenheit. Herr Gavan Duffy wollte Sie über die Situation informieren lassen. Und Sie vorwarnen. Das Ganze könnte sich nachteilig auf das Gnadengesuch auswirken. Heute Morgen sind in einigen Zeitungen bereits Spekulationen, Gerüchte und böse Kommentare über Ihre Tagebücher zu lesen. Die Ihrem Gnadengesuch gegenüber prinzipiell positiv eingestellte öffentliche Meinung könnte sich gegen Sie wenden. Das ist natürlich eine bloße Vermutung. Herr Gavan Duffy wird Sie auf dem Laufenden halten. Soll ich ihm etwas ausrichten?«

Roger schüttelte schwach den Kopf und machte auf dem Absatz kehrt. Der Sheriff bedeutete dem anderen Wärter, den schweren Riegel aufzuschieben und die Tür zu öffnen. Der Rückweg in die Zelle kam Roger endlos vor. Während er den langen Korridor mit den geschwärzten Backsteinmauern entlangging, fürchtete er, jeden Moment zu stolpern, der Länge nach auf den feuchten Stein zu schlagen und einfach liegen zu bleiben. An seiner Zellentür angekommen, erinnerte er sich, was der Sheriff ihm an dem Tag gesagt hatte, als man ihn ins Pentonville-Gefängnis eingeliefert hatte: Ausnahmslos alle Häftlinge aus dieser Zelle waren auf dem Schafott geendet.

»Kann ich heute duschen?«, fragte er, bevor er hineinging.

Der Sheriff schüttelte den Kopf und sah ihn mit demselben Abscheu an, den Roger im Blick des Assistenten gelesen hatte.

»Duschen können Sie am Tag Ihrer Hinrichtung«, sagte er genüsslich. »Aber auch nur, wenn es Ihr letzter Wille ist. Andere ziehen dem Duschen ein gutes Mahl vor. Dumm für Mr. Ellis, dann scheißen sie nämlich, wenn sie den Strick um den Hals spüren. Einen schönen Dreck hinterlassen die. Mr. Ellis ist der Henker, falls Sie das nicht wissen.«

Als die Tür hinter ihm zufiel, warf Roger sich bäuchlings

auf die Pritsche. Er schloss die Augen. Wie wohltuend wäre es gewesen, das kalte Wasser aus dem dicken Rohr auf die Haut prasseln zu spüren, bis sie blau vor Kälte wäre. Im Pentonville-Gefängnis durften sich alle Häftlinge, mit Ausnahme der zum Tode Verurteilten, einmal die Woche mit Seife in diesem eiskalten Wasserstrahl waschen. Und die Lebensbedingungen in den Zellen waren generell erträglich. Dagegen dachte er mit Schaudern an das verdreckte Gefängnis von Brixton zurück, an die Matratze voller Läuse und Flöhe, die ihm Rücken, Beine und Arme zerbissen hatten. Doch sosehr er versuchte, an etwas anderes zu denken, kamen ihm immer wieder das angeekelte Gesicht und die widerwärtige Stimme des herausgeputzten blonden Assistenten in den Sinn, den Gavan Duffy ihm geschickt hatte, anstatt ihm persönlich die schlechten Nachrichten zu überbringen.

II

An seine Geburt am 1. September 1864 in Doyle's Cottage, Lawson Terrace, in dem Dubliner Vorort Sandycove, konnte er sich natürlich nicht erinnern. Er hatte zwar in der irischen Hauptstadt das Licht der Welt erblickt, doch lange Zeit war für ihn selbstverständlich gewesen, was sein Vater, Hauptmann Roger Casement, der acht Jahre mit Auszeichnung im 3. leichten Dragoner-Regiment in Indien gedient hatte, ihm stets eingeschärft hatte: Seine wahre Heimat war die Grafschaft Antrim im Herzen von Ulster, das protestantische und englandtreue Irland, wo die Familie der Casements seit dem 18. Jahrhundert ansässig war.

Roger wurde zwar nach der anglikanischen Tradition der Church of Ireland erzogen, wie auch seine drei älteren Geschwister Agnes, genannt Nina, Charles und Tom, aber bereits als Kind ahnte er, dass hinsichtlich der Religion in seiner Familie weniger Einklang herrschte als anderswo. Selbst für einen kleinen Jungen war es nicht zu übersehen, dass seine Mutter, wenn sie mit ihren schottischen Geschwistern und Verwandten zusammen war, ein sonderbar geheimnistuerisches Verhalten an den Tag legte. Als Jugendlicher sollte er dem Rätsel auf die Spur kommen: Anne Jephson war zwar für ihre Heirat mit seinem Vater offiziell zum Protestantismus konvertiert, hatte ihren katholischen (für ihren Gatten papistischen) Glauben jedoch insgeheim beibehalten, ging zur Beichte und zur Messe und empfing die heilige Kommunion; und unter dem Siegel der größten Verschwiegenheit war sogar er selbst mit vier Jahren, im Zuge einer Urlaubsreise mit der Mutter nach Ryl in Nordwales zu den dort ansässigen Onkeln und Tanten, katholisch getauft worden.

Weder zu jener Zeit in Dublin noch während seiner Jahre

in London und Jersey hegte Roger irgendein Interesse für die Religion, mochte er auch aus Rücksicht auf seinen Vater aufmerksam und respektvoll in die Gebete und Psalmengesänge des Gottesdienstes einstimmen. Seine Mutter hatte ihm das Klavierspielen beigebracht, und er besaß eine klare, wohlklingende Stimme, die ihm Beifall einbrachte, wenn er bei Familienzusammenkünften alte irische Balladen sang. Wirklich gebannt war er nur von den Geschichten, die Hauptmann Casement ihm und seinen Geschwistern erzählte, wenn er guter Laune war. Geschichten aus Indien und Afghanistan, vor allem von den Kämpfen gegen die Afghanen und Sikhs. All die exotischen Namen und Landschaften, Reisen durch Urwälder und Gebirge, die Schätze, Raubtiere und Ungeziefer bargen, uralte Völker mit sonderbaren Bräuchen und heidnische Götter beflügelten seine Fantasie. Seine Geschwister langweilten diese Erzählungen mitunter, doch der kleine Roger konnte stundenlang den Abenteuergeschichten seines Vaters lauschen.

Kaum hatte er zu lesen gelernt, verschlang er Bücher über die großen Seefahrer, über Wikinger, Portugiesen, Engländer und Spanier, die über die Weltmeere gesegelt waren und die alten Mythen Lügen gestraft hatten, nach denen die Ozeane an einem bestimmten Punkt zu brodeln begännen und aus ihren Tiefen Ungeheuer auftauchten, in deren Rachen ganze Schiffe verschwänden. So gern er auch las, hörte Roger doch immer noch am liebsten den Erzählungen seines Vaters zu. Hauptmann Casement hatte eine warme Stimme und beschrieb anschaulich und lebendig die indischen Dschungel oder die Schluchten des Chaiber-Passes in Afghanistan, wo sein Dragoner-Regiment einmal in den Hinterhalt einer Horde beturbanter Fanatiker geraten war, gegen die sich die tapferen Engländer erst mit Gewehren, dann mit Bajonetten und schließlich mit bloßen Fäusten zur Wehr setzen mussten, bis sie die Angreifer schließlich in die Flucht schlugen. Allerdings begeisterte sich der kleine Roger weniger für die eigentlichen Kämpfe als für die Reisen, bei denen Wege durch Regionen erschlossen wurden, die kein Weißer je zuvor zu Gesicht bekommen hatte, bei denen die körperliche Widerstandskraft auf eine harte Probe gestellt wurde und die Natur überwunden werden musste. Sein Vater war ein unterhaltsamer Mensch, gleichzeitig aber sehr streng, und er zögerte nicht, seine Kinder, die kleine Nina eingeschlossen, für schlechtes Benehmen mit der Peitsche zu züchtigen, denn so wurde Fehlverhalten in der Armee bestraft, und er hatte die Erfahrung gemacht, dass das Auspeitschen die einzig wirksame Form der Strafe war.

Roger mochte seinem Vater zwar Bewunderung entgegenbringen, eine wesentlich tiefere Zuneigung empfand er hingegen für seine Mutter, diese schlanke, ätherische Frau mit den hellen Augen und Haaren, deren sanfte Hände ihm beim Baden durch die Locken oder über den Körper strichen und ihn mit Glückseligkeit erfüllten. Sehr früh – mit fünf oder sechs Jahren? – lernte er jedoch, dass er ihr nur entgegenlaufen und sich ihr in die Arme werfen durfte, wenn der Hauptmann nicht in der Nähe war. Getreu der Familientradition war sein Vater dagegen, Kinder zu verhätscheln und zu verweichlichen. In Gegenwart des Vaters hielt Roger sich stets auf Distanz zu seiner Mutter. War sein Vater aber mit Freunden im Club oder auf einem Spaziergang, lief er zu ihr und wurde mit Küssen und Liebkosungen bedeckt. Manchmal protestierten Charles, Nina und Tom: »Du liebst Roger mehr als uns.« Ihre Mutter versicherte ihnen das Gegenteil, sie liebe alle gleich, nur sei Roger eben noch klein und brauche deshalb mehr Aufmerksamkeit und Zuwendung als die Älteren. Trotzdem war Roger kein schwächliches Kind. Bald lernte er schwimmen, bei Wettrennen schlug er alle gleichaltrigen und manche älteren Kinder.

Roger war neun Jahre alt, als seine Mutter 1873 starb. Im Unterschied zu Nina, Charles und Tom, die während der Totenwache und der Beerdigung untröstlich weinten, vergoss Roger keine Träne. Das Haus der Casements verwandelte sich in diesen düsteren Stunden in eine Begräbniskapelle mit etlichen Besuchern in Trauerkleidung, die wispernd sprachen und Hauptmann Casement und die vier Kinder mit betroffenen Mienen und Beileidsworten in die Arme schlossen. Roger verstummte mehrere Tage lang. Auf Fragen antwortete er mit einem Nicken oder einer Handbewegung, ansonsten starrte er mit gesenktem Kopf vor sich hin, selbst nachts in seinem dunklen Zimmer, wo er keinen Schlaf fand. Für den Rest seines Lebens sollte ihm die Gestalt von Anne Jephson immer wieder in seinen Träumen begegnen, in denen sie mit ihrem warmen Lächeln die Arme ausbreitete und er sich an sie schmiegte, beschützt und glücklich, während ihre feinen Finger über seinen Kopf, seinen Rücken, seine Wangen strichen und ihn gegen alles Übel der Welt feiten.

Seine Geschwister kamen bald darüber hinweg. Roger scheinbar auch. Zumindest erwähnte er seine Mutter nie, als er wieder zu sprechen begann. Wenn irgendein Verwandter sich ihrer erinnerte, sagte er so lange nichts, bis derjenige das Thema schließlich wechselte.

Wer ihren Tod nicht verwand und nie wieder der Alte wurde, war Hauptmann Casement. Weder Roger noch seine Geschwister hatten ihren wortkargen Vater der Mutter gegenüber je besonders liebevoll erlebt, doch über ihren Verlust kam er offenbar nicht hinweg. Er vernachlässigte seine sonst so tadellose Kleidung, rasierte sich nicht mehr und blickte seine Kinder mit gefurchter Stirn so finster an, als trügen sie die Schuld an seinem Witwertum. Kurz nach dem Tod von Anne beschloss er, aus Dublin wegzuziehen. Die vier Kinder schickte er nach Ulster auf den Familiensitz Magherintemple House, wo sich von nun an der Großonkel väterlicherseits John Casement und dessen Frau Charlotte um die Erziehung der Geschwister kümmerten. Als wollte er nichts mehr mit ihnen zu tun haben, ließ sich Hauptmann Casement vierzig Kilometer entfernt im Adair Arms Hotel in Ballymena nieder, wo er, wie es Großonkel John bisweilen entschlüpfte, »halb wahnsinnig vor Schmerz und Einsamkeit« seine Tage und Nächte mit spiritistischen Sitzungen zubrachte, um durch

Spielkarten, Kristallkugeln oder ein Medium mit der Toten in Verbindung zu treten.

Roger sah seinen Vater in der Folge nur noch selten, und nie wieder hörte er ihn Geschichten über Indien und Afghanistan erzählen. 1876, drei Jahre nach dem Tod seiner Frau, starb Hauptmann Roger Casement an Tuberkulose. Roger war gerade zwölf geworden. Auf der Ballymena Diocesan School, die er drei Jahre lang besuchte, war er ein zerstreuter, durchschnittlicher Schüler, nur in den Fächern Latein, Französisch und Alte Geschichte tat er sich hervor. Er war in sich gekehrt, schrieb Gedichte und verschlang Chroniken von Reisen nach Afrika und in die Fernen Osten. Er machte Sport, vor allem schwamm er. An den Wochenenden fuhr er häufig nach Galgorm Castle, Eigentum der Familie Young, der einer seiner Klassenkameraden entstammte. Allerdings verbrachte Roger weniger Zeit mit seinem Klassenkameraden als mit der etwas älteren, schönen und klugen Rose Maud Young, die selbst schrieb und durch die Fischer- und Bauerndörfer von Antrim zog, um gälische Gedichte, Legenden und Lieder zu sammeln. Durch sie lernte er die epischen Schlachten der irischen Mythologie kennen. Das Schloss mit seinem schwarzen Gemäuer, der Kathedralenfassade, den Türmchen, Wappen und Kaminen war im 17. Jahrhundert von Alexander Colville erbaut worden, einem Theologen von eher – nach seinem Porträt in der Eingangshalle zu schließen – verdrießlichem Wesen, der, wie eine Legende in Ballymena besagte, einen Pakt mit dem Teufel geschlossen hatte und dessen Geist fortan im Schloss spukte. Schaudernd wagte sich Roger in manchen Mondnächten auf die Suche nach ihm, durch Korridore und leerstehende Zimmer, ohne ihn jemals aufzustöbern.

Erst viel später gelang es ihm, sich in Magherintemple House wohl zu fühlen, dem Besitz der Casements, der früher Churchfield geheißen hatte und das Pfarrhaus der anglikanischen Gemeinde von Culfeightrin gewesen war. Denn die sechs Jahre, die er dort mit seinem Großonkel John, seiner Großtante Charlotte und anderen Verwandten väterlicherseits verbrachte, hatte er sich immer etwas fremd gefühlt in dem mächtigen dreistöckigen Herrenhaus mit den grauen Steinmauern, den neugotischen Dächern und den schweren, gespenstisch aufgebauschten Vorhängen. Die großen Räume, langen Fluchten und Treppen mit ihren abgenutzten Holzgeländern und knarrenden Stiegen riefen ein tiefes Einsamkeitsgefühl in ihm hervor. Dagegen war er gern draußen zwischen den stämmigen Ulmen, Maulbeerfeigen- und Pfirsichbäumen, die den stürmischen Winden widerstanden, auf den sanften Hügeln voller Kühe und Schafe, von denen aus man das Dorf Ballycastle sah, das Meer, die an die Insel Rathlin schlagende Brandung und an klaren Tagen die Schemen der schottischen Küste. Er wanderte häufig in die benachbarten Dörfer Cushendun und Cushendall, die wie Schauplätze alter irischer Legenden anmuteten, und zu den neun Glens Nordirlands, jenen schmalen, von Hügeln und Felsen umragten Tälern, über denen die Adler ihre Kreise zogen, ein Anblick, der ihn bestärkte und froh stimmte. Er liebte die Ausflüge durch diese schroffen Gegenden, in denen die Bauern ebenso bejahrt waren wie die Bäume ringsum und untereinander zuweilen noch Altirisch sprachen, worüber sein Großonkel John und seine Freunde manchmal gehässige Witze machten. Weder Charles noch Tom teilten seine Begeisterung für die Natur, Streifzüge querfeldein oder Wanderungen durch die felsige Hügellandschaft von Antrim reizten sie nicht. Nina dafür schon, weshalb sie, obwohl acht Jahre älter als Roger, ihm die Liebste war und er die größte Zuneigung für sie hegte. Gemeinsam unternahmen sie mehrere Ausflüge in die Murlough Bay mit ihrem Kieselstrand am Fuße einer zerklüfteten Steilküste oder an die Mündung des Glenshesk, die ihm in lebenslange Erinnerung bleiben sollte und die er in seinen Briefen an die Familie »dieses Stück Paradies« nannte.

Doch wichtiger noch als diese Wanderungen waren für Roger die Sommerferien in Liverpool, bei seiner Tante Grace, einer Schwester seiner Mutter, in deren Haus er sich willkommen und geliebt fühlte. Natürlich von Tante Grace, aber auch von ihrem Mann, Edward Bannister, der auf seinen Handelsreisen viel von der Welt gesehen hatte und auch nach Afrika gekommen war. Er arbeitete für die Schifffahrtsgesellschaft *Elder Dempster Line*, die Fracht- und Passagierverkehr zwischen Großbritannien und Westafrika betrieb. Die Kinder von Tante Grace und Onkel Edward waren Roger engere Spielgefährten als seine eigenen Geschwister, vor allem seine Cousine Gertrude Bannister, genannt Gee, stand ihm von klein auf sehr nahe. Die beiden waren so unzertrennlich, dass Nina sie aufzog: »Ihr werdet noch einmal heiraten.« Gee lachte darüber, doch Roger wurde tiefrot und stammelte mit gesenktem Blick: »Aber nein, was redest du denn für einen Unsinn.«

Manchmal überwand Roger seine Schüchternheit und fragte Onkel Edward über Afrika aus. Allein die Erwähnung dieses Kontinents beschwor in seinem Kopf Dschungel, Raubtiere, Abenteuer und furchtlose Männer herauf. Durch seinen Onkel hörte er zum ersten Mal von Doktor David Livingstone, dem schottischen Arzt und Missionar, der seit Jahren den afrikanischen Kontinent erforschte, dabei Flüsse wie den Sambesi und den Shire befuhr, Berge und noch unbekannte Gebiete mit Namen versah und unzivilisierten Stämmen das Christentum brachte. Er war der erste Europäer gewesen, der Afrika von Westen nach Osten durchquert hatte, und war zum allseits bewunderten Helden des Empire geworden. Roger träumte von ihm, verschlang die Artikel, die von seinen Großtaten berichteten, und hätte nur zu gern selbst an diesen Expeditionen teilgenommen und allen Gefahren zum Trotz dem Missionar geholfen, jene noch in der Steinzeit lebenden Heiden zum rechten Glauben zu bekehren. Als Livingstone auf seiner Suche nach den Quellen des Nils im afrikanischen Urwald verschollen ging, war Roger zwei Jahre alt. Und als 1872 ein weiterer legendärer Forscher, Abenteurer und Journalist walisischen Ursprungs, Henry Morton Stanley, den eine New Yorker Zeitung entsandt hatte, wieder aus dem Dschungel auftauchte und der Welt verkündete, er habe Doktor Livingstone lebend gefunden, war Roger beinahe acht. Die spektakuläre Geschichte versetzte ihn in neidvolles Staunen. Ein Jahr später wurde bekannt, dass Livingstone, der in Afrika geblieben war und nicht nach England zurückkehren wollte, verstorben war. Roger hatte das Gefühl, er persönlich habe einen großen Verlust erlitten. Wenn er einmal groß wäre, nahm er sich vor, würde er auch ein so außergewöhnliches Forscherleben führen wie Livingstone und Stanley.

Mit fünfzehn Jahren wurde Roger von seinem Großonkel John Casement nahegelegt, die Schule zu verlassen und sich eine Anstellung zu suchen, da weder er noch seine Geschwister über ein Vermögen verfügten, von dem sie leben konnten. Roger willigte ein. Gemeinsam beschlossen sie, dass Roger nach Liverpool gehen würde, wo leichter Arbeit zu finden war als in Nordirland. Und in der Tat verschaffte ihm kurz nach seiner Ankunft bei den Bannisters sein Onkel Edward eine Stelle in derselben Handelskompanie, für die er tätig war. So trat Roger als Lehrling in die Schifffahrtsgesellschaft ein. Er wirkte älter als fünfzehn, groß und schmal, wie er war. Er hatte tiefgründige graue Augen, lockiges schwarzes Haar, einen hellen Teint und gerade Zähne. Von Natur aus eher wortkarg, zeigte er sich diskret, freundlich und hilfsbereit. Englisch sprach er mit einem leichten irischen Akzent, wofür er von seinen Cousins aufgezogen wurde.

Seine abgebrochene Schulausbildung machte Roger durch Ernsthaftigkeit und Fleiß wett. Er erledigte gewissenhaft seine Pflichten in der Handelskompanie und war bemüht, möglichst viel zu lernen. Er wurde der Verwaltungs- und Buchhaltungsabteilung zugeteilt, zunächst als Laufbursche. Er trug Schriftstücke von einer Schreibstube in die andere und erledigte am Hafen die Zollformalitäten für Schiffsfrachten. Seine Vorgesetzten schätzten ihn. Doch in den vier Jahren, die er bei der *Elder Dempster Line* angestellt war, freundete er sich mit niemandem an, was wohl an seiner zurückhaltenden Art und seinen spartanischen Gewohnheiten liegen mochte: Feuchtfröhliches Beisammensein war ihm zuwider, er selbst trank so gut wie nie, und in die Hafenkneipen und Bordelle setzte er keinen Fuß. Allein das Rauchen gewöhnte er sich zu dieser Zeit an. Seine Leidenschaft für Afrika und sein Bestreben, sich in der Handelskompanie hochzuarbeiten, brachten ihn dazu, aufmerksam alle Publikationen zu lesen, die in den Geschäftsstellen zirkulierten, und ihr Gedankengut zu verinnerlichen. Europäische Produkte nach Afrika zu verschiffen und Rohstoffe zu importieren, die auf afrikanischem Boden wuchsen und vorkamen, war demnach weniger eine Handelsoperation als eine Unternehmung zugunsten der Entwicklung der Naturvölker, unter denen Kannibalismus und Sklavenhandel herrschten. Der Handel brachte ihnen Religion, Moral, Gesetz, die Werte des modernen, kultivierten, freien und demokratischen Europas, dessen Fortschrittlichkeit aus unglücklichen Stammesbewohnern Menschen auf der Höhe der Zeit machen würde. Großbritannien nahm dabei die Vorreiterrolle ein, und man musste stolz auf das Vaterland und den Beitrag einer Kompanie wie der *Elder Dempster Line* sein. Seine Arbeitskollegen wechselten, wenn Roger solche Gedanken zum Ausdruck brachte, spöttische Blicke und fragten sich wohl, ob er wirklich so naiv oder im Gegenteil ganz besonders gerissen war, ob er an diesen Unsinn glaubte oder ihn bloß von sich gab, um sich bei seinen Vorgesetzten beliebt zu machen.

Während der vier Jahre in Liverpool wohnte Roger bei seiner Tante Grace und seinem Onkel Edward, denen er dafür einen Teil seines Lohns gab und die ihn wie einen Sohn behandelten. Er verstand sich gut mit seinen Cousins und vor allem mit Gee, mit der er an Sonn- und Feiertagen bei gutem Wetter rudern oder angeln ging und sich bei Regen an den Kamin setzte, wo sie einander vorlasen. Ihre Beziehung war geschwisterlich, kannte weder Streit noch Turtelei. Gee zeigte er auch die Gedichte, die er heimlich schrieb.

Bald wusste Roger über die Tätigkeiten der Handelsgesellschaft bestens Bescheid, und ohne jemals in einem der afrikanischen Häfen gewesen zu sein, sprach er von ihnen, als hätte er sich sein Leben lang dort aufgehalten und sei vertraut mit ihren Handelsgeschäften, Bräuchen und Menschen.

Schließlich fuhr er an Bord der *SS Bonny* dreimal selbst nach Westafrika. Das beglückte ihn so sehr, dass er nach der dritten Fahrt seine Stelle kündigte und seiner Familie mitteilte, er habe beschlossen, nach Afrika zu gehen. Er machte dabei einen so inbrünstigen Eindruck, dass er, wie sein Onkel Edward versicherte, einem Kreuzfahrer glich, der sich aufmacht, um Jerusalem zu befreien.

Seine Familie verabschiedete ihn am Hafen, Gee und Nina unter Tränen. Roger war gerade zwanzig Jahre alt.

III

Als der Sheriff mit geringschätzigem Blick die Zellentür öffnete, dachte Roger gerade beschämt daran, dass er immer ein Befürworter der Todesstrafe gewesen war. Wenige Jahre zuvor hatte er sich in einem für das Foreign Office verfassten Bericht über Putumayo, bekannt als das *Blaue Buch*, auch öffentlich dafür ausgesprochen, indem er eine exemplarische Strafe für den Peruaner Julio César Arana forderte, den Kautschukbaron von Putumayo: »Könnten wir erreichen, dass wenigstens er für diese grausamen Verbrechen gehängt wird, wäre dies der Anfang vom Ende des unermesslichen Martyriums und der infernalischen Hetzjagd, denen sich die unglücklichen Eingeborenen ausgesetzt sehen.« Heute würde er das nicht mehr so schreiben. Und vorher hatte er sich auch daran erinnert, welches Unbehagen es ihm bereitete, ein Haus zu betreten, in dem es einen Vogelkäfig gab. Eingesperrte Kanarienvögel, Stieglitze und Papageien hatte er stets als Opfer einer unnötigen Grausamkeit empfunden.

»Besuch«, grummelte der Sheriff. Während Roger aufstand und sich den Staub von der Sträflingsuniform klopfte, fügte er hämisch hinzu: »Heute ist wieder etwas über Sie in den Zeitungen zu lesen, Mr. Casement. Aber nicht wegen Vaterlandsverrat ...«

»Mein Vaterland ist Irland«, fiel Roger ihm ins Wort.

»... sondern wegen der Schweinereien.« Der Sheriff schnalzte mit der Zunge, als wollte er ausspucken. »Ein Verräter und dazu noch ein Perverser. Schöner Abschaum! Es wird ein Vergnügen sein, Sie an einem Strick baumeln zu sehen, Ex-Sir Roger.«

»Hat das Kabinett das Gnadengesuch abgewiesen?«

»Noch nicht«, sagte der Sheriff schließlich. »Aber das wird

es. Und Seine Majestät, der König, wird es natürlich auch ablehnen.«

»Ihn werde ich nicht um Gnade bitten. Das ist Ihr König, nicht meiner.«

»Irland ist britisch«, fuhr ihn der Sheriff an. »Besonders seit wir diesen feigen Aufstand in der Osterwoche in Dublin niedergeschlagen haben. Ein hinterhältiger Dolchstoß gegen ein Land im Krieg. Ich hätte die Anführer nicht erschossen, sondern erhängt.«

Er verstummte, sie waren am Besucherraum angelangt.

Es war nicht etwa Pater Carey, der katholische Kaplan vom Pentonville-Gefängnis, sondern Gertrude, seine Cousine Gee. Roger drückte sie an sich und spürte ihr Zittern. Sie kam ihm vor wie ein verängstigter Vogel. Wie sehr war Gee seit seiner Verhaftung und dem Prozess gealtert! Er dachte an das übermütige, unbeschwerte Mädchen aus Liverpool zurück, an die attraktive junge Frau, der das Londoner Leben so gefiel, die wegen ihres kranken Beins von Freunden liebevoll *Hoppy*, Hinkebeinchen, genannt wurde. Die gekrümmte, kränkliche Person vor ihm hatte nichts mehr von der kräftigen, selbstsicheren Frau, die Gertrude noch vor wenigen Jahren gewesen war. Der Glanz in ihren Augen schien erloschen, Gesicht, Hals und Hände waren ganz faltig. Ihre Kleidung wirkte dunkel und abgetragen.

»Ich stinke bestimmt wie eine Kloake«, scherzte Roger und deutete auf seine derbe blaue Uniform. »Man hat mir das Recht entzogen, mich zu waschen. Es wird mir nur im Fall meiner Hinrichtung noch einmal zugestanden werden.«

»Sie werden dich nicht hinrichten, der Ministerrat wird das Gnadengesuch bewilligen«, sagte Gertrude heftig nickend. »Präsident Wilson wird sich bei der britischen Regierung für dich verwenden, Roger. Er hat versprochen, zu telegrafieren. Sie werden dich begnadigen, es wird keine Hinrichtung geben, glaube mir.«

Ihre Stimme klang so angespannt und brüchig, dass Roger Mitleid mit ihr und seinen übrigen Freunden bekam, die in diesen Tagen der Ungewissheit um ihn bangten. Er hätte sie gern nach den Zeitungsattacken gegen ihn gefragt, die der Kerkermeister erwähnt hatte, doch er hielt sich zurück. Der Präsident der Vereinigten Staaten würde sich für ihn einsetzen? Das war wahrscheinlich John Devoy und den anderen Mitgliedern des *Clan na Gael* zu verdanken. Würde der amerikanische Präsident intervenieren, wäre es eine wirkungsvolle Geste. Es gab noch eine Chance, dass das Kabinett ihn begnadigen würde.

In Ermangelung einer Sitzgelegenheit standen Roger und Gertrude nah beisammen, mit dem Rücken zum Sheriff und dem anderen Wachmann. Der Besucherraum mit vier Personen darin hatte etwas Klaustrophobisches.

»Gavan Duffy hat mir erzählt, dass man dich entlassen hat«, sagte Roger bedauernd. »Das ist meine Schuld. Ich bedauere es unendlich, liebe Gee. Ich wollte auf keinen Fall, dass man dich mit hineinzieht.«

»Sie haben mich nicht entlassen, sie haben mich gebeten, der Auflösung meines Arbeitsvertrags zuzustimmen. Und sie haben mir eine Entschädigung von vierzig Pfund gezahlt. Es macht mir nichts aus. So habe ich mehr Zeit, Alice Stopford Green in ihren Bemühungen zu unterstützen, dir das Leben zu retten. Das ist jetzt das Wichtigste.«

Gee griff nach der Hand ihres Cousins und drückte sie liebevoll. Sie hatte viele Jahre an der Schwesternschule des Queen Anne's Hospital in Caversham unterrichtet, wo sie zuletzt Vizedirektorin gewesen war. Sie hatte die Arbeit gemocht, etliche heitere Anekdoten in ihren Briefen an Roger zeugten davon. Jetzt hatte sie wegen der Verwandtschaft mit einem Geächteten ihre Stelle verloren. Wovon würde sie leben, wer würde ihr helfen?

»Niemand glaubt an die infamen Dinge, die man über dich veröffentlicht«, sagte Gertrude plötzlich im Flüsterton, als könnte sie damit verhindern, von den beiden Wächtern gehört zu werden. »Alle respektablen Bürger sind empört, dass die Regierung sich solcher Verleumdungen bedient, um den offenen Brief zu entkräften, mit dem so viele bedeutende Persönlichkeiten für dich eingetreten sind.«

Ihre Stimme brach ab, als würde sie gleich losschluchzen. Roger umarmte sie erneut.

»Du bedeutest mir so viel, Gee, liebste Gee«, wisperte er ihr ins Ohr. »Und jetzt mehr denn je. Ich bin dir zutiefst dankbar für die Treue, die du mir in guten wie in schlechten Zeiten gehalten hast. Deshalb ist mir deine Meinung so besonders wichtig. Du weißt, dass alles, was ich getan habe, für Irland war, nicht? Für eine große edle Sache wie die irische. Nicht wahr, Gee?«

Leise schluchzend lehnte sie sich an seine Brust.

»Von Ihren zehn Minuten sind fünf vorbei«, mahnte der Sheriff.

»Ich habe jetzt viel Zeit zum Nachdenken«, flüsterte Roger seiner Cousine ins Ohr, »und oft erinnere ich mich an die Jahre in Liverpool. Wir waren so jung, Gee, und das Leben meinte es so gut mit uns.«

»Alle glaubten, wir seien ein Paar und würden eines Tages heiraten«, flüsterte Gee. »Auch ich denke mit Wehmut an diese Zeit zurück, Roger.«

»Wir waren mehr als ein Paar, Gee. Wir waren Geschwister, Komplizen. Die zwei Seiten einer Münze. Unzertrennlich. Du warst so vieles für mich. Die Mutter, die ich mit neun Jahren verlor. Die Freunde, die ich niemals hatte. Mit dir war ich zuversichtlich und fröhlich. Während all meiner Jahre in Afrika waren deine Briefe meine einzige Verbindung zum Rest der Welt. Du weißt nicht, wie glücklich mich deine Briefe machten und wie oft ich sie las und wieder las, Gee.«

Er verstummte. Seine Cousine sollte nicht merken, dass auch er den Tränen nahe war. Von jeher war ihm, fraglos aufgrund seiner puritanischen Erziehung, jegliche öffentliche Zurschaustellung von Gefühlen ein Gräuel gewesen, doch in den letzten Monaten zeigte er bisweilen gewisse Schwächen, die ihm an anderen immer so missfallen hatten. Gee umarmte ihn weiter stumm, Roger spürte das flatternde Atmen ihrer Brust.

»Du warst die Einzige, der ich meine Gedichte gezeigt habe. Erinnerst du dich?«

»Ich erinnere mich. Sie waren furchtbar schlecht«, sagte Gertrude. »Aber ich hatte dich so gern, dass ich sie in den Himmel lobte. Eines habe ich sogar auswendig gelernt.«

»Ich habe sehr wohl gemerkt, dass sie dir nicht gefielen, Gee. Zum Glück habe ich sie nie veröffentlicht. Du weißt, ich war kurz davor.«

Sie blickten einander an und mussten lachen.

»Wir tun alles, absolut alles, um dir zu helfen, Roger«, sagte Gee und wurde wieder ernst. Auch ihre Stimme war gealtert. Statt heiter und fest wie früher, klang sie nun matt und zögerlich. »Und wir sind viele, an erster Stelle natürlich Alice. Sie hat Himmel und Hölle in Bewegung gesetzt. Briefe geschrieben, Behörden, Politiker, Diplomaten aufgesucht. An alle Türen geklopft, erklärt, gefleht. Sie hat eine Besuchserlaubnis beantragt. Es ist so schwierig. Nur Angehörigen wird sie bewilligt. Aber Alice hat gute Beziehungen, sie ist bekannt. Sie wird die Erlaubnis erhalten, und dann kommt sie dich besuchen, ganz bestimmt. Wusstest du, dass Scotland Yard nach dem Aufstand in Dublin ihr Haus durchsucht hat? Sie haben viele Dokumente mitgenommen. Sie liebt und bewundert dich sehr, Roger.«

›Ich weiß‹, dachte Roger. Auch er liebte und bewunderte Alice Stopford Green. Die Historikerin und Schriftstellerin, die wie Roger einer anglikanischen irischen Familie entstammte, deren Salon eines der Zentren des Londoner Geisteslebens und gleichzeitig den Treffpunkt für die irischen Nationalisten und Unabhängigkeitskämpfer bildete, war für ihn mehr als eine Freundin und Ratgeberin in politischen Angelegenheiten gewesen. Dank ihrer Unterweisungen hatte er die Geschichte Irlands kennen- und lieben gelernt, die blühende alte Kultur, die der übermächtige Nachbar unterjocht hatte. Sie hatte ihm Bücher empfohlen, ihn bei Gesprächen mit ihrer Begeisterung angesteckt, hatte ihn ermutigt, weiter die irische Sprache zu lernen, die zu beherrschen ihm leider nie ganz gelang. ›Ich werde sterben, ohne Gälisch zu sprechen‹, dachte er. Und später, als er selbst zum radikalen Nationalisten geworden war, hatte Alice ihn in London als Erste mit dem Spitznamen angeredet, den Herbert Ward ihm verliehen hatte und der Roger sehr amüsierte: *der Kelte.*

»Zehn Minuten«, unterbrach sie der Sheriff. »Zeit, sich zu verabschieden.«

Roger merkte, wie seine Cousine in ihrer Umarmung ihren Mund vergeblich seinem Ohr zu nähern versuchte, denn er war um einiges größer als sie. In einem beinahe unhörbaren Flüstern sagte sie:

»All die schrecklichen Dinge, die in den Zeitungen stehen, sind Verleumdungen, grässliche Lügen, nicht wahr, Roger?«

Er war so wenig auf diese Frage gefasst gewesen, dass er einige Sekunden brauchte, um zu antworten.

»Ich weiß nicht, was die Zeitungen über mich schreiben, liebe Gee, ich bekomme hier keine. Aber«, er wählte seine Worte sorgfältig, »gewiss sind sie das. Ich möchte, dass du mir eines glaubst und nie vergisst, liebste Gee. Ich habe viele Fehler begangen, ohne Frage. Aber es gibt nichts, dessen ich mich schämen müsste. Weder du noch irgendeiner meiner Freunde muss sich meiner schämen. Glaubst du mir das, Gee?«

»Natürlich glaube ich dir.« Schluchzend legte sie sich beide Hände auf den Mund.

Auf dem Rückweg zur Zelle stiegen Roger die Tränen in die Augen, was er sich vor dem Sheriff nicht anmerken lassen wollte. Wie seltsam, dass ihm jetzt nach Weinen zumute war. Soweit er sich erinnerte, hatte er in diesen letzten Monaten seit seiner Verhaftung kein einziges Mal geweint. Weder bei den Verhören durch Scotland Yard noch während des Prozesses oder bei der Urteilsverkündung. Warum gerade jetzt? Wegen Gertrude. Wegen Gee. Dass sie solche Qualen ausstand, zeugte von ihrer tiefen Zuneigung. Er war also nicht ganz so allein, wie er sich fühlte.

IV

Die Reise den Kongo flussaufwärts, auf die sich der britische Konsul Roger Casement am 5. Juni 1903 begab und die sein Leben verändern sollte, hätte eigentlich ein Jahr zuvor stattfinden sollen. Er hatte dem Foreign Office die Notwendigkeit dieser Expedition nahegelegt, seit er im Jahr 1900, nachdem er in Old Calabar (Nigeria), Lourenço Marques (Mosambik) und São Paolo de Luanda (Angola) tätig gewesen war, offiziell das Amt des britischen Konsuls in Boma – damals kaum mehr als ein größerer Weiler – angetreten hatte. Um tatsächlich über die Situation der Einheimischen im Unabhängigen Staat Kongo berichten zu können, so führte er an, müsse man aus der abgelegenen Hauptstadt in die Urwälder und zu den Stämmen am Mittel- und Oberlauf des Kongos vordringen. Dort fand die Ausbeutung statt, über die er das Foreign Office seit seinen ersten Vorstößen in diese Region informierte. Nach langer Abwägung der politischen Hindernisse, die er als Konsul zwar verstand, die ihm aber trotzdem Widerwillen einflößten – Großbritannien war Verbündeter Belgiens und wollte das Land nicht den Deutschen in die Arme treiben –, ermächtigte ihn das Foreign Office, zu den Dörfern, Stationen, Missionen, Posten, Lagern und Handelsfaktoreien zu reisen, in denen der Kautschuk gewonnen wurde, das schwarze Gold, aus dem inzwischen weltweit Reifen und Stoßstangen von Autos und Lastwagen sowie zahllose andere Industrie- und Haushaltsprodukte hergestellt wurden. Er sollte vor Ort den Vorwürfen auf den Grund gehen, die von der Londoner Gesellschaft zum Schutz der Eingeborenen und einigen baptistischen Kirchen und katholischen Missionen in Europa und den Vereinigten Staaten vorgebracht wurden und nach denen die Einheimischen im

Kongo des belgischen Königs, Seiner Majestät Leopolds II., schlecht behandelt würden.

Er hatte die Reise bereits Mitte 1902 mit gewohnter Sorgfalt und einem Enthusiasmus vorbereitet, den er vor den belgischen Beamten und den Siedlern und Händlern in Boma verheimlichte. Jetzt würde er gegenüber seinen Vorgesetzten in Kenntnis der Sachlage argumentieren können, dass das Empire, getreu seiner Tradition von Gerechtigkeit und Fairness, eine internationale Kampagne in die Wege leiten müsste, um dieser Schande ein Ende zu bereiten. Doch ausgerechnet da hatte er seinen dritten Malariaanfall erlitten, der noch heftiger war als die beiden ersten, die ihn hingestreckt hatten, seit er 1884 in einer Mischung aus Idealismus und Abenteuergeist beschlossen hatte, nach Afrika zu gehen, um seinen Beitrag dazu zu leisten, die Menschen dort von Rückständigkeit, Unwissenheit und Krankheiten zu befreien.

Das waren keine leeren Worte. Er glaubte von ganzem Herzen daran, als er mit zwanzig Jahren auf den Kontinent kam. Und er stand kurz davor, den Traum seines Lebens zu verwirklichen und an einer Expedition teilzunehmen, die von dem berühmtesten Abenteurer seiner Zeit geleitet wurde, von Henry Morton Stanley. Er würde sich diesem Forscher anschließen, der in einer legendären, beinahe drei Jahre währenden Reise zwischen 1874 und 1877 Afrika von Osten nach Westen durchquert hatte und dabei dem Flusslauf des Kongos von den Quellen bis zur Mündung in den Atlantik gefolgt war. Er würde den Helden begleiten, der den verschollenen Livingstone aufgespürt hatte. Doch da bekam er, als hätten die Götter seine Begeisterung bremsen wollen, einen ersten Malariaanfall. Damals wusste er noch nicht, dass es ein schwacher Anfall war, im Vergleich zum zweiten drei Jahre später – 1887 – und vor allem zu dem dritten nun, bei dem er sich zum ersten Mal dem Tode nahe fühlte. Die Symptome waren wieder die gleichen in dieser Morgendämmerung Mitte 1902. Sein Koffer war fertig gepackt mit Landkarten, Kompass, Stiften und Notizbüchern, als er in seinem Schlafzimmer im

Obergeschoss des Hauses in Boma, das nur wenige Schritte von der Kolonialverwaltung entfernt lag und ihm gleichzeitig als Wohnsitz und Konsulatsbüro diente, bibbernd vor Kälte die Augen aufschlug. Er zog das Moskitonetz zur Seite und sah durch die metallenen Insektengitter der Fenster den heftigen Platzregen, der auf das schlammige Gewässer des breiten Flusses und die pflanzenüberwucherten Inseln entlang des Ufers niederging. Er kam nicht richtig hoch, seine Knie gaben unter ihm nach. Mit einem erschrockenen Bellen sprang seine Bulldoge John im Zimmer herum. Er ließ sich wieder ins Bett fallen. Obwohl sein Körper glühte, saß ihm die Kälte in den Knochen. Er rief nach Charlie und Mawuku, seinem kongolesischen Diener und dem Koch, die im Erdgeschoss schliefen, aber niemand antwortete. Sie waren wohl nach draußen gegangen und hatten, vom Unwetter überrascht, Zuflucht unter irgendeinem Affenbrotbaum gesucht. Schon wieder Malaria, fluchte er in Gedanken. Ausgerechnet am Vortag der Abreise? Er würde Durchfall und Blutungen bekommen und so geschwächt sein, dass er Tage und Wochen benommen und mit Schüttelfrost das Bett würde hüten müssen.

Charlie kam als Erster zurück, triefend vor Nässe. »Ruf Doktor Salabert«, befahl ihm Roger nicht auf Französisch, sondern auf Lingala. Doktor Salabert war einer der beiden Ärzte von Boma, dem einstigen Sklavenhändlerhafen Mboma, wo im 16. Jahrhundert die portugiesischen Händler der Insel São Tomé Sklaven kauften, die ihnen die Stammesoberhäupter des ehemaligen Königreichs Kongo beschafften. Inzwischen war der Ort von den Belgiern zur Hauptstadt des Unabhängigen Staates Kongo ernannt worden. Boma hatte im Unterschied zu Matadi kein eigenes Krankenhaus, nur eine von flämischen Nonnen betriebene Krankenstation für Notfälle.

Der Arzt traf eine halbe Stunde später ein. Er war jünger, als er aussah, das Klima und vor allem der Alkohol hatten ihn vorzeitig altern lassen, und er ging mühsam am Stock. Er wirkte wie ein Greis und war gekleidet wie ein Vagabund. An seinen Schnürstiefeln fehlten die Senkel und seine Weste war nicht zugeknöpft. Obwohl der Tag gerade erst begonnen hatte, waren seine Augen blutunterlaufen.

»Tja, mein Freund, Malaria, was sonst. Schönes Fieber haben Sie da. Die Behandlung kennen Sie ja: Chinin, viel Flüssigkeit, eine Diät aus heißer Brühe und Zwieback und immer schön zudecken, um die Entzündung auszuschwitzen. Die nächsten zwei Wochen absolute Bettruhe, denken Sie nicht im Traum daran, auf irgendeine Reise oder auch nur bis zur nächsten Ecke zu gehen. Sie wissen gut, dass das Wechselfieber den Organismus zerrüttet.«

Nicht nur zwei, sondern drei Wochen lang zwangen ihn Fieberanfälle und Schüttelfrost nieder. Er nahm acht Kilo ab, und als er endlich aufstehen konnte, sank er nach wenigen Schritten wieder erschöpft zu Boden, in einem Zustand der Schwäche, wie er ihn niemals zuvor gekannt hatte. Doktor Salabert blickte ihm fest in die Augen und warnte ihn griesgrämig und mit Grabesstimme:

»In Ihrer Verfassung wäre es selbstmörderisch, sich auf diese Expedition einzulassen. Ihr Körper ist so ausgelaugt, dass Sie nicht einmal die Überquerung der Kristallberge aushalten würden. Und erst recht kein wochenlanges Kampieren unter freiem Himmel. Sie würden noch nicht einmal bis Mbanza-Ngungu kommen. Es gibt schnellere Arten, sich umzubringen, Herr Konsul, ein Pistolenschuss in den Mund, zum Beispiel, oder eine Spritze mit Strychnin. Sie können auf mich zählen, sollten Sie so etwas brauchen. Ich habe schon einigen geholfen, die letzte Reise anzutreten.«

Roger telegrafierte dem Foreign Office, sein Gesundheitszustand zwinge ihn, die Expedition nochmals zu verschieben. Dann machte die Regenzeit Fluss und Wälder unpassierbar, so dass die Reise ins Innere des Unabhängigen Staates noch weitere Monate warten musste, die schließlich zu einem Jahr wurden. Ein ganzes Jahr, in dem er sich langsam von dem Wechselfieber erholte, sich bemühte, sein altes Gewicht zurückzuerlangen, wieder anfing, Tennis zu spielen, zu schwimmen und sich mit Bridge und Schachpartien die langen Abende zu vertreiben, nachdem er tagsüber die langweiligen Konsulatspflichten absolviert hatte: Buch über die an- und ablegenden Schiffe zu führen, über die von den antwerpischen Händlern ausgeladenen Waren – Gewehre, Munition, Peitschen, Wein, Heiligenbildchen, Kruzifixe, Glasperlenketten – und die nach Europa ausgeführten Waren – mächtige Kautschukbündel, Elfenbein und Tierfelle. Das war der Tauschhandel, der in seiner jugendlichen Fantasie die Kongolesen vor Kannibalismus und den arabischen Sklavenhändlern aus Sansibar erretten, der ihnen die Tore zur Zivilisation öffnen sollte!

Drei Wochen lang fesselte ihn also das Fieber mit zyklisch wiederkehrenden Delirien ans Bett. Er schluckte dreimal täglich das von Charlie und Mawuku in Kräutertee geträufelte Chinin – ansonsten vertrug sein Magen nur Brühe und etwas gekochten Fisch oder Huhn – und spielte ein wenig mit seiner Bulldoge John, seinem treuesten Gefährten. Er konnte sich nicht einmal auf ein Buch konzentrieren.

Während dieser erzwungenen Untätigkeit dachte Roger oft an die Expedition seines Helden Henry Morton Stanley zurück, an der er im Jahr 1884 teilgenommen hatte. Sie waren durch den Urwald gezogen, durch zahllose Eingeborenendörfer gekommen, hatten auf Lichtungen kampiert, umgeben von Wällen aus Bäumen, hinter denen die Affen kreischten und Raubtiere brüllten. Eine glückliche Erregung hatte ihn erfüllt, ungeachtet der Moskitos und anderer Insekten, gegen die sie sich vergeblich mit Kampfer einrieben. Er schwamm in Lagunen und Flüssen von unbeschreiblicher Schönheit, ohne Furcht vor Krokodilen, so überzeugt war er nach wie vor, dass alles, was mit dieser aus vierhundert afrikanischen Trägern, Führern, Helfern und etwa zwanzig Weißen – Engländern, Deutschen, Flamen, Wallonen und Franzosen – bestehenden Unternehmung und natürlich mit Stanley selbst zusammenhing, eine Vorhut des Fortschritts bildete.

Jahre später nun empfand er in seinen Fieberdelirien eine vage Scham darüber, wie blind er damals gewesen war. Anfangs war er sich noch nicht einmal über das Ziel dieser Expedition im Klaren gewesen, die von Stanley geleitet und vom belgischen König finanziert worden war, den er damals natürlich – wie die gesamte westliche Welt – für den großen humanitären Monarchen gehalten hatte.

Ein Jahr später sollten die Großmächte Leopold II. auf der Berliner Kongo-Konferenz von 1885 den Kongo-Freistaat mit seinen über zweieinhalb Millionen Quadratkilometern – fünfundachtzig Mal so groß wie Belgien – überlassen, doch der belgische König hatte die Verwaltung des ihm zugedachten Gebietes längst übernommen, um seine Befreiungsprinzipien auf die etwa zwanzig Millionen Kongolesen anzuwenden. Zu diesem Zweck hatte der Monarch mit dem schön gekämmten Bart den legendären Stanley eingesetzt, da er mit seinem Gespür für die menschlichen Schwächen zweifellos ahnte, dass der Forscher ebenso zu großen Taten wie zu großer Niedertracht fähig war, wenn die Belohnung seiner Gier entsprach.

Vorgebliches Ziel der Expedition von 1884, bei der Roger sich zum ersten Mal als Forscher erprobte, sollte es sein, die verstreuten Gemeinschaften entlang der Ufer des Ober-, Mittel- und Unterlaufs des Kongos, Tausender Kilometer dichten Dschungels voller Schluchten, Wasserfälle und bewaldeter Hügel, auf das Eintreffen der europäischen Händler und Verwalter vorzubereiten, die von der Internationalen Kongo-Gesellschaft, der Leopold II. vorstand, entsandt werden würden, sobald sie von den übrigen Mächten die Konzession erteilt bekommen hätte. Stanley und seine Begleiter sollten den halbnackten, tätowierten, mit Federn oder Dornen geschmückten, teilweise nur mit einem Penisfutteral aus Bambus bekleideten Stammesoberhäuptern erklären, welche guten Absichten die Europäer zu ihnen führten: Sie würden ihnen helfen, ihre Lebensbedingungen zu verbessern, sie von Plagen wie der tödlichen Schlafkrankheit befreien, ihnen Bildung bringen und ihnen die Augen für die Wahrheiten dieser Welt und des Jenseits öffnen und damit ihren Kindern und Kindeskindern ein achtbares Leben in Freiheit und Gerechtigkeit ermöglichen.

›Ich habe nichts gemerkt, warum habe ich nichts gemerkt‹, dachte Roger. Charlie hatte ihn in alle Decken gehüllt, die im Haus aufzutreiben waren, doch trotz der gleißenden Sonne draußen zitterte er unter seinem Moskitonetz wie Espenlaub. Er war ein Verblendeter gewesen, er hatte sich Erklärungen für Vorkommnisse zusammengereimt, die jeder unparteiische Beobachter als blanken Betrug durchschaut hätte. Denn in allen Dörfern, zu denen die Expedition gelangte, brachte Stanley nach der üblichen Verteilung von Glasperlenketten und anderem Tand und einigen von Dolmetschern (die nicht immer die jeweilige Sprache beherrschten) übersetzten Floskeln die Stammesoberhäupter und Fetischpriester dazu, auf Französisch abgefasste Verträge zu unterschreiben, in denen sie sich verpflichteten, den Beamten, Abgesandten und Angestellten der Internationalen Kongo-Gesellschaft bei der Durchführung ihrer Unternehmungen Lebensmittel, Unterkunft, Führer und Arbeitskraft zur Verfügung zu stellen. Sie setzten anstandslos ein X oder sonst ein Gekritzel, Gekleckse, irgendwelche Krähenfüße darunter, ohne die leiseste Ahnung zu haben, was sie da unterzeichneten oder was Unterzeichnen überhaupt bedeutete, vergnügt über die Ketten, Armbänder und den weiteren bunten Zierrat, den sie geschenkt bekommen hatten, und den Schnaps, den Stanley ihnen einschenkte, um auf die getroffene Vereinbarung anzustoßen.

›Sie wissen nicht, was sie tun, aber wir wissen, dass es zu ihrem Wohl ist, das rechtfertigt den Schwindel‹, dachte Roger damals. Wie hätte man es denn sonst angehen sollen? Wie die künftige Kolonisierung legitimieren, wenn man es mit Menschen zu tun hatte, die kein Wort von diesen »Abkommen« verstanden, in denen ihre Zukunft und die ihrer Nachkommen festgelegt wurde? Man musste dieser Unternehmung ein legales Fundament geben, denn der belgische König wollte sie durch Dialog und Überzeugungskraft verwirklicht sehen, nicht wie so viele andere mit Gewalt und Blutvergießen, Invasionen, Mord und Plünderung. War das etwa nicht friedliebend und zivilisiert?

Im Lauf der Jahre – achtzehn waren seit Stanleys Expedition von 1884 vergangen – war Roger zu dem Schluss gelangt, dass der Held seiner Kindheit und Jugend tatsächlich einer der skrupellosesten Schurken war, die der Westen je auf den afrikanischen Kontinent losgelassen hatte. Und trotzdem kam er, wie alle, die unter seinem Befehl gestanden hatten, nicht umhin, sein Charisma anzuerkennen, sein einnehmendes, faszinierendes Wesen und diese Mischung aus Draufgängertum und Kalkül, mit der er sich auf seine abenteuerlichen Unternehmungen begab. Er zog quer durch Afrika und säte dabei einerseits Tod und Verwüstung – plünderte und verbrannte Dörfer, ließ Eingeborene erschießen, zerfetzte die Rücken der Träger mit seiner Peitsche aus Nilpferdhaut –, bahnte jedoch gleichzeitig neue Wege für Handel und Christianisierung in riesigen Gebieten voller Raubtiere, Ungeziefer und Epidemien, die ihm offenbar so wenig anhaben konnten wie einem Titanen aus den homerischen Sagen oder biblischen Geschichten.

»Verursacht Ihnen das, was wir hier tun, nicht manchmal Gewissensbisse?«

Die Frage war dem jungen Roger herausgerutscht. In der Mitte des Lagers loderte das Feuer, darin verkokelten knisternd Zweige und versehentlich zu nahe gekommene Insekten.

»Gewissensbisse?« Stanley runzelte die Stirn und verzog sein sonnenverbranntes, sommersprossiges Gesicht, als würde er dieses Wort zum ersten Mal hören und versuchen, seine Bedeutung zu erraten. »Weshalb?«

»Wegen der Verträge, die wir sie unterzeichnen lassen«, überwand der junge Roger seine Befangenheit. »Sie legen ihr Leben, ihre Dörfer, alles, was sie haben, in die Hände der Internationalen Kongo-Gesellschaft. Nicht einer weiß, was er da unterschreibt, weil sie kein Französisch verstehen.«

»Selbst wenn sie Französisch könnten, würden sie diese Verträge nicht verstehen«, sagte der Forscher mit dem offenen Lachen, das einer seiner sympathischsten Züge war. »Nicht einmal ich verstehe genau, was sie besagen.«

Stanley war kräftig und untersetzt. Er wirkte jung, hatte blitzende graue Augen und einen dichten Schnurrbart. Er trug stets hohe Schaftstiefel, eine helle, mit etlichen Taschen versehene Weste und eine Pistole am Gürtel. Als er nun abermals auflachte, stimmten die Vormänner, die rauchend mit ihren Kaffeebechern ums Lagerfeuer saßen, in sein Lachen ein. Nur Roger lachte nicht.

»Ich schon, auch wenn sie in der Tat in einem solchen Kauderwelsch verfasst sind, als sollte man sie gar nicht verstehen«, antwortete er respektvoll. »Zusammengefasst steht darin schlicht: Sie überschreiben ihr Land der Internationalen Kongo-Gesellschaft, die ihnen dafür soziale Hilfeleistung verspricht. Sie verpflichten sich, bei der Anlage von Wegen, Brücken, Molen, Faktoreien mitzuhelfen. Männer für Feldarbeit und als Ordnungskräfte zur Verfügung zu stellen. Beamte und Hilfsarbeiter mit Lebensmitteln zu versorgen, solange die Arbeiten andauern. Und sie bekommen von der Gesellschaft nichts im Gegenzug. Weder Lohn noch Entschädigung. Ich dachte, wir seien zum Wohl der Afrikaner hier, Mr. Stanley. Und ich wäre Ihnen dankbar, wenn Sie, den ich bewundere, seit ich denken kann, mir Gründe nennen könnten, dies weiterhin zu glauben. Dass diese Verträge wirklich zum Wohl der Afrikaner sind.«

Ein langes Schweigen setzte ein. Das Feuer knisterte, und hin und wieder hörte man ein wildes Tier auf nächtlichem Beutezug brüllen. Es hatte seit einer Weile zu regnen aufgehört, die Luft war feucht und schwül, und es schien, als würde ringsum alles austreiben, wachsen, wuchern. Und noch achtzehn Jahre später sah Roger unter den wirren Bildern, die in seinem fiebrigen Kopf kreisten, den überraschten, für Momente spöttischen und dann scharfen Blick, mit dem Henry Morton Stanley ihn musterte.

»Afrika ist kein Ort für Schwächlinge«, sagte er schließlich, als würde er mit sich selbst sprechen. »Sich über so etwas Gedanken zu machen, ist ein Zeichen von Schwäche. In dieser Welt hier, meine ich. Wir sind nicht in den Vereinigten Staaten und auch nicht in England, das werden Sie gemerkt haben. In Afrika überleben Schwächlinge nicht lange. Fieber, Stiche, vergiftete Pfeile oder die Tsetsefliege machen ihnen den Garaus.«

Stanley kam ursprünglich aus Wales, hatte aber so lange in den Vereinigten Staaten gelebt, dass sein Englisch und seine ganze Ausdrucksweise amerikanisch gefärbt waren.

»Natürlich ist das alles zu ihrem Wohl«, fügte Stanley hinzu und machte eine Kopfbewegung zu den im Kreis stehenden Rundhütten des Dorfes hin, in deren Nähe sie das Lager aufgeschlagen hatten. »Es werden Missionare kommen, die Christen aus ihnen machen und ihnen beibringen werden, dass man seinen Nächsten nicht auffressen darf. Ärzte, die sie gegen Epidemien impfen und sich besser um sie kümmern werden als ihre Wunderheiler. Unternehmen werden ihnen Arbeit geben. In den Schulen werden sie lernen, sich zu kleiden, zum wahren Gott zu beten und sich in einer christlichen, zivilisierten Sprache auszudrücken statt in diesen Affendialekten. Nach und nach werden sie die barbarischen Bräuche aufgeben und zu modernen Menschen werden. Sie würden uns die Füße küssen, wenn sie wüssten, was wir alles für sie tun. Aber ihr geistiger Entwicklungsstand ist eher vergleichbar mit dem eines Krokodils oder Nilpferds als mit Ihrem oder meinem. Deshalb müssen wir für sie entscheiden, ob es für sie von Vorteil ist, diese Verträge zu unterschreiben. Ihre Kinder und Enkelkinder werden es uns danken. Und es wäre nicht verwunderlich, wenn sie Leopold II. irgendwann so anbeten wie jetzt ihre Fetische und Vogelscheuchen.«

Auf welcher Höhe des langen Flusses befand sich dieses Lager? Vage glaubte er sich zu erinnern, dass es zwischen Bolobo und Tschumbiri gelegen und das Dorf dem Stamm der Bateke angehört hatte. Völlig sicher war er sich nicht. All diese Details standen in seinen Tagebüchern, wenn man den über viele Jahre in Notizheften und auf losen Blättern verteilten Wust an Aufzeichnungen als solche bezeichnen konnte. An jene Unterhaltung mit Henry Morton Stanley konnte er sich jedenfalls deutlich erinnern. Ebenso wie an das Unbehagen, mit dem er sich danach auf seinem Feldbett ausgestreckt hatte. Begann in dieser Nacht sein Glaube an die hochheilige Dreifaltigkeit der drei »C« – *Christianity, Civilisation, Commerce* – zu schwinden? Christentum, Zivilisation, Handel, darin hatte er bis dahin eine Rechtfertigung für den Kolonialismus gesehen. Seit seiner Zeit als einfacher Angestellter in der Buchhaltungsabteilung der *Elder Dempster Line* hatte er gelernt, dass alles seinen Preis hatte. Dass Übergriffe unvermeidlich waren. Unter den Pionieren waren natürlich nicht nur Altruisten wie Livingstone, sondern auch gewissenlose Gauner, doch letztlich würden die Errungenschaften die Nachteile bei weitem überwiegen, so dachte er. Das Leben in Afrika sollte ihm zeigen, dass die Wirklichkeit keineswegs so einfach war wie die Theorie.

Im Verlauf des Jahres, das Roger unter Henry Morton Stanley arbeitete, bewunderte er zwar fortgesetzt den Mut und die Führungsqualitäten, mit denen Stanley seine Expedition durch das weithin unbekannte Gebiet längs des Kongos und seiner zahllosen Nebenflüsse führte, zugleich aber war der Afrikaforscher so etwas wie ein wandelndes Mysterium. Man erzählte sich die widersprüchlichsten Dinge über ihn, und es war schwierig auszumachen, was davon stimmte und was nicht und wie viel Übertreibung und Erdichtung in der vermeintlichen Wahrheit steckte. Stanley gehörte zu den Menschen, die es unmöglich machten, zwischen Wirklichkeit und Fiktion zu unterscheiden.

Allerdings war es offensichtlich, dass das Bild des großen Wohltäters nicht der Wahrheit entsprach. Das erkannte Roger in Gesprächen mit Aufsehern, die Stanley auf seiner Suche nach Livingstone begleitet hatten, ihren Aussagen nach zu urteilen eine bei weitem nicht so friedliche Expedition wie die gegenwärtige, bei der er sich, zweifellos Anweisungen von Leopold II. selbst folgend, im Umgang mit den verschiedenen Stämmen – insgesamt trafen sie auf vierhundertfünfzig, deren Oberhäupter die vertragliche Abtretung von Land und

Arbeitskräften unterzeichneten – weitaus zurückhaltender zeigte. Was jene rauen, vom Urwald abgehärteten Männer von der in den Jahren 1871 und 1872 durchgeführten Expedition erzählten, ließ Roger die Haare zu Berge stehen: Dörfer verwüstet, ihre Oberhäupter geköpft und deren Frauen und Kinder erschossen, wenn sie sich weigerten, das Expeditionskorps mit Nahrung zu versorgen oder Träger, Führer und Männer mit Macheten zur Verfügung zu stellen. Stanley war gefürchtet unter diesen alten Weggefährten. Stumm und mit gesenktem Blick nahmen sie seine Maßregelungen entgegen. Dennoch vertrauten sie seinen Entscheidungen blind, und mit geradezu religiöser Andacht sprachen sie von seiner berühmten, neunhundertneunundneunzig Tage dauernden Reise von 1874 bis 1877, die keiner der übrigen weißen und nur wenige der afrikanischen Expeditionsteilnehmer überlebt hatten.

Als im Februar 1885 auf der Kongo-Konferenz in Berlin, an der nicht ein einziger Kongolese teilnahm, die vierzehn anwesenden Großmächte unter der Ägide von Großbritannien, den Vereinigten Staaten, Frankreich und Deutschland den zweieinhalb Millionen Quadratkilometer großen Kongo und seine zwanzig Millionen Einwohner Leopold II. – dem Henry Morton Stanley nicht von der Seite wich – überließen, damit er »die Region dem Handel erschließen, die Sklaverei abschaffen und den Heiden Zivilisation und Christentum bringen möge«, sah der gerade einundzwanzigjährige, nunmehr zwölf Monate in Afrika lebende Roger darin einen Grund zum Feiern. Ebenso wie die Angestellten der Internationalen Kongo-Gesellschaft, die sich im Hinblick auf die erhoffte Abtretung des Gebiets bereits seit einiger Zeit darin aufhielten, um das Projekt Leopolds II. vorzubereiten. Roger, der nach wie vor älter wirkte, als er war, verunsicherte die Kollegen mit seiner lakonischen Art, seinem ernsten Blick und seinen Ansichten. Wer von ihnen hätte schon etwas auf die »zivilisatorische Mission Europas in Afrika« gegeben, um die sich für den jungen Iren alles drehte? Doch sie schätzten ihn, denn er arbeitete hart und zeigte sich stets willig, anderen eine Schicht oder einen Dienstgang abzunehmen.

Sein einziges Laster war weiter das Rauchen. Wenn abends im Lager der Alkohol die Zungen löste und die Rede auf das weibliche Geschlecht kam, schien er sich nicht besonders wohl zu fühlen und einen Vorwand zu suchen, sich rasch zurückzuziehen. Er unternahm ausgedehnte Märsche durch den Dschungel und ließ sich auch von den Nilpferden nicht davon abhalten, Flüsse und Lagunen mit energischen Zügen zu durchschwimmen. Eine besondere Vorliebe hegte er für Hunde, und seinen Kameraden blieb jener Tag auf der Expedition von 1884 im Gedächtnis, an dem ein Wildschwein seine Hauer in Rogers Foxterrier Spindler schlug und Roger beim Anblick des mit aufgerissener Flanke verblutenden Tiers völlig außer sich geriet.

Im Unterschied zu den übrigen europäischen Expeditionsteilnehmern war ihm Geld nicht wichtig. Er war nicht nach Afrika gekommen, um reich zu werden, sondern aus einem so unbegreiflichen Grund wie dem Wunsch, den Wilden den Fortschritt zu bringen. Sein Jahresgehalt betrug achtzig Pfund, wovon er freigiebig seine Kollegen einlud. Seine eigenen Bedürfnisse waren gering, allerdings achtete er sehr auf ein gepflegtes Äußeres, und für die gemeinsamen Mahlzeiten wusch, kämmte und kleidete er sich, als befände er sich nicht auf einer Urwaldlichtung oder an einem Flussufer, sondern in London, Liverpool oder Dublin. Sprachen lernte er ohne größere Mühe; er sprach Französisch und Portugiesisch, und binnen weniger Tage eignete er sich zumindest einige Wörter aus dem afrikanischen Dialekt des Dorfes an, in dessen Nähe sie jeweils ihr Lager aufgeschlagen hatten. Unentwegt notierte er seine Beobachtungen in Schulhefte. Irgendjemand fand heraus, dass er auch Gedichte schrieb, was allgemeine Belustigung hervorrief. Das beschämte ihn so sehr, dass er es stammelnd leugnete. Einmal gestand er, dass ihn sein Vater als Kind mit dem Riemen geschlagen habe, weshalb er nicht ertrage, dass die Aufseher die Eingeborenen auspeitschten, wenn sie eine Last fallen ließen oder einen Befehl nicht ausführten. Sein Blick war etwas verträumt.

Roger erinnerte sich mit widerstreitenden Gefühlen an Stanley, während er sich langsam von seinem dritten Malariaanfall erholte. Dem walisischen Abenteurer hatte Afrika nur einen Vorwand für eigene Ruhmestaten und persönliche Bereicherung geboten. Andererseits konnte man ihm nicht absprechen, dass er sich kühn und furchtlos wie eine Sagengestalt über die Grenzen des Menschlichen hinweggesetzt hatte. Roger hatte gesehen, wie Stanley Kinder, deren Körper und Gesichter von den Pocken entstellt waren, in den Arm genommen, aus seiner Wasserflasche Einheimische, die an Cholera oder der Schlafkrankheit erkrankt waren, zu trinken gegeben hatte, als wäre er immun gegen jegliche Ansteckung. Wer war dieser Held des Empire und Vollstrecker der Ambitionen Leopolds II. wirklich? Roger nahm an, dass dieses Rätsel niemals gelüftet werden und Henry Morton Stanleys wahre Geschichte für immer in einem Gespinst aus Legenden verborgen bleiben würde. Wie er wohl tatsächlich heißen mochte? Denn der Name Henry Morton Stanley stammte von einem Baumwollhändler aus New Orleans, der sich dem damals Jugendlichen gegenüber großzügig gezeigt und ihn möglicherweise adoptiert hatte. Man munkelte, sein eigentlicher Name laute John Rowlands, doch Genaueres wusste niemand. Ebenso wenig über seine Kindheit in einem walisischen Waisenhaus, wo die Kinder ohne Vater und Mutter unterkamen, die von Amtsdienern von der Straße aufgelesen wurden. Offenbar war er sehr jung auf einem Frachtschiff in die Vereinigten Staaten gelangt, wo er im Bürgerkrieg erst für die Südstaaten, dann für die Nordstaaten gekämpft hatte. In der Folge war er wohl, so viel war noch bekannt, Journalist geworden und hatte Zeitungsberichte über das Vordringen der Pioniere in den nordamerikanischen Westen und ihre Kämpfe gegen die Indianer geschrieben. Zu dem Zeitpunkt, als der *New York Herald* ihn beauftragte, David Livingstone in Afrika aufzuspüren, hatte Stanley keinerlei Erfahrung mit Forschungsreisen. Trotzdem durchquerte er unbeschadet die dichtesten Dschungel, auf einer Mission, die der Suche nach einer Nadel im Heuhaufen gleichkam, bis er am 10. November 1871 in Ujiji tatsächlich auf den Vermissten stieß, dem es, so Stanley, völlig die Sprache verschlug, als er ihn mit folgenden Worten begrüßte: »Doktor Livingstone, wie ich annehme?«

Doch mehr noch als für diese Geschichte, mehr noch als für die Expedition von den Quellen des Kongos bis zu dessen Mündung, hatte der jugendliche Roger Stanley für den zwischen 1879 und 1881 geschaffenen Caravan Trail bewundert. Diese Route öffnete dem europäischen Handel den Weg vom Atlantik bis zum *Pool*, der riesigen Flusslagune, die in den Folgejahren nach dem Abenteurer Stanley Pool getauft werden würde. Später fand Roger heraus, dass dies eine der Initiativen zur Schaffung einer Infrastruktur gewesen war, die es dem belgischen König nach der Berliner Konferenz ermöglichte, das Gebiet zu erschließen. Es war Stanley, der die Pläne des Königs tatkräftig umsetzte.

»Und ich«, sollte Roger seinem Freund Herbert Ward oft sagen, als ihm nach und nach bewusst wurde, was es tatsächlich mit dem Kongo-Freistaat auf sich hatte, »ich war einer seiner ersten Helfershelfer.« Das stimmte insofern nicht ganz, als Stanley bei Rogers Ankunft in Afrika bereits fünf Jahre mit der Anlage des Caravan Trail beschäftigt war, dessen erstes Teilstück von Vivi bis Isanguila, dreiundachtzig Kilometer den Kongo flussaufwärts durch einen zerschluchteten Dschungel voller morscher Bäume und Sümpfe, auf die nie das Tageslicht fiel, 1880 beendet wurde. Von dort bis Muyanga war der Kongo etwa hundertzwanzig Kilometer befahrbar, für versierte Kapitäne, die durch Stromschnellen manövrieren und bei den täglichen Regenfällen und Hochwassern auf Furten oder in Höhlen Zuflucht finden konnten, um nicht an den Felsen zerschmettert zu werden oder in den Strudeln zu kentern, die sich unaufhörlich bildeten und wieder auflösten. Als Roger bei der Internationalen Kongo-Gesellschaft anfing, hatte Stanley im Dezember 1881 bereits den Handelsposten

Léopoldville gegründet, also drei Jahre bevor Roger in den Urwald kam, und vier Jahre ehe der Kongo-Freistaat offiziell zu existieren begann. Zu diesem Zeitpunkt war das größte Kolonialgebiet Afrikas, ins Leben gerufen von einem Monarchen, der es nie betreten sollte, de facto bereits eine Handelsniederlassung, zu der die europäischen Geschäftsleute trotz der Stromschnellen und zahllosen Katarakte der Livingstonefälle vom Atlantik aus gelangen konnten, dank der Route, die Stanley zwischen Boma und Vivi begonnen und über beinahe fünfhundert Kilometer bis Léopoldville und Stanley Pool geschlagen hatte. Als Roger nach Afrika kam, wagten sich bereits einige Kaufleute als Vorhut von Leopold II. ins Landesinnere vor und sicherten sich das erste Elfenbein, die ersten Felle und Körbe mit Kautschuk, denn in der Region gab es so viele Bäume, die den schwarzen Latex ausschwitzten, dass man nur die Hand danach auszustrecken brauchte.

Während seiner ersten Jahre in Afrika legte Roger mehrmals die Karawanenroute zurück, flussaufwärts von Boma und Vivi bis Léopoldville oder flussabwärts von Léopoldville bis zur Atlantikmündung, wo das schlammig grüne Gewässer salzig wurde und wo 1482 die Karavelle des portugiesischen Seefahrers Diego Cao einen ersten Vorstoß in kongolesisches Gebiet gewagt hatte. Roger wurde mit dem Unterlauf des Kongos vertrauter als irgendein anderer Europäer in Boma oder Matadi, den beiden Ausgangspunkten für die belgische Kolonisierung des Landesinneren.

Für den Rest seines Lebens – und noch einmal mehr während des Malariaanfalls 1902 – bedauerte es Roger, dass er die ersten acht Jahre in Afrika damit zugebracht hatte, naiv und unbedarft an der Schaffung des Kongo-Freistaats mitzuwirken, seine Zeit und Gesundheit und seinen ganzen Idealismus dieser vermeintlich philanthropischen Sache gewidmet zu haben.

Manchmal suchte er nach einer Rechtfertigung und fragte sich, wie er auch hätte merken sollen, was auf diesen zweieinhalb Millionen Quadratkilometern vorging, während er als Aufseher oder Gruppenleiter an Stanleys Expedition 1884 oder der von Henry Shelton Sanford von 1886 bis 1888 teilnahm, die von einem eben erst eingerichteten Handelsposten zum nächsten zogen? Er war nur ein winziges Rädchen in einer gigantischen Maschinerie, die langsam Gestalt angenommen hatte, ohne dass irgendjemand außer seinem gerissenen Erfinder und dessen engsten Vertrauten ahnte, worin sie bestehen würde.

Allerdings hatte Roger, der sich als frisch ernannter Konsul von Boma auf Durchreise in Brüssel befunden und dort vom belgischen König zum Abendessen eingeladen worden war, ein tiefes Misstrauen gegen diesen stattlichen Mann mit der ordengeschmückten Uniform, dem wallenden Bart, der eindrucksvollen Nase und dem prophetischen Blick verspürt. Der prachtvolle Palast mit seinen dicken Teppichen, Kristalllüstern, ziselierten Spiegeln und orientalischen Figuren machte ihn schwindlig. Neben Königin Marie Henriette, ihrer Tochter Prinzessin Clementine und dem Prinzen Victor Napoléon war ein halbes Dutzend weiterer Gäste anwesend. Der König führte den gesamten Abend lang die Unterhaltung. Er sprach wie ein erleuchteter Prediger, und wenn er die Grausamkeiten der arabischen Sklavenhändler beschrieb, die von Sansibar aus aufbrachen, um auf »Jagd« zu gehen, erklangen in seiner rauen Stimme geradezu mystische Töne. Das christliche Europa habe die Pflicht, diesem Menschenhandel ein Ende zu bereiten. Und ebendies würde der Beitrag des kleinen Belgiens zur Zivilisation sein: diese gequälte Menschheit von derartigem Grauen zu erlösen. Die eleganten Damen gähnten, Prinz Napoléon flüsterte seiner Tischdame Komplimente zu, während das Orchester ein Konzert von Haydn spielte, dem niemand Beachtung schenkte.

Am nächsten Morgen bestellte Leopold II. den englischen Konsul für ein Gespräch unter vier Augen ein. Er empfing ihn in seinem Privatkabinett. Überall standen Figürchen aus Porzellan, Jade und Elfenbein. Der Monarch duftete nach Kölnisch Wasser, seine Fingernägel waren poliert. Wie am Vorabend kam Roger kaum zu Wort. Der belgische König sprach von seinem quijotesken Bestreben und wie unverstanden er sich von übelmeinenden Journalisten und Politikern fühle. Zweifellos komme es zu Fehlern und Unregelmäßigkeiten. Der Grund? Es sei eben nicht leicht, fähige, redliche Leute zu finden, die es wagten, eine Aufgabe im fernen Kongo zu übernehmen. Er bat den Konsul, ihn persönlich zu informieren, sollte er auf seinem neuen Posten auf Verbesserungswürdiges stoßen. Auf Roger wirkte der belgische König wie ein dünkelhafter Egomane.

Zwei Jahre später, im Jahr 1902, sagte er sich nun rückblickend, dass diese Einschätzung zweifellos zutraf, der Monarch darüber hinaus aber auch eine kühl kalkulierende, machiavellistische Intelligenz besaß. Kaum bestand der Kongo-Freistaat auf dem Papier, reklamierte Leopold II. 1886 per Dekret etwa zweihundertfünfzigtausend Quadratkilometer zwischen den Flüssen Kasai und Ruki als *Domaine de la Couronne*, als Gebiet der Krone, die ihm seine Kundschafter – allen voran Stanley – als reich an Kautschukbäumen beschrieben hatten. In diesem Territorium wurden keine Konzessionen an private Unternehmen vergeben, es sollte direkt durch den Monarchen genutzt werden. Die Körperschaft der Internationalen Kongo-Gesellschaft wurde abgelöst vom Kongo-Freistaat, dessen Präsident und einziger Bevollmächtigter Leopold II. war.

Mit der an die internationale öffentliche Meinung gerichteten Begründung, der Sklavenhandel könne wirkungsvoll nur durch eine »Ordnungsmacht« unterdrückt werden, entsandte der König zweitausend Soldaten der belgischen Armee, zu der eine Miliz von zehntausend Einheimischen kam, für deren Unterhalt die kongolesische Bevölkerung aufkommen musste. Dieses Heer wurde zwar zu einem Großteil von belgischen Offizieren befehligt, in seinen Rängen und vor allem unter den Befehlshabern der Miliz war jedoch auch das schlimmste Gesindel anzutreffen: Gauner, ehemalige Sträflinge, Glücksjäger, die den Gossen und Hurenvierteln halb Europas entstiegen waren. Die Force Publique nistete sich, wie ein Parasit in einen lebendigen Organismus, in den Wirrwarr aus Dörfern ein, die sich über eine Region von der Größe eines von Spanien bis zur russischen Grenze reichenden Europas erstreckten, und verlangte ihre Versorgung durch eine afrikanische Gesellschaft, die nicht wusste, wie ihr geschah, aber sehr wohl erkennen konnte, dass die Invasion, der sie sich plötzlich ausgesetzt sah, eine noch schlimmere Plage war als die der Sklavenhändler, Heuschrecken, roten Ameisen und des tödlichen Fluches der Schlafkrankheit. Denn die Soldaten und Milizen der Force Publique zeichneten sich vor allem durch ihre Habgier, Brutalität und Unersättlichkeit aus, ob es sich um Nahrung, Alkohol, Frauen, Tiere, Felle oder Elfenbein handelte, also kurzerhand um alles, was geraubt, gegessen, getrunken, verkauft oder vergewaltigt werden konnte.

Während auf diese Weise die Ausbeutung der Kongolesen einsetzte, begann der menschenfreundliche Monarch, Unternehmen Konzessionen zu gewähren, im Sinne des Mandats, »den afrikanischen Einheimischen vermittels Handels den Weg in die Zivilisation zu eröffnen«. Manche der Kaufleute starben am Sumpffieber oder an Schlangenbissen oder wurden in ihrer Unkenntnis des Urwalds von Raubtieren zerrissen, ein paar wenige fielen den vergifteten Pfeilen und Lanzen der Einheimischen zum Opfer, die es wagten, sich gegen diese Fremdlinge aufzulehnen, deren Waffen wie Donner hallten und wie Blitze einschlugen und die ihnen erklärten, sie dürften nach den Verträgen, die ihre Oberhäupter unterzeichnet hätten, nicht mehr anbauen, fischen und jagen oder ihre Riten und Bräuche leben, sondern hätten stattdessen als Führer, Träger, Jäger oder Kautschuksammler zu dienen, ohne dafür irgendeinen Ausgleich erwarten zu können. Eine Vielzahl von Konzessionären, Freunde und Günstlinge des belgischen Monarchen, machte in kurzer Zeit ein Vermögen, allen voran Leopold II. selbst.

Diese Konzessionspolitik führte dazu, dass die Unternehmen sich in konzentrischen Kreisen über den Kongo-Freistaat ausdehnten und dabei immer tiefer in die unermessliche Region des mittleren und oberen Kongos und seines Geflechts aus Nebenflüssen vordrangen. Über ihre jeweiligen Gebiete übten die Unternehmen die alleinige Souveränität aus. Dabei konnten sie nicht nur auf den Schutz der Force Publique zählen, sondern auch auf eigene Milizen, an deren Spitze stets irgendein ehemaliger Militär, Gefängniswärter, Sträfling oder Straßenräuber stand, von denen manche ihrer Grausamkeit wegen in ganz Afrika berüchtigt werden sollten. Binnen weniger Jahre wurde der Kongo zum weltweit ersten Lieferanten von Kautschuk.

All dessen war sich Roger während der acht Jahre von 1884 bis 1892 nicht bewusst, als er im Schweiße seines Angesichts, vom Sumpffieber geplagt, von der afrikanischen Sonne verbrannt und bald übersät mit Stichen, Kratzern und Schürfwunden, seinen Beitrag zum ökonomischen und politischen Werk Leopolds II. leistete. Allerdings bemerkte er durchaus die zunehmende Verbreitung eines der Embleme der Kolonisierung, das bald über weite Gebiete herrschen sollte: die Nilpferdpeitsche, *la Chicotte*.

Wer hatte dieses geschmeidige, effiziente Instrument zur Züchtigung, Einschüchterung und Bestrafung von Faulheit, Ungeschick oder Dummheit der ebenholzfarbenen Zweibeiner erfunden? Diese Zweibeiner, die den Erwartungen der Kolonialherren nie gerecht wurden, ob bei der Feldarbeit, der Zwangsabgabe von Maniok (*Kwango*), Antilopen- oder Wildschweinfleisch und anderen Nahrungsmitteln, die nie zufriedenstellend ihre Steuern beglichen, mit denen die öffentlichen Baumaßnahmen der Regierung finanziert werden sollten. Es hieß, ihr Erfinder sei ein mit den ersten Soldaten eingetroffener Hauptmann der Force Publique gewesen, Chicot mit Namen, ein in jeder Hinsicht pragmatischer und einfallsreicher Belgier mit scharfer Beobachtungsgabe, dank deren er rascher als jeder andere erkannte, dass man aus der äußerst harten Haut des Flusspferdes eine robustere und verletzendere Peitsche anfertigen konnte als aus dem Gedärm von Huf- und Raubtieren, einen sehnigen Strang, der schmerzvoller war und tiefere

Wunden verursachte als jede andere Peitsche, dabei gleichzeitig leicht und wegen des kleinen Holzgriffs gut zu handhaben war, so dass Aufseher, Kasernenverwalter, Wächter, Gefängniswärter und Expeditionsleiter sie am Gürtel oder über die Schulter hängend tragen konnten, ohne ihr Gewicht zu spüren. Allein beim Anblick der *Chicotte* weiteten sich die Augen der afrikanischen Männer, Frauen und Kinder aus Angst, beim kleinsten Missgeschick könnte die Nilpferdpeitsche mit ihrem unverwechselbaren Pfeifen auf sie niedersausen.

Einer der Ersten, die eine Konzession im Kongo-Freistaat bekamen, war der Nordamerikaner Henry Shelton Sanford. Er agierte als Vermittler und Lobbyist des belgischen Königs bei der Regierung der Vereinigten Staaten und spielte eine entscheidende Rolle in dessen Strategie, den Großmächten den Kongo abspenstig zu machen. Im Juni 1886 wurde die *Sanford Exploring Expedition* für den Handel mit Elfenbein, Kaugummi, Kautschuk, Palmöl und Kupfer gegründet, die im gesamten Oberlauf des Kongos tätig war. Die bei der Internationalen Kongo-Gesellschaft angestellten Ausländer wie Roger Casement gehörten damit der *Sanford Exploring Expedition* an und die übrigen Posten wurden mehrheitlich von Belgiern neu besetzt. Roger arbeitete fortan für hundertfünfzig Pfund im Jahr.

Im September 1886 fing Roger als Verantwortlicher für Lagerbestände und Transport in Matadi an, was auf Kikongo »Stein« bedeutet. Als er sich an dem Ort niederließ, war die längs der Karawanenroute gegründete Station nicht viel mehr als eine mit Macheten gerodete Waldlichtung am Ufer des großen Flusses. Bis dorthin war vier Jahrhunderte zuvor die Karavelle von Diego Cao gelangt. An einem Felsen konnte man noch den Namen des portugiesischen Seefahrers entziffern, den dieser selbst hineingeritzt hatte. Ein Unternehmen mit deutschen Architekten und Ingenieuren baute die ersten Häuser aus Pinienholz, das aus Europa importiert wurde – Holz nach Afrika importiert! –, außerdem Anlegestellen und Lagerhäuser, wobei sie eines Morgens – Roger blieb dieser

Zwischenfall in reger Erinnerung – von einer Horde Elefanten unterbrochen wurden, die mit einem erdbebenhaften Tumult in die entstehende Siedlung stürmte und sie beinahe wieder dem Erdboden gleichmachte. Über sechs, acht, fünfzehn, achtzehn Jahre verfolgte Roger mit, wie der winzige Weiler, an dessen Grundsteinlegung als Warendepot der *Sanford Exploring Expedition* er eigenhändig mitgewirkt hatte, größer wurde, die angrenzenden Hügel hinaufwuchs, immer dichter bebaut von den zweistöckigen Holzhütten der Siedler mit ihren spitzen Dächern, Fliegengittern vor den Fenstern, breiten Veranden und kleinen Gärten, von Straßen durchzogen und von Menschen bevölkert. Neben der ersten katholischen Kapelle, der Kinkanda-Kirche, gab es ab 1902 auch die Kirche Notre Dame Médiatrice, dazu eine baptistische Mission, eine Apotheke, ein Krankenhaus mit zwei Ärzten und mehreren Ordensschwestern, ein Postbüro, einen prächtigen Bahnhof, eine Polizeiwache, ein Gericht, mehrere Zolldepots, eine befestigte Schiffsanlegestelle, Kleidergeschäfte und Krämerläden, wo man neben Lebensmitteln und Konserven auch Hüte, Schuhe und Feldwerkzeug erstehen konnte. Rings um die Kolonialstadt hatten die Bakongos ihre Bambus- und Lehmhütten errichtet. Hier in Matadi, sagte Roger sich manchmal, war das zivilisierte, moderne und christliche Europa wesentlich präsenter als in Boma, der Hauptstadt. Matadi hatte bereits einen kleinen Friedhof auf dem Hügel Tunduwa nahe der Mission. Die Europäer wurden dort begraben. Von der Anhöhe aus überblickte man beide Ufer und ein weites Stück Fluss. In der Stadt und an der Anlegestelle durften sich nur Einheimische aufhalten, die als Bedienstete oder Träger arbeiteten und sich mit einem Passierschein ausweisen konnten. Wer ohne Passierschein die Stadtgrenze überschritt, musste eine Strafe bezahlen, bekam die *Chicotte* zu spüren und durfte Matadi nie wieder betreten. Noch 1902 konnte der Generalgouverneur sich brüsten, dass es weder in Boma noch in Matadi auch nur einen einzigen Fall von Raub, Mord oder Vergewaltigung gegeben habe.

Aus den beiden Jahren, die Roger zwischen seinem zwei-undzwanzigsten und vierundzwanzigsten Lebensjahr für die *Sanford Exploring Expedition* arbeitete, sollten ihm zwei Episoden besonders in Erinnerung bleiben: der mehrere Monate dauernde Transport der *Florida* über den Karawanenweg von dem winzigen Hafen Banana im Kongodelta bis nach Stanley Pool; und der Zwischenfall mit Leutnant Francqui, den er, aus seiner sonst so unerschütterlichen Gelassenheit gerissen, mit der sein Freund Herbert Ward ihn aufzuziehen pflegte, am liebsten in die Stromschnellen des Kongos befördert hätte und der ihm wie durch ein Wunder keine Kugel in den Kopf gejagt hatte.

Die *Florida* war ein stattliches Schiff, das die *Sanford Exploring Expedition* nach Boma gebracht hatte, um es als Handelsdampfer auf dem Ober- und Unterlauf des Kongos einzusetzen, also auf der anderen Seite der Kristallberge. Die Livingstonefälle, jene Abfolge von Stromschnellen, die Boma und Matadi von Léopoldville trennten, mündeten in einem auch Teufelskessel genannten Becken aus schäumenden Strudeln. Von hier an war der Fluss in Richtung Osten über Tausende Kilometer schiffbar. Gen Westen aber fiel er zum Kongodelta hin über zweihundertsiebzig Höhenmeter ab, was ihn über weite Strecken unpassierbar machte. Die *Florida* sollte deshalb auf dem Landweg bis zum Stanley Pool gebracht werden, in Hunderte Einzelteile zerlegt, die nummeriert und verpackt auf den Schultern der einheimischen Träger die vierhundertachtundsiebzig Kilometer der Karawanenroute transportiert werden sollten. Roger wurde das größte und schwerste Teil anvertraut: der Schiffsrumpf. Er kümmerte sich um alles. Angefangen beim Bau eines riesigen Karrens, auf den der Rumpf gehievt wurde, bis zur Rekrutierung Hunderter Träger und Machetenarbeiter, die den Weg freischlugen und diese gewaltige Fracht über die Höhen und durch die Schluchten der Kristallberge zerrten. Er half mit bei der Aufschüttung von Erdwällen, der Errichtung der Zeltlager, versorgte Kranke und Verunglückte, schlichtete Streitigkeiten zwischen

Angehörigen der verschiedenen Stämme, teilte die Schichten der Wachposten ein, koordinierte die Essensausgabe, organisierte Jagd und Fischfang, wenn die Lebensmittel knapp wurden. Es waren drei Monate voller Widrigkeiten und Gefahren, die ihn dennoch mit einem ständigen Hochgefühl und dem Bewusstsein erfüllten, im Kampf gegen die feindliche Natur einen Beitrag zum Fortschritt zu leisten. Und das, wie Roger in den folgenden Jahren oft wiederholen sollte, ohne von der *Chicotte* Gebrauch zu machen, was er den Aufsehern verboten hatte, die auch »Sansibarer« genannt wurden, weil sie entweder tatsächlich aus Sansibar kamen, der Hauptstadt des Sklavenhandels, oder weil sie den Sklavenhändlern an Grausamkeit in nichts nachstanden.

Nachdem die *Florida* an der großen Lagune des Stanley Pool schließlich wieder zusammengebaut und zu Wasser gelassen worden war, fuhr Roger den Mittel- und Oberlauf des Kongos mit hinauf, um den Transport und die Warenlagerung in Ortschaften zu gewährleisten, die er Jahre später, auf seiner Reise im Winter 1903, erneut besuchen würde: Bolobo, Lukolela, die Region von Irebu und schließlich die Station Coquilhatville, ehemals Equateurville.

Der Zwischenfall mit Leutnant Francqui, der im Unterschied zu Roger keinerlei Vorbehalte gegen den Einsatz der *Chicotte* kannte, sie vielmehr freizügig gebrauchte, ereignete sich während Rogers Rückkehr von einer Reise in die Provinz Äquator, etwa fünfzig Kilometer flussaufwärts von Boma, in einem winzigen namenlosen Weiler. Leutnant Francqui hatte mit acht unter seinem Befehl stehenden einheimischen Soldaten der Force Publique eine Strafexpedition wegen des alten Problems der Träger unternommen. Nie waren es genug, um die Waren der Karawanen zu schultern, die zwischen Boma-Matadi und Léopoldville-Stanley Pool hin- und herreisten. Da die Stämme sich weigerten, mehr Leute für diese zermürbende Tätigkeit zur Verfügung zu stellen, unternahm die Force Publique, wie bisweilen auch die privaten Konzessionäre, Vorstöße in die aufmüpfigen Dörfer, wo nicht nur die arbeitsfähigen Männer gefesselt und mitgenommen, sondern gleich noch ein paar Hütten angezündet, Felle, Elfenbein und Tiere beschlagnahmt wurden und die Oberhäupter eine ordentliche Tracht Prügel verabreicht bekamen, damit sie in Zukunft ihren Verpflichtungen besser nachkämen.

Als Roger mit seiner kleinen Truppe von fünf Trägern und einem »Sansibarer« das Dorf betrat, waren die drei oder vier Hütten schon niedergebrannt und die Bewohner geflohen. Mit Ausnahme eines Jungen, beinahe noch ein Kind, der auf dem Boden lag, Hände und Füße an Pflöcke gefesselt, und auf dessen Rücken Leutnant Francqui mit einer *Chicotte* seinen ganzen Unmut ausließ. Normalerweise übernahmen das Auspeitschen die Soldaten, nicht die Offiziere. Der Leutnant betrachtete die Flucht der Dorfbewohner offenbar als eine persönliche Beleidigung und wollte sich selbst dafür rächen. Die Zornesröte stand ihm im schweißnassen Gesicht, und mit jedem Peitschenhieb stieß er ein vernehmbares Schnauben aus. Das Auftauchen von Roger und dessen Truppe schien ihn nicht zu stören. Er beschränkte sich darauf, Rogers Gruß mit einem Kopfnicken zu beantworten, ohne die Maßregelung zu unterbrechen. Der Junge hatte längst das Bewusstsein verloren. Sein Rücken und seine Beine waren blutig zerschunden, doch später sollte sich Roger vor allem an ein Detail erinnern: an dem kleinen nackten Körper zog eine Ameisenstraße vorbei.

»Sie haben kein Recht, so etwas zu tun, Leutnant Francqui«, rief er auf Französisch. »Es reicht jetzt!«

Der untersetzte Offizier senkte die *Chicotte* und drehte sich zu der großen, bärtigen Gestalt Rogers um, der einen Stock in den Händen hielt, mit dem er unterwegs das Terrain sondierte und sich den Weg durch das Dickicht bahnte. Ein Hündchen wuselte zwischen seinen Beinen herum. Das erhitzte runde Gesicht des Leutnants mit seinem gestutzten Bärtchen und den blinzelnden Augen wurde vor Überraschung blass, dann lief es wieder rot an.

»Was haben Sie gesagt?«, brüllte er. Roger sah, wie der andere die *Chicotte* losließ und mit der rechten Hand an seinem Revolvergürtel zu nesteln begann. Im Bruchteil einer Sekunde erkannte Roger, dass der Offizier wütend genug war, um auf ihn zu schießen. Er zögerte keine Sekunde, packte den Leutnant am Handgelenk, ehe der den Revolver ganz ziehen konnte, und schlug ihm die Waffe weg. Leutnant Francqui versuchte vergeblich, sich aus seinem Griff zu befreien. Seine Augen quollen hervor wie die eines Frosches.

Die acht Soldaten der Force Publique, die rauchend der Auspeitschung beigewohnt hatten, zeigten keine Regung, doch Roger nahm an, dass sie die Hände auf ihre Gewehre gelegt hatten und auf einen Befehl ihres Vorgesetzten warteten.

»Ich heiße Roger Casement, ich arbeite für die *Sanford Exploring Expedition*, und Sie kennen mich sehr gut, Leutnant Francqui, wir haben in Matadi einmal eine Partie Poker gespielt«, sagte er und ließ den Offizier los, bückte sich nach dem Revolver und gab ihn mit einer höflichen Geste zurück. »Wie Sie diesen Jungen auspeitschen, ist gesetzeswidrig, ganz egal, was er sich hat zuschulden kommen lassen. Als Offizier der Force Publique wissen Sie das besser als ich, ganz zweifellos sind Sie vertraut mit den Gesetzen des Kongo-Freistaats. Sollte dieser Junge infolge der Peitschenhiebe sterben, haben Sie ein Verbrechen auf dem Gewissen.«

»Mein Gewissen habe ich vorsorglich zu Hause gelassen, als ich in den Kongo kam«, entgegnete der Offizier. Sein Ausdruck war jetzt spöttisch, und er schien sich zu fragen, ob er es mit einem Clown oder einem Wahnsinnigen zu tun hatte. Sein Zorn hatte sich verflüchtigt. »Ein Glück, dass Sie so schnell waren, beinahe hätte ich Ihnen eine Kugel verpasst. Das hätte mich in eine schöne diplomatische Bredouille gebracht, einen Engländer umzulegen. Aber ich rate Ihnen, meinen Kollegen von der Force Publique nicht so in die Arbeit zu pfuschen. Die haben alle einen ziemlich üblen Charakter, mit denen könnte es Ihnen schlimmer ergehen als mit mir.«

Jetzt wirkte der Offizier eher niedergeschlagen. Er murmelte, jemand habe die Leute vorgewarnt. Jetzt müsse er mit leeren Händen nach Matadi zurückkehren. Er sagte nichts, als Roger seiner Truppe anordnete, den Jungen loszubinden und ihn in eine zwischen zwei Stöcken aufgespannte Hängematte zu legen, um ihn mit nach Boma zu nehmen. Als sie zwei Tage später dort eintrafen, war der Junge trotz seiner Verletzungen und des Blutverlusts noch am Leben. Roger lieferte ihn in der Krankenstation ab und begab sich ins Gericht, um Leutnant Francqui wegen Amtsmissbrauchs anzuzeigen. In den darauf folgenden Wochen wurde er zweimal für eine Zeugenaussage vorgeladen, doch die umständliche, idiotische Befragung durch den Richter deutete darauf hin, dass seine Anzeige ad acta gelegt werden würde, ohne dass der Offizier auch nur ermahnt würde.

Als das Urteil schließlich verkündet und die Anklage aus Mangel an Beweisen und wegen der Aussageverweigerung des Opfers fallengelassen wurde, hatte Roger bei der *Sanford Exploring Expedition* bereits gekündigt und arbeitete wieder unter Henry Morton Stanley – den die Kikongos der Region inzwischen Bula Matadi, »der die Steine bricht«, getauft hatten – an der Eisenbahnstrecke, die man parallel zur Karawanenroute anzulegen begonnen hatte. Den misshandelten Jungen behielt Roger bei sich, als Diener, Gehilfen und ständigen Begleiter auf seinen Reisen durch Afrika. Da er ihm nie seinen wirklichen Namen entlocken konnte, taufte Roger ihn Charlie. Er blieb sechzehn Jahre an Rogers Seite.

Rogers Kündigung ging auf eine Auseinandersetzung mit einem der leitenden Angestellten der *Sanford Exploring Expedition* zurück. Roger bedauerte sein Ausscheiden nicht, denn mit Stanley an der Eisenbahn zu arbeiten entsprach trotz aller Plackereien der ursprünglichen Vorstellung, mit der er nach Afrika gekommen war. Den Urwald zu roden und Berge zu sprengen, um die Eisenbahnschwellen und Gleise zu legen, war Pionierarbeit, wie er sie sich erträumt hatte. Stundenlang unter freiem Himmel, bei sengender Sonne oder heftigem Platzregen, Träger und Machetenarbeiter anzuleiten, die »Sansibarer« zu befehligen, die Arbeit der Trupps zu überwa-

chen, die den Boden für die Schwellen einebneten, feststampf-
ten und befestigten, das dichte Buschwerk lichteten, gaben
ihm das Gefühl, ein Werk zu vollbringen, aus dem Europäer
wie Afrikaner, Kolonialisten wie Kolonisierte, Nutzen ziehen
würden. Herbert Ward sagte einmal zu ihm: »Als ich dich
kennenlernte, hielt ich dich nur für einen Abenteurer. Jetzt
weiß ich, dass du ein Mystiker bist.«

Weniger gefiel es Roger, sich aus dem Urwald hinaus in die
Dörfer zu begeben und die Lastenträger und Machetenarbeiter für die Eisenbahn zu organisieren. Der Mangel an Arbeitskräften war zum Hauptproblem des stetig wachsenden Kon-
go-Freistaates geworden. Trotz der »Verträge«, die sie unterschrieben hatten, weigerten sich die Stammesoberhäupter,
die inzwischen durchschauten, was man wirklich von ihnen
wollte, dem Unternehmen Männer zu überlassen. Als Roger
noch bei der *Sanford Exploring Expedition* arbeitete, gelang
es ihm, diesen Widerstand zu brechen, indem er, obwohl das
Gesetz dies nicht vorsah, im Namen seiner Gesellschaft einen kleinen Lohn versprach, der normalerweise in Naturalien
ausbezahlt wurde. Auch andere Unternehmen führten diese
Praxis ein. Dennoch blieb es schwierig, Leute aufzutreiben.
Die Oberhäupter brachten vor, dass sie nicht auf Stammesmit-
glieder verzichten könnten, die durch Feldarbeit, Jagen und
Fischen das Dorf ernährten. Häufig versteckten sich die Männer in arbeitsfähigem Alter im Busch, wenn die Rekrutierer
nahten. Dann wurde auf Strafexpeditionen, Zwangsrekrutie-
rungen und die Maßnahme zurückgegriffen, die Frauen in den
sogenannten *Maisons d'Otages*, Geiselhäusern, einzusperren,
damit die Männer nicht fortliefen.

Sowohl unter Stanley als auch im Rahmen von Henry Shelton Sanfords Expedition war Roger regelmäßig dafür zuständig, mit den Stämmen die Übergabe von Arbeitern auszuhandeln. Sein Sprachtalent gereichte ihm dabei zum Vorteil, und
mit der zusätzlichen Hilfe von Übersetzern konnte er sich auf
Kikongo und Lingala – später auch auf Swahili – verständlich machen. Wenn die Einheimischen ihn ihre eigene Sprache

radebrechen hörten, verminderte das ihr Misstrauen. Seine sanften Umgangsformen, seine Geduld und seine respektvolle Haltung erleichterten den Dialog, ganz abgesehen von den Geschenken, die er mitbrachte: Kleidung, Messer und andere Gebrauchsgegenstände sowie Glasperlenschmuck, der überall so großen Anklang fand. Üblicherweise kehrte er mit einem halben Dutzend Männer zum Waldroden und Lastentragen ins Lager zurück. Man sagte ihm bald nach, ein »Negerfreund« zu sein, was einige unter seinen Kollegen mit Herablassung kommentierten und bei anderen, vor allem manchen Offizieren der Force Publique, offene Verachtung hervorrief.

Roger bereiteten diese Besuche in den Dörfern ein mit den Jahren wachsendes Unbehagen. Anfangs hatte er sie noch gern absolviert, weil sie seine Neugierde befriedigten, mehr über die Bräuche und Praktiken, über die Sprache, Tänze, Gesänge, die Kleidung und Ernährungsgewohnheiten dieser Menschen zu erfahren, deren naive Unschuld mit grausamen Ritualen einherging: In manchen Stämmen etwa wurden Zwillinge geopfert oder eine bestimmte Anzahl von Dienern – fast immer Sklaven – getötet und mit den verstorbenen Oberhäuptern begraben, ganz zu schweigen von dem fürchterlichen Kannibalismus einiger Gemeinschaften. Die Verhandlungen hinterließen in Roger eine Beklommenheit, das Gefühl, ein falsches Spiel mit diesen Menschen aus einer anderen Zeit getrieben zu haben, die ihn, sosehr er sich auch darum bemühte, niemals wirklich verstehen würden, weshalb ihn trotz aller Versuche, die Eingeborenen nicht zu übervorteilen, ein schlechtes Gewissen befiel, gegen seine Überzeugungen, gegen die Moral und gegen das »Erste Prinzip« gehandelt zu haben, wie er Gott nannte.

Und so reichte er nach kaum einem Jahr bei Stanleys *Chemin de fer* im Dezember 1888 seine Kündigung ein und reiste nach Ngombe Lutete, um dort in der baptistischen Mission des Ehepaars Bentley zu arbeiten. Zu diesem Entschluss kam er unverhofft durch eine nächtliche Unterhaltung, die er in Matadi mit einem Durchreisenden geführt hatte. Theodore

Horte hatte als Offizier bei der britischen Marine gedient. Er war aus dem Militärdienst ausgetreten, um im Kongo baptistischer Missionar zu werden. Die Baptisten waren dort präsent, seit David Livingstone mit seiner Erforschung des afrikanischen Kontinents und der Verbreitung des Evangeliums begonnen hatte. Inzwischen gab es Missionen in Palabala, Banza Manteke, Ngombe Lutete, und soeben war eine weitere namens Arlhington unweit von Stanley Pool gegründet worden. Jenes Gespräch hatte einen so tiefen Eindruck auf Roger gemacht, dass er es für den Rest seines Lebens nicht vergaß und selbst in jenen Tagen der Genesung von seinem dritten Malariaanfall in allen Einzelheiten hätte wiedergeben können.

Wer Theodore Horte zuhörte, hätte sich niemals vorstellen können, dass er einmal die Offizierslaufbahn eingeschlagen und an wichtigen militärischen Operationen der britischen Marine teilgenommen hatte. Seine Vergangenheit und sein Privatleben erwähnte der Mittfünfziger mit dem distinguierten Äußeren und den tadellosen Manieren nie. An jenem stillen Abend in Matadi, unter einem ungetrübten Sternenhimmel, der sich schimmernd im Fluss spiegelte, legten Roger und Horte sich nebeneinander in zwei Hängematten, ließen sich den warmen Wind durch die Haare streichen und beschlossen den Tag mit einer jener, wie Roger zunächst glaubte, üblichen Plaudereien nach dem Abendessen, die ihren Zweck darin hatten, einen langsam schläfrig zu stimmen. Doch bereits nach kurzer Zeit ließ ihre Unterhaltung Rogers Herz schneller schlagen. Pastor Hortes warme, sanfte Stimme flößte ihm Vertrauen ein, ermutigte ihn, Dinge auszusprechen, die er seinen Arbeitskollegen – außer gelegentlich Herbert Ward – und erst recht seinen Vorgesetzten nicht anvertrauen konnte. Sorgen, Ängste, Zweifel, die er verbarg, als handelte es sich um etwas Schändliches. Zum Beispiel, ob das alles überhaupt einen Sinn ergab. Ob das afrikanische Abenteuer Europas wirklich das war, was darüber gesagt, geschrieben, geglaubt wurde? Brachten freier Handel und Evangelisierung tatsächlich Zivilisation und Fortschritt? Konnte man diese Ungeheuer der Force

Publique, die alles an sich rissen, was ihnen gefiel, als Zivilisationsstifter bezeichnen? Wie viele der an der Kolonisierung beteiligten Kaufleute, Soldaten, Beamten, Abenteurer empfanden denn auch nur einen Funken Respekt vor den Einheimischen und betrachteten sie als Brüder und Schwestern oder zumindest als menschliche Wesen? Fünf Prozent vielleicht? Einer von Hundert? Er war während seiner Jahre hier jedenfalls nicht einmal einem Dutzend Europäern begegnet, in deren Augen die Schwarzen keine seelenlosen Tiere waren, die man bedenkenlos betrügen, auspeitschen, sogar töten durfte.

Theodore Horte hörte der bitteren Anklage Rogers schweigend und ohne überrascht zu wirken zu. Und er gestand, dass ihn selbst seit Jahren schreckliche Zweifel plagten. Trotzdem spreche, zumindest in der Theorie, doch vieles für die »Zivilisation«. Seien die Lebensbedingungen der Einheimischen etwa nicht entsetzlich? Seien die mangelnde Hygiene, der allgemeine Aberglaube, die Unkenntnis elementarster gesundheitlicher Vorkehrungen nicht schuld daran, dass sie wie die Fliegen starben? Sei dieses Leben, letztlich ein bloßes Überleben, nicht tragisch? Europa könne viel dazu beitragen, dass sie diese primitive Daseinsstufe überwänden. Und bedeute es außerdem nicht etwas Gutes, den wahren Gott kennenzulernen, statt ihrer Götzen den Gott der Christen anbeten zu können, den Gott der Liebe, Gnade und Gerechtigkeit? Zugegeben, viele schlechte Menschen seien in Afrika gelandet, womöglich der Pöbel Europas. Aber könne man daran nicht etwas ändern? Es galt, die positiven Aspekte des Alten Kontinents hier geltend zu machen. Nicht die Habgier der Kaufleute mit ihren schwarzen Seelen, sondern Wissenschaft, Gesetze, Bildung, die unantastbaren Menschenrechte, die christliche Ethik. Das Geschehene lasse sich nicht mehr rückgängig machen. Also sei es auch zwecklos, sich zu fragen, ob die Kolonisierung gut oder schlecht sei, ob es den Kongolesen ohne die Europäer, auf sich selbst gestellt, besser ergangen wäre. Wenn man etwas nicht rückgängig machen könne, solle man keine Zeit damit vergeuden, sich zu fragen, ob es besser nicht geschehen wäre.

Lieber solle man versuchen, es in die richtigen Bahnen zu lenken. Es bestehe immer die Möglichkeit, etwas Schiefes gerade zu biegen. War ebendas nicht die schönste Lehre Christi?

Als Roger ihn gegen Morgengrauen fragte, ob es für einen nicht besonders religiösen Menschen wie ihn möglich sei, in einer der Missionen am Unter- und Mittellauf des Kongos zu arbeiten, lachte Theodore Horte auf:

»Das muss einer von Gottes Winkelzügen sein«, rief er aus. »Das Ehepaar Bentley sucht für seine Mission in Ngombe Lutete jemanden, der bei der Buchhaltung hilft. Und nun stellen Sie mir diese Frage. Ist das nicht vielleicht doch mehr als reiner Zufall? Ein Zeichen, durch das Gott uns daran erinnern will, dass er über uns wacht und wir nie verzweifeln dürfen?«

Roger war von Januar bis März 1889 in der Mission von Ngombe Lutete tätig, eine kurze, aber intensive Zeit, die ihm über die Zweifel hinweghalf, die ihn seit einiger Zeit belasteten. Er verdiente gerade zehn Pfund wöchentlich, von denen er für seinen Unterhalt aufkommen musste. William Holman Bentley und seine Frau arbeiteten rund um die Uhr, mit tiefer Überzeugung und großem Elan, und die Mission war nicht nur ein religiöses Zentrum, sie war zugleich Krankenstation, Schule, Kaufladen und ein Ort, an dem man Neuigkeiten austauschen und Rat und Beistand finden konnte. Allmählich kam Roger das koloniale Abenteuer nicht mehr ganz so unbarmherzig vor, sondern auch vernünftig, vielleicht tatsächlich zivilisierend. Er wurde in diesem Gefühl bestärkt, wenn er die kleine Gemeinschaft konvertierter Afrikaner betrachtete, deren Kleidung, tägliche Choralproben und Teilnahme an den Katechismusstunden darauf hindeuteten, dass sie das Stammesleben hinter sich gelassen und ein zeitgemäßes christliches Leben zu führen begonnen hatten.

Rogers Arbeit beschränkte sich nicht darauf, Buch über Einkünfte und Ausgaben der Mission zu führen. Das nahm nur wenig Zeit in Anspruch. Er machte sich bei allem nützlich, half beim Unkrautjäten und Entlauben – es war ein täglicher Kampf, die kleine Lichtung, auf der die Mission stand, gegen die wuchernde Vegetation zu verteidigen – ebenso wie bei der Jagd auf Leoparden, die das Geflügel aus dem Gehege rissen. Er leitete Transporte durch den Busch oder über den Fluss, um Kranke, Arbeiter und Waren hin und her zu bringen, und betreute den Missionsladen, in dem die Einheimischen Dinge kaufen und verkaufen konnten. Üblicherweise betrieben sie Tauschhandel, es waren allerdings auch belgische Francs und britische Pfund im Umlauf. Das Ehepaar Bentley amüsierte sich über Rogers fehlenden Geschäftssinn und seine großzügige Art, denn er fand die Preise generell zu hoch und hätte sie am liebsten gesenkt, auch wenn er damit die Mission um die kleine Gewinnspanne gebracht hätte, mit der sie ihr bescheidenes Budget aufbesserte.

Trotz der Zuneigung, die er bald für die Bentleys empfand, und trotz der Befriedigung, die er darin fand, eine wohltätige Arbeit zu leisten, wusste Roger von Anfang an, dass sein Aufenthalt in der Mission von Ngombe Lutete nicht von Dauer sein würde. Es war eine ehrenvolle und altruistische Aufgabe, ihren wirklichen Sinn aber erhielt sie erst durch den Glauben, der etwa Theodore Horte und die Bentleys beseelte und der ihm selbst abging, sosehr er auch ihrem Beispiel zu folgen trachtete und die Bibel- und Katechismusstunden und den Sonntagsgottesdienst besuchte. Er war kein Atheist und auch kein Agnostiker, er negierte die Existenz Gottes nicht, doch ohne es recht erklären zu können, war es ihm unmöglich, sich im Schoß einer Kirche wohl zu fühlen, solidarisch und verbrüdert mit anderen Gläubigen, als Teil eines großen Ganzen. Er hatte versucht, es Theodore Horte während des langen Gesprächs in Matadi zu erklären, und war sich dabei wirr und unbeholfen vorgekommen. Der frühere Marineoffizier hatte ihn beruhigt: »Ich verstehe dich gut, Roger. Der Herr hat seine eigenen Wege. Er verursacht uns Unwohlsein und Unruhe und drängt uns auf die Suche. Bis sich eines Tages alles offenbart und Er sich zeigt. Es wird geschehen, du wirst sehen.«

In diesen drei Monaten geschah es jedenfalls nicht. Jetzt,

drei Jahre später, 1902, war sein Verhältnis zur Religion nach wie vor ungeklärt. Das Fieber war inzwischen gesunken, er hatte viel an Gewicht verloren, und obwohl er bisweilen noch an leichten Schwächeanfällen litt, ging er seinen Pflichten als Konsul von Boma wieder nach. Er stattete dem Generalgouverneur und den anderen Verwaltungsbeamten Besuche ab. Er nahm seine Schach- und Bridgepartien wieder auf. Die Regenzeit würde noch Monate andauern.

Als der Vertrag mit Reverend William Holman Bentley Ende März 1889 auslief, kehrte er nach fünfjähriger Abwesenheit nach England zurück.

V

»Hierherzukommen gehörte zu dem Schwierigsten, was ich in meinem ganzen Leben zu bewältigen hatte«, begrüßte ihn Alice und streckte ihm die Hand entgegen. »Ich dachte, es würde mir nie gelingen. Aber hier bin ich nun.«

Alice Stopford Green wirkte kühl, überlegt und unaufgeregt, doch Roger kannte sie gut genug, um zu wissen, dass sie zutiefst bewegt war. Er bemerkte das leise Beben in ihrer Stimme, und das Flattern ihrer Nasenflügel deutete darauf hin, dass etwas ihr Sorgen bereitete. Trotz ihrer beinahe siebzig Jahre hatte sie sich eine jugendliche Gestalt bewahrt. Die Falten konnten weder die Frische ihres sommersprossigen Gesichts noch den Glanz ihrer klug blitzenden Augen mindern. Sie war wie stets schlicht und elegant gekleidet, trug ein helles Kostüm mit luftiger Bluse und hohe Stiefeletten.

»Welche Freude, liebe Alice, welche Freude«, sagte Roger und nahm ihre Hände in seine. »Ich dachte, ich würde dich nie mehr wiedersehen.«

»Ich habe dir Bücher, etwas Süßes und Kleidung mitgebracht, aber die Wärter am Eingang haben mir alles weggenommen.« Sie sah hilflos aus. »Es tut mir leid. Geht es dir gut?«

»Ja, ja«, sagte Roger hastig. »Du hast die ganze Zeit über so viel für mich getan. Gibt es noch nichts Neues?«

»Das Kabinett tritt am Donnerstag zusammen«, sagte sie. »Ich weiß aus verlässlicher Quelle, dass deine Angelegenheit ganz oben auf der Tagesordnung steht. Wir tun alles Mögliche und Unmögliche, Roger. Das Gesuch hat beinahe fünfzig Unterschriften, lauter bekannte Persönlichkeiten. Wissenschaftler, Künstler, Schriftsteller, Politiker. John Devoy hat uns versichert, dass jeden Moment das Telegramm des Präsidenten der Vereinigten Staaten bei der englischen Regierung eintreffen müsse. Alle Freunde sind mobilisiert, um diese schmähliche Pressekampagne zu ersticken, ich meine zu widerlegen. Du weißt doch davon, nicht wahr?«

»In etwa«, sagte Roger mit unwilliger Miene. »Nachrichten von außen dringen nicht bis hierher, und die Wärter haben Befehl, nicht mit mir zu sprechen. Das tut nur der Sheriff, aber auch nur, um mich zu beschimpfen. Glaubst du, es besteht noch eine Chance, Alice?«

»Natürlich glaube ich das«, sagte sie entschieden, doch für Roger klang es wie eine wohlmeinende Lüge. »Alle meine Freunde versichern mir, dass das Kabinett einen einstimmigen Beschluss fassen muss. Wenn nur ein einziger Minister gegen die Hinrichtung ist, bist du gerettet. Und es scheint, dein ehemaliger Chef beim Foreign Office, Sir Edward Grey, ist dagegen. Gib die Hoffnung nicht auf, Roger.«

Diesmal befand sich der Sheriff des Pentonville-Gefängnisses nicht im Besucherraum. Nur ein sehr junger Wachmann, der mit demonstrativem Desinteresse durch das Türgitter auf den Korridor hinausblickte. ›Wären alle Wächter von Pentonville so diskret‹, dachte Roger, ›wäre das Leben hier um einiges erträglicher.‹ Ihm fiel ein, dass er Alice noch nicht zu den Vorfällen in Dublin befragt hatte.

»Ich habe gehört, dass Scotland Yard nach dem Osteraufstand dein Haus in Grosvenor Road durchsucht hat«, sagte er. »Arme Alice. War es sehr schlimm für dich?«

»Es geht. Sie haben alle Dokumente mitgenommen. Persönliche Briefe, Manuskripte. Ich hoffe, sie geben sie mir zurück, ich kann mir nicht vorstellen, dass sie ihnen von irgendeinem Nutzen sind.« Sie seufzte bekümmert. »Aber im Vergleich zu dem, was sie drüben in Irland ausstehen mussten, ist das gar nichts.«

Würde die gnadenlose Unterdrückung anhalten? Roger versuchte, nicht an die Erschießungen zu denken, die Toten, die Folgen dieser tragischen Woche. Doch Alice schien ihm anzumerken, dass er mehr erfahren wollte.

»Die Hinrichtungen haben offenbar aufgehört«, murmelte

sie mit einem Seitenblick auf den Wärter. »Wir schätzen, es sind etwa dreitausendfünfhundert Gefangene. Die meisten sind hierher nach England gebracht worden und auf Gefängnisse im ganzen Land verteilt worden. Wir haben achthundert Frauen unter ihnen identifiziert. Mehrere Vereinigungen helfen uns. Viele englische Anwälte haben sich angeboten, die Fälle pro bono zu übernehmen.«

Die Fragen überschlugen sich in Rogers Kopf. Wie viele Freunde unter den Toten, den Verletzten, den Gefangenen? Doch er hielt sich zurück. Wozu Dinge herausfinden, an denen er nichts ändern könnte und die ihn nur noch mehr verbittern würden?

»Soll ich dir etwas sagen, Alice? Einer der Gründe, weshalb ich auf eine Begnadigung hoffe, ist der Gedanke, dass ich sonst sterbe, ohne Irisch gelernt zu haben. Sollten sie mich begnadigen, werde ich es endlich tun, und ich verspreche dir, dass wir hier in diesem Besucherraum noch Gälisch reden werden.«

Sie nickte mit einem etwas bemühten Lächeln.

»Das Gälische ist eine schwierige Sprache«, sagte sie und tätschelte ihm den Arm. »Man braucht viel Zeit und Geduld, um es zu lernen. Du hast ein sehr ereignisreiches Leben geführt, mein Lieber. Aber du kannst dich damit trösten, dass wenige Iren so viel für Irland getan haben wie du.«

»Dank dir, liebe Alice. Ich stehe tief in deiner Schuld. Ich danke dir für deine Freundschaft, deine Großherzigkeit, deine Klugheit, deine Bildung. Die Dienstagabende in der Grosvenor Road mit all den außergewöhnlichen Menschen, in dieser angenehmen Atmosphäre. Es sind die schönsten Erinnerungen, die ich habe. Jetzt kann ich es dir sagen, liebste Freundin. Du hast mich die Vergangenheit und Kultur Irlands lieben gelernt. Du warst mir eine großmütige Lehrmeisterin, die mein Leben unendlich bereichert hat.«

Er sprach damit aus, was er stets empfunden und aus Scham immer verschwiegen hatte. Seit er sie kennengelernt hatte, hegte er große Bewunderung und Zuneigung für Alice Stopford Green, und ihre Bücher und Studien über die

Vergangenheit Irlands, seine Legenden und Mythen, und das Gälische hatten mehr als alles andere dazu beigetragen, Roger jenen »keltischen Stolz« zu vermitteln, den er mit solcher Inbrunst betonte, dass selbst seine nationalistischen Freunde ihn manchmal damit aufzogen. Er war Alice elf oder zwölf Jahre zuvor begegnet, als er sie um ihre Hilfe für die *Congo Reform Association* bat, die Roger gemeinsam mit dem britischen Journalisten französischer Abstammung Edmund D. Morel gegründet hatte. Damit begann der öffentliche Feldzug der beiden neuen Freunde gegen Leopold II. und seine machiavellistische Schöpfung, den Kongo-Freistaat. Die Entschiedenheit, mit der Alice der Kampagne beitrat und die Kongogräuel öffentlich anprangerte, brachte viele ihrer Schriftsteller- und Politikerfreunde dazu, sich ebenfalls anzuschließen. Alice nahm Roger unter ihre Fittiche, und wenn er sich in London aufhielt, besuchte er jede Woche den Salon der Schriftstellerin. An diesen Abenden nahmen Professoren, Journalisten, Dichter, Maler, Musiker und Politiker teil, die dem Imperialismus und Kolonialismus ebenfalls kritisch gegenüberstanden und für eine Politik des *Home Rule,* der autonomen Selbstverwaltung Irlands eintraten oder sogar radikale Nationalisten waren und die Unabhängigkeit für Éire forderten. In den eleganten Räumen des Hauses in der Grosvenor Road, das voll war mit den Büchern des Historikers John Richard Green, Alice' verstorbenem Ehemann, lernte Roger W. B. Yeats kennen, Sir Arthur Conan Doyle, Bernard Shaw, G. K. Chesterton, John Galsworthy, Robert Cunninghame Graham und viele weitere Schriftsteller, die damals in aller Munde waren.

»Ich habe eine Frage, die ich Gee gestern nicht zu stellen wagte«, sagte Roger. »Hat Conrad das Gesuch unterzeichnet? Weder mein Anwalt noch Gee haben seinen Namen erwähnt.«

Alice schüttelte den Kopf. »Ich habe ihm selbst geschrieben und ihn um seine Unterschrift gebeten«, sagte sie verstimmt. »Seine Gründe waren konfus. Er hat sich aus politischen Angelegenheiten immer herausgehalten. Vielleicht fühlt er sich als Eingebürgerter nicht sicher. Dazu kommt womöglich, dass er als Pole Deutschland so sehr hasst wie Russland, die beide sein Land über Jahrhunderte unterdrückt haben. Wie dem auch sei, ich weiß es nicht. Wir bedauern es alle sehr. Man kann ein großer Schriftsteller und zugleich ein Feigling in politischen Dingen sein. Das weißt du am allerbesten, Roger.«

Roger nickte. Er bereute seine Frage. Das Wissen um diese fehlende Unterschrift würde ihn jetzt ebenso quälen wie die Mitteilung durch seinen Anwalt Gavan Duffy, dass auch Edmund D. Morel das Gnadengesuch nicht hatte unterschreiben wollen. Sein Freund, sein Bruder *Bulldog*! Sein Gefährte im Kampf für die Eingeborenen des Kongos hatte sich auch geweigert, patriotische Pflicht in Kriegszeiten vorschützend.

»Dass Conrad nicht unterschrieben hat, ändert nicht viel«, sagte Alice. »Er hat keinerlei politischen Einfluss auf die Regierung von Asquith.«

»Nein, natürlich nicht«, sagte Roger.

Vielleicht war es nicht wichtig für den Ausgang des Gesuchs, doch für ihn, tief in seinem Inneren, war es das sehr wohl. Es hätte ihm gutgetan, sich in Momenten der Verzweiflung damit trösten zu können, dass eine angesehene Persönlichkeit wie Conrad, den so viele Menschen bewunderten, er selbst eingeschlossen, ihm bei dieser schweren Prüfung beistand und ihm durch diese Unterschrift sein Verständnis und seine Freundschaft bekundete.

»Du hast ihn vor langer Zeit kennengelernt, nicht wahr?«, fragte Alice, als lese sie seine Gedanken.

»Vor genau sechsundzwanzig Jahren. Im Juni 1890, im Kongo«, antwortete Roger. »Damals war er noch kein Schriftsteller. Allerdings sprach er von einem Roman, den er gerade begonnen hatte, wenn ich mich recht entsinne. *Almayers Wahn* vermutlich, sein erstes Buch. Er hat es mir später mit einer Widmung geschickt. Irgendwo muss ich es noch haben. Doch damals hatte er noch nichts veröffentlicht. Er war ein Seemann. Und sein Englisch war wegen seines starken polnischen Akzents kaum verständlich.«

»Das ist es noch immer nicht«, sagte Alice lächelnd. »Er

spricht nach wie vor mit furchtbarem Akzent. Als würde er Kieselsteine zermahlen, wie Bernard Shaw sagt. Aber er schreibt einfach himmlisch.«

Roger erinnerte sich an jenen Tag im Juni 1890, als der junge Kapitän der britischen Handelsmarine in Matadi eintraf, schwitzend in der Sommerhitze, die empfindliche Haut von Moskitos zerstochen. Der Mittdreißiger mit der hohen Stirn und dem pechschwarzen Bart, den tiefliegenden Augen und dem sehnigen Körper hieß Konrad Korzeniowski, ein Pole, der wenige Jahre zuvor die englische Staatsbürgerschaft angenommen hatte. Die *Société Anonyme Belge pour le Commerce du Haut-Congo* hatte ihn als Kapitän für eines der Dampfschiffe angeheuert, das Waren und Kaufleute zwischen Léopoldville und den Stanleyfällen hin- und herbeförderte. Es war seine erste Anstellung als Schiffskapitän, und er trat sie voller Enthusiasmus und mit großen Plänen an. Bei seiner Ankunft im Kongo glaubte er fest an die Mythen, die Leopold II. als großen Wohltäter der Menschheit darstellten, der alles tat, um Afrika zu zivilisieren. Der Pole hatte trotz seiner langjährigen Reisen auf den Ozeanen Asiens und Amerikas, seiner Mehrsprachigkeit und seiner Belesenheit etwas unschuldig Kindliches an sich, das Roger sofort für ihn einnahm. Die Sympathie beruhte wohl auf Gegenseitigkeit, denn vom Tag ihrer Begegnung bis zu Korzeniowskis Weiterreise nach Léopoldville, wohin er drei Wochen später mit dreißig Trägern über die Karawanenroute aufbrach, um das Kommando seines Schiffes *Le Roi des Belges* zu übernehmen, sahen sie sich morgens, mittags und abends.

Sie durchstreiften gemeinsam die Umgebung von Matadi, bis zu den spärlichen Überresten Vivis, der ersten Hauptstadt der Kolonie, und bis zur Mündung des Mpozo, wo die Stromschnellen und Katarakte der Livingstonefälle und der Teufelskessel vier Jahrhunderte zuvor die Weiterfahrt des Portugiesen Diego Cao verhindert hatten. In der Ebene von Lufundi zeigte Roger dem jungen Polen die Stelle, wo Henry Morton Stanley sein erstes Haus auf afrikanischem Boden gebaut hatte, das Jahre später bei einem Brand zerstört worden war. Vor allem jedoch unterhielten sie sich über Gott und die Welt und natürlich in erster Linie über das, was sich im soeben gegründeten Kongo-Freistaat zutrug, in dem Roger sich seit sechs Jahren aufhielt. Wenige Tage nach dem Beginn ihrer Freundschaft war Konrads Blick auf das Land ein anderer. Er fühlte sich »entjungfert«, wie er Roger zum Abschied an jenem Samstag, dem 28. Juni 1890, sagen sollte, als er im Morgengrauen in Richtung der Kristallberge aufbrach. »Sie haben mich entjungfert, Casement. Was Leopold II. betrifft, was den Kongo-Freistaat betrifft. Vielleicht, was das Leben betrifft.« Und theatralisch wiederholte er: »Entjungfert.«

Sie sollten sich während Rogers Aufenthalten in London noch mehrere Male sehen, auch schrieben sie sich einige Briefe. Dreizehn Jahre nach ihrer ersten Begegnung, im Juni 1903, erhielt Roger, der sich gerade in England aufhielt, eine Einladung von Joseph Conrad – der sich inzwischen so nannte und ein berühmter Schriftsteller geworden war –, ein Wochenende in Pent Farm zu verbringen, seinem kleinen Landhaus in Hythe, in der Grafschaft Kent. Der Romancier führte dort mit Frau und Sohn ein zurückgezogenes, genügsames Leben. Roger behielt diese beiden Tage in schöner Erinnerung. Conrad hatte mittlerweile silbrig meliertes Haar und einen dichten Bart, war korpulent geworden und redete mit einer gewissen intellektuellen Herablassung. Doch Roger gegenüber zeigte er sich außerordentlich herzlich. Als Roger ihm zu seinem Roman *Herz der Finsternis* gratulierte, den er gerade gelesen hatte und der ihn – so sagte er es Conrad – zutiefst bewegt hatte, weil man die Gräuel, die sich im Kongo zutrugen, nicht eindrücklicher hätte beschreiben können, unterbrach ihn der Schriftsteller mit einer Handbewegung.

»Sie müssten als Mitautor auf diesem Buch stehen, Casement«, sagte er und klopfte ihm auf die Schulter. »Ohne Ihre Hilfe hätte ich das nie geschrieben. Sie haben mir die Augen geöffnet. Was Afrika, den Kongo-Freistaat betrifft. Was die Bestie im Menschen betrifft.«

Als sie einmal nach Tisch zu zweit zusammensaßen – die diskrete Mrs. Conrad, eine Frau bescheidener Herkunft, hatte sich mit dem Kind zurückgezogen –, sagte Conrad nach einem zweiten Glas Porto, Roger verdiene sich für seinen Einsatz zugunsten der kongolesischen Einheimischen den Beinamen »britischer Bartolomé de las Casas«. Roger wurde bis über beide Ohren rot. Wie war es nun möglich, dass jemand, der ihn so schätzte, der ihn und Edmund D. Morel bei ihrer Kampagne gegen Leopold II. so unterstützt hatte, sich weigerte, ein Gesuch zu unterzeichnen, das einzig dazu gedacht war, ihm die Todesstrafe zu ersparen? Wie könnte das Conrad bei der Regierung in Misskredit bringen?

Er erinnerte sich weiterer sporadischer Begegnungen mit Conrad. Einmal trafen sie sich zufällig im Wellington Club am Grosvenor Place, wo Roger mit Kollegen des Foreign Office saß. Der Schriftsteller hatte darauf bestanden, Roger müsse noch einen Cognac mit ihm trinken, wenn er sich von seinen Begleitern verabschiedet hätte. Dabei hatten sie sich an die katastrophale Verfassung erinnert, in der Conrad sechs Monate nach seiner Abreise wieder in Matadi aufgetaucht war, wo Roger nach wie vor Depots und Transportwesen verwaltete. Konrad Korzeniowski war nur noch ein Schatten des begeisterten, optimistischen jungen Mannes gewesen, den Roger ein halbes Jahr zuvor kennengelernt hatte. Er wirkte um Jahre gealtert, war nervlich überspannt, und Parasiten im Magen hatten ihm chronischen Durchfall verursacht, wodurch er erheblich an Gewicht verloren hatte. Verbittert, wie er war, wollte er so schnell wie möglich nach London zurückkehren und von richtigen Ärzten behandelt werden.

»Ich sehe, der Busch ist nicht gerade glimpflich mit Ihnen umgesprungen, Konrad. Aber keine Sorge. Die Malaria braucht eben eine Weile, bis sie ganz verschwindet, auch wenn das Fieber schon abgeklungen ist.«

Sie saßen nach dem Abendessen auf der Terrasse des kleinen Hauses in Matadi, das Roger als Büro und Wohnsitz diente. Es war eine sternenlose Nacht, doch wenigstens regnete es nicht, und das Summen der Insekten lullte sie ein, während sie rauchten und an ihren Gläsern nippten.

»Das Schlimmste war nicht der Dschungel, dieses ungesunde Klima, das Sumpffieber, in dem ich beinahe zwei Wochen dahingedämmert bin«, klagte der Pole. »Nicht einmal diese schreckliche Dysenterie, wegen der ich fünf Tage lang Blut geschissen habe. Das Schlimmste, das Allerschlimmste, Casement, war es, Zeuge der entsetzlichen Dinge zu werden, die in diesem verfluchten Land tagtäglich geschehen. Die von den schwarzen Dämonen und den weißen Dämonen begangen werden, wohin man auch schaut.«

Konrad hatte in seinem kleinen Dampfer *Le Roi des Belges* eine Fahrt von Léopoldville zu den Stanleyfällen und zurück unternommen. Alles war auf dieser Reise schiefgegangen. Beinahe wäre er ertrunken, weil das Kanu kenterte, in dem die unerfahrenen Ruderer unweit von Léopoldville in einem Wasserstrudel hängen geblieben waren. Die Malaria streckte ihn mit solchen Fieberanfällen in seiner kleinen Kajüte nieder, dass er nicht mehr aus eigener Kraft aufstehen konnte. Er erfuhr, dass der letzte Kapitän der *Roi des Belges* bei einem Streit mit Eingeborenen von Pfeilen getötet worden war. Ein anderer Funktionär der belgischen Gesellschaft für den Handel am Oberlauf des Kongos, der in einem abgelegenen Dorf Elfenbein und Kautschuk abholen sollte und dort von Konrad aufgelesen wurde, starb auf der Reise an einer unbekannten Krankheit. Doch es waren nicht die körperlichen Strapazen, mit denen er zu kämpfen gehabt hatte, derentwegen der Pole außer sich war.

»Es ist die allgegenwärtige moralische Korruption in diesem Land, die Korruption der Seelen«, raunte er mit düsterer Stimme, wie im Bann einer apokalyptischen Vision.

»Ich habe versucht, Sie darauf vorzubereiten, als wir uns kennenlernten«, sagte Roger. »Es tut mir leid, Ihnen nicht konkreter geschildert zu haben, was Sie dort am Oberlauf des Kongos erwarten würde.«

Was hatte Konrad so entsetzt? Die Entdeckung, dass einige

Stämme noch so primitive Praktiken wie Kannibalismus betrieben? Dass es sowohl in den Dörfern als auch in den Handelsstationen nach wie vor Sklaven gab, die für ein paar Francs den Besitzer wechselten? Dass die vorgeblichen Befreier die Kongolesen weitaus grausameren Formen der Unterdrückung und Knechtschaft aussetzten? War es der Anblick der zernarbten Rücken gewesen? Zeuge geworden zu sein, wie ein Mensch bis aufs Blut ausgepeitscht wird? Roger fragte nicht nach Einzelheiten, doch der Kapitän der *Roi des Belges* hatte fraglos schreckliche Dinge erlebt, ehe er seinen Dreijahresvertrag kündigte, um auf der Stelle nach England zu fahren. Zu alledem war es bei seiner Rückkehr von den Stanleyfällen in Léopoldville noch zu einer heftigen Auseinandersetzung mit dem Direktor der Belgischen Gesellschaft für den Handel am Kongo-Oberlauf gekommen, mit Camille Delcommune, den er einen »Barbaren mit Weste und Hut« genannt hatte. Jetzt wollte er nur noch in die Zivilisation zurück, die für ihn von England repräsentiert wurde.

»Hast du *Herz der Finsternis* gelesen?«, fragte Roger Alice. »Glaubst du, es ist ein gerechter Blick auf die menschliche Natur?«

»Vermutlich nicht«, entgegnete Alice. »Als das Buch erschien, haben wir an einem unserer Dienstagabende lange darüber diskutiert. Dieser Roman ist eine Parabel, nach der Afrika die Europäer, die mit zivilisatorischen Absichten dorthin kommen, zu Barbaren macht. Dein *Bericht über den Kongo* hat das Gegenteil gezeigt. Dass nämlich wir Europäer es waren, die die Barbarei dorthin brachten. Außerdem warst du zwanzig Jahre in Afrika, ohne ein Wilder geworden zu sein. Du bist sogar zivilisierter zurückgekommen, als du aufgebrochen bist, in deinem damaligen Glauben an die Tugenden von Kolonialismus und Imperialismus.«

»Conrad sagte, im Kongo trete die moralische Korruptheit des Menschen zutage. Die der Weißen und die der Schwarzen. Mir hat *Herz der Finsternis* viele schlaflose Nächte bereitet. Ich glaube, er beschreibt darin nicht den Kongo. Er beschreibt darin die Hölle. Der Kongo ist ein Vorwand, um diese schaurige Vision darzustellen, die manche Katholiken von dem absoluten Bösen haben.«

»Es tut mir leid, Sie unterbrechen zu müssen.« Der Wärter hatte sich zu ihnen umgedreht. »Die Besuchszeit war zehn Minuten, jetzt sind schon fünfzehn um. Sie müssen sich verabschieden.«

Roger streckte Alice die Hand hin, doch zu seiner Überraschung umarmte sie ihn und zog ihn fest an sich. »Wir werden weiterhin alles tun, um dein Leben zu retten, Roger«, flüsterte sie ihm ins Ohr. Und er dachte: ›Wenn Alice sich solchen Überschwang erlaubt, muss sie überzeugt davon sein, dass das Gesuch abgelehnt wird.‹

Zurück in seiner Zelle, überkam ihn große Traurigkeit. Würde er Alice Stopford Green jemals wiedersehen? Sie bedeutete ihm so viel! Niemand sonst verkörperte für ihn so sehr seine Leidenschaft für Irland, seine letzte, innigste, hartnäckigste Leidenschaft, die ihn aufgezehrt hatte und ihm vermutlich den Tod bringen würde. Ich bereue nichts, sagte er sich. Die langen Jahrhunderte der Unterdrückung hatten Irland so viel Leid gebracht, dass es richtig gewesen war, sich für diese edle Sache zu opfern. Auch wenn er zweifelsohne gescheitert war. Sein ausgeklügelter Plan, die Unabhängigkeit von Éire zu beschleunigen, indem man die nationalistische Erhebung mit einer Offensive der Armee und Marine des deutschen Kaiserreichs gegen England koordinierte, war nicht aufgegangen. Und er war auch nicht in der Lage gewesen, den Aufstand aufzuhalten. Sean McDermott, Patrick Pearse, Éamonn Ceannt, Tom Clarke, Joseph Plunkett und etliche andere waren standrechtlich erschossen worden. Hunderte seiner Gefährten würden für weiß Gott wie viele Jahre in Gefängnissen verrotten. Wenigstens würde diese Rebellion ein Exempel statuieren, wie der gescheiterte Joseph Plunkett mit stolzer Entschlossenheit in Berlin gesagt hatte. Ein Exempel für bedingungslose Hingabe, Liebe und Opferbereitschaft, in einem ähnlichen Kampf, wie er ihn im Kongo gegen Leopold II.

und im Amazonasgebiet gegen Julio C. Arana und die Kautschukunternehmer von Putumayo ausgefochten hatte. Ein Kampf für Gerechtigkeit, ein Kampf der Hilflosen gegen die Übergriffe der Mächtigen und Despoten. Würde es mit der Kampagne, die ihn als Degenerierten und Verräter verunglimpfte, gelingen, alles andere auszulöschen? Aber was machte das letztlich schon. Das wirklich Wichtige wurde dort oben entschieden, das letzte Wort hatte Gott, der sich seit einiger Zeit endlich seiner zu erbarmen begann.

Auf seiner Pritsche liegend, dachte er mit geschlossenen Augen wieder an Joseph Conrad. Würde er sich besser fühlen, hätte der einstige Seemann das Gesuch unterzeichnet? Möglicherweise ja, vielleicht auch nicht. Was hatte Conrad an jenem Abend in seinem Häuschen in Kent gemeint, als er sagte: »Bevor ich in den Kongo fuhr, war ich bloß ein armes Tier«? Der Satz war Roger nahegegangen, auch wenn er ihn nicht ganz verstanden hatte. Was mochte er bedeuten? Vielleicht, dass jene sechs Monate am Mittel- und Oberlauf des Kongos, was er dort tat oder nicht tat, sah und hörte, in ihm tiefe Gedanken über das menschliche Dasein, die Erbsünde, das Böse, die Geschichte aufgeworfen hatten. Das konnte Roger gut verstehen. Auch ihn hatte der Kongo vermenschlicht, wenn menschlich zu sein bedeutete, die Extreme zu kennen, zu denen Vorurteile, Habsucht und Grausamkeit verleiten konnten. Der Kongo hatte ihm gezeigt, dass all dies zum Leben gehörte. Auch ihn hatte der Kongo »entjungfert«. Da erinnerte er sich, dass er mit zwanzig Jahren tatsächlich als Jungfrau nach Afrika gekommen war. War es nicht infam, dass die Presse ausgerechnet ihn als Abschaum bezeichnete, um mit den Worten des Sheriffs zu sprechen?

Um gegen seine wachsende Niedergeschlagenheit anzukämpfen, versuchte er sich vorzustellen, welch ein Genuss es wäre, ein ausgiebiges Schaumbad zu nehmen und sich dabei an einen anderen nackten Körper zu schmiegen.

VI

Er verließ Matadi am 5. Juni 1903 über die von Stanley geleg-
te Eisenbahnstrecke, an der er als junger Mann mitgearbeitet
hatte. Während der zwei Tage dauernden Fahrt bis nach Léopoldville kreisten seine Gedanken darum, dass er seinerzeit
der erste Weiße gewesen war, der im Nkissi schwamm, dem
größten Fluss auf der Karawanenroute zwischen Manyan-
ga und Stanley Pool. Das hatte er in seiner Leichtfertigkeit
bereits in kleineren Flüssen längs des unteren und mittleren
Kongos getan, im Kwilo, im Lukungu, im Mpozo und im
Lunzadi, in denen es ebenfalls Krokodile gab, ohne dass ihm
dabei etwas zugestoßen wäre. Doch der Nkissi war größer
und reißender, beinahe hundert Meter breit und wegen seiner
Nähe zum großen Katarakt voller Stromschnellen. Die Einheimischen warnten ihn, es sei riskant, die Strömung könne
ihn gegen die Felskanten schmettern. Und tatsächlich fühlte
Roger nach wenigen Brustzügen seine Beine von einem Sog
erfasst, der ihn in die Mitte des Gewässers abtrieb, sosehr er
auch versuchte, strampelnd dagegen anzuschwimmen. Als ihn
die Kräfte schon verließen und er einiges Wasser geschluckt
hatte, gelang es ihm, sich von einer Welle gegen das Ufer spülen zu lassen und an die Felsen zu klammern. Zerschunden
kletterte er schließlich wieder die Böschung hinauf, das Herz
wild pochend.

Die nun endlich angetretene Reise dauerte drei Monate
und zehn Tage. Rückblickend sagte sich Roger, dass sich in
dieser Zeit sein Wesen von Grund auf verändert hatte, er zu
einem anderen geworden war, deutlicher sah und verstand,
was es mit dem Kongo, mit Afrika, den Menschen, dem Kolonialismus, mit Irland und dem Leben überhaupt auf sich
hatte. Doch gleichzeitig brachten diese Erfahrungen auch eine

schwermütige Seite in ihm hervor. In den folgenden Jahren sollte er sich in Momenten der Mutlosigkeit oft wünschen, sich nie auf diese Fahrt zum Mittel- und Oberlauf des Kongos begeben zu haben, auf der er den Vorwürfen über die Misshandlungen von Einheimischen in den Kautschukzonen nachzugehen trachtete, die in London von einigen Kirchen und dem Journalisten Edmund D. Morel erhoben wurden. Vor allem Morel hatte es sich offenbar zur Lebensaufgabe gemacht, Leopold II. und den Kongo-Freistaat anzuprangern.

Auf der ersten Etappe zwischen Matadi und Léopoldville überraschte ihn, wie entvölkert die Landschaft war, dass Dörfer wie Tumba, wo er eine Nacht verbrachte, und die einst so belebten Siedlungen in den Tälern von Nsele und Ndolo beinahe völlig ausgestorben dalagen, nur ein paar gespenstische Alte durch den Staub humpelten oder mit geschlossenen Augen an Baumstämmen lehnten, wie schlafend oder erloschen.

Ein ums andere Mal betrat er in diesen drei Monaten und zehn Tagen menschenleere Dörfer, deren Einwohner vom Erdboden verschluckt schienen, Weiler, die er fünfzehn oder sechzehn Jahre zuvor besucht hatte, wo er übernachtet, Handel betrieben hatte und die inzwischen nicht mehr existierten. Überall wiederholte sich dieser Albtraum, an den Ufern des Kongos und seiner Nebenflüsse wie bei den Vorstößen ins Landesinnere, die Roger unternahm, um Missionare, Beamte, Offiziere und Soldaten der Force Publique zu befragen sowie die Einheimischen, mit denen er sich auf Lingala, Kikongo und Swahili oder mit der Hilfe von Dolmetschern in der jeweiligen Sprache verständigte. Wo waren all die Menschen? Er konnte sich noch gut an das Getümmel erinnern, die Kinderhorden, an tätowierte Frauen und Männer mit spitz gefeilten Schneidezähnen und Ketten aus Raubtierzähnen, die ihn umringten, begutachteten und betasteten. Wie war es möglich, dass sie sich innerhalb so weniger Jahre einfach in Luft aufgelöst hatten? Manche Dörfer waren ganz verschwunden, in anderen war die Bevölkerung auf die Hälfte, ein Drittel oder sogar ein bloßes Zehntel geschrumpft. An manchen Orten konnte er konkrete Zahlen erheben. Lukolela beispielsweise hatte bei Rogers Besuch 1884 über fünftausend Bewohner gezählt. Jetzt waren es gerade noch dreihundertzweiundfünfzig. Und die meisten Menschen zerrüttet von Alter oder Krankheit, so dass Roger nach einer weiteren Bestandsaufnahme zu dem Schluss kam, dass nur zweiundachtzig der Verbliebenen noch arbeitstüchtig waren. Was war mit den mehr als viertausend übrigen Einwohnern von Lukolela geschehen?

Die Erklärungen der Regierungsbeamten, der Angestellten der Kautschukunternehmen und der Offiziere der Force Publique lauteten alle gleich: Die Afrikaner stürben wie die Fliegen an Schlafkrankheit, Pocken, Typhus, Erkältung, Lungenentzündung, Malaria und anderen Plagen, ihre Körper seien infolge der schlechten Ernährung nicht gegen Krankheiten gewappnet und würden einfach dahingerafft. Und in der Tat richteten die Epidemien Verheerungen an. Vor allem die Schlafkrankheit, die, wie man wenige Jahre zuvor entdeckt hatte, von der Tsetsefliege übertragen wurde, griff über das Blut das Gehirn an und verursachte bei den Befallenen eine unheilbare Apathie und fortschreitende Lähmung. Doch zu diesem Zeitpunkt stellte Roger seine Fragen nach dem Grund für die Entvölkerung bereits nicht mehr auf der Suche nach Antworten, sondern um Bestätigung darüber zu erlangen, dass es sich bei den gängigen Erklärungen um abgekartete Lügen handelte. Er kannte die wahre Antwort inzwischen nur zu gut. Die Plagen, denen ein Großteil der Einheimischen am Mittel- und Oberlauf des Kongos zum Opfer gefallen waren, hießen Habgier, Grausamkeit und Kautschuk, es war die Unmenschlichkeit des Systems und die erbarmungslose Ausbeutung der Afrikaner durch die europäischen Kolonialherren.

In Léopoldville beschloss er, kein offizielles Transportmittel in Anspruch zu nehmen, um seine unabhängige Position zu wahren und von den Behörden nicht unter Druck gesetzt werden zu können. Mit Genehmigung des Foreign Office mietete er von der *American Baptist Missionary Union* das Dampfschiff *Henry Reed* mitsamt Besatzung. Die vorangehenden Verhandlungen waren ebenso langwierig gewesen wie die Beschaffung von Brennholz und Reiseproviant. So hielt er sich vom 6. Juni bis zum 2. Juli in Léopoldville auf, ehe das Schiff flussaufwärts ablegte. Doch seine Geduld zahlte sich aus. Dank der Freiheit, in seinem eigenen Schiff zu reisen, Kurs zu nehmen und anzulegen, wie es ihm beliebte, fand er Dinge heraus, die ihm unter der Ägide der Kolonialbehörde verborgen geblieben wären. Und er hätte niemals so viele Gespräche mit den Afrikanern selbst führen können, die sich ihm nur zu nähern wagten, nachdem sie sich vergewissert hatten, dass er von keinem belgischen Militär oder Zivilbeamten begleitet wurde.

Léopoldville war beträchtlich gewachsen, seit Roger sechs oder sieben Jahre zuvor das letzte Mal dort gewesen war. Neben den Häusern, Warendepots, Missionen und Geschäftsstellen gab es dort nun auch ein Gericht, Zollbehörden, Läden und Märkte. Das öffentliche Leben wurde von Funktionären, Richtern, Buchhaltern, Soldaten und Offizieren beherrscht. Auf Schritt und Tritt begegnete man Priestern und Pastoren. Eine florierende Stadt, die Roger vom ersten Moment an missfiel. Obwohl man ihm keinen schlechten Empfang bereitete. Vom Gouverneur über Richter und Inspektoren bis hin zum Polizeichef und den protestantischen Pastoren und katholischen Missionaren, die er besuchte, begegnete ihm jedermann freundlich. Alle gaben ihm bereitwillig Auskunft, allerdings sollte er in den folgenden Wochen dahinterkommen, dass diese Auskünfte unvollständig oder schlichtweg falsch waren. Feindseligkeit und Unterdrückung waren deutlich spürbar und prägten die Stimmung. Einen sehr viel angenehmeren, weniger beklemmenden Eindruck auf ihn machte dafür Brazzaville, die Hauptstadt des französischen Kongo auf der gegenüberliegenden Flussseite, zu der er zweimal übersetzte. Vielleicht wegen der breiter angelegten Straßen und der munteren Bewohner. Hier herrschte nicht die leicht ominöse Atmosphäre von Léopoldville. In den beinahe vier Wochen, die er dort verbrachte, um die Charterkonditionen für die *Henry*

Reed auszuhandeln, erfuhr er vieles, doch er wurde das Gefühl nie los, dass niemand wirklich bis zum Grund der Dinge gelangte, dass selbst die Menschen mit den besten Absichten ihm und sich selbst etwas verheimlichten, weil sie die Konfrontation mit einer grausamen, schuldbelasteten Wahrheit fürchteten.

Sein Freund Herbert Ward würde später sagen, das sei reine Einbildung, seine Erinnerung an Léopoldville sei durch die Dinge, die er in den nachfolgenden Wochen gehört und gesehen habe, getrübt worden. Allerdings hatte er auch nicht nur schlechte Erinnerungen an seinen Aufenthalt in dieser Stadt. Bei einem seiner morgendlichen Spaziergänge etwa kam Roger einmal an der Anlegestelle vorbei, wo seine Aufmerksamkeit von zwei halbnackten jungen Schwarzen auf sich gezogen wurde, die singend ein paar Boote entluden. Beide waren schlank und geschmeidig, und der Lederschurz, den sie trugen, verhüllte kaum ihre Hinterteile. In ihren rhythmischen Bewegungen beim Hantieren mit den Bündeln lag eine natürliche Harmonie und Schönheit. Roger sah ihnen lange zu. Er bedauerte, seinen Fotoapparat nicht bei sich zu haben. Er hätte sie gern abgebildet, um sich später erinnern zu können, dass nicht alles in dieser aufstrebenden Stadt Léopoldville hässlich und schäbig war.

Als die *Henry Reed* am 2. Juli 1903 ablegte und die riesige glatte Süßwasserlagune von Stanley Pool durchquerte, machte Roger im klaren Morgenlicht auf der französischen Flussseite ergriffen sandige Steilhänge aus, die ihn an die Kreidefelsen von Dover erinnerten. Große, in der Sonne schimmernde Ibisse überflogen in hochmütiger Eleganz die Lagune. Beinahe den ganzen Tag über blieb die Landschaft so unveränderlich schön. Ständig deuteten Dolmetscher, Lastenträger und Machetenarbeiter aufgeregt auf die Spuren von Elefanten, Nilpferden, Büffeln und Antilopen im Uferschlamm. Rogers Bulldoge John lief fröhlich auf dem Schiff umher, immer wieder in lautes Gebell ausbrechend. Doch als sie in Tshumbiri anlegten, um Holz zu laden, ging das Temperament des Hundes mit ihm durch, und in wenigen Augenblicken biss er ein Schwein, eine Ziege und den Wächter des Gemüsegartens, den die Pastoren der baptistischen Missionsgesellschaft bestellten. Roger verteilte zur Entschädigung Geschenke.

Ab dem zweiten Tag kamen ihnen kleine Dampfschiffe und Boote entgegen, die mit Körben voller Kautschuk den Kongo nach Léopoldville hinabfuhren. Dieser Anblick sollte sie für den Rest der Reise begleiten, wie auch die in Abständen aus dem Dickicht längs des Ufers herausragenden Masten der im Bau befindlichen Telegrafenlinie und Hüttendächer von Dörfern, deren Bewohner bei ihrem Näherkommen in den Busch flüchteten. In der Folge sollte Roger, wenn er die Einheimischen eines Dorfes nach ihren Sorgen und Bedürfnissen befragen wollte, zunächst einen Dolmetscher entsenden, der den Einwohnern erklärte, dass der britische Konsul allein, nicht in Begleitung eines belgischen Offiziers war.

Am dritten Tag der Reise bekamen sie in Bolobo, wo es ebenfalls eine baptistische Missionsgesellschaft gab, einen Vorgeschmack auf das, was sie von nun an erwarten sollte. Unter den baptistischen Missionaren beeindruckte Roger vor allem die Ärztin Lily de Hailes mit ihrer Energie, Klugheit und ihrem einnehmenden Wesen. Sie war groß, unermüdlich und anspruchslos, lebte seit vierzehn Jahren im Kongo, sprach mehrere Eingeborenensprachen und leitete das Krankenhaus für Einheimische mit großer Hingabe und Effizienz. Die Einrichtung war zum Bersten voll. Als sie an den in Hängematten, Feldbetten oder auf Bastmatten liegenden Patienten vorbeigingen, stellte Roger ihr die ehrlich gemeinte Frage, warum so viele von ihnen Verletzungen auf Rücken, Hinterteil und Beinen aufwiesen. Dr. Hailes blickte ihn nachsichtig an.

»Sie sind Opfer einer Plage namens *Chicotte*, Herr Konsul. Eine blutrünstigere Bestie als Löwe und Kobra. Gibt es in Boma und Matadi keine *Chicottes*?«

»Man setzt sie nicht so freizügig ein wie hier.«

Von der feuerroten Mähne, die Dr. Hailes als junge Frau wohl gehabt hatte, lugten unter ihrem Kopftuch jetzt nur noch ein paar Strähnen zwischen den grauen Haaren hervor. Ihr knochiges Gesicht, ihr Hals und die Arme waren sonnengegerbt, doch in ihren grünen Augen blitzte jugendlicher Eifer und unbezwingbarer Glaube auf.

»Und wenn Sie wissen möchten, warum so viele Kongolesen hier Bandagen um Hände und Geschlechtsteile haben, kann ich Ihnen das auch erklären«, fügte Lily de Hailes hinzu. »Denen haben die Soldaten der Force Publique Hand oder Penis abgeschlagen oder mit der Machete zerquetscht. Vergessen Sie das nicht in Ihrem Bericht. Solche Dinge werden in Europa üblicherweise verschwiegen, wenn es um den Kongo geht.«

An diesem Abend, nach den vielen Stunden, die er mit Hilfe der Dolmetscher mit den Kranken und Verletzten im Krankenhaus von Bolobo gesprochen hatte, bekam Roger keinen Bissen herunter. Die Pastoren der Mission und Dr. Hailes hatten ihm zu Ehren ein Grillhuhn zubereiten lassen, doch bedauernd entschuldigte er sich, er fühle sich nicht wohl. Ihm war, als müsste er sich bei dem kleinsten Bissen vor seinen Gastgebern übergeben.

»Wenn Ihnen das, was Sie hier gesehen haben, zu schaffen macht, sollten Sie vielleicht lieber nicht mit Hauptmann Massard sprechen«, riet ihm der Missionsvorsteher. »Eine Unterredung mit ihm ist nichts für Leute mit empfindlichem Magen, um es einmal so auszudrücken.«

»Dafür bin ich aber zum Mittellauf des Kongos gekommen, meine Herrschaften.«

Hauptmann Pierre Massard von der Force Publique war nicht in Bolobo, sondern in Mbongo stationiert, wo es eine Garnison und ein Lager gab, in dem künftige afrikanische Soldaten dieses für Ordnung und Sicherheit sorgenden Militärkorps ausgebildet wurden. Zurzeit befand Massard sich jedoch auf Inspektionsreise und hatte ein Zelt neben der Mission aufgeschlagen. Die Pastoren luden ihn zu einem Gespräch mit dem britischen Konsul ein, den sie vor dem berüchtigten, aufbrausenden Temperament des Offiziers warnten. Die Einheimischen nannten ihn »Malu Malu«, und unter vielen anderen traurigen Ruhmestaten wurde ihm zugeschrieben, drei ungehorsame Afrikaner hintereinander in einer Reihe aufgestellt und mit einer einzigen Kugel erschossen zu haben. Es war insofern ratsam, ihn nicht zu provozieren, denn er galt als unberechenbar.

Massard war kräftig und untersetzt, hatte einen eckigen Schädel mit raspelkurzem Haar, nikotingelbe Zähne und ein festgefrorenes Lächeln unter kleinen, leicht schräg stehenden Augen. Er sprach fispelig hoch wie eine Frau. Die Pastoren hatten Maniokgebäck und Mangosaft bereitgestellt. Sie selbst tranken keinen Alkohol, hatten aber nichts dagegen, dass Roger eine Flasche Brandy und Roséwein mitbrachte. Der Hauptmann schüttelte allen förmlich die Hand, begrüßte Roger mit einem übertriebenen Kopfnicken und nannte ihn »*Son Excellence, Monsieur le Consul*«. Sie stießen an, tranken und zündeten jeder eine Zigarette an.

»Wenn Sie erlauben, würde ich Ihnen gern eine Frage stellen, Hauptmann Massard«, sagte Roger.

»Wie gut Sie Französisch sprechen, Herr Konsul. Wo haben Sie das gelernt?«

»Als Junge in England. Aber richtige Fortschritte habe ich erst hier im Kongo gemacht, wo ich seit vielen Jahren lebe. Ich habe sicherlich einen belgischen Akzent.«

»Fragen Sie mich, was Sie wollen«, sagte Massard und trank einen Schluck. »Ihr Brandy ist übrigens ausgezeichnet.«

Die vier baptistischen Pastoren saßen wie versteinert um sie herum. Es waren zwei junge und zwei ältere Amerikaner. Dr. Hailes war zurück ins Krankenhaus gegangen. Es wurde dunkel, und das Sirren der nächtlichen Insekten setzte ein. Zur Abschreckung der Moskitos brannte ein kleines, leise knisterndes Lagerfeuer.

»Ich werde ganz offen mit Ihnen sein, Hauptmann Massard«, sagte Roger langsam, ohne die Stimme zu erheben. »Die zerquetschten Hände und abgeschnittenen Penisse, die ich im Krankenhaus von Bolobo gesehen habe, zeugen für mich von einer inakzeptablen Rohheit.«

»Das tun sie, natürlich tun sie das«, pflichtete ihm der Offizier mit angewiderter Miene sofort bei. »Und sie zeugen von etwas noch Schlimmerem: Vergeudung. Diese verstümmelten Männer können nicht mehr arbeiten, ihre Leistung wäre minimal. Bei dem Mangel an Arbeitskräften hier ist das wahrlich kriminell. Bringen Sie mir die Soldaten, die diese Hände und Penisse abgeschlagen haben, und ich werde ihnen den Rücken wund peitschen, bis sie kein Blut mehr in den Adern haben.«

Er seufzte beim Gedanken an die unvorstellbare Dummheit, die die Welt beherrschte. Dann nahm er einen Schluck Brandy und zog an seiner Zigarette.

»Erlauben es die Gesetze oder militärischen Vorschriften, die Eingeborenen so zu verstümmeln?«, fragte Roger.

Hauptmann Massard lachte auf, sein Gesicht war nicht mehr ganz so kantig, lustige Grübchen bildeten sich darin.

»Sie verbieten es kategorisch«, erklärte er und wedelte dabei in der Luft herum. »Aber machen Sie diesen zweibeinigen Tieren erst einmal klar, was Gesetze und Vorschriften sind. Kennen Sie sie nicht? Wenn Sie schon so viele Jahre im Kongo sind, sollten Sie das aber. Es ist leichter, einer Hyäne oder einer Zecke etwas beizubringen als einem Kongolesen.«

Er lachte wieder, doch beinahe im selben Moment wurde er von Wut ergriffen. Sein Ausdruck war jetzt hart und seine geschlitzten Äuglein verschwanden beinahe zwischen den wulstigen Lidern.

»Ich werde Ihnen sagen, was hier los ist, und dann werden Sie schon verstehen«, fuhr er seufzend fort, im Voraus ermüdet darüber, etwas ausführen zu müssen, das so einleuchtend war wie die Erde rund. »Dem allen liegt eine ganz einfache Überlegung zugrunde«, sagte er und verscheuchte wieder, diesmal heftiger wedelnd, einen unsichtbaren Feind. »Die Force Publique darf keine Munition verschwenden. Wir können unseren Soldaten nicht erlauben, mit den Patronen, die wir ihnen austeilen, auf Affen, Schlangen und anderes ekliges Getier zu schießen, das sie, manchmal noch roh, vertilgen. Bei ihrer Ausbildung lernen sie, dass die Munition nur zur

Selbstverteidigung verwendet werden darf, auf den Befehl eines Offiziers hin. Aber diese Neger begreifen einfach keine Befehle, da kann man sie auspeitschen, wie man will. Deshalb wurde diese Anweisung gegeben. Verstehen Sie jetzt, Herr Konsul?«

»Nein, ich verstehe rein gar nichts, Hauptmann«, sagte Roger. »Was für eine Anweisung?«

»Dass sie für jeden Schuss eine Hand oder den Penis desjenigen liefern müssen, auf den sie geschossen haben«, erklärte der Hauptmann. »Um zu beweisen, dass sie die Patronen nicht zum Jagen verpulvert haben. Eine recht vernünftige Form, der Munitionsverschwendung beizukommen, nicht wahr?«

Er seufzte wieder und trank noch einen Schluck Brandy. Dann spuckte er aus und fuhr mit erneut aufwallender Wut fort:

»Aber nein, verdammt. Weil diese Arschlöcher einen Weg gefunden haben, die Anweisung zu verhöhnen. Erraten Sie, wie?«

»Keine Ahnung«, sagte Roger.

»Ganz einfach. Indem sie lebenden Negern Hände und Penisse abschneiden, um vorzugeben, sie hätten auf Menschen geschossen, wenn sie tatsächlich Affen, Schlangen und anderen Schweinkram, den sie dann fressen, ins Visier genommen haben. Begreifen Sie jetzt, warum hier im Krankenhaus so viele arme Teufel ohne Hände und Schwänzlein sind?«

Hauptmann Massard machte eine lange Pause und trank seinen restlichen Brandy aus. Er wirkte plötzlich traurig, sein Mund verzog sich weinerlich.

»Wir tun, was wir können, Herr Konsul«, fügte er bedrückt hinzu. »Es ist alles andere als leicht, das versichere ich Ihnen. Diese Wilden sind nicht nur Rohlinge, sie sind außerdem von Geburt an verschlagen. Sie lügen, betrügen, haben keinerlei Gefühl oder Prinzipien. Nicht einmal die Angst bringt sie zur Vernunft. Ich versichere Ihnen, dass die Force Publique diejenigen hart bestraft, die anderen bei lebendigem Leib Hände und Schwänze abschneiden, um mit der staatlichen Munition zu jagen und uns zu hintergehen. Besuchen Sie unsere Posten und überzeugen Sie sich selbst, Herr Konsul.«

Die Unterhaltung mit Hauptmann Massard dauerte mindestens zwei Stunden, so lange, wie das Feuer zu ihren Füßen prasselte. Als sie Abschied voneinander nahmen, waren die vier baptistischen Pastoren längst schlafen gegangen. Der Offizier und der Konsul hatten den Brandy und den Wein ausgetrunken, trotzdem war Roger noch ganz klar im Kopf. Monate, Jahre später noch hätte er in allen Einzelheiten wiedergeben können, was Hauptmann Massard ihm erzählt hatte und wie der Alkohol sein eckiges Gesicht immer röter werden ließ. In den darauffolgenden Wochen würde er viele weitere Gespräche mit belgischen, italienischen, französischen und deutschen Offizieren der Force Publique führen und schreckliche Dinge zu hören bekommen, aber jene nächtliche Unterredung mit Hauptmann Massard in Bolobo sollte ihm stets als besonders eindrücklich in Erinnerung bleiben. Irgendwann wurde der Hauptmann sentimental. Er gestand Roger, wie sehr er seine Frau vermisse. Er habe sie seit zwei Jahren nicht gesehen und sie schreibe selten. Vielleicht liebe sie ihn nicht mehr. Womöglich habe sie einen Geliebten. Das wäre an sich nichts Ungewöhnliches. Vielen Offizieren und Beamten, die sich im Dienst für Belgien und seine Majestät, den König, in dieser Hölle lebendig begraben ließen, unter Krankheiten litten, von Schlangen gebissen würden, ohne den geringsten Komfort lebten, ergehe es so. Und wofür das alles? Für einen miserablen Lohn, von dem man kaum etwas beiseitelegen könne. Und danke man ihnen dort in Belgien etwa all die Opfer? Ach was, in der Metropole herrsche ein hartnäckiges Vorurteil gegen die »Kolonialisten«. Die Offiziere und Beamte, die aus der Kolonie zurückkehrten, würden diskriminiert, auf Abstand gehalten, als wären sie durch den Umgang mit den Wilden selbst zu Wilden geworden.

Als Hauptmann Massard sich immer schlüpfrigeren Themen zuwandte, versuchte Roger angewidert, sich zu verabschieden. Doch der Offizier war bereits allzu betrunken, und wollte er ihn nicht verstimmen oder reizen, musste Roger wohl oder übel ausharren. Während er ihm zuhörte und dabei gegen seinen Ekel ankämpfte, sagte er sich, dass er nicht in Bolobo war, um über andere zu richten, sondern um den Dingen nachzugehen und Informationen zu sammeln. Je exakter und ausführlicher sein Bericht wäre, desto wirksamer würde sein Beitrag im Kampf gegen die institutionalisierte Bosheit sein, die im Kongo inzwischen grassierte. Hauptmann Massard bedauerte die jungen Angehörigen der belgischen Armee, die voller Illusionen hierherkämen. Und was war mit ihrem Geschlechtsleben? Sie mussten ihre Verlobten, Ehefrauen und Geliebten in Europa zurücklassen. Und hier? In diesen gottverlassenen Einöden gebe es ja nicht einmal Huren, die diesen Namen verdienten. Nichts außer ein paar grässlichen schwarzen Weibern voller Ungeziefer, die man nur in volltrunkenem Zustand vögeln konnte, wobei man noch riskiere, Filzläuse, einen Tripper oder Syphilis einzufangen. Er beispielsweise habe damit Mühe. Was für ein Desaster, *Nom de Dieu*! Nie sei ihm so etwas in Europa passiert! Desaster im Bett, und das ihm, Pierre Massard! Und es war nicht einmal empfehlenswert, sich einen blasen zu lassen, angesichts der spitz gefeilten Zähne, die viele Negerinnen hätten, wer wisse schon, ob sie nicht einmal zubeißen und einen kastrieren würden.

Er fasste sich mit einer obszönen Grimasse zwischen die Beine und lachte laut auf. Roger ergriff die Gelegenheit und stand auf.

»Ich muss mich zurückziehen, Hauptmann. Ich breche morgen früh auf und würde gern noch ein wenig ruhen.«

Der Hauptmann schüttelte mechanisch Rogers Hand, sprach aber mit matter Stimme und glasigen Augen weiter, ohne sich von seinem Stuhl zu erheben. Als Roger sich entfernte, hörte er den anderen hinter sich murmeln, die militärische Laufbahn eingeschlagen zu haben, sei der größte Fehler seines Lebens gewesen.

Am nächsten Morgen legte die *Henry Reed* in Richtung Lukolela ab. Roger redete dort drei Tage und drei Nächte beinahe ohne Unterlass mit allen möglichen Personen: Beamten, Siedlern, Aufsehern, Eingeborenen. Dann fuhr er weiter bis Ikoko und zum Mantumba-See, an den das riesige »Besitz der Krone« genannte Gebiet grenzte. Ringsum waren die wichtigsten privaten Kautschukunternehmen tätig, die *Lulonga Company*, die *ABIR Company* und die *Société Anversoise du Commerce au Congo*, die über Konzessionen in der gesamten Region verfügte. Roger besuchte Dutzende von Dörfern, am Ufer des großen Sees wie im Inneren des Dschungels. Um zu den Dschungelsiedlungen zu gelangen, mussten sie auf kleine Kanus mit Paddeln oder Stangen umsteigen und anschließend stundenlang durch den finsteren Busch marschieren. Nicht selten wateten sie durch überschwemmtes oder sumpfiges Terrain, das Wasser bis zur Taille, inmitten von Wolken aus Moskitos und unter den lautlosen Silhouetten der Fledermäuse. Wochenlang ertrug Roger Erschöpfung, allerhand Widrigkeiten und das ungnädige Klima, ohne zu verzagen, von einer inneren Ruhelosigkeit getrieben, wie verhext, so sehr hatte er das Gefühl, jeden Tag, jede Stunde in immer tiefere Schichten von Leid und Niedertracht vorzudringen. Ob das die von Dante in der *Göttlichen Komödie* beschriebene Hölle war? Er hatte das Buch nicht gelesen, schwor sich in jenen Tagen aber, es zu tun, sobald er ein Exemplar in die Hände bekäme.

Die Einheimischen, die zu Beginn seiner Reise, kaum erblickten sie die *Henry Reed,* fortgelaufen waren, im Glauben, das kleine Dampfschiff brächte Soldaten mit sich, kamen ihm bald entgegen oder schickten Boten, damit er ihre Dörfer besuchte. Es hatte sich unter den Afrikanern herumgesprochen, dass der britische Konsul durch die Region zog, um Klagen und Bitten entgegenzunehmen, und so trugen sie ihm ihre Geschichten vor, eine schlimmer als die andere. Sie hielten ihn für mächtig genug, alles zu verbessern, was im Kongo im Argen lag. Vergebens erklärte er ihnen, dass er keinerlei Macht besaß. Er würde die Welt über die Ungerechtigkeiten und Verbrechen informieren, und Großbritannien und seine Alliierten würden von der belgischen Regierung verlangen, den Missständen ein

Ende zu bereiten und die Folterer und Kriminellen zu bestrafen. Das sei alles, was er tun könne. Verstanden sie das? Er war sich nicht einmal sicher, ob sie ihm überhaupt zuhörten. Sie hatten ein solches Bedürfnis, die Dinge zu erzählen, die ihnen zugestoßen waren, dass sie seinen Worten gar keine Beachtung schenkten. Verzweiflung und Wut sprudelten aus ihnen hervor, die Dolmetscher mussten sie unterbrechen, sie bitten, langsamer zu sprechen, damit sie ihre Arbeit tun konnten.

Roger hörte zu, machte sich Notizen. Später verbrachte er ganze Nächte damit, auf weiteren Zetteln und in Heften festzuhalten, was er gehört hatte, damit nichts davon verlorenging. Er aß kaum noch etwas. Er befürchtete so sehr, all die vollgeschriebenen Papiere könnten abhandenkommen, dass er nicht mehr wusste, wo er sie verstecken, welche Vorsichtsmaßnahmen er noch treffen sollte. Er sorgte dafür, dass sie sich stets in seiner Nähe befanden, indem er sie einem Träger anvertraute, der sich unter keinen Umständen von ihm entfernen durfte.

Er schlief wenig, und wenn die Müdigkeit ihn übermannte, suchten ihn Albträume heim, versetzten ihn mit ihren Schreckensvisionen in einen trostlosen Zustand, in dem alles den Sinn verlor: seine Familie, seine Freunde, seine Ideen, sein Land, seine Gefühle, seine Arbeit. In diesen Momenten fehlte ihm mehr denn je sein Freund Herbert Ward, mit seiner ansteckenden Begeisterung, seiner optimistischen Fröhlichkeit, der nichts und niemand etwas anhaben konnte.

Lange nach der Reise, als er den Bericht geschrieben, den Kongo verlassen hatte und seine zwanzig Jahre in Afrika eine ferne Erinnerung waren, sagte sich Roger oft, dass, würde man den Ursprung allen sich dort zutragenden Grauens mit einem Wort benennen wollen, es das Wort Habgier wäre. Habgier nach dem schwarzen Gold, das die kongolesischen Urwälder zum Unheil ihrer Bewohner im Überfluss bargen. Dieser Reichtum war der Fluch, der diese Unglückseligen getroffen hatte und der sie, würden die Dinge sich nicht ändern, vom Antlitz der Erde tilgen würde. Zu dieser Schlussfolgerung gelangte er während jener drei Monate und zehn Tage: Wenn der Kautschuk nicht vorher zu Ende ging, würde dieses System das Ende der Kongolesen bedeuten, die davon zu Tausenden und Abertausenden aufgerieben wurden.

Seine Erinnerungen an die Wochen nach ihrer Ankunft am Mantumba-See waren später sehr verworren. Hätte er in seinen Heften nicht so genau Buch geführt, hätte sich in seinem Gedächtnis alles überschlagen. Wenn er die Augen schloss, sah er immer wieder die Bilder von ebenholzfarbenen Körpern vor sich, über deren Schultern, Hinterteile und Beine sich rötliche Narben zogen wie kleine Schlangen, Kinder und Alte mit Armstümpfen und ausgehöhlten Gesichtern, aus denen alles Leben gewichen schien, zu Grimassen verzerrte Gesichter, in denen, mehr noch als Schmerz, die grenzenlose Fassungslosigkeit darüber lag, was ihnen zugefügt wurde. In allen Dörfern und Siedlungen wiederholte sich das ein ums andere Mal.

Die Gründe dafür waren denkbar einfach. Jedem Dorf wurden strenge Auflagen erteilt: wöchentliche oder zweiwöchentliche Quoten an Lebensmitteln – Maniok, Geflügel, Antilopenfleisch, Wildschweine, Ziegen oder Enten – für die Verpflegung der Force Publique in den Garnisonen und der Arbeiter, die Straßen bauten, Telegrafenmasten aufstellten und Anlegestellen und Warendepots errichteten. Außerdem musste jedes Dorf eine bestimmte Menge Kautschuk in selbstgeflochtenen Lianenkörben abgeben. Kamen sie diesen Verpflichtungen nicht nach, drohten unterschiedliche Strafen. Hatten sie weniger als die geforderten Mengen an Lebensmitteln oder Kautschuk geliefert, gab es Hiebe mit der *Chicotte*, nie weniger als zwanzig, manchmal bis zu fünfzig oder sogar hundert. Viele der so Bestraften verbluteten. Die – wenigen – Eingeborenen, die flüchteten, opferten damit ihre Familien, denn in diesem Fall wurden ihre Frauen als Geiseln in die *Maisons d'Otages* gebracht, die es in allen Garnisonen der Force Publique gab. Dort wurden sie ausgepeitscht, litten Hunger und Durst und bisweilen so perverse Folterungen wie die, ihre eigenen Exkremente und die ihrer Wächter herunterwürgen zu müssen.

Nicht einmal die von der Kolonialmacht – die sich aus den privaten Gesellschaften und denen des Königs zusammensetzte – erlassenen Verfügungen wurden respektiert. Allerorten sah sich das System von ebenden Soldaten und Offizieren, die es zur Anwendung bringen sollten, missbraucht und verschlimmert, denn Militärs und Regierungsbeamte erhöhten in den Dörfern die Quoten, um einen Teil der Lebensmittel und Kautschukkörbe einzubehalten und mit ihrem Verkauf kleine Geschäfte zu tätigen.

In allen Siedlungen, die Roger besuchte, wurden ihm von den Stammesoberhäuptern die gleichen Klagen vorgetragen: Wenn sämtliche Männer nur Kautschuk sammelten, wie sollten sie dann noch auf die Jagd gehen und Maniok und andere Nahrungsmittel anbauen, um Verwaltung, Vorgesetzten, Wächtern und Arbeitern Verpflegung zu verschaffen? Außerdem versiegte langsam der Kautschuk in den Bäumen, was die Sammler zwang, sich immer tiefer in den Busch zu begeben, in unbekannte, unwirtliche Regionen, wo viele von Leoparden, Löwen oder Schlangen angefallen wurden. Sosehr man sich auch anstrengte, es war unmöglich, alle Forderungen zu erfüllen.

Am 1. September 1903 wurde Roger neununddreißig Jahre alt. Sie fuhren an diesem Tag den Lopori entlang. Am Vortag hatten sie das Dorf Isi Isulo an den Abhängen des Bongandanga-Bergs hinter sich gelassen. Dieser Geburtstag sollte ihm in unauslöschlicher Erinnerung bleiben, als wäre es die Absicht Gottes oder womöglich des Teufels gewesen, ihm an ebendiesem Tag zu demonstrieren, dass die menschliche Grausamkeit keine Grenzen kannte, immer noch weiter gehen, sich in immer neuen Varianten äußern konnte.

An diesem Morgen war es bewölkt und Sturm drohte, doch das Gewitter kam nicht zum Ausbruch, und den ganzen Vormittag über war die Atmosphäre wie elektrisiert. Roger wollte gerade frühstücken, als ein Mönch aus der Trappistenmission von Coquilhatville zu der improvisierten Anlegestelle kam, an der die *Henry Reed* lag. Pater Hutot war groß und hager wie eine Figur von El Greco, hatte einen langen, ergrauten Bart, und sein Blick war aufgewühlt von Wut, Entsetzen oder Bestürzung oder allem zugleich.

»Ich weiß, weshalb Sie in dieser Gegend sind, Herr Konsul«, sagte er auf Französisch und reichte Roger eine knochige Hand. Seine Worte überschlugen sich, so dringend war ihm sein Anliegen. »Ich bitte Sie, begleiten Sie mich in das Dorf Walla. Es liegt nur eine oder eineinhalb Wegstunden von hier entfernt. Sie müssen es mit eigenen Augen sehen.«

»Gut, *mon père*«, sagte Roger und nickte. »Aber setzen Sie sich doch bitte, trinken Sie einen Kaffee und essen Sie etwas.«

Während sie frühstückten, erklärte Hutot dem Konsul, dass die Trappisten der Mission von Coquilhatville die Erlaubnis des Ordens hatten, die ihnen an anderen Orten obliegende strikte Klausur aufzuheben, um den Einheimischen mit einer Hilfe beizustehen, »deren sie so sehr bedürfen in diesem Land, in dem Beelzebub im Begriff scheint, die Schlacht gegen den Herrn zu gewinnen«.

Der Mönch wirkte aufgebracht, seine Stimme bebte, seine Hände zitterten und sein Blick huschte hin und her, unablässig blinzelte er. Er trug eine einfache Kutte voller Flecken, seine schlammverkrusteten, schrundigen Füße steckten in offenen Sandalen. Pater Hutot lebte seit beinahe zehn Jahren im Kongo. Seit acht Jahren zog er durch die verschiedenen Dörfer der Region. Er hatte den Gipfel des Bongandanga erklommen und war dort einem Leoparden begegnet, der, statt ihn anzufallen, beiseitegetreten und ihm den Weg freigemacht hatte. Er sprach mehrere Eingeborenensprachen und hatte das Vertrauen der Einheimischen gewonnen, vor allem der Leute aus Walla, »dieser Märtyrer«.

Sie schlugen einen schmalen Pfad zwischen hohen Bäumen ein, von Zeit zu Zeit mussten sie Bäche übersteigen. Man hörte die Rufe der Vögel, und manchmal flog ein Schwarm Papageien kreischend über ihren Köpfen hinweg. Roger fiel auf, wie sicher und ohne zu stolpern der Mönch durch den Busch marschierte, als sei er seit langem an diese Wanderungen quer durchs Dickicht gewöhnt. Unterwegs erzählte ihm Pater Hutot, was in Walla vorgefallen war. Da das bereits sehr drangsalierte Dorf das letzte Kontingent an Nahrungsmitteln, Kautschuk und Holz nicht vollständig abliefern und auch nicht die von den Behörden verlangten Arbeitskräfte hatte stellen können, wurde eine Delegation von dreißig Soldaten der Force Publique unter dem Befehl von Leutnant Tanville aus der Garnison von Coquilhatville dorthin abkommandiert. Als sie anrückten, flüchteten alle Bewohner in die Berge. Doch die Dolmetscher spürten sie auf und versicherten ihnen, sie könnten zurückkehren, es werde ihnen nichts geschehen. Leutnant Tanville wolle ihnen nur die neuen Verfügungen erläutern und mit dem Dorf verhandeln. Das Oberhaupt ordnete die Rückkehr an. Kaum waren sie im Dorf angelangt, fielen die Soldaten über sie her. Männer und Frauen wurden an Bäume gefesselt und ausgepeitscht. Eine Schwangere, die sich zum Urinieren entfernte, wurde von einem Soldaten niedergeschossen, weil er glaubte, sie wollte fliehen. Zehn Frauen wurden als Geiseln in die *Maison d'Otages* von Coquilhatville mitgenommen. Leutnant Tanville gab Walla eine Woche Frist, das Kontingent zu erfüllen, unter der Androhung, andernfalls die zehn Frauen zu erschießen und das Dorf niederzubrennen.

Als Pater Hutot wenige Tage nach diesen Vorfällen in Walla eintraf, sah er sich mit einer entsetzlichen Situation konfrontiert. Um die noch ausstehenden Quoten einzuhalten, hatten Familien des Dorfes ihre Söhne und Töchter und zwei der Männer ihre Frauen an Sklavenhändler verkauft, die heimlich durchs Land zogen. Der Trappistenmönch schätzte die verkauften Kinder und Frauen auf mindestens acht, es konnten aber auch mehr sein. Die Bewohner waren in Panik. Sie hatten Leute ausgeschickt, um Kautschuk und Lebensmittel zum Begleichen ihrer Schuld zu kaufen, waren sich aber nicht sicher, ob das Geld der Sklavenhändler ausreichen würde.

»Können Sie glauben, dass so etwas in dieser Welt geschieht, Herr Konsul?«

»Ja, *mon père*. Inzwischen glaube ich alles Böse und Schreckliche, was man mir erzählt. Wenn ich etwas im Kongo gelernt habe, dann, dass es keine blutrünstigere Bestie gibt als den Menschen.«

›Ich habe niemanden in Walla weinen gesehen‹, dachte Roger später. Er hörte auch niemanden klagen. Das Dorf wirkte wie von apathischen Wesen bewohnt, die über die Lichtung, zwischen den etwa dreißig Hütten aus Holzpflöcken und spitzen Palmblattdächern ziellos umherirrten, als wüssten sie nicht mehr, wer noch wo sie waren, als hätte ein böser Fluch sie alle in Phantome verwandelt. Doch Phantome, deren Rücken und Hinterteile mit Wunden übersät waren, manche noch offen und blutig.

Mit Hilfe von Pater Hutot, der fließend die Sprache des Stammes sprach, ging Roger seiner Arbeit nach. Er befragte jeden einzelnen Bewohner, hörte immer wieder, was ihm so oft bereits zu Ohren gekommen war und noch kommen sollte. Auch hier in Walla erstaunte es ihn, dass keines dieser armen Geschöpfe sich über das Offensichtliche beklagte: Mit welchem Recht waren diese Fremden gekommen, um sie zu beherrschen, auszubeuten und zu misshandeln? Sie hatten nur die Quoten vor Augen. Sie seien zu hoch, es übersteige das Menschenmögliche, so viel Kautschuk und so viele Lebensmittel zusammenzutragen, so viele Arbeitskräfte abzustellen. Sie baten nur, die Quoten ein wenig zu senken, damit sie sie erfüllen könnten und die Behörden zufrieden wären.

Roger übernachtete in dem Dorf. Am nächsten Tag verabschiedete er sich von Pater Hutot, seine Hefte voller Notizen und protokollierter Zeugenaussagen. Er hatte beschlossen, von der geplanten Route abzuweichen. Er kehrte zum Mantumba-See zurück, ging an Bord der *Henry Reed* und ließ Kurs auf Coquilhatville nehmen. Coquilhatville war eine große Ortschaft mit holprigen Erdstraßen, an denen zwischen Palmen und kleinen quadratischen Feldern verstreut Häuser lagen. Vom Schiff begab er sich direkt in die Garnison der Force Publique, ein großes Areal mit schlichten Gebäuden, das von einem gelblichen Pfahlzaun umgeben war.

Leutnant Tanville war unterwegs. Stattdessen empfing ihn Hauptmann Marcel Junieux, Garnisonschef und Verantwortlicher für alle Stationen und Posten der Force Publique in der Region. Junieux war ein großer, schlanker, durchtrainierter Mittvierziger mit sonnenverbrannter Haut und kurz geschorenem, bereits grauem Haar. Um seinen Hals hing ein Madonnenmedaillon, auf den Unterarm hatte er ein Tierchen tätowiert. Er bat Roger in ein rustikales Büro, an den Wänden hingen ein paar Wimpel und ein Portrait von Leopold II. in Paradeuniform, und bot ihm eine Tasse Kaffee an. Sie setzten sich zu beiden Seiten des kleinen Schreibtischs, der überhäuft war mit Notizbüchern, Landkarten, Linealen und Bleistiften. Rogers Stuhl war so wacklig, dass er bei jeder Bewegung zusammenzubrechen drohte. Der Hauptmann hatte in seiner Jugend in England gelebt, wo sein Vater Geschäfte betrieb, und sprach deshalb gut Englisch. Er war Berufsoffizier und hatte sich fünf Jahre zuvor als Freiwilliger für den Kongo gemeldet, »um dem Heimatland zu dienen, Herr Konsul«. Eine beißende Ironie klang aus diesen Worten.

Er war im Begriff, befördert und in die Metropole zurückgeschickt zu werden. Aufmerksam schien er Roger zuzuhören, ohne ihn ein einziges Mal zu unterbrechen. Seine ernste, undurchdringliche Miene verzog sich bei keiner Einzelheit. Roger war genau und ausführlich. Er stellte klar, was man ihm erzählt und was er mit eigenen Augen gesehen hatte: die vernarbten Rücken und Hinterteile, die Zeugenaussagen derer, die ihre Kinder verkauft hatten, um die Quoten zu erfüllen, denen sie nicht hatten nachkommen können. Er erklärte, dass die Regierung Seiner Majestät von diesen Gräueln unterrichtet werden würde, dass er es jedoch überdies für seine Pflicht halte, im Namen seiner Regierung Protest dagegen einzulegen, dass die Force Publique sich solch entsetzlicher Übergriffe verantwortlich mache wie derjenigen in Walla. Er könne selbst bezeugen, dass dieses Dorf sich in einen Vorhof der Hölle verwandelt habe. Als er verstummte, verzog Hauptmann Junieux weiterhin keine Miene. Eine ganze Weile verharrte er schweigend. Schließlich sagte er mit einer sachten Kopfbewegung:

»Wie Sie zweifellos wissen, Herr Konsul, machen wir von der Force Publique nicht die Gesetze. Wir sorgen nur dafür, dass sie eingehalten werden.«

Sein Blick war offen und direkt, ohne einen Anflug von Unbehagen oder Verärgerung.

»Ich kenne die Gesetze und Vorschriften, die im Kongo-Freistaat gelten. Sie enthalten nirgends die Erlaubnis, die Eingeborenen zu verstümmeln, blutig zu peitschen, die Frauen als Geiseln zu nehmen, um ihre Männer von der Flucht abzuhalten, und die Dörfer derartig zu schröpfen, dass Mütter ihre Kinder verkaufen müssen, um die Quoten an Lebensmitteln und Kautschuk zu liefern, die Sie von ihnen verlangen.«

»Wir?«, antwortete Hauptmann Junieux mit übertriebener Überraschung. Er schüttelte den Kopf, und das tätowierte Tierchen bewegte sich. »Wir verlangen nichts von niemandem. Wir erhalten Befehle und sorgen für deren Einhaltung, das ist alles. Die Force Publique setzt diese Quoten nicht fest, Mr. Casement. Das tun die Behörden und die Direktoren der Konzessionsgesellschaften. Wir sind die Exekutivgewalt einer Politik, die ohne unser Zutun gemacht wird. Niemand hat uns nach unserer Meinung gefragt. Hätte man es getan, stünden die Dinge vielleicht besser.«

Er hielt inne, und einen Moment lang wirkte er zerstreut. Durch die großen Fenster mit den Fliegengittern sah Roger ein viereckiges Stück Ödland, auf dem barfüßige afrikanische Soldaten in Armeehosen und mit nackten Oberkörpern in Reih und Glied marschierten. Ihre Richtungswechsel folgten dem Befehl eines Unteroffiziers, der seinerseits Stiefel, Uniformhemd und Käppi trug.

»Ich werde eine Untersuchung veranlassen. Sollte Leutnant Tanville Übergriffe begangen oder gedeckt haben, wird er bestraft werden«, sagte der Hauptmann. »Die Soldaten selbstverständlich auch, wenn sie es mit der *Chicotte* übertrieben haben. Das ist alles, was ich Ihnen versprechen kann. Das Übrige übersteigt meine Kompetenzen, ist Sache der Justiz. Dieses System zu ändern obliegt nicht dem Militär, sondern Richtern und Politikern. Der Regierung. Ich nehme an, das wissen Sie selbst.«

In seiner Stimme schwang plötzlich ein mutloser Unterton mit.

»Nichts wäre mir lieber, als dass dieses System verändert würde. Mir gefällt auch nicht, was hier geschieht. Was man uns zu tun zwingt, geht gegen meine Prinzipien.« Er berührte das Medaillon um seinen Hals. »Gegen meinen Glauben. Ich bin ein sehr katholischer Mensch. In Europa habe ich mich immer bemüht, in Übereinstimmung mit der Religion zu handeln. Hier im Kongo ist das unmöglich, Herr Konsul. Das ist die traurige Wahrheit. Deshalb bin ich froh, nach Belgien zurückzukehren. Und ich werde bestimmt nie wieder einen Fuß nach Afrika setzen, das versichere ich Ihnen.«

Hauptmann Junieux erhob sich und trat an eines der Fenster. Eine Weile blieb er schweigend dort stehen und beobachtete die Rekruten, die sich in schiefen Reihen gegenseitig anrempelten und denen es nie gelang, ihre Schritte aufeinander abzustimmen.

»Wenn das so ist, könnten Sie sich dafür einsetzen, den Verbrechen hier ein Ende zu bereiten«, murmelte Roger. »Wir Europäer sind schließlich nicht nach Afrika gekommen, um das hier anzurichten.«

»Ach nein?« Hauptmann Junieux drehte sich zu ihm um, und Roger bemerkte, dass der Offizier blass geworden war. »Wofür sind wir dann gekommen? Ach ja, stimmt, um Zivilisation, Christentum und freien Handel zu bringen. Und daran glauben Sie noch, Mr. Casement?«

»Nein«, entgegnete Roger. »Früher glaubte ich das, ja. Aus tiefster Seele. Viele Jahre lang habe ich in meinem jugendlichen Idealismus und meiner Naivität daran geglaubt. Dass

Europäer nach Afrika kamen, um Menschenleben und Seelen zu retten, die Wilden zu zivilisieren. Inzwischen weiß ich, wie sehr ich mich geirrt habe.«

Hauptmann Junieux' Ausdruck veränderte sich, und Roger kam es vor, als würde die Maske des Militärs für einen Moment von ihm abfallen und den Menschen dahinter erkennen lassen. In seinem Blick auf ihn lag etwas von der mitleidigen Sympathie, mit der man einen Narren betrachtet.

»Ich bemühe mich, für diese Jugendsünde zu sühnen, Hauptmann. Deshalb bin ich bis nach Coquilhatville gekommen. Deshalb bin ich dabei, so sorgfältig wie möglich die Missbräuche zu dokumentieren, die hier im Namen der vermeintlichen Zivilisation begangen werden.«

»Da wünsche ich Ihnen viel Erfolg, Herr Konsul«, sagte Hauptmann Junieux mit einem spöttischen Lächeln. »Ich befürchte nur, den werden Sie nicht haben, wenn Sie mir die Offenheit erlauben. Keine menschliche Macht kann dieses System ändern. Dafür ist es zu spät.«

»Wenn Sie nichts dagegen haben, würde ich gern das Gefängnis und die *Maison d'Otages* besichtigen, wo man die Frauen aus Walla hingebracht hat«, wechselte Roger abrupt das Thema.

»Sie können besichtigen, was Sie wollen«, nickte der Offizier. »Fühlen Sie sich wie zu Hause. Lassen Sie mich nur eines wiederholen: Wir haben den Kongo-Freistaat nicht erfunden. Wir sorgen einzig dafür, dass er funktioniert. Wir sind selbst seine Opfer.«

Das Gefängnis war ein fensterloser Schuppen aus Holz und Backsteinen mit einem einzigen Eingang, der von zwei eingeborenen Soldaten mit Gewehren bewacht wurde. Ein Dutzend Männer, manche sehr alt, lagen darin halbnackt auf dem Boden, zwei waren an Eisenringe in der Wand gekettet. Es waren nicht die resignierten Mienen dieser ihn stumm beobachtenden Skelette, die ihn am meisten schockierten, während er den Raum abschritt, sondern der beißende Gestank nach Urin und Exkrementen.

»Wir haben versucht, ihnen beizubringen, ihre Bedürfnisse in diesen Eimern zu erledigen«, sagte der Hauptmann und deutete auf ein Behältnis. »Aber das sind sie nicht gewöhnt. Sie ziehen den Boden vor. Von mir aus. Der Geruch stört sie nicht. Vielleicht fällt er ihnen nicht mal auf.«

Die *Maison d'Otages* war kleiner, doch es bot sich ein dramatischer Anblick, denn der Schuppen war so überfüllt, dass Roger zwischen den aneinandergedrängten halbnackten Körpern kaum durchkam. Viele Frauen standen, weil der enge Raum ihnen weder Platz zum Liegen noch zum Sitzen ließ.

»Das ist eine Ausnahme«, sagte Hauptmann Junieux. »Sonst sind hier nie so viele. Heute Abend werden wir die Hälfte von ihnen in eines der Soldatenquartiere verlegen, damit sie schlafen können.«

Auch hier war der Gestank nach Urin und Exkrementen unerträglich. Manche Frauen waren sehr jung, beinahe noch Mädchen. Alle hatten den gleichen umnachteten Blick, den Roger im Laufe dieser Reise an so vielen Kongolesinnen bemerken sollte. Eine der Geiseln hielt ein Neugeborenes im Arm, das so stillhielt, als sei es tot.

»Nach welchen Kriterien werden sie freigelassen?«, fragte der Konsul.

»Das entscheide nicht ich, sondern ein Magistrat, Herr Konsul. Es gibt drei in Coquilhatville. Und einziges Kriterium ist, dass die Männer die ausstehenden Quoten abliefern, dann können sie ihre Frauen mitnehmen.«

»Und wenn sie das nicht tun?«

Der Hauptmann zuckte mit den Schultern.

»Manchen gelingt es, zu entkommen«, sagte er mit gesenkter Stimme und abgewandtem Blick. »Andere nehmen die Soldaten sich als Frauen. Das sind die, die am meisten Glück haben. Ein paar werden verrückt und bringen sich um. Manche sterben an Kummer, Cholera oder Hunger. Wie Sie sehen konnten, haben sie kaum zu essen. Auch das ist nicht unsere Schuld. Wir erhalten nicht einmal genug Lebensmittel für unsere Soldaten, von den Gefangenen ganz zu schweigen. Manchmal führen wir kleine Kollekten unter den Offizieren durch, um die Verpflegung aufzubessern. So ist das hier. Ich bedauere es als Allererster. Sollte es Ihnen gelingen, eine Verbesserung zu bewirken, wird die Force Publique es Ihnen danken.«

Roger begab sich nach Coquilhatville, um die drei belgischen Magistrate aufzusuchen, wurde jedoch nur von einem empfangen, die anderen beiden ließen sich unter einem Vorwand entschuldigen. Maître Duval, ein rundlicher blasierter Mann um die fünfzig, der ungeachtet der tropischen Hitze Weste, Manschetten und Gehrock mit Uhrkette trug, führte ihn in seine schmucklose Amtsstube und bot ihm eine Tasse Tee an. Höflich hörte er Roger zu, während der Schweiß ihm in Strömen herabfloss. Von Zeit zu Zeit wischte er sich mit einem bereits feuchten Taschentuch das Gesicht ab. Zwischendurch schüttelte er den Kopf oder machte eine bedauernde Miene über etwas, das Roger gesagt hatte. Als Roger geendet hatte, bat Duval ihn, dies alles schriftlich festzuhalten. So könne er bei dem Gericht, dem er angehöre, eine Klage einreichen, damit eine offizielle Untersuchung über diese bedauernswerte Episode eingeleitet würde. Allerdings sei es womöglich ratsamer, korrigierte sich Maître Duval und hielt sich einen Finger nachdenklich ans Kinn, diesen Bericht direkt dem Obersten Gerichtshof vorzulegen, der inzwischen in Léopoldville eingerichtet sei. Da es sich um eine höhere und einflussreichere Instanz handele, könne sie durchschlagendere Maßnahmen in der ganzen Kolonie veranlassen. Nicht nur, um die Sachlage zu verbessern, sondern auch, um für die Familien der Opfer und für die Opfer selbst Entschädigungen zu erwirken. Roger sagte, das werde er tun. Er verabschiedete sich, davon überzeugt, dass Maître Duval keinen Finger rühren würde, genauso wenig wie der Oberste Gerichtshof in Léopoldville. Trotzdem würde er das Schriftstück einreichen.

Gegen Abend, er stand kurz vor der Abreise, überbrachte ein Afrikaner ihm die Botschaft, die Mönche der Trappistenmission würden ihn gern noch einmal sehen. In der Mission traf er erneut auf Pater Hutot. Die sechs Mönche wollten ihn bitten, auf seinem Schiff heimlich eine Handvoll Flüchtlinge mitzunehmen, die sie seit Tagen im Kloster versteckt hielten. Sie kämen alle aus dem Dorf Bonginda, das flussaufwärts am Kongo liege und in dem die Force Publique, weil sie ihre Quoten nicht hätten einhalten können, eine ebenso harsche Strafoperation durchgeführt habe wie in Walla.

Das Trappistenkloster von Coquilhatville war ein großes zweistöckiges, mit Steinen und Holz befestigtes Lehmhaus, das von außen wie eine Festung aussah. Die Fenster waren mit Brettern vernagelt. Der portugiesische Abt Dom Jesualdo und zwei der Mönche waren sehr betagt, ihre ausgemergelten Körper wirkten in den weißen Tuniken mit den schwarzen Kreuzen und groben Ledergürteln etwas verloren. Nur die älteren der Gruppe hatten Gelübde abgelegt, die übrigen waren Laienbrüder. Als handle es sich um ein Erkennungsmerkmal der hiesigen Trappisten, waren alle so klapperdürr wie Pater Hutot. Innen erwies sich das Gebäude als hell, denn nur Kapelle, Speisesaal und Schlafkammern der Mönche waren überdacht. In der äußeren Umfriedung gab es einen Gemüsegarten, ein Geflügelgehege, einen Friedhof und eine offene Küche mit einer großen Kochstelle.

»Welcher Vergehen haben sich diese Leute schuldig gemacht, die ich ohne Wissen der Behörden von hier fortbringen soll?«

»Arm zu sein, Herr Konsul«, antwortete Dom Jesualdo bekümmert. »Das wissen Sie nur zu gut. Sie haben gerade in Walla gesehen, was es bedeutet, ein einfacher, armer Kongolese zu sein.«

Roger nickte. Sicherlich wäre es eine barmherzige Tat, der Bitte der Trappisten nachzukommen und zu helfen. Dennoch zögerte er. Es war riskant, als Diplomat Justizflüchtigen zu helfen, so ungerecht die gegen sie vorgebrachten Anschuldigungen auch sein mochten, es konnte Großbritannien kompromittieren und seiner Aufgabe schaden, Informationen für das Foreign Office zu sammeln.

»Kann ich sie sehen und mit ihnen sprechen?«

Dom Jesualdo nickte. Pater Hutot entfernte sich und kehrte kurz darauf mit der kleinen Gruppe zurück. Es waren vier Männer und drei Jungen. Allen war die linke Hand entweder abgeschlagen oder zerschmettert worden. Auf Rücken und Brust trugen sie Spuren der *Chicotte*. Ihr Oberhaupt, Mansunda, trug einen Federbusch auf dem Kopf und eine Kette aus Raubtierzähnen; sein Gesicht zierten alte Narben der Initiationsriten seines Stammes. Pater Hutot diente als Dolmetscher. Das Dorf Bonginda hatte zweimal in Folge nicht genügend Kautschuk an die Gesandten der Konzessionsgesellschaft *Compañía Lulonga* abgeliefert, da der Latex in den Bäumen der Gegend versiegt war. Daraufhin begannen die von der Force Publique in das Dorf abkommandierten afrikanischen Wachposten, die Bewohner auszupeitschen und ihnen Hände und Füße abzuhacken. Im Dorf kam es zu einem Aufstand, ein Soldat wurde getötet, die anderen suchten das Weite. Wenige Tage später fiel eine Abordnung der Force Publique in Bonginda ein, zündete alle Hütten an, ließ etliche Männer und Frauen darin verbrennen und ermordete andere, ehe sie die restlichen Bewohner ins Gefängnis und in die *Maison d'Otages* von Coquilhatville brachte. Mansunda ging davon aus, dass sie allein mit Hilfe der Trappistenmönche entkommen konnten. Sollte die Force Publique ihrer habhaft werden, stünde auch ihnen der Tod bevor, denn im Kongo würden Eingeborenenaufstände stets mit der Auslöschung der gesamten Gemeinschaft bestraft.

»Gut, *mon père*«, sagte Casement. »Ich werde sie auf der *Henry Reed* von hier wegbringen. Aber nur bis zum nächsten französischen Ufer.«

»Gott wird es Ihnen danken, Herr Konsul«, sagte Pater Hutot.

»Da bin ich mir nicht so sicher, *mon père*«, entgegnete der Konsul. »In diesem Fall handeln wir beide gegen das Gesetz.«

»Das Gesetz der Menschen«, sagte der Trappistenmönch. »Und wir überschreiten es, um Gottes Gesetz treu sein zu können.«

Roger nahm mit den Mönchen ein karges, fleischloses Mahl ein und unterhielt sich lange mit ihnen. Dom Jesualdo sagte leicht scherzend, die Trappisten brächen ihm zu Ehren das Schweigegebot, das sonst im Orden herrsche. Allerdings wirkten die Mönche und Laienbrüder angesichts der Geschehnisse im Land so niedergeschlagen wie er selbst. »Wie konnte es so weit kommen?«, fragte er sich laut. Und er erzählte ihnen, mit welchem Enthusiasmus er neunzehn Jahre zuvor in Afrika eingetroffen war, wie überzeugt er gewesen war, der Kolonialismus würde den Afrikanern ein menschenwürdigeres Dasein bringen. Wie war es möglich, dass die Kolonisierung zu diesem entsetzlichen Raubzug geworden war, dass Menschen, die sich Christen nannten, unschuldige Wesen folterten, verstümmelten und töteten, selbst Kinder und Alte solch unvorstellbaren Grausamkeiten aussetzten? Waren die Europäer nicht eben gekommen, um dem Sklavenhandel ein Ende zu setzen und die Religion der Barmherzigkeit und Gerechtigkeit zu verbreiten? Denn was hier vor sich ging, war ja wohl noch schlimmer als der Sklavenhandel, oder etwa nicht?

Während er sich all dies von der Seele redete, sprachen die Trappisten kein Wort. Wollten sie, entgegen den Worten des Abts, ihr Schweigegebot doch nicht brechen? Nein, sie waren schlicht so verwirrt und betroffen wie er.

»Die Wege des Herrn sind unergründlich für uns arme Sünder, Herr Konsul«, seufzte Dom Jesualdo. »Wichtig ist es, nicht der Verzweiflung anheimzufallen. Nicht den Glauben zu verlieren. Dass es hier Menschen wie Sie gibt, ermutigt uns, gibt uns neue Hoffnung. Möge Ihre Unternehmung erfolgreich sein. Wir werden zu Gott beten, dass er es Ihnen erlaubt, etwas für diese unglückliche Menschheit zu tun.«

Im Morgengrauen des folgenden Tages gingen die sieben Flüchtlinge in einer von Coquilhatville etwas entfernten Flussbiegung an Bord der *Henry Reed*. Während der drei Tage, die sie auf dem Schiff verbrachten, war Roger nervös und angespannt. Er hatte der Besatzung eine vage Erklärung für die Anwesenheit der Eingeborenen gegeben, trotzdem hatte er den Eindruck, dass seine Männer die sieben verstüm- melten Gestalten, mit denen sie sich nicht verständigen konn- ten, argwöhnisch beobachteten. Auf der Höhe von Irebu legte die *Henry Reed* an der französischen Uferseite des Kongos an, und während die Besatzung schlief, schlüpften lautlos sie- ben Schatten vom Schiff und verschwanden im Dickicht der Böschung. Niemand fragte den Konsul später, was aus ihnen geworden war.

Ab diesem Zeitpunkt der Reise fühlte Roger sich zuneh- mend unwohl. Der Schlafmangel machte ihm zu schaffen, die vielen Insektenstiche, die übermäßigen Strapazen, vor allem aber seine seelische Verfassung, sein Schwanken zwischen Mutlosigkeit und Wut. Es drängte ihn, seine Aufgabe zu erfül- len, und gleichzeitig ahnte er, dass auch sein Bericht wirkungs- los bleiben würde, weil die Bürokraten des Foreign Office in London und die Politiker im Dienste des Königs einen Bericht mit so harten Anklagen als riskant für Großbritannien erach- ten würden, da er Belgien dazu bringen könnte, sich auf die Seite Deutschlands zu stellen. Waren die Interessen des Landes etwa nicht wichtiger als die Wehklagen ein paar halbnackter Menschenfresser, die Raubkatzen und Schlangen anbeteten?

Mit schier übermenschlicher Anstrengung überwand Roger seine Niedergeschlagenheit, die Kopfschmerzen, Übelkeits- anfälle, seine körperliche Schwäche – er hatte neue Löcher in seinen Gürtel stanzen müssen, so sehr hatte er abgenom- men –, besuchte weiter Dörfer, Militärposten, Stationen, be- fragte Einwohner, Beamte, Angestellte, Wächter, Kautschuk- sammler und tat sein Bestes, um den täglichen Anblick von ausgepeitschten Körpern, abgehackten Händen und die alb- traumhaften Berichte über die Erpressungen, Verhaftungen, Morde und die verschwundenen Menschen zu verwinden. Ir- gendwann kam es ihm vor, als wäre selbst die Luft erfüllt vom Leid der Kongolesen, die Flüsse und das Pflanzendickicht mit seinem pestilenzartigen Geruch, der nicht nur dem Körper zusetzte, sondern auch den Geist angriff.

»Ich glaube, ich bin im Begriff, den Verstand zu verlieren,

liebe Gee«, schrieb er an seine Cousine Gertrude von der Station Bongandanga an dem Tag, als er beschloss, umzudrehen und nach Léopoldville zurückzukehren. »Heute habe ich die Rückfahrt nach Boma angetreten. Laut Plan hätte ich noch zwei weitere Wochen am Oberlauf des Kongos bleiben müssen. Doch tatsächlich habe ich mehr als genug Material, um in meinem Bericht zu zeigen, was hier vor sich geht. Ich befürchte, würde ich weiter den Auswüchsen menschlicher Bosheit und Ignoranz auf den Grund gehen, wäre ich nicht einmal mehr in der Lage, meinen Bericht überhaupt abzufassen. Ich befinde mich am Rand des Wahnsinns. Ein normaler Mensch kann sich nicht so viele Monate in diese Hölle begeben, ohne verrückt zu werden. In manchen schlaflosen Nächten spüre ich, dass es bereits beginnt, etwas sich in mir zersetzt. Ich lebe in unaufhörlicher Angst. Wenn ich weiter aus nächster Nähe verfolge, was hier geschieht, werde ich selbst irgendwann mit der *Chicotte* Schläge austeilen, Hände abschneiden und zwischen Mittag- und Abendessen Kongolesen ermorden, ohne dass es mein Gewissen im Geringsten belasten oder mir den Appetit rauben würde. Denn eben so ergeht es den Europäern in diesem verfluchten Land.«

Trotz allem handelte dieser lange Brief nicht in erster Linie vom Kongo, sondern von Irland. »So ist es, liebe Gee, Du wirst es als ein weiteres Zeichen des Wahnsinns betrachten, aber diese Reise in die Tiefen des Kongos hat mir geholfen, mein eigenes Land zu entdecken. Seine Situation, sein Schicksal, seine Wirklichkeit zu verstehen. In diesem Urwald hier habe ich nicht nur das wahre Gesicht von Leopold II. erblickt. Ich habe auch mein wahres Ich gefunden: den unverbesserlichen Iren. Du wirst überrascht sein, wenn wir uns wiedersehen, Gee. Du wirst Deinen Cousin Roger nur mit Mühe wiedererkennen. Ich habe das Gefühl, nach Art mancher Schlangen meine alte Haut abgelegt zu haben, meine alte Geistesverfassung und vielleicht sogar meine alte Seele.«

Und so war es. Während der mehrtätigen Fahrt auf dem Kongo flussabwärts bis nach Léopoldville, wo die *Henry*

Reed schließlich am 15. September 1903 anlegte, wechselte der Konsul kaum ein Wort mit der Besatzung. Er hielt sich in seiner engen Kabine auf oder lag, wenn das Wetter es erlaubte, achtern in einer Hängematte, der getreue John wachsam und still zu seinen Füßen, als habe die Bedrückung seines Herrn auch ihn erfasst.

Einzig die Gedanken an das Land seiner Kindheit und Jugend, nach dem ihn im Laufe dieser Reise plötzlich eine tiefe Sehnsucht überkommen hatte, konnten die Bilder des kongolesischen Grauens verdrängen. Er erinnerte sich an seine ersten Jahre in Dublin, liebevoll umsorgt von seiner Mutter, an die Schuljahre in Ballymena und die Besuche im Spukschloss von Galgorm, die Wanderungen mit seiner Schwester Nina durch die Gegend nördlich von Antrim (so lieblich im Vergleich zur afrikanischen!) und wie glücklich ihn die Ausflüge auf die windumtosten Höhen entlang seines liebsten *glen* Glenshesk gemacht hatten, von denen aus man Adler mit breiten Schwingen und aufgestelltem Kamm stolz durch die Lüfte ziehen sah.

War nicht auch Irland eine Kolonie wie der Kongo? So viele Jahre hatte er sich dieser Wahrheit nicht gestellt, die sein Vater und zahllose Iren aus Ulster empört geleugnet hätten. Warum sollte gut für Irland sein, was schlecht für den Kongo war? Hatten die Engländer Éire etwa nicht okkupiert? Hatten sie es nicht gewaltsam dem Königtum einverleibt, genau wie die Belgier ihrem den Kongo? Mit der Zeit hatte die Gewalt nachgelassen, aber Irland war nach wie vor eine Kolonie, deren Selbstbestimmung ein stärkerer Nachbar aufgehoben hatte. Das war eine Realität, die viele Iren nicht sehen wollten. Was hätte sein Vater von solchen Überlegungen gehalten? Hätte er seine kleine *Chicotte* hervorgeholt? Und seine Mutter? Hätte es Anne Jephson schockiert, dass ihr Sohn in der Abgeschiedenheit des Kongos zwar nicht mit Taten, aber doch in Gedanken zum Nationalisten geworden war? An jenen einsamen Nachmittagen auf den braunen Gewässern des Kongos, in denen Blätter, Äste und Baumstämme trieben, fasste Roger einen

Entschluss: Sobald er zurück in Europa wäre, würde er sich Bücher zur irischen Geschichte und Kultur besorgen, die er so schlecht kannte.

Er blieb kaum drei Tage in Léopoldville, ohne jemanden aufzusuchen. In seiner Verfassung war es ihm unvorstellbar, über das, was er in den vergangenen Monaten gesehen hatte, zu reden und dabei lügen zu müssen. Er telegrafierte verschlüsselt an das Foreign Office, er verfüge über ausreichend Material, um die Anzeigen wegen Misshandlungen der Eingeborenen zu untermauern. Er bat um Erlaubnis, sich in benachbartes portugiesisches Gebiet begeben zu dürfen, um seinen Bericht in aller Ruhe schreiben zu können. Und er erstattete bei der Staatsanwaltschaft des Höchsten Gerichtshofs in Léopoldville Anzeige wegen der Vorfälle in Walla, was angesichts der Ausführlichkeit des Dokuments einem offiziellen Protest gleichkam, und forderte eine Untersuchung und Sanktionen gegen die Verantwortlichen. Er gab das Schriftstück persönlich in der Staatsanwaltschaft ab. Ein reservierter Beamter versprach ihm, den Staatsanwalt Maître Leverville über alles in Kenntnis zu setzen, sobald dieser von der Elefantenjagd zurück sei, auf der er sich mit dem Chef des Handelsregisters, Monsieur Clothard, begeben habe.

Roger nahm die Eisenbahn nach Matadi, wo er eine Nacht verbrachte. Von dort fuhr er auf einem kleinen Frachtdampfer bis nach Boma. Im Konsulatsbüro fand er einen Stapel Briefe und ein Telegramm seiner Vorgesetzten vor, das ihm die Erlaubnis erteilte, zur Anfertigung seines Berichts nach Luanda zu reisen. Allerdings müsse er ihn so schnell und detailgetreu wie möglich verfassen. In England lief die Kampagne gegen den Kongo-Freistaat auf Hochtouren, die großen Zeitungen bezogen Position, indem sie die »Gräuel« bestätigten oder negierten. Ähnliche Vorwürfe wie die der baptistischen Kirche wurden seit langem von Rogers heimlichem Freund und Verbündeten Edmund D. Morel vorgebracht. Dessen Artikel sorgten im Unterhaus und in der Öffentlichkeit für Aufruhr. Im Parlament hatte es bereits eine Debatte zu dem Thema gegeben. Das Foreign Office und Lordkanzler Lansdowne höchstpersönlich erwarteten ungeduldig Roger Casements Augenzeugenbericht.

Auch in Boma vermied Roger nach Möglichkeit den Kontakt zu Regierungsvertretern, auf die Gefahr hin, gegen das Protokoll zu verstoßen, was in all den Jahren seiner Konsulatstätigkeit nicht vorgekommen war. Statt vorschriftsmäßig beim Generalgouverneur vorzusprechen, schickte er ihm einen Brief, in dem er gesundheitliche Beschwerden vorschützte, die ihn von einem persönlichen Besuch abhielten. Er spielte keine einzige Partie Tennis, Billard oder Karten, nahm keine Einladungen zu Mittag- oder Abendessen an und lud seinerseits niemanden ein. Er ging nicht einmal frühmorgens im Fluss schwimmen, wie er es früher selbst bei schlechtem Wetter täglich getan hatte. Er wollte niemanden sehen, nicht am gesellschaftlichen Leben teilnehmen. Er wollte vor allem nicht über seine Reise befragt werden und sich gezwungen sehen, die Unwahrheit zu sagen. Ihm war bewusst, dass er seinen Freunden und Bekannten in Boma niemals anvertrauen könnte, wie sich das, was er die letzten vierzehn Wochen am Mittel- und Oberlauf des Kongos gesehen, gehört, erlebt hatte, auf ihn ausgewirkt hatte. Er widmete sich den dringlichsten Konsulatsangelegenheiten und traf Vorbereitungen für die Reise nach Cabinda und Luanda. Er hoffte, dass sich außerhalb des Kongos, und sei es auch in einer anderen Kolonie, die Beklemmung legen, er sich freier fühlen würde. Mehrmals versuchte er sich an einem ersten Entwurf für den Bericht, doch er brachte nichts zustande. Nicht nur seine Niedergeschlagenheit hinderte ihn – kaum griff er zur Feder, wurde seine rechte Hand von einem Krampf erfasst. Auch die Hämorrhoiden machten ihm wieder zu schaffen. Er nahm kaum etwas zu sich, und besorgt über seinen Zustand, drängten ihn seine beiden Dienstboten Charlie und Mawuku, einen Arzt zu rufen. Doch obwohl die Schlafstörungen, die Appetitlosigkeit und die Schwächeanfälle auch ihm selbst Sorgen bereiteten, ließ Roger Doktor Salabert nicht kommen, denn das hätte bedeutet, erzählen zu müssen, was er im Augenblick nur vergessen wollte.

Am 28. September bestieg er, begleitet von Charlie – die Bulldoge John war bei Mawuku geblieben –, ein Schiff nach Banana, von wo aus ein weiteres kleines Dampfschiff sie am nächsten Tag nach Cabinda brachte. Doch nicht einmal während seines viertägigen Aufenthalts in dieser Stadt, wo er abends bei Bekannten aß, die nichts von seiner Reise an den Oberlauf des Kongos wussten und ihn somit in keine Gespräche darüber verwickeln konnten, fand er zur Ruhe. Erst in Luanda, wo er am 3. Oktober eintraf, wurde es besser. Der englische Konsul Briskley, ein unaufdringlicher, zuvorkommender Mann, stellte ihm ein kleines Arbeitszimmer im Konsulat zur Verfügung. Er begann endlich, den Entwurf für seinen Bericht auszuarbeiten, und jeden Vormittag und Nachmittag saß er dort und schrieb.

Doch einigermaßen wiederhergestellt fühlte er sich erst drei oder vier Tage nach der Ankunft in Luanda. Er saß zur Mittagszeit im Café Paris und blätterte in einer alten portugiesischen Zeitung, als er auf der Straße mehrere halbnackte Afrikaner bemerkte, die dicke Bündel von einem großen Karren luden, vermutlich Baumwolle. Der jüngste unter ihnen war prachtvoll anzusehen. Er war groß und hatte einen athletischen Körper. Seine dunkle Haut glänzte vor Schweiß. Während er mit der Last auf den muskulösen Schultern zwischen Karren und Lager hin- und herlief, verrutschte der schmale Stoffstreifen, den er um die Hüften trug, und entblößte sein ungewöhnlich großes Glied. Roger spürte eine heiße Wallung in sich aufsteigen und das dringende Bedürfnis, den stattlichen Träger zu fotografieren. Das war ihm seit Monaten nicht passiert. Plötzlich beschwingt, dachte er: ›Ich bin wieder ich selbst.‹ Er atmete tief durch. In dem kleinen Tagebuch, das er stets bei sich trug, notierte er später: »Wunderschön, enorm. Ich bin ihm gefolgt und habe ihn überzeugt. Wir haben uns im Schutz der Farne eines Brachlands geküsst. Er wurde mein, ich sein. Ich habe aufgeheult.«

Am selben Nachmittag übergab Mr. Briskley ihm ein Telegramm vom Foreign Office. Der Lordkanzler persönlich ordnete seine sofortige Rückkehr nach England an, er solle in London seinen Kongo-Bericht abschließen. Rogers Appetit kehrte zurück, an diesem Abend speiste er ausgiebig.

Bevor er die *Zaire* bestieg, die am 6. November von Luanda über Lissabon nach England in See stach, schrieb er einen langen Brief an Edmund D. Morel. Seit sechs Monaten unterhielten sie eine Korrespondenz. Persönlich kannte er Morel noch nicht. Durch einen Brief von Herbert Ward, der große Stücke auf den Journalisten hielt, hatte Roger erstmals von ihm erfahren, und später in Boma hatten belgische Funktionäre und Durchreisende die kritischen Artikel erwähnt, in denen der in Liverpool lebende Morel die Zustände des Kongo-Freistaats und die Übergriffe auf die Eingeborenen anprangerte. Mit Hilfe seiner Cousine Gertrude verschaffte Roger sich einige der Artikel Morels. Beeindruckt von der Schärfe seiner Anklagen, ließ Roger ihm in einem etwas waghalsigen Unterfangen durch Gee einen Brief übermitteln. Darin schrieb er, er lebe seit vielen Jahren in Afrika und könne ihm Informationen aus erster Hand für seine wichtige Kampagne zukommen lassen, mit der er sich solidarisch fühle. Er könne dies als britischer Diplomat nicht offen tun, deshalb sei es nötig, Vorsichtsmaßnahmen zu treffen, damit er nicht als Informant in Boma identifiziert werden könne. In dem Brief, den Roger aus Luanda schrieb, fasste er seine Erfahrungen zusammen und kündigte an, er werde sich mit ihm in Verbindung setzen, sobald er in Europa angekommen sei. Nichts freue ihn mehr, als den einzigen Europäer persönlich kennenzulernen, der sich tatsächlich bewusst sei, welche Verantwortung der Alte Kontinent dafür trage, dass der Kongo sich in eine Hölle verwandelt habe.

Auf der Überfahrt gewann Roger seinen Elan, seinen Enthusiasmus und seine Hoffnung zurück. Er gelangte wieder zu der Überzeugung, dass sein Bericht dazu beitragen würde, diesen Gräueln ein Ende zu bereiten. Die Ungeduld, mit der das Foreign Office ihn erwartete, deutete jedenfalls darauf hin. Die Tatsachen selbst waren so ungeheuerlich, dass die britische Regierung handeln, radikale Veränderungen fordern, ihre Verbündeten dazu bringen müsste, diese wahnwitzige Konzession eines halben Kontinents an Leopold II. rückgängig zu machen. Ungeachtet der Stürme, die zwischen São Tomé und Lissabon über der *Zaire* aufzogen und die halbe Besatzung seekrank machten, schrieb Roger weiter an seinem Bericht. Mit gewohnter Disziplin und einem geradezu apostolischen Eifer bemühte er sich, so genau und objektiv wie möglich, alles festzuhalten, was er zweifelsfrei in Erfahrung hatte bringen können. Je knapper und präziser sein Bericht wäre, desto überzeugender und wirkungsvoller würde er sein.

An einem eisigen, regnerischen 1. Dezember kam er in London an. Er hatte keine Zeit, sich in der Stadt umzutun, denn kaum hatte er das Gepäck in seiner Wohnung in Philbeach Gardens abgestellt und einen raschen Blick auf die Korrespondenz geworfen, die sich während seiner Abwesenheit angesammelt hatte, musste er auch schon ins Foreign Office eilen. Drei Tage lang folgte ein Arbeitsgespräch auf das andere. Er war beeindruckt. Der Kongo war seit jener Parlamentsdebatte ein zentrales Thema. Die Vorwürfe seitens der baptistischen Kirche und Morels Kampagne hatten für viel Aufmerksamkeit gesorgt. Eine Stellungnahme der Regierung wurde gefordert. Und die Regierung benötigte dafür Rogers Bericht. Er war somit ohne sein Zutun, ganz allein durch die Umstände, zu einer wichtigen Figur geworden. Im Zuge seiner Vorträge vor Beamten des Ministeriums – an denen auch der Verantwortliche für afrikanische Angelegenheiten und der stellvertretende Minister teilnahmen – wurde er sich der Wirkung seiner Worte bewusst. Die Zuhörer folgten seinen Ausführungen zunächst mit ungläubigen Mienen, später, wenn er mit weiteren Einzelheiten auf Fragen antwortete, zeichneten sich Abscheu und Schrecken in den Gesichtern ab.

Man teilte ihm ein ruhiges Büro in Kensington sowie einen fleißigen jungen Stenotypisten namens Joe Pardo zu. Am 4. Dezember begann Roger, seinen Text zu diktieren. Es war bekannt geworden, dass der britische Konsul im Kongo mit einem ausführlichen Bericht über die Kolonie in London eingetroffen war, und es gab Interview-Anfragen von der Nachrichtenagentur Reuters, vom *Spectator*, von *The Times* und von mehreren amerikanischen Korrespondenten. In Absprache mit seinen Vorgesetzten erklärte Roger jedoch, er werde erst mit der Presse reden, wenn die Regierung sich zu dem Thema geäußert hätte.

In den folgenden Tagen arbeitete er unermüdlich, ergänzte, kürzte und überarbeitete den Text, las ein ums andere Mal die Reiseaufzeichnungen in seinen Notizbüchern, die er inzwischen fast auswendig kannte. Mittags begnügte er sich mit einem Sandwich, abends aß er früh im Wellington, seinem Club. Bisweilen schloss sich ihm dort Herbert Ward an. Die Gespräche mit seinem alten Freund taten ihm gut. Einmal nahm Ward ihn mit in sein Atelier am Chester Square und brachte ihn auf andere Gedanken, indem er ihm seine afrikanisch inspirierten Skulpturen zeigte. Ein andermal unterbrach Herbert seine Arbeitswut für ein paar Stunden und drängte Roger, eine der gerade modernen karierten Tweedjacken zu erstehen, dazu eine französische Mütze und Schuhe mit weißen Galoschen. Dann nahm er ihn zum Mittagessen mit ins Eiffel Tower Restaurant, Treffpunkt von Intellektuellen und Künstlern. Das waren seine einzigen Zerstreuungen in diesen Tagen.

Gleich nach der Ankunft hatte er beim Foreign Office um Erlaubnis für eine Unterredung mit Morel gebeten, unter dem Vorwand, er wolle mit dem Journalisten einige Informationen abgleichen. Am 9. Dezember wurde ihm die Genehmigung erteilt. Am nächsten Tag begegneten sich Roger Casement und Edmund D. Morel zum ersten Mal von Angesicht zu Angesicht. Statt sich die Hände zu schütteln, umarmten sie einander. Sie unterhielten sich lange, aßen dann gemeinsam im *Comedy* zu Abend und setzten ihre Zusammenkunft in Rogers Wohnung in Philbeach Gardens fort, wo sie Cognac tranken, rauchten und weiter redeten, bis der neue Tag anbrach. Sie hatten zwölf Stunden ununterbrochen diskutiert. Beide sollten später sagen, dass diese Begegnung die wichtigste ihres ganzen Lebens gewesen sei.

Sie hätten unterschiedlicher nicht sein können. Roger war groß und schlank, Morel klein und stämmig. Roger kam es immer vor, als wären die Anzüge seines Freundes etwas zu knapp geschnitten. Roger war inzwischen neununddreißig, doch trotz der Spuren, die tropisches Klima und Malariaanfälle hinterlassen hatten, wirkte er, womöglich wegen seiner akkuraten Kleidung, jünger als der gerade erst zweiunddreißigjährige Morel, der einmal gut ausgesehen hatte, jedoch früh gealtert war und bereits etliche graue Strähnen in seinem kurz geschnittenen Haar und seinem Walrossbart hatte, über dem seine leicht hervorstehenden Augen funkelten. Dennoch verstanden sie, liebten sie einander – das Wort wäre ihnen nicht übertrieben vorgekommen – vom ersten Augenblick an.

Worüber sprachen sie während dieser zwölf Stunden? Viel über Afrika, natürlich, aber auch über ihre Familien, ihre Kindheit, ihre Träume, jugendlichen Ideale und Sehnsüchte und wie der Kongo, ohne dass sie es sich vorgenommen hätten, zum Mittelpunkt ihres Lebens geworden war und sie zutiefst verändert hatte. Roger war verblüfft, dass jemand, der noch nie dort gewesen war, dieses Land so gut kannte. Die Geografie, Geschichte, Menschen, Probleme. Gebannt lauschte Roger Morels Erzählungen: Wie er viele Jahre zuvor als kleiner Angestellter ebenfalls der *Elder Dempster Line*, für die er im Hafen von Antwerpen Buch über die Schiffe führte und die Ladungen überprüfte, argwöhnisch wurde, als er merkte, dass der vermeintlich freie Handel, den Seine Majestät, Leopold II., zwischen Europa und dem Kongo-Freistaat etabliert hatte, nicht nur sehr einseitig, sondern tatsächlich eine regelrechte Farce war. Was für eine Art von Freihandel sollte das sein, wenn die aus dem Kongo eintreffenden Schiffe tonnenweise Kautschuk und Unmengen von Elfenbein, Palmöl, Bodenschätzen und Tierfellen brachten, für die Rückfahrt aber nur Gewehre, Nilpferdpeitschen und Kisten mit Glasperlen an Bord nahmen?

Und so begann Morel, sich für den Kongo zu interessieren, nachzuforschen, abfahrende und rückkehrende Kaufleute, Funktionäre, Reisende, Pastoren, Priester, Abenteurer, Soldaten und Polizisten zu befragen und alles zu lesen, was ihm über dieses riesige Land in die Hände kam, dessen Missstände er mit der Zeit so genau kennenlernte, als hätte er selbst Dutzende von Inspektionsreisen zum Mittel- und Oberlauf des Kongos unternommen. Ohne bei der Schifffahrtskompanie gekündigt zu haben, schrieb er Briefe und Artikel für belgische und englische Zeitungen und Magazine, anfangs unter Pseudonym, später unter seinem richtigen Namen, in denen er die Ergebnisse seiner Nachforschungen publik machte und mit Fakten und Zeugenberichten das idyllische Kongobild widerlegte, das die im Dienst von Leopold II. stehenden Schreiberlinge der Welt vermittelten. Viele Jahre brachte er nun schon damit zu, Artikel, Broschüren und Bücher zu verfassen, er sprach in Kirchen, Kultureinrichtungen, auf politischen Veranstaltungen. Seine Kampagne zeigte Wirkung. Er hatte inzwischen viele Gefolgsleute. ›Auch das ist Europa‹, dachte Roger an jenem 10. Dezember. Nicht nur die Kolonialisten, Polizisten und Kriminellen, die wir nach Afrika schicken. Europa ist auch der unbestechliche Geist eines Edmund D. Morel.

Sie sahen sich von da an häufig und setzten die Gespräche fort, in denen sie beide vollkommen aufgingen. Sie gaben einander neckische Spitznamen: Roger war *Tiger* und Edmund *Bulldog*. Bei einer ihrer Zusammenkünfte kam die Idee auf, die *Congo Reform Association* zu gründen. Beide waren erstaunt von der breiten Unterstützung, die sie auf der Suche nach Geldgebern und Mitgliedern erfuhren. Kaum einer der Politiker, Journalisten, Schriftsteller und Geistlichen, die sie um Hilfe baten, verweigerte sie ihnen. So lernte Roger auch Alice Stopford Green kennen. Herbert Ward stellte sie ihm vor. Alice war eine der Ersten, die dem Verein mit ihrem Namen, ihrem Engagement und ihrem Geld halfen. Joseph Conrad und viele weitere Intellektuelle und Künstler taten es ihr nach. Als ein finanzieller Grundstock und genügend angesehene Namen zusammengekommen waren, begannen öffentliche Kundgebungen in Kirchen und an anderen Orten, wurden Debatten abgehalten, Zeugenaussagen publiziert, um der Öffentlichkeit die reale Situation im Kongo zu vergegenwärtigen. Als Diplomat konnte Roger zwar nicht offiziell im Vorstand des Vereins agieren, doch kaum hatte er im Foreign Office seinen Bericht vorgelegt, widmete er der Sache alle verfügbare Zeit. Er spendete einen Teil seiner Ersparnisse und seines Gehalts und schrieb Briefe, betrieb Öffentlichkeitsarbeit und erreichte, dass ein Großteil der Diplomaten und Politiker zu Fürsprechern der Sache wurde.

Wenn Roger später an diese fieberhaften Wochen Ende 1903, Anfang 1904 zurückdachte, sagte er sich, dass entscheidend für ihn nicht die Bekanntheit war, die er bereits vor der Veröffentlichung des Berichts erreicht hatte und die noch zunahm, als in der Folge die von Leopold II. beauftragten Agenten ihn in der Presse als Feind und Verleumder Belgiens angriffen. Das Entscheidende war, durch Morel, den Verein und Herbert Alice Stopford Green kennengelernt zu haben. Auf Anhieb hatten beide eine Verbundenheit und eine Zuneigung füreinander verspürt, die sich immer weiter vertiefen sollten.

Bei ihrer zweiten oder dritten Begegnung öffnete Roger der neuen Freundin sein Herz, wie es ein gläubiger Katholik gegenüber seinem Beichtvater getan hätte. Der Irin aus ebenfalls protestantischer Familie wagte er anzuvertrauen, was er bisher noch niemandem gesagt hatte: dass er im Kongo, angesichts all der Ungerechtigkeit und Brutalität, erkannt hatte, welch große Lüge der Kolonialismus war, und dass er sich zum ersten Mal »irisch« gefühlt hatte, also als Bürger eines besetzten und ausgebeuteten Landes, eines durch ein Imperium ausgebluteten und seiner Seele beraubten Irlands. Er schämte sich für so viele Dinge, die er, der väterlichen Erziehung folgend, geglaubt und gesagt hatte. Und er hatte den festen Vorsatz, all das gutzumachen. Nun, da er durch den Kongo Irland entdeckt hatte, wollte er ein richtiger Ire werden, sein Land kennenlernen, alles über seine Geschichte und seine Kultur wissen.

Liebevoll und auch ein wenig mütterlich – sie war siebzehn Jahre älter als er –, ihn bisweilen ob seiner etwas kindlichen Begeisterungsausbrüche rügend, stand Alice Stopford Green ihm mit Rat zur Seite. Sie empfahl ihm Bücher, und ihre Unterhaltungen bei Tee und Gebäck wurden für ihn zu wahren Meisterklassen. In diesen ersten Monaten des Jahres 1904 wurde Alice Stopford Green für ihn zu einer Freundin und Lehrerin, die ihm eine Vergangenheit näherbrachte, in der sich Geschichte, Mythos und Legende – Realität, Religion und Fiktion – vermischten und die Tradition eines Volkes begründeten, das trotz der Unterdrückungspolitik Großbritanniens an seiner Sprache, seiner Lebensart und seinen Bräuchen festhielt, worauf jeder Ire, ob Protestant oder Katholik, gläubig oder ungläubig, liberal oder konservativ, stolz sein konnte. Die Freundschaften mit Morel und Alice taten Roger gut, linderten die seelischen Wunden, die ihm die Reise an den Oberlauf des Kongos zugefügt hatte.

Als Roger, der sich für drei Monate vom Foreign Office hatte beurlauben lassen, eines Tages vor einer Reise nach Dublin Abschied von Alice nahm, sagte sie zu ihm:

»Bist du dir bewusst, dass du berühmt geworden bist, Roger? Ganz London spricht von dir.«

Roger fühlte sich nicht geschmeichelt, er war nie eitel gewesen. Doch Alice hatte recht. Die Veröffentlichung seines Berichts hatte ein enormes Echo in Presse, Parlament, politischen Kreisen und öffentlicher Meinung. Die Angriffe, die in belgischen Zeitungen und von englischen Schmierenschreibern als Propaganda für Leopold II. gegen ihn geführt wurden, untermauerten nur seinen Ruf, ein großer Kämpfer für Menschlichkeit und Gerechtigkeit zu sein. Es erschienen Interviews mit ihm, man bat ihn, auf öffentlichen Veranstaltungen und in privaten Clubs zu reden, er konnte sich vor Einladungen aus liberalen und antikolonialistischen Zirkeln kaum retten, in Artikeln und Zeitungsnotizen wurden sein Bericht und sein Engagement immer wieder in den höchsten Tönen gelobt. Die Kongo-Kampagne hatte neuen Auftrieb. Presse, Kirchen, die fortschrittlichsten Kreise der englischen Gesellschaft waren entsetzt über die Enthüllungen und forderten, Großbritannien müsse seine Verbündeten dazu bringen, die Konzession des Kongos an den belgischen König rückgängig zu machen.

Von diesem plötzlichen Ruhm etwas überfordert – die Leute erkannten ihn im Theater, in Restaurants, drückten ihm auf der Straße ihre Sympathie aus –, machte Roger sich nach Irland auf. Er verbrachte einige Tage in Dublin, reiste dann bald nach Ulster weiter, in den Norden von Antrim, Schauplatz seiner Kindheit und Jugend. Der Familiensitz Magherintemple House befand sich inzwischen in Besitz seines Onkels und Namensvetters Roger, des Sohnes seines 1902 verstorbenen Großonkels John. Seine Großtante Charlotte lebte noch. Sie und die anderen Cousins, Cousinen, Neffen und Nichten empfingen ihn mit herzlicher Zuneigung. Doch er spürte, dass sich zwischen ihm und seiner unbeirrbar englandtreuen Familie väterlicherseits eine unsichtbare Kluft aufgetan hatte. Das allerdings schmälerte nicht seine Ergriffenheit beim Anblick des großen steinernen Herrenhauses Magherintemple und der Landschaft ringsum, der Wind und Salpeter widerstehenden, zuweilen von Efeu beinahe erstickten Maulbeerfeigen, der Pappeln, Eichen und Pfirsichbäume auf den Schafweiden, und des Meers in der Ferne, der Insel Rathlin und der kleinen Stadt Ballycastle mit ihren weißen Häuschen. Wenn er durch die mit Hirschgeweihen behängten großen Räume des Hauses ging oder durch die Stallungen und den Obstgarten dahinter, durch die alten Dörfer von Cushendun und Cushendall, wo mehrere Generationen seiner Vorfahren begraben lagen, stiegen wehmütige Kindheitserinnerungen in ihm auf. Die neuen Ideen und Gefühle, die sein Land nunmehr in ihm wachrief, machten diesen mehrmonatigen Aufenthalt unterdessen zu einem großen Abenteuer. Ein – im Unterschied zu seiner Reise an den Oberlauf des Kongos – schönes, anregendes Abenteuer, in dessen Verlauf ihm war, als würde er in eine neue Haut schlüpfen.

Er hatte einen Stapel Bücher mitgenommen, von Alice empfohlene Grammatiken und Essays, und verbrachte viele Stunden mit der Lektüre irischer Geschichten und Legenden. Er versuchte, Gälisch zu lernen, zunächst auf eigene Faust, dann, als er merkte, dass ihm das nicht leicht gelingen würde, mit Hilfe eines Lehrers, der ihn zweimal wöchentlich unterrichtete.

Doch vor allem schloss er neue Bekanntschaften mit Menschen aus der Grafschaft Antrim, aus Ulster stammende Protestanten, die trotzdem keine Unionisten waren. Sie wollten das Wesen des ursprünglichen Irlands erhalten, kämpften gegen den wachsenden englischen Einfluss im Land, setzten sich für die Pflege des Altirischen, der traditionellen Lieder und Bräuche ein, wehrten sich gegen die Rekrutierung von Iren für die britische Armee und träumten von einem autonomen, ruralen Irland, frei von Industrialisierung und der Gängelung durch das Empire. Roger trat der *Gaelic League* bei, einer Vereinigung zur Verbreitung der irischen Sprache und Kultur. Ihr Motto lautete »Sinn Féin« (»Wir allein«). In der Gründungsrede 1893 in Dublin hatte der erste Präsident Douglas Hyde die Anwesenden daran erinnert, dass bis dato insgesamt nur sechs Bücher auf Gälisch veröffentlicht worden seien. Roger freundete sich mit Hydes Nachfolger an, Eoin MacNeill, Dozent für alte und mittelalterliche Geschichte Irlands am University College. Er besuchte Vorlesungen und Vorträge, nahm an Liederabenden und Demonstrationen teil und an Denkmalsetzungen für irische Nationalhelden, die von der *Sinn Féin* veranstaltet wurden. Und er begann selbst, politische Artikel zur Verteidigung der irischen Kultur zu schreiben, unter dem Pseudonym *Shan van Vocht*, »Die arme Alte«, das aus einer irischen Ballade stammte, die er gern vor sich hin summte. Zugleich verbrachte er viel Zeit mit einer Gruppe von Damen, unter ihnen die Schlossherrin von Galgorm, Rose Maud Young, die mit Ada MacNeill und Margaret

Dobbs durch die Dörfer zog, um alte Geschichten zu sammeln. Mit ihnen hörte er auf einem Volksfest einmal einen der *Seanchai* genannten fahrenden Geschichtenerzähler, wobei er kaum ein Wort verstand.

Bei einem abendlichen Gespräch in Magherintemple House sagte Roger einmal, ganz außer sich, zu seinem Onkel Roger: »Als Ire, der ich bin, hasse ich das Empire.«

Am nächsten Tag erhielt er einen Brief vom Grafen von Argyll, der ihm mitteilte, die Regierung seiner Majestät habe beschlossen, ihn für seine im Kongo geleisteten Dienste mit dem Orden des *Companion of Saint Michael and Saint George* auszuzeichnen. Roger blieb der Zeremonie mit der Entschuldigung fern, eine Knieverletzung mache es ihm unmöglich, dem König die gebotene Reverenz zu erweisen.

VII

»Sie hassen mich, das ist offensichtlich«, sagte Roger. Der Sheriff nickte langsam und zog eine Grimasse, die sein aufgedunsenes Gesicht vollends entstellte.

»Da irren Sie sich«, brummte er. »Ich hasse sie nicht. Ich verachte Sie. Das ist alles, was Verräter verdienen.«

Sie gingen durch den verrußten Backsteinkorridor des Gefängnisses zum Besucherraum, wo der katholische Kaplan Pater Carey ihn erwartete. Durch die vergitterten Fenster machte Roger dunkle Wolkenfetzen aus. Ob es draußen regnete, auf die Caledonian Road und den Roman Way, über den etliche Jahrhunderte zuvor die ersten römischen Legionäre durch die von Bären bevölkerten Wälder marschiert waren?

Er stellte sich die Marktstände im benachbarten Islington Park im Regen vor. Ein Anflug von Neid überkam ihn, als er an die Menschen dachte, die da unter ihren Schirmen Dinge kaufen und verkaufen konnten.

»Sie hatten doch alles«, murrte der Sheriff hinter ihm. »Diplomatische Posten. Auszeichnungen. Der König hat Sie geadelt. Und Sie haben sich an die Deutschen verkauft. Das nenne ich schäbig. Und undankbar.«

Er machte eine Pause, und Roger hörte so etwas wie einen Seufzer.

»Wenn ich an meinen armen Jungen denke, der im Schützengraben gefallen ist, sage ich mir, dass Sie einer seiner Mörder sind, Mr. Casement.«

»Es tut mir sehr leid, dass Sie Ihren Sohn verloren haben«, entgegnete Roger, ohne sich umzudrehen. »Und ich weiß, dass Sie mir das nicht glauben werden, aber ich habe bislang noch niemanden getötet.«

»Und Sie werden auch keine Zeit mehr dafür haben«, beschied der Sheriff. »Gott sei Dank.«

Sie waren an der Tür des Besucherraums angelangt. Der Sheriff blieb bei dem schichthabenden Wärter draußen. Die Besuche des Kaplans waren die einzigen, bei denen weder der Sheriff noch ein anderer Wärter mit im Raum waren. Roger trat ein. Er freute sich, die schmale Gestalt des Geistlichen zu sehen. Pater Carey begrüßte ihn mit einem festen Händedruck.

»Ich habe Nachforschungen angestellt und die Antwort gefunden«, verkündete er ihm lächelnd. »Ihr Gedächtnis hat Sie nicht betrogen. Sie wurden als Kind tatsächlich in Wales, in der Pfarrei von Rhyl, getauft. Im Registerbuch ist es so verzeichnet. Anwesend waren Ihre Mutter und zwei ihrer Schwestern. Sie müssen nicht erst in die katholische Kirche eintreten. Sie gehörten ihr schon immer an.«

Roger nickte. Die vage Erinnerung, die ihn sein Leben lang begleitet hatte, hatte ihn also nicht getäuscht. Seine Mutter hatte ihn auf einer ihrer Reisen nach Wales heimlich getauft, ohne seinem Vater etwas zu sagen. Die Komplizenschaft, die dieses Geheimnis zwischen ihm und Anne Jephson herstellte, beglückte ihn jetzt. Und auch der Umstand, dass er auf diese Weise mehr im Einklang mit sich selbst, mit seiner Mutter, mit Irland zu sein schien. Als wäre seine Annäherung an den Katholizismus eine natürliche Folge dessen, was er in den letzten Jahren getan und versucht hatte, alle Irrtümer und Niederlagen eingeschlossen.

»Ich habe Thomas von Kempen gelesen, Pater Carey«, sagte er. »Zunächst konnte ich mich kaum auf die Lektüre konzentrieren. Aber in den letzten Tagen ist es mir gelungen, jeweils mehrere Stunden. *Nachfolge Christi* ist ein wunderbares Buch.«

»Im Seminar haben wir auch viel Thomas von Kempen gelesen«, anwortete der Geistliche. »Vor allem *Nachfolge Christi*.«

»Eine große Ruhe überkommt mich, wenn ich mich auf diesen Text einlasse«, sagte Roger. »Als würde ich aus dieser

Welt in eine andere, sorglose entschweben, in eine rein spirituelle Wirklichkeit. Pater Crotty tat gut daran, als er mir in Deutschland dieses Buch ans Herz legte. Doch er hätte sich bestimmt nicht vorgestellt, unter welchen Umständen ich seinen verehrten Thomas von Kempen lesen würde.«

Vor kurzem war eine kleine Bank in den Besucherraum gestellt worden. Sie nahmen Platz. Ihre Knie berührten sich. Pater Carey war seit über zwanzig Jahren Kaplan in den Londoner Gefängnissen und hatte vielen zum Tode Verurteilten bis zum Schluss beigestanden. Der ständige Austausch mit Gefängnisinsassen hatte ihn nicht verhärtet. Er war aufmerksam und rücksichtsvoll, und Roger hatte von ihrer ersten Begegnung an Zuneigung zu ihm empfunden. Er hatte ihn niemals etwas Harsches sagen hören, stets bewies der Pater ein besonderes Feingefühl. Seine Gegenwart empfand Roger als wohltuend. Pater Carey war groß und hager, hatte sehr blasse Haut und einen kleinen grauen Spitzbart. Noch wenn er lachte, lag ein feuchter Schimmer in seinen Augen, als hätte er gerade geweint.

»Wie war Pater Crotty?«, fragte Carey. »Offenbar haben Sie sich gut mit ihm verstanden.«

»Ohne Pater Crotty wäre ich während der Monate im Lager von Limburg verrückt geworden«, sagte Roger. »Äußerlich hatte er keine Ähnlichkeit mit Ihnen, er war klein und robust und hatte ein rotes Gesicht, das nach dem ersten Glas Bier noch röter wurde. In gewisser Hinsicht gleichen Sie einander aber doch. In Ihrer Großzügigkeit, wenn ich so sagen darf.«

Pater Crotty war ein irischer Dominikanermönch, vom Vatikan in das Gefangenenlager entsandt, das die Deutschen in Limburg eingerichtet hatten. Die Freundschaft zu ihm war für Roger ein Rettungsanker gewesen, als er zwischen 1915 und 1916 versuchte, unter den Gefangenen Freiwillige für die Irische Brigade anzuwerben.

»Er war jemand, der sich nie entmutigen ließ«, sagte Roger. »Ich habe ihn begleitet, wenn er Kranke besuchte, Sakramente spendete, die Gefangenen den Rosenkranz beten ließ. Und er war ein Nationalist. Allerdings kein so leidenschaftlicher wie ich, Pater Carey.«

Der Pater lächelte.

»Denken Sie nicht, Pater Crotty hätte versucht, mich für den Katholizismus zu gewinnen«, fügte Roger hinzu. »Er war bei unseren Gesprächen sehr darauf bedacht, mir nicht das Gefühl zu vermitteln, er würde mich bekehren wollen. Das geschah ganz allein in mir, hier drinnen«, dabei berührte er seine Brust. »Ich war nie sehr gläubig, das sagte ich Ihnen schon. Seit dem Tod meiner Mutter war die Religion für mich etwas Nebensächliches. Erst 1903, auf jener dreimonatigen Reise den Kongo hinauf, von der ich Ihnen erzählte, habe ich wieder zu beten angefangen. Als ich meinte, angesichts so gro-ßen Leids den Verstand zu verlieren. Auf diese Weise habe ich entdeckt, dass der Mensch nicht ohne Glauben leben kann.«

Er merkte, dass ihm die Stimme versagte, und verstummte.

»Und durch ihn haben Sie Thomas von Kempen entdeckt?«

»Er hat ihm große Verehrung entgegengebracht«, nickte Roger. »Er schenkte mir sein Exemplar der *Nachfolge Christi*. Doch damals konnte ich es nicht lesen. Ich hatte während dieser sorgenvollen Tage keinen Sinn dafür. Ich ließ das Buch in einem Koffer voller Kleidung in Deutschland zurück. In dem U-Boot durften wir kein Gepäck mitführen. Zum Glück haben Sie ein anderes Exemplar für mich aufgetrieben. Ich be-fürchte nur, mir wird nicht die Zeit bleiben, es zu Ende zu lesen.«

»Die englische Regierung hat noch nichts entschieden«, erinnerte ihn der Geistliche. »Sie dürfen die Hoffnung nicht verlieren. Dort draußen gibt es viele Menschen, denen Sie viel bedeuten und die große Anstrengungen unternehmen, damit das Gnadengesuch erhört wird.«

»Ich weiß, Pater Carey. Trotzdem bitte ich Sie, mich vor-zubereiten. Ich möchte in aller Form in die Kirche aufge-nommen werden. Die Sakramente empfangen. Beichten. Das Abendmahl erhalten.«

»Dafür bin ich hier, Roger. Und ich versichere Ihnen, dass Sie für alles bereit sind.«

»Eine Sache bedrückt mich sehr«, sagte Roger und senkte die Stimme. »Wird es nicht so aussehen, als hätte die Angst meine Bekehrung zu Jesus Christus bewirkt? Denn die Wahrheit ist, Pater Carey, ich habe Angst. Große Angst.«

»Er ist weiser, als Sie und ich es sind«, beruhigte ihn der Geistliche. »Ich glaube nicht, dass Christus etwas Schlechtes daran findet, wenn ein Mensch Angst hat. Er hatte sie auch auf dem Kreuzweg, da bin ich mir sicher. Das ist ganz und gar menschlich, nicht? Wir alle haben Angst, das liegt in unserer Natur. Und wer nur ein wenig sensibel ist, fühlt sich bisweilen hilflos und erschrocken. Ihre Annäherung an die Kirche geschieht reinen Herzens, Roger, das weiß ich.«

»Ich hatte bis jetzt niemals Angst vor dem Tod. Oft habe ich ihm ins Auge gesehen. Auf den Expeditionen durch die von Raubtieren bevölkerte Wildnis des Kongos. Im Amazonasgebiet, auf Flüssen voller Stromschnellen, an deren Ufern einem die Wegelagerer auflauerten. Vor kurzem erst, als ich in Banna Strand bei Tralee das U-Boot verließ, unser Boot kenterte und wir beinahe alle ertranken. Oft habe ich den Tod ganz nah gespürt. Und ich hatte keine Angst. Doch jetzt habe ich Angst.«

Ihm versagte die Stimme und er schloss die Augen. Seit einigen Tagen hatte er immer wieder diese Anfälle von Panik. Er zitterte am ganzen Leib. Sosehr er sich auch bemühte, er konnte sich nicht beruhigen. Seine Zähne klapperten, und neben der Angst empfand er jetzt noch Scham. Als er aufsah, saß Pater Carey mit gefalteten Händen und geschlossenen Augen da. Er betete stumm.

»Es ist schon vorbei«, murmelte Roger benommen. »Bitte verzeihen Sie.«

»Seien Sie vor mir nicht verlegen. Angst zu haben und zu weinen ist vollkommen menschlich.«

Roger erlangte seine Fassung zurück. Eine durchdringende Stille herrschte im Pentonville-Gefängnis, als wären die Häftlinge und Wärter der drei riesigen quadratischen Gebäude mit ihren Spitzdächern allesamt eingeschlafen; oder tot.

»Ich danke Ihnen, dass Sie mir keine Fragen zu den abscheulichen Dingen gestellt haben, die offenbar über mich verbreitet werden, Pater Carey.«

»Ich habe sie nicht gelesen, Roger. Wenn jemand mit mir darüber sprechen wollte, hieß ich ihn schweigen. Ich weiß nicht und will auch nicht wissen, worum es geht.«

»Ich weiß es auch nicht«, lächelte Roger. »Hier bekomme ich keine Zeitungen. Ein Assistent meines Anwalts sagte mir, es sei so skandalös, dass es das Gnadengesuch in Gefahr bringe. Anscheinend Perversionen, entsetzliche Schandtaten.«

Pater Carey hörte ihm ruhig zu. Bei ihrer ersten Unterredung im Pentonville-Gefängnis hatte er Roger erzählt, dass seine Großeltern väterlicherseits untereinander Gälisch gesprochen, jedoch immer ins Englische gewechselt hätten, wenn eines ihrer Kinder in die Nähe kam. Auch dem Geistlichen war es nicht gelungen, Altirisch zu lernen.

»Ich glaube, es ist fast besser, ich weiß nicht, wessen sie mich beschuldigen. Alice Stopford Green nimmt an, es handelt sich um einen Schachzug der Regierung, um die Öffentlichkeit gegen das Gnadengesuch einzustimmen.«

»In der Politik ist nichts undenkbar«, sagte der Geistliche. »Die Politik ist nicht unbedingt die lauterste der menschlichen Tätigkeiten.«

Es klopfte leicht gegen die Tür, dann wurde sie aufgeschoben, und das aufgedunsene Gesicht des Sheriffs blickte herein.

»Noch fünf Minuten, Pater Carey.«

»Der Direktor hat mir eine halbe Stunde bewilligt. Hat man Ihnen das nicht gesagt?«

Der Sheriff machte eine erstaunte Miene.

»Wenn Sie es sagen«, entschuldigte er sich. »Dann verzeihen Sie die Störung. Sie haben noch zwanzig Minuten.«

Er verschwand, und die Tür wurde wieder zugezogen.

»Gibt es Neuigkeiten aus Irland?«, fragte Roger unvermittelt, als würde er lieber das Thema wechseln wollen.

»Die Erschießungen haben anscheinend ein Ende genommen. Die Bevölkerung, in Irland wie hier in England, hat die Schnellhinrichtungen sehr kritisiert. Jetzt hat die Regierung angekündigt, alle, die im Zuge des Osteraufstands verhaftet worden sind, kämen vor Gericht.«

Roger blickte aus dem kleinen vergitterten Fenster und dachte, wie widersinnig, das alles doch war: Man hatte ihm den Prozess gemacht und ihn verurteilt, weil er Waffen für den irischen Unabhängigkeitskampf geschmuggelt hatte, wo er doch in Wirklichkeit diese gefährliche, ja absurde Reise von Deutschland bis an die Küste von Tralee angetreten hatte, um den Aufstand zu verhindern, dessen Scheitern für ihn, seit er von den Vorbereitungen dazu erfahren hatte, außer Frage stand. War das die Geschichte? Wie sie in der Schule gelehrt wurde? Wie sie von den Historikern geschrieben wurde? Eine mehr oder weniger idyllische, rationale und schlüssige Konstruktion einer im Grunde willkürlichen, chaotischen Realität aus Zufällen, Fügungen, widersprüchlichen Interessen und Vorhaben, deren Zusammenwirken zu unverhofften Wendungen führte, die beabsichtigten oder tatsächlich gelebten Geschehnisse vorantrieb oder bremste.

»Möglicherweise gehe ich als einer der Urheber des Osteraufstands in die Geschichte ein«, meinte Roger ironisch lächelnd. »Dabei wissen wir beide, dass ich mein Leben auf der Reise hierher aufs Spiel gesetzt habe, um den Aufstand zu verhindern.«

»Außer uns beiden weiß das noch jemand«, sagte Pater Carey lachend und deutete mit dem Finger nach oben.

»Jetzt fühle ich mich endlich besser«, sagte Roger und lachte ebenfalls. »Die Panikattacke ist vorbei. In Afrika war ich so oft Zeuge, wie Schwarze oder Weiße plötzlich von Verzweiflung gepackt wurden. Wenn wir im Urwald den Weg verloren. Wenn wir in eine Gegend gerieten, die die afrikanischen Träger als feindlich betrachteten. Wenn ein Kanu mitten auf dem Fluss kenterte. Manchmal auch in den Dörfern, bei den rituellen Zeremonien mit Tanz und Gesang. Jetzt weiß ich, dass diese ekstatischen Zustände von Angst hervorgerufen werden. Ob das die Trance der Mystiker ist? Diese Entrücktheit, die auch die Begegnung mit Gott erzeugt?«

»Das mag sein«, sagte Pater Carey. »Vielleicht ist es tatsächlich ein ähnlicher Weg, den die Mystiker und all die begehen, die derlei Trancezustände erfahren. Dichter, Musiker, Zauberer.«

Sie schwiegen eine Weile. Von Zeit zu Zeit warf Roger einen Blick auf den mit geschlossenen Augen reglos dasitzenden Geistlichen. ›Er betet für mich‹, dachte er. ›Er ist ein mitfühlender Mensch. Es muss schrecklich sein, ein Leben lang Menschen beizustehen, die auf dem Schafott enden.‹ Sicherlich wusste Pater Carey, ohne im Kongo oder am Amazonas gewesen zu sein, ebenso viel wie er über die schwindelerregenden Extremzustände, die Grausamkeit und Verzweiflung in den Menschen auslösen konnten.

»Während vieler Jahre ließ mich die Religion gleichgültig«, sagte Roger langsam, als würde er mit sich selbst reden. »Aber ich habe nie aufgehört, an Gott zu glauben. An eine erste Ursache allen Lebens. Allerdings habe ich mich oft entsetzt gefragt, Pater Carey, wie kann Gott solche Dinge zulassen? Was für ein Gott ist das, der es erlaubt, dass Tausende Männer, Frauen, Kinder solches Grauen erleiden? Das ist schwer zu begreifen, nicht wahr? Sie haben in den Gefängnissen sicherlich vieles gesehen – stellen Sie sich nicht auch manchmal diese Fragen?«

Pater Carey hatte die Augen aufgeschlagen und hörte mit teilnahmsvollem Gesichtsausdruck zu, antwortete jedoch nicht.

»Diese armen ausgepeitschten, verstümmelten Menschen, diese Kinder mit den abgeschnittenen Händen und Füßen, die an Hunger und Krankheiten zugrunde gehen«, sprach Roger weiter. »Diese bis zum Äußersten ausgebeuteten und schließlich zu Tausenden, Hunderttausenden ermordeten Geschöpfe. Und die Verantwortlichen dafür haben eine christliche Erziehung genossen. Ich habe sie beim Gottesdienst beten und das

Abendmahl empfangen sehen, bevor und nachdem sie diese Verbrechen begangen haben. Es gab Tage, an denen ich wahnsinnig zu werden glaubte, Pater Carey. Vielleicht habe ich in diesen Jahren in Afrika und Putumayo wirklich den Verstand verloren. Und alles, was ich danach getan habe, war das Werk eines Verrückten, der nicht merkte, dass er einer war.«

Der Kaplan blieb weiter stumm. Aber er hörte mit der gleichen wohlwollenden Geduld zu, für die Roger ihm immer dankbar gewesen war.

»Seltsamerweise war es, glaube ich, ausgerechnet im Kongo, in Zeiten tiefster Niedergeschlagenheit, in denen ich mich fragte, wie Gott solche Verbrechen geschehen lassen konnte, dass ich mich erneut für die Religion zu interessieren begann«, fuhr er fort. »Denn die Einzigen, denen der gesunde Menschenverstand nicht abhandengekommen schien, waren baptistische Pastoren und katholische Missionare. Wobei auch viele unter ihnen einfach nicht wahrhaben wollten, was sich vor ihren Augen zutrug. Doch einige wenige taten alles, was in ihrer Macht stand, um den Ungerechtigkeiten entgegenzuwirken. Wahrlich heldenhaft.«

Er verstummte. Es war aufwühlend und schmerzhaft, sich an den Kongo und an Putumayo zu erinnern, und es rief Bilder hervor, die ihn wieder in Angst versetzten.

»Ungerechtigkeit, Qualen, Verbrechen«, murmelte Pater Carey. »Hat Christus das nicht am eigenen Leib erfahren? Er kann Ihre Verfassung besser als irgendjemand sonst verstehen, Roger. Natürlich geht es mir manchmal wie Ihnen. Allen Gläubigen geht es manchmal so, da bin ich mir sicher. Bestimmte Dinge sind fraglos schwer zu begreifen. Unsere Auffassungsgabe ist begrenzt. Wir sind fehlbar, unvollkommen. Aber eines kann ich Ihnen sagen. Sie mögen viele Irrtümer begangen haben, wie alle Menschen. Doch was den Kongo und den Amazonas betrifft, haben Sie sich nichts vorzuwerfen. Ihre Arbeit dort war großherzig und mutig. Sie haben vielen Menschen die Augen geöffnet, dazu beigetragen, tragischen Missständen abzuhelfen.«

›Alles Gute, was ich getan haben mag, wird durch diese Diffamierungskampagne zerstört‹, dachte Roger. Doch das war ein Gedanke, den er jedes Mal gleich wieder verdrängte. Er mochte an den Besuchen Pater Careys, dass er selbst entscheiden konnte, worüber er sich mit dem Kaplan unterhielt. Der Geistliche war überaus diskret und vermied taktvoll jedes Gesprächsthema, das Roger verstimmen könnte. Manchmal saßen sie lange schweigend nebeneinander. Doch auch so hatte die Gegenwart des Paters eine besänftigende Wirkung auf ihn. Noch Stunden nach ihren Gesprächen fühlte Roger sich ruhig und gefasst.

»Wenn das Gesuch abgewiesen wird, bleiben Sie dann bis zum Schluss bei mir?«, fragte er, ohne den Pater anzusehen.

»Natürlich«, sagte Pater Carey. »Aber daran dürfen Sie jetzt nicht denken. Es ist noch nichts entschieden.«

»Ich weiß, Pater Carey. Ich habe die Hoffnung nicht aufgegeben. Aber es tut mir gut zu wissen, dass Sie mich begleiten werden. Ihr Beistand wird mir Mut geben. Ich werde kein klägliches Schauspiel abgeben, das verspreche ich.«

»Sollen wir gemeinsam beten?«

»Reden wir lieber noch etwas, wenn es Ihnen recht ist. Ich habe eine letzte Frage zu diesem Thema. Wenn ich hingerichtet werde, kann mein Leichnam dann nach Irland überführt und dort beerdigt werden?«

Er merkte, dass der Kaplan zögerte, und blickte ihn an. Pater Carey war noch blasser als sonst. Betreten schüttelte er den Kopf.

»Nein, Roger. Wenn das geschieht, dann werden Sie auf dem Gefängnisfriedhof beigesetzt.«

»Auf feindlichem Gebiet«, versuchte Roger zu scherzen. »In einem Land, das ich inzwischen so sehr hasse, wie ich es in jungen Jahren geliebt und bewundert habe.«

»Hass dient niemandem«, seufzte Pater Carey. »Die englische Politik mag verfehlt sein. Aber es gibt viele anständige, ehrbare Engländer.«

»Das weiß ich wohl, Pater. Ich sage es mir immer, wenn der

Hass auf dieses Land in mir aufsteigt. Doch ich komme nicht dagegen an. Vielleicht, weil ich früher blind an das Empire geglaubt habe, daran, dass England die ganze Welt zivilisieren würde. Sie hätten sich amüsiert, wenn Sie mich damals gehört hätten.«

Der Geistliche nickte, und Roger lachte auf.

»Es heißt doch immer, dass die Konvertierten die Schlimmsten sind«, fügte er hinzu. »Meine Freunde haben mir das zumindest immer vorgeworfen. Zu leidenschaftlich zu sein.«

»Der unverbesserliche Ire aus der Fabel«, sagte Pater Carey lächelnd. »So nannte mich meine Mutter, wenn ich als kleiner Junge nicht brav war. ›Da haben wir wieder den unverbesserlichen Iren‹, sagte sie.«

»Wenn Sie möchten, können wir jetzt beten, Pater.«

Pater Carey nickte. Mit geschlossenen Augen faltete er die Hände und begann ein Vaterunser und dann mehrere Ave-Maria zu raunen. Roger schloss ebenfalls die Augen und betete stumm für sich. Zunächst gelang es ihm nicht, sich zu sammeln, wirre Bilder kreisten in seinem Kopf. Doch nach und nach konnte er sich auf die Gebete einlassen. Als der Sheriff an die Tür klopfte und verkündete, sie hätten noch fünf Minuten, war Roger ganz in Andacht versunken.

Jedes Mal, wenn er betete, musste er an seine Mutter denken, an ihre schlanke, weiß gekleidete Gestalt unter einem breiten Strohhut, dessen blaues Band im Wind flatterte, während sie querfeldein unter Bäumen ging. War es in Wales gewesen, in Antrim oder in Jersey? Er wusste es nicht mehr, doch die Landschaft war so schön wie das Lächeln, das Anne Jephsons Gesicht erstrahlen ließ. Wie stolz war Roger, diese sanfte, zarte Hand zu halten, wie sicher und froh er sich fühlte! So zu beten war Balsam für seine Seele, in seine Kindheit zurückversetzt zu werden, die durch seine Mutter schön und glücklich gewesen war.

Pater Carey fragte ihn, ob er irgendjemandem eine Nachricht übermitteln solle, ob er ihm bei seinem nächsten Besuch zwei Tage später etwas mitbringen könne.

»Sie zu sehen ist alles, was ich brauche, Pater. Sie wissen gar nicht, wie gut es mir tut, mit Ihnen zu sprechen und Ihnen zuzuhören.«

Sie schüttelten sich zum Abschied die Hand. Als er neben dem Sheriff den langen, feuchten Korridor zurückging, entfuhr es Roger:

»Es tut mir sehr leid wegen Ihres Sohnes. Ich habe keine Kinder, aber ich stelle mir vor, dass es keinen schlimmeren Schmerz im Leben gibt.«

Der Sheriff räusperte sich, antwortete aber nicht. In seiner Zelle legte Roger sich auf die Pritsche und nahm die *Nachfolge Christi* zur Hand. Doch er konnte sich nicht konzentrieren. Die Buchstaben tanzten vor seinen Augen, und in seinem Geist flackerte ein Reigen von Bildern auf, darunter ein ums andere Mal Anne Jephsons Gestalt.

Wie wäre sein Leben verlaufen, wenn seine Mutter nicht so früh gestorben, wenn sie in seinen Jugendjahren, Erwachsenenjahren noch für ihn da gewesen wäre? Womöglich hätte er sich nicht auf das afrikanische Abenteuer eingelassen. Er wäre in Irland oder Liverpool geblieben, hätte eine Laufbahn als Verwaltungsangestellter eingeschlagen und ein bequemes kleines Leben mit Frau und Kindern geführt. Er musste lächeln. Nein, so ein Leben hätte nicht zu ihm gepasst. Dann doch eher eines, wie er es tatsächlich geführt hatte, mit allen Widrigkeiten. Er hatte die Welt gesehen, seinen Horizont ungemein erweitert, er wusste viel über das Leben und das Menschsein, über die Mechanismen des Kolonialismus und die Tragödie, die diese schlimme Verirrung für so viele Völker bedeutete.

Hätte Anne Jephson länger gelebt, hätte er nicht die traurigschöne Geschichte Irlands entdeckt, von der er in der Ballymena High School nie etwas gehört hatte und die den Kindern und Jugendlichen im Norden Antrims immer noch vorenthalten wurde. Nach wie vor lernten sie, Irland sei ein barbarisches Land ohne nennenswerte Vergangenheit gewesen, dem die englische Besatzungsmacht die Zivilisation gebracht habe. Dass es dabei gleichzeitig seiner Tradition, Sprache und Selbstbestimmung beraubt wurde, hatte er in Afrika erkannt. Wäre seine Mutter noch am Leben gewesen, hätte er womöglich nie solchen Stolz auf sein Heimatland entwickelt und solchen Zorn über das, was Großbritannien aus ihm gemacht hatte.

Waren die Opfer gerechtfertigt, die diese zwanzig afrikanischen Jahre bedeutet hatten, Jahre der Krankheit, Einsamkeit und Enttäuschung, die sieben Jahre in Südamerika, die eineinhalb Jahre in Deutschland? Geld war ihm nie wichtig gewesen, aber war es nicht absurd, dass er, nachdem er sein ganzes Leben hart gearbeitet hatte, nun arm wie eine Kirchenmaus war? Seine letzte Kontoauskunft verzeichnete zehn Pfund. Er war stets unfähig gewesen, zu sparen. Seine Einkünfte hatte er immer für andere aufgewendet – für seine drei Geschwister, für Wohltätigkeitsorganisationen wie die *Congo Reform Association* und für nationalistische irische Institutionen wie St. Enda's School und die *Gaelic League*, denen er eine Zeit lang sein gesamtes Gehalt zukommen ließ. Dafür hatte er selbst äußerst asketisch gelebt, immer wieder in billigen Pensionen gehaust, die unter der Würde seines Ranges waren, wie ihm die Kollegen im Foreign Office zu verstehen gegeben hatten. Niemand würde sich jetzt, nach seiner Niederlage, an diesen Altruismus erinnern. Nur sein Scheitern würde in Erinnerung bleiben.

Doch das war nicht das Schlimmste. Warum konnte er diese verdammten Gedanken nicht verbannen? Wenn es nach der englischen Regierung ginge, würde von ihm lediglich das Bild eines degenerierten, lasterhaften Perversen zurückbleiben. Nicht die Entbehrungen und Krankheiten des rauen Lebens in Afrika. Gelbsucht, Malaria, Arthritis hatten seine Gesundheit zerrüttet. Unwillkürlich musste er an die Hämorrhoiden-Operationen denken, an all die beschämenden Beschwerden, die ihm so zugesetzt hatten, seit er sich im Jahr 1893 zum ersten Mal wegen einer Analfistel hatte operieren lassen müssen. »Sie hätten früher kommen sollen, vor drei oder vier Mona-

ten wäre das ein leichter Eingriff gewesen. Jetzt ist es ernst.«
»Ich lebe in Afrika, Doktor, in Boma, der Arzt dort ist ein
Gewohnheitstrinker, dem die Hände vom Delirium tremens
zittern. Sollte ich mich vielleicht von diesem Doktor Salabert operieren lassen, der weniger von Medizin versteht als
ein Wunderheiler der Bakongo?« Beinahe sein ganzes Leben
lang hatten ihm diese Dinge zu schaffen gemacht. Erst wenige Monate zuvor hatte er im Gefangenenlager von Limburg
eine Blutung erlitten, die von einem rabiaten Militärarzt genäht wurde. Als er sich dazu entschloss, die Aufgabe zu übernehmen, den von den Kautschukbaronen im Amazonasgebiet
begangenen Grausamkeiten nachzugehen, war er bereits ein
kranker Mann. Obwohl er wusste, dass diese Unternehmung
ihn mehrere Monate in Anspruch nehmen und ihm nur Probleme bringen würde, hatte er sich darauf eingelassen, weil
er einen Beitrag für mehr Gerechtigkeit auf der Welt leisten
wollte. Auch das würde in Vergessenheit geraten, wenn man
ihn hinrichten würde.

Ob es stimmte, dass Pater Carey sich geweigert hatte,
die skandalösen Dinge zu lesen, die die Zeitungen über ihn
schrieben? Der Kaplan war ein guter, mitfühlender Mensch.
Sollte Roger sterben müssen, würde Careys Anwesenheit ihm
helfen, seine Würde bis zum letzten Augenblick zu bewahren.

Mutlosigkeit überkam ihn und machte ihn so hilflos wie
die von der Tsetsefliege gestochenen Kongolesen, denen die
Schlafkrankheit die Arme, Beine, Lippen und sogar die Au-
genlider lähmte. Ob sie auch ihre Gedanken lähmte? Ihn
machten diese Anfälle von Pessimismus leider noch scharf-
sichtiger, sie verwandelten sein Gehirn in einen prasselnden
Scheiterhaufen. Waren die Tagebuchseiten, die der Sprecher
der Admiralität der Presse übergeben hatte und die den rothaarigen Assistenten von Gavan Duffy so empörten, echt
oder gefälscht? Er sagte sich, dass die Dummheit doch ein We-
senszug des Menschen war, was natürlich auch für ihn selbst
galt. Er war penibel genau, hatte als Diplomat den Ruf, keinen
Schritt zu unternehmen, ohne die möglichen Konsequenzen

zu bedenken. Und da saß er nun, unter einem baumelnden Strick, den er im Laufe seines Leben selbst geknüpft hatte, als hätte er seinen Feinden unbedingt eine Handhabe geben wollen, ihn zu verunglimpfen.

Erschrocken merkte er, dass er lauthals lachte.

Der Amazonas

Als Roger am letzten Augusttag 1910 mit den übrigen Mitgliedern der Kommission nach einer strapaziösen, über sechs-
wöchigen Reise von England nach Iquitos im Herzen des
peruanischen Amazonasgebietes ankam, hatten sich seine
alte Augenentzündung, seine Arthritisanfälle, sein gesamter
Gesundheitszustand verschlechtert. Doch seinem stoischen
Charakter treu – Herbert Ward nannte ihn manchmal auch
»Seneca« –, ließ er sich nichts anmerken, sondern ermunterte vielmehr seine Reisegefährten und half ihnen, die vielge-
staltigen Widrigkeiten zu überstehen. Leutnant R.H. Bertre
musste wegen Dysenterie in Madeira das Schiff verlassen und
nach England zurückkehren. Dem Botaniker Walter Folk, einem Kautschukexperten, machten Hitze und Neuralgien zu
schaffen. Ein weiterer Teilnehmer, Seymour Bell, hatte große
Furcht vor einer möglichen Dehydratation und trug stets eine
Wasserflasche bei sich, aus der er mit kleinen Schlucken trank.
Am widerstandsfähigsten zeigte sich Louis Barnes, der in Mosambik gelebt hatte und ein Kenner der afrikanischen Land-
wirtschaft war. Henry Fielgald war ein Jahr zuvor bereits von
Julio C. Aranas Gesellschaft ins Amazonasgebiet entsandt
worden und gab Ratschläge, wie man sich vor den Moskitos
und den »üblen Versuchungen« in Iquitos schützen könne.

An Versuchungen fehlte es in der Tat nicht. Man konnte
sich kaum vorstellen, dass es in einer so kleinen, unansehnli-
chen Stadt, kaum mehr als einem morastigen Weiler mit einfachen Hütten aus Holz, Lehm und Palmwedeldächern, ein
paar solideren Gebäuden mit Wellblechdächern und einigen
wenigen prachtvollen Villen mit Fassaden aus portugiesischer
Fayence, eine solche Anzahl von Kneipen, Tavernen, Bordellen und Spielsalons gab sowie Prostituierte jeder Rasse und

Couleur, die vom frühen Morgen an ungeniert auf den Gehsteigen promenierten. Die Landschaft ringsum war grandios. Iquitos lag am Ufer des Nanay, eines Nebenarms des Amazonas, und war umgeben von üppiger Vegetation. Mächtige Bäume mischten ihr Rauschen in das des Flusses, der je nach Sonnenstand unterschiedliche Schattierungen annahm. Doch nur wenige Straßen waren überhaupt asphaltiert und mit Gehsteigen versehen, zumeist waren sie von Rinnsalen durchzogen, die Abwässer und Unrat mitschwemmten und einen ekelerregenden Gestank verströmten. Tag und Nacht dröhnte Musik aus den Spelunken, Bordellen und Amüsierlokalen.

Mr. Stirs, der britische Konsul, der sie an der Anlegestelle in Empfang nahm, erklärte Roger, er würde in seinem Haus Quartier beziehen. Die Gesellschaft habe als Unterkunft für die übrigen Kommissionsmitglieder ein Haus vorbereitet. Am selben Abend würde der Präfekt von Iquitos ein Abendessen zu Rogers Ehren geben.

Es war kurz nach Mittag, doch statt an der Mahlzeit teilzunehmen, zog Roger es vor, sich zurückzuziehen und auszuruhen. Sein Zimmer war schlicht eingerichtet, mit geometrisch gemusterten indianischen Stoffen an den Wänden, und von der kleinen Terrasse aus sah man ein Stück Fluss. Der Straßenlärm drang nur gedämpft herauf. Ohne Jacke und Schuhe auszuziehen, legte er sich hin. Ein Gefühl des Friedens überkam ihn, wie er es während der wochenlangen Reise nicht gekannt hatte. Er schlief sofort ein.

Und er träumte nicht von den vier Jahren als Konsul in Brasilien – in Santos, Pará und Rio de Janeiro –, die er gerade hinter sich hatte, sondern von den anderthalb Jahren, die er 1904 und 1905 in Irland verbracht hatte. Das war nach den turbulenten, aberwitzig hektischen Monaten gewesen, in denen die britische Regierung die Veröffentlichung seines Kongo-Berichts vorbereitete, der aus ihm gleichermaßen einen Helden wie einen Geächteten machen sollte, von der liberalen Presse und den Menschenrechtsorganisationen gelobt, von den Schreiberlingen im Dienste von Leopold II. geschmäht. Um sich der Öffentlichkeit zu entziehen, reiste Roger, während sich das Foreign Office über seine neue Bestimmung beriet – »der meistgehasste Mann des belgischen Königreichs« konnte auf keinen Fall zurück in den Kongo –, nach Irland, auf der Suche nach einem Ort, wo ihn niemand kannte. Er blieb nicht ganz unerkannt, aber er entkam der zudringlichen Neugierde, die ihm in London ein Privatleben unmöglich machte. In diesen Monaten entdeckte er sein Land neu, tauchte ganz in ein Irland ein, das er bis dahin nur aus Gesprächen, Erzählungen und Büchern kannte. »Lieber Roger, du bist ein richtiger irischer Patriot geworden«, scherzte seine Cousine Gee in einem Brief. »Ich hole Versäumtes nach«, antwortete er.

Er hatte in jenen Monaten immer wieder lange Wanderungen durch Donegal und Galway unternommen und sich mit der Geografie seines besetzten Heimatlandes vertraut gemacht, hatte wie ein Liebender die einsame Landschaft betrachtet, die schroffe Küste, hatte mit den fatalistischen, wortkargen Fischern und Bauern gesprochen. Er hatte viele Iren »von der anderen Seite« kennengelernt, Katholiken und auch Protestanten, die sich wie Douglas Hyde, der Gründer der *National Literary Society*, für eine Wiederbelebung der irischen Kultur einsetzten, den Ortschaften die ursprünglichen Namen wiedergeben und die alten irischen Lieder, Tänze, die traditionellen Spinn- und Webtechniken rehabilitieren wollten. Als ihn seine Ernennung zum Konsul von Lissabon erreichte, zögerte er seine Abreise unter dem Vorwand gesundheitlicher Probleme hinaus, um am ersten *Feis nan Gleann*, dem »Festival der Glens« in Antrim teilnehmen zu können, das beinahe dreitausend Besucher zählte. Auf diesem Festival stiegen Roger mehrmals die Tränen in die Augen, während er den fröhlichen, mehrstimmig gespielten Melodien der Dudelsackbläser oder den Geschichtenerzählern zuhörte – ohne sie zu verstehen –, die auf Gälisch Romanzen und Legenden vortrugen. Sogar eine Partie des jahrhundertealten Sports *Hurling* wurde veranstaltet. Roger lernte pronationalistische Politiker und Schriftsteller wie Horace Plunkett,

Bulmer Hobson, Stephen Gwynn kennen und begegnete auch einigen Freundinnen, die sich, wie Alice Stopford Green, dem Erhalt der irischen Kultur verschrieben hatten: Ada MacNeill, Margaret Dobbs, Alice Milligan, Agnes O'Farrelly und Rose Maud Young.

Fortan ließ er einen Teil seiner Ersparnisse und Einkünfte den gälischen Gruppierungen und Schulen der Brüder Pearse zukommen, die auch jene Zeitschriften herausgaben, für die er unter Pseudonym selbst Artikel schrieb. Als Arthur Griffith 1904 *Sinn Féin* gründete, nahm Roger Kontakt mit ihm auf, bot seine Mitarbeit an und abonnierte alle Veröffentlichungen der Vereinigung. Arthur Griffith vertrat die gleichen Ideen wie Bulmer Hobson, mit dem Roger sich inzwischen angefreundet hatte: Man musste parallel zu den kolonialen Institutionen eine irische Infrastruktur aus Schulen, Banken und Unternehmen schaffen, die nach und nach das von England aufgezwungene Gemeinwesen ersetzen sollten. Damit würden die Iren mit der Zeit ein Bewusstsein für die Notwendigkeit entwickeln, ihr eigenes Schicksal in die Hand zu nehmen. Man müsste britische Produkte boykottieren, Steuerzahlungen verweigern, englische Sportarten wie Cricket und Fußball durch traditionelle irische ersetzen, die eigene Literatur fördern. So würde sich Irland auf friedlichem Weg von dem kolonialen Joch befreien.

Roger las nicht nur viel über irische Geschichte, er versuchte sich mit einer Lehrerin auch wieder am Gälischen, kam jedoch nur langsam voran. 1906 bot ihm der neu ernannte Außenminister, Sir Edward Grey von der Liberal Party, den Konsulposten in Santos, Brasilien, an. Roger musste wohl oder übel annehmen, denn das proirische Mäzenatentum hatte seinen kleinen finanziellen Grundstock aufgezehrt und er hatte sich verschuldet.

Vielleicht lag es auch an seinem fehlenden Enthusiasmus, dass er die vier Jahre in Brasilien, von 1906 bis 1910, als eine schlechte Zeit erlebte. Es fiel ihm schwer, sich in dem riesigen Land einzugewöhnen, trotz der Naturschönheiten und der Freundschaften, die er in Santos, Pará und Rio de Janeiro schloss. Am meisten deprimierte ihn, dass er, anders als im Kongo, nie das Gefühl hatte, etwas Wichtiges zu bewirken. Seine Hauptaufgabe in Santos bestand darin, in Schwierigkeit geratene britische Seeleute aus dem Gefängnis freizukaufen und sie nach England zurückzuschicken. In Pará hörte er zum ersten Mal von den entsetzlichen Zuständen in den Kautschukgebieten. Doch der Minister ordnete ihm an, sich ganz auf die Kontrolle der Hafen- und Handelsaktivitäten zu konzentrieren. Er registrierte die ankommenden und abfahrenden Schiffe und unterstützte die Engländer, die etwas kaufen oder verkaufen wollten, bei der Abwicklung der Formalitäten. Besonders unwohl fühlte er sich in Rio de Janeiro. Das Klima verschlimmerte seine Beschwerden und verursachte ihm zudem noch Allergien, die ihm den Schlaf raubten. Er sah sich schließlich dazu gezwungen, in dem achtzig Kilometer von der Hauptstadt entfernten Petropolis Quartier zu beziehen, das in den Bergen lag, wo Hitze und Luftfeuchtigkeit erträglicher und die Nächte kühl waren. Die tägliche Zugfahrt in die Stadt war dafür mehr als beschwerlich.

Eines Nachts, im Traum, erinnerte er sich daran, wie er im September 1906, vor seiner Abreise nach Santos, das lange Versepos »Der Traum des Kelten« über die mythische Vergangenheit Irlands verfasst hatte und dazu, gemeinsam mit Alice Stopford Green und Bulmer Hobson, ein politisches Pamphlet mit dem Titel »Die Iren und die englische Armee«, das sich gegen die Rekrutierung der Iren durch das britische Militär aussprach.

Bei Einbruch der Dämmerung weckten ihn die Moskitos aus seiner wohltuenden Siesta. Der Himmel hatte sich in einen Regenbogen verwandelt. Er fühlte sich besser. Sein Auge brannte nicht mehr so stark, und die arthritischen Schmerzen hatten nachgelassen. Sich im Haus von Mr. Stirs zu duschen erwies sich als komplizierte Unternehmung: Das Duschrohr kam aus einem Behälter, in das ein Bediensteter Wasser aus Eimern schüttete, während Roger sich einseifte und wusch.

Das Wasser war lauwarm wie im Kongo. Als er die Treppe herabstieg, erwartete der Konsul ihn bereits an der Tür, um ihn zum Präfekten Rey Lama zu begleiten.

Sie mussten mehrere Häuserblocks weit gegen einen starken Wind angehen, in dem man kaum die Augen offen halten konnte. Es war jetzt beinahe dunkel, und sie stolperten über Straßenlöcher, Steine und Unrat. Der Krach war noch lauter geworden. Aus den Kneipen schallte Musik, man hörte Trinksprüche, Streitereien und Gegröle. Mr. Stirs, ein in die Jahre gekommener, kinderloser Witwer, war seit sechs Jahren in Iquitos und machte einen müden, resignierten Eindruck.

»Wie ist die allgemeine Einstellung zu dieser Kommission?«, fragte ihn Roger.

»Offen feindselig«, entgegnete der Konsul, ohne zu zögern. »Halb Iquitos lebt von Julio C. Arana, ich nehme an, das wissen Sie. Oder besser gesagt von den Gesellschaften Julio C. Aranas. Die Leute haben die Kommission in Verdacht, ihrem Arbeitgeber und Versorger an den Kragen zu wollen.«

»Können wir irgendeine Hilfe von Seiten der Obrigkeit erwarten?«

»Vielmehr alle Hindernisse der Welt, Mr. Casement. Auch die Obrigkeit von Iquitos hängt von Arana ab. Präfekt, Richter und Militärs bekommen seit Monaten keinen Lohn von der Regierung ausbezahlt. Ohne Arana würden sie verhungern. Führen Sie sich vor Augen, dass Lima durch die schlechte Transportverbindung weiter weg von Iquitos ist als New York oder London. Zwei Monate ist man unterwegs, wenn man gut durchkommt.«

»Das wird schwieriger, als ich es mir vorgestellt hatte«, sagte Roger.

»Sie und die anderen Herren der Kommission müssen sehr vorsichtig sein«, fügte der Konsul etwas zögerlicher und mit gesenkter Stimme hinzu. »Nicht hier in Iquitos. Aber in Putumayo. Dort draußen kann Ihnen alles Mögliche zustoßen. Es ist eine barbarische Welt, ohne Ordnung und Gesetz. Ungefähr so wie im Kongo, stelle ich mir vor.«

Die Präfektur von Iquitos lag an der Plaza de Armas, einem großen unbewachsenen Areal, an dem gerade, wie der auf eine seltsame Eisenkonstruktion zeigende Konsul ihn informierte, ein Eiffel-Haus gebaut wurde. (»Ja, derselbe Eiffel wie von dem Turm in Paris.«) Ein wohlhabender Kautschukunternehmer hatte es in Europa gekauft, zerlegen und nach Iquitos transportieren lassen, wo es nun wieder errichtet wurde, um den exklusivsten Club der Stadt zu beherbergen.

Die Präfektur nahm fast einen halben Straßenblock ein. Ein klotziges, ebenerdiges Gebäude mit weitläufigen Räumen und vergitterten Fenstern, das aus zwei Flügeln bestand. In dem einen befanden sich die Amtsräume, im zweiten lebte der Präfekt. Rey Lama war ein hochgewachsener Mann mit grauem Haar und dichtem, an den Spitzen gezwirbeltem Schnurrbart. Er trug Reithosen und Stiefel, ein Hemd mit Stehkragen und eine merkwürdige kurze Weste mit besticktem Besatz. In seinem dürftigen Englisch begrüßte er Roger überschwänglich und mit schwülstigen Floskeln. Die übrigen Mitglieder der Kommission hatten sich bereits eingefunden und schwitzten in ihren Abendanzügen. Der Präfekt stellte Roger die anderen Gästen vor: einige Richter des Hohen Gerichtshofs, der Garnisonschef Leutnant Arnáez, der Superior der Augustiner Pater Urrutia, der Geschäftsführer der *Peruvian Amazon Company*, der Vorsteher der Zollbehörde, der Herausgeber der Zeitung *El Oriental* und drei Kaufleute. Keine einzige Frau. Man hörte Korken knallen, und es wurden Gläser mit Champagner gereicht, der nicht mehr ganz kühl war, jedoch von guter Qualität, zweifellos französisch.

Die Tafel war in einem großen, mit Petroleumlampen beleuchteten Innenhof gedeckt. Zahllose eingeborene Dienstboten, barfüßig und mit Schürzen, servierten Häppchen und trugen Schüsseln mit verschiedenen Gerichten herbei. Es war eine relativ milde Nacht, am Himmel funkelten Sterne. Roger war überrascht, wie gut er das melodische Spanisch der Peruaner verstand, in dem er einige brasilianische Ausdrücke wiedererkannte. Das erleichterte ihn. Sie hatten zwar einen Dolmetscher, doch so würde er auf der Reise vieles selber verstehen können, was die Untersuchung vereinfachen würde. Am Tisch, soeben war eine ölige Schildkrötensuppe serviert worden, die er kaum herunterbrachte, waren mehrere Unterhaltungen gleichzeitig in Gang, auf Englisch, Spanisch und Portugiesisch, hin und wieder unterbrochen von den Dolmetschern und den dadurch entstehenden Gesprächspausen. Plötzlich klatschte der Präfekt mit etwas weinseligem Blick in die Hände, und alle verstummten. Er brachte einen Toast auf die Neuankömmlinge aus, wünschte ihnen einen guten Aufenthalt und viel Glück für ihre Mission, sie sollten sich an der amazonischen Gastfreundschaft erfreuen. »Wie man sie in der ganzen Region Loreto, vor allem aber in Iquitos pflegt«, fügte er hinzu.

Kaum hatte er wieder Platz genommen, wandte er sich so laut an Roger, dass zwischen den übrigen zwanzig Tischgästen keine andere Unterhaltung aufkommen konnte.

»Gestatten Sie mir eine Frage, verehrter Señor Konsul? Was genau ist der Zweck Ihrer Reise und dieser Kommission? Was wollen Sie hier herausfinden? Nicht, dass ich Ihnen zu nahe treten möchte. Mein Wunsch und der aller hiesigen Amtsträger ist es nur, Ihnen zu helfen. Doch dafür müssen wir wissen, wofür die britische Krone Sie hierhergeschickt hat. Eine große Ehre für das Amazonasgebiet, der wir uns würdig erweisen möchten.«

Roger hatte beinahe alles verstanden, was Rey Lama gesagt hatte, wartete aber dennoch geduldig, bis der Dolmetscher seine Worte ins Englische übersetzt hatte.

»Wie Sie zweifellos wissen, gibt es in England, in ganz Europa Proteste wegen angeblicher Grausamkeiten gegen die Indios«, erklärte er ruhig. »Folter, Mord, sehr ernste Anschuldigungen. Das wichtigste Kautschukunternehmen der Region, die *Peruvian Amazon Company* von Herrn Julio C. Arana, ist, wie Sie sicherlich wissen, eine an der Börse notierte englische Gesellschaft. Weder die britische Regierung noch die öffentliche Meinung würden akzeptieren, dass ein englisches Unternehmen solcherart gegen die menschlichen und göttlichen Gesetze verstößt. Der Grund unserer Reise ist es, den Wahrheitsgehalt dieser Anschuldigungen zu überprüfen. Die Kommission wurde von Julio C. Aranas Unternehmen selbst entsandt. Ich von der Regierung Seiner Majestät.«

Es herrschte eisiges Schweigen. Selbst der von der Straße in den Innenhof dringende Krawall wirkte nicht mehr ganz so laut. Man hatte den Eindruck einer sonderbaren Reglosigkeit, als wären alle diese Herren, die einen Augenblick zuvor noch gegessen, getrunken, sich unterhalten und gestikuliert hatten, Opfer einer schlagartigen Lähmung geworden. Roger musterte sie. Die joviale Heiterkeit war in Missbilligung umgeschlagen.

»Die Gesellschaft von Julio C. Arana ist zur Zusammenarbeit bereit, um ihren guten Namen zu verteidigen«, ergriff Pablo Zumaeta beinahe schreiend das Wort. »Wir haben nichts zu verbergen. Das Schiff, in dem Sie nach Putumayo fahren werden, ist das beste unseres Unternehmens. Und dort wird Ihnen alles zugänglich gemacht werden, damit Sie sich mit eigenen Augen davon überzeugen, wie schändlich diese Verleumdungen sind.«

»Ich danke Ihnen, mein Herr«, sagte Roger.

Da beschloss er, in einem für ihn ungewöhnlichen Impuls, seine Gastgeber einer kleinen – und wie er vermutete – aufschlussreichen Prüfung zu unterziehen. Beiläufig, als würde er über Tennis oder das Wetter sprechen, fragte er:

»Ach übrigens, wissen Sie, ob sich der Journalist Benjamín Saldaña Roca, ich spreche den Namen hoffentlich richtig aus, gerade in Iquitos aufhält? Ob wohl eine Unterredung mit ihm möglich wäre?«

Die Frage schlug ein wie eine Bombe. Die Anwesenden warfen sich überraschte, brüskierte Blicke zu. Ein langes Schweigen folgte, als wagte niemand, sich auf ein so heikles Thema einzulassen.

»Nein so was!«, rief der Präfekt schließlich mit theatralischer Entrüstung aus. »Bis London ist der Name dieses Erpressers gelangt?«

»So ist es, mein Herr«, nickte Roger. »Die Anschuldigungen gegen die Kautschukunternehmen von Putumayo, die Señor Saldaña Roca und Ingenieur Walter Hardenburg vorbrachten, haben in London einen Skandal ausgelöst. Doch Sie haben meine Frage nicht beantwortet: Ist Señor Saldaña Roca in Iquitos? Kann ich ihn treffen?«

Wieder setzte ein langes Schweigen ein. Das Unbehagen war deutlich spürbar. Schließlich sagte der Superior der Augustiner:

»Niemand weiß, wo er ist, Señor Casement.« Pater Urrutia sprach das härtere Spanisch der Iberischen Halbinsel, das Roger wesentlich schwerer verstand. »Er ist vor einiger Zeit aus Iquitos verschwunden. Es heißt, er sei in Lima.«

»Wäre er nicht geflohen, hätten wir ihn hier gelyncht«, donnerte ein älterer Herr mit erhobener Faust.

»Wir in Iquitos sind Patrioten«, rief Pablo Zumaeta aus. »Niemand wird dieser Kanaille je verzeihen, solche infamen Lügen in Umlauf gesetzt zu haben, um Peru in Verruf zu bringen und dem Unternehmen zu schaden, das den Fortschritt ins Amazonasgebiet gebracht hat.«

»Und das nur, weil ihm sein Schurkenstreich nicht aufging«, ergänzte der Präfekt. »Hat man Ihnen auch gesagt, dass Saldaña Roca zuvor versucht hatte, Señor Aranas Gesellschaft zu erpressen?«

»Und als wir darauf nicht eingegangen sind, hat er diese ganze Lügengeschichte über Putumayo veröffentlicht«, pflichtete Pablo Zumaeta bei. »Er ist wegen des Verfassens von Schmähschriften, Verleumdung und Erpressung angeklagt, ihm blüht Gefängnis, deshalb ist er abgehauen.«

»Es gibt doch nichts Besseres, als vor Ort zu sein, um den Dingen auf den Grund zu gehen«, bemerkte Roger.

Die Unterhaltungen begannen erneut. Das Abendessen ging mit einem Gericht amazonischer Fische weiter, von denen Roger einen, Gamitana genannt, besonders zart und schmackhaft fand. Doch die Gewürze, mit denen er zubereitet war, brannten in seinem Mund.

Nach dem Essen verabschiedete er sich von dem Präfekten und unterhielt sich noch kurz mit seinen Freunden von der Kommission. Seymour Bell hielt es für unbedacht, den Namen von Saldaña Roca, der die Honoratioren von Iquitos derart aufbrachte, so unvermittelt auf den Tisch gebracht zu haben. Louis Barnes dagegen gratulierte ihm, die erzürnte Reaktion sei sehr interessant gewesen.

»Wie schade, dass wir nicht mit ihm reden können«, sagte Roger. »Ich hätte ihn gern kennengelernt.«

Roger und der Konsul gingen denselben Weg zurück, den sie gekommen waren. Der Radau war noch lauter geworden, und Roger erstaunten die zahlreichen Kinder, die barfüßig, halbnackt und zerlumpt an den Türen der Spelunken und Bordelle standen und mit spitzbübischen Mienen hineinspähten. Ringsum wühlten Hunde im Abfall.

»Vergeuden Sie nicht Ihre Zeit damit, ihn zu suchen, Sie werden ihn nicht finden«, sagte Stirs. »Saldaña Roca ist aller Wahrscheinlichkeit nach tot.«

Das überraschte Roger nicht. Die Aggressivität, die allein die Nennung des Namens provozierte, hatte ihn bereits vermuten lassen, dass sein Verschwinden endgültig war.

»Haben Sie ihn gekannt?«

Auf die runde Glatze des Konsuls waren schimmernde Tröpfchen getreten. Langsam tastete er sich mit seinem Stock über den morastigen Grund, als fürchtete er, auf eine Schlange oder eine Ratte zu treten.

»Wir haben uns zwei- oder dreimal unterhalten«, sagte Stirs. »Er war klein, leicht krumm. Ein Mestize, *Cholo* oder *Cholito* heißen die hier. *Cholos* sind zumeist leise und formbedacht. Davon bei Saldaña Roca keine Spur. Er war barsch, sehr selbstsicher. Und er hatte diesen starren Blick, den man bei Gläubigen und Fanatikern findet und der mich, offen gestanden, immer etwas nervös macht. So etwas ist mir fremd. Ich hege keine große Bewunderung für Märtyrer, Mr. Casement.

Auch nicht für Helden. Diese Leute, die sich im Namen der Wahrheit oder Gerechtigkeit selbst verbrennen, richten oft größeren Schaden an, als sie Gutes tun.«

Roger sagte nichts. Er versuchte, sich diesen kleinen, ungestalten Menschen vorzustellen, dessen Gemüt und Willenskraft ihn an Edmund D. Morel erinnerten. Ein Märtyrer und ein Held, ja. Er malte sich aus, wie er eigenhändig die Druckerschwärze auf den Druckplatten für seine Zeitungen *La Felpa* und *La Sanción* verteilte. Wahrscheinlich stellte er sie auf einer kleinen manuellen Presse her, die er zu Hause in einer Ecke stehen hatte. Und dieses bescheidene Heim fungierte vermutlich gleichzeitig auch als Redaktion und Geschäftsstelle.

»Ich hoffe, Sie nehmen mir nicht übel, was ich gesagt habe«, entschuldigte sich der Konsul und klang plötzlich reumütig. »Natürlich war es sehr mutig von Saldaña Roca, diese Anschuldigungen zu veröffentlichen. Es ist ziemlich verwegen, wenn nicht selbstmörderisch, das Haus Arana wegen seiner gnadenlosen Methoden in den Kautschukfabriken von Putumayo anzuklagen. Und er war nicht naiv, er wusste sehr wohl, was passieren würde.«

»Was passierte denn?«

»Was zu erwarten war«, sagte Stirs ungerührt. »Man hat seine Druckerei in der Calle Morona niedergebrannt, die verkokelten Überreste stehen noch. Außerdem haben sie sein Haus in der Calle Prospero unter Beschuss genommen. Auch die Einschusslöcher kann man noch sehen. Er musste seinen Sohn von der Schule nehmen, weil seine Klassenkameraden ihm das Leben zur Hölle machten. Ihm blieb nichts anderes übrig, als seine Familie an einen geheimen Ort zu bringen, ihr Leben war in Gefahr. Er musste die Zeitungen einstellen, weil das Anzeigengeschäft zusammenbrach und keine Druckerei in Iquitos sie noch drucken wollte. Zweimal wurde er auf der Straße angeschossen, zur Warnung. Eine Kugel traf ihn in die Wade, seitdem hinkte er. Zuletzt habe ich ihn im Februar 1909 an der Uferpromenade gesehen. Zu mehreren haben sie ihn zum Fluss geschleppt. Sein Gesicht war von den Schlägen blau angeschwollen. Sie haben ihn auf ein Schiff gebracht, das nach Yurimaguas fahren sollte. Danach hat man nie wieder etwas von ihm gehört. Vielleicht gelang es ihm wirklich, nach Lima zu fliehen. Hoffentlich. Vielleicht haben sie ihn aber auch mit gefesselten Händen und Füßen und mit blutenden Wunden in den Fluss den Piranhas zum Fraß vorgeworfen. Wenn dem so war, dürften seine Knochen, das Einzige, was diese Bestien übrig lassen, längst im Atlantik angekommen sein. Aber vermutlich schockiert Sie so etwas nicht sehr. Im Kongo haben Sie bestimmt ähnliche oder schlimmere Geschichten gehört.«

Sie hatten das Haus des Konsuls erreicht. Er zündete die Lampe im Vestibül an und bot Roger ein Glas Portwein an. Sie setzten sich auf die Terrasse und rauchten. Der Mond war hinter Wolken verschwunden, man sah noch vereinzelte Sterne. Der Krawall der Straßen klang gedämpft herüber, die Insekten sirrten, das Flusswasser schwappte ans Ufer.

»Und was hat dem armen Saldaña Roca sein Mut nun genutzt?«, fragte der Konsul achselzuckend. »Gar nichts. Er hat seine Familie ins Unglück gestürzt und ist womöglich selbst ums Leben gekommen. Und wir hier sind um die beiden Zeitungen gekommen, deren Klatschgeschichten vergnüglich zu lesen waren.«

»Ich glaube nicht, dass sein Opfer vergebens war«, wandte Roger behutsam ein. »Ohne Saldaña Roca wären wir nicht hier. Außer natürlich, Sie denken, dass unser Kommen auch vergebens sein wird.«

»Das möge Gott verhindern!«, rief der Konsul. »Sie haben recht. Der Skandal in den Vereinigten Staaten, in Europa. Ja, das alles wurde von Saldaña Roca und Hardenburg in Gang gesetzt. Es war dumm, was ich gesagt habe. Ich hoffe, dass Ihr Kommen nützlich sein wird und sich die Dinge ändern werden. Verzeihen Sie mir, Mr. Casement. Die vielen Jahre im Amazonasgebiet haben mich skeptisch gemacht. In Iquitos verliert man irgendwann den Glauben an die Gerechtigkeit. Vielleicht ist es an der Zeit, dass ich nach England zurückkehre. Wie ich sehe, haben Ihre Jahre in Brasilien keinen Pessimisten aus Ihnen gemacht. Beneidenswert.«

Nachdem sie einander eine gute Nacht gewünscht und sich zurückgezogen hatten, fand Roger lange keinen Schlaf. War es richtig gewesen, diese Aufgabe zu übernehmen? Als ihn der Außenminister, Sir Edward Grey, vor mehreren Monaten in sein Büro bestellt und ihm erklärt hatte: »Der Skandal um die Verbrechen in Putumayo hat untolerierbare Ausmaße angenommen. Die Öffentlichkeit verlangt von der Regierung, zu handeln. Und es gibt niemanden, der geeigneter wäre als Sie, um dorthin zu reisen. Die *Peruvian Amazon Company* hat selbst eine unabhängige Untersuchungskommission zusammengestellt, die sich ebenfalls nach Peru begeben wird. Aber ich möchte, dass Sie einen eigenständigen Bericht für die Regierung anfertigen. Ihr Einsatz für den Kongo hat Ihnen großes Ansehen eingebracht. Sie sind unser Spezialist für Gräueltaten. Sie dürfen nicht nein sagen.« Zunächst hatte Roger ablehnen wollen. Dann aber dachte er, dass ebendie im Kongo geleistete Arbeit eine moralische Pflicht bedeute, auf das Angebot einzugehen. War das eine richtige Entscheidung gewesen? Stirs Skepsis jedenfalls schien ihm kein gutes Omen. Sir Edward Greys Bemerkung, er sei ein »Spezialist für Gräueltaten«, ging ihm nicht aus dem Sinn.

Anders als der Konsul war er der Meinung, dass Benjamín Saldaña Roca dem Amazonasgebiet, seinem Land und der ganzen Welt einen großen Dienst erwiesen hatte. Er hatte die Artikel von Saldaña Roca in der Zeitung *La Sanción* gelesen, nachdem er bei Sir Edward gewesen war und dieser ihm eine Entscheidungsfrist von vier Tagen gesetzt hatte. Das Foreign Office hatte ihm ein Dossier überreicht, darunter die Artikel von Hardenburg und Saldaña Roca. Seine erste Reaktion war Ungläubigkeit. Was in den Artikeln stand, hörte sich ganz unwahrscheinlich an, als wären sie das Produkt einer sadistischen Fantasie. Doch dann erinnerte sich Roger, dass alle Welt ebenso ungläubig reagiert hatte, als Morel und er die Situation im Kongo publik gemacht hatten. So schützen sich die Menschen vor der Konfrontation mit der Wahrheit. Wenn solche Grausamkeiten im Kongo geschehen konnten, warum nicht auch im Amazonasgebiet?

Bedrückt stand er wieder auf und setzte sich auf die Terrasse. Der Himmel war pechschwarz, kein Stern mehr zu sehen. Auch die Stadt lag jetzt dunkler da, nur der Lärm hielt an. Wenn Saldaña Rocas Anschuldigungen der Wahrheit entsprachen, konnte man annehmen, dass der Journalist tatsächlich im Fluss gelandet war. Stirs' fatalistische Art verstimmte ihn. Als wären diese Geschehnisse etwas Schicksalhaftes und nicht das Werk des Menschen. Er hatte ihn einen »Fanatiker« genannt. Saldaña Roca ein Fanatiker der Gerechtigkeit? Zweifellos. Ein waghalsiger Draufgänger. Ein mittelloser Mann ohne Beziehungen. Ein amazonischer Morel. Ein Gläubiger vielleicht? Er hatte so gehandelt, weil er glaubte, dass die Welt mit dieser Schande nicht weiterexistieren dürfe. Roger dachte an Afrika, wie ihn die Erfahrung von Bosheit und Leid kämpferisch gemacht hatten und er alles daransetzen wollte, die Welt zu verbessern. Er fühlte sich Saldaña Roca beinahe brüderlich verbunden. Zu gern hätte er ihm die Hand geschüttelt und ihm gesagt: »Sie haben etwas sehr Wichtiges geleistet, mein Herr.«

Ob Saldaña Roca selbst bis nach Putumayo vorgedrungen war? Hatte er sich in die Höhle des Löwen begeben? Aus seinen Artikeln ging das nicht direkt hervor, doch sie wirkten so fundiert, dass er vermutlich mit eigenen Augen gesehen hatte, worüber er berichtete. Roger hatte Saldaña Rocas und Hardenburgs Artikel so oft gelesen, dass es ihm manchmal vorkam, als wäre er selbst schon dort gewesen.

Er schloss die Augen und sah das riesige, in etliche Kautschukstationen unterteilte Gebiet vor sich. Die wichtigsten Stationen hießen La Chorrera und El Encanto, sie wurden jeweils von einem eigenen Chef geführt. »Oder vielmehr von einem eigenen Ungeheuer.« Eine andere Bezeichnung gab es für Menschen wie Víctor Macedo und Miguel Loaysa nicht. Die beiden hatten Mitte 1903 ihre denkwürdigste Ruhmestat vollbracht. Damals waren etwa achthundert Ocaima-Indios nach La Chorrera gekommen, um körbeweise Kautschukbälle abzuliefern. Nach dem Wiegen und Einlagern zeigte der stellvertretende Vorsteher von La Chorrera, Fidel Velarde, seinem Chef Víctor Macedo, der mit Miguel Loaysa von El Encanto zusammenstand, fünfundzwanzig von der übrigen Gruppe getrennte Ocaima-Indios, die nicht das verlangte Minimum an Latex gebracht hatten. Macedo und Loaysa beschlossen, diesen Wilden eine gehörige Lektion zu erteilen. Nachdem sie ihre Aufseher – aus Barbados stammende Schwarze – angewiesen hatten, den Rest der Ocaimas mit Gewehren in Schach zu halten, befahlen sie ihren einheimischen Helfern, den sogenannten »Jungs«, die Indios in petroleumgetränkte Säcke einzuwickeln und anzuzünden. Menschlichen Fackeln gleich brannten sie lichterloh. Manchen gelang es, die Flammen zu ersticken, indem sie sich schreiend auf dem Boden wälzten, doch sie erlitten furchtbare Verbrennungen. Andere sprangen wie Feuergeschosse in den Fluss und ertranken. Die Verletzten erhielten von Macedo, Loaysa und Velarde den Gnadenschuss. Roger wurde jedes Mal übel, wenn er sich diese Szene vorstellte.

Laut Saldaña Roca taten die Vorsteher solche Dinge teils zur Abschreckung, teils aber auch aus reinem Vergnügen. Sie hatten so häufig Schläge ausgeteilt, so viel ausgepeitscht und gefoltert, dass es sie inzwischen amüsierte, anderen Leid zuzufügen, und sie darum wetteiferten, wer am brutalsten vorging. Wenn sie betrunken waren, suchten sie regelmäßig Vorwände für ihre blutigen Spielchen. Saldaña Roca zitierte einen Brief des Geschäftsführers des Unternehmens an den Stationschef Miguel Flores, in dem er ihn mahnte, »Indios nicht zu töten, als wäre es ein Sport«, wenn er doch wisse, dass ihre Arbeitskraft gebraucht werde, und er erinnerte ihn, er dürfe auf derart extreme Maßnahmen nur zurückgreifen, »wenn es wirklich nötig ist«. Miguel Flores' Antwort verdeutlichte, dass die Wirklichkeit die Anschuldigungen noch übertraf: »Ich protestiere, denn in den letzten zwei Monaten sind in meiner Station nur zirka vierzig Indios gestorben.«

Saldaña Roca zählte die verschiedenen Formen der Bestrafung auf, der die Indios je nach Vergehen unterzogen wurden: Auspeitschen, Fußblock oder Streckbank, Abschneiden von Ohren oder Nase, Händen und Füßen, bis hin zur Ermordung durch Erhängen, Erschießen, Verbrennen oder Ertränken im Fluss. In Matanzas, versicherte er, fänden sich mehr Leichenreste von Indios als in irgendeiner anderen Station. Es ließen sich keine genauen Zahlen ermitteln, doch die Knochen müssten von Hunderten, vielleicht sogar Tausenden Opfern stammen. Der Vorsteher von Matanzas war Armando Normand, ein gerade dreiundzwanzigjähriger Mann, halb Bolivianer, halb Engländer, der vorgab, in London studiert zu haben. Seine Grausamkeit war unter den durch ihn dezimierten Huitotos zu einer »teuflischen Legende« geworden. Der Vorsteher von Abisinia, Abelardo Agüero, und sein Stellvertreter Augusto Jiménez mussten dem Unternehmen ein Bußgeld zahlen, weil sie die Indios als Zielscheibe benützt hatten und damit wider besseres Wissen und auf unverantwortliche Weise wertvolle Arbeitskräfte verschwendet hätten.

Der Kongo und das Amazonasgebiet waren zwar weit voneinander entfernt, trotzdem, schien es Roger, waren sie auf unselige Weise miteinander verbunden. Mit kleinen Variationen wiederholte sich das Grauen, stets eine Folge der Profitgier, dieser Erbsünde, diesem geheimen Antrieb der menschlichen Bosheit. Oder war da noch etwas anderes? Hatte vielleicht doch der Teufel den uralten Kampf gewonnen?

Für den morgigen Tag stand einiges an. Der Konsul hatte drei Schwarze aus Barbados mit britischer Staatsangehörigkeit in Iquitos ausfindig gemacht. Sie hatten mehrere Jahre in den Kautschukstationen von Arana gearbeitet und eingewilligt, vor der Kommission auszusagen, wenn sie dafür auf ihre Insel zurückkehren könnten.

Obwohl er kaum geschlafen hatte, wachte Roger bei Tagesanbruch auf. Er fühlte sich nicht schlecht. Nachdem er sich gewaschen und angezogen hatte, setzte er seinen Panamahut auf, griff nach seinem Fotoapparat und verließ das Haus.

Draußen schien die Sonne, der Himmel war wolkenlos, mittags würde es gewiss brütend heiß werden. Es waren bereits Menschen unterwegs, und auch die rotblaue kleine Trambahn fuhr schrillend durch die Stadt. Alle paar Meter boten ihm indianische Straßenhändler mit geschlitzten Augen, gelblicher Haut und geometrischen Zeichnungen auf Gesicht und Armen Obst, Getränke, Pfeile, Knüppel, Blasrohre oder lebendige Tierchen an – kleine Affen, Papageien und Eidechsen. Viele Kneipen und Restaurants hatten noch geöffnet, die meisten waren allerdings leer. Betrunkene lagen unter Palmblattdächern, alle viere von sich gestreckt, Hunde wühlten in den Abfällen. ›Diese Stadt ist ein widerliches, stinkendes Loch‹, dachte Roger. Er wanderte lange durch die lehmigen Straßen, überquerte die Plaza de Armas, kam an der Präfektur vorbei und gelangte zu einer hübschen Uferpromenade mit steinerner Balustrade, von der aus man den breiten Fluss mit seinen schwimmenden Inseln und in der Ferne, am gegenüberliegenden Ufer, eine in der Sonne glitzernde Baumreihe sah. Die Promenade mündete in einen bewachsenen Abhang, unter dem sich eine Anlegestelle befand. Mehrere barfüßige, nur mit kurzen Hosen bekleidete junge Männer waren dort dabei, Pflöcke in den Boden zu rammen. Zum Schutz gegen die Sonne trugen sie Papierhüte auf dem Kopf.

Sie wirkten nicht wie Indios, eher wie Mestizen. Einer von ihnen, noch keine zwanzig, hatte einen harmonisch gebauten, muskulösen Oberkörper. Roger zögerte einen Moment, dann trat er zu ihm, zeigte auf den Fotoapparat und fragte auf Portugiesisch:

»Dürfte ich ein Foto von Ihnen machen? Ich bezahle es auch.«

Der Junge sah ihn verständnislos an.

Roger wiederholte die Frage noch zweimal in seinem schlechten Spanisch, bis der Junge schließlich lächelte. Er tuschelte einen Moment mit den anderen, dann wandte er sich wieder Roger zu und fragte, mit den Fingern schnipsend: »Wie viel?« Roger wühlte in seinen Taschen und brachte eine

Handvoll Münzen zutage. Der Blick des Jungen glitt zählend darüber.

Roger belichtete mehreren Platten mit dem Jungen, wozu dessen Freunde spöttisch lachten. Er ließ ihn den Papierhut absetzen, die Arme heben, seine Muskeln spielen und die Pose eines Diskuswerfers einnehmen. Dabei berührte er kurz den Arm des Jungen und bemerkte, dass seine Hände feucht vor Hitze und Erregung waren. Er hörte mit dem Fotografieren auf, als er sich von einer zerlumpten Kinderschar umringt sah, die ihn wie ein sonderbares Insekt betrachtete. Er gab dem Jungen die Münzen und eilte zurück zum Konsulat.

Dort saßen der Konsul und die Kommissionsmitglieder beim Frühstück. Roger nahm Platz und erklärte, er habe die Gewohnheit, den Tag mit einem ausgiebigen Spaziergang zu beginnen. Während sie den wässrigen, süßen Kaffee tranken und frittierte Yuccastreifen dazu aßen, erzählte Stirs ihnen mehr über die Schwarzen aus Barbados. Alle drei hatten in Putumayo gearbeitet, Aranas Unternehmen jedoch im Streit verlassen. Sie fühlten sich von der *Peruvian Amazon Company* betrogen und übervorteilt, was sich in ihren Aussagen niederschlagen würde. Er riet, die Männer nicht mit der ganzen Kommission auf einmal zu konfrontieren, weil sie sonst eingeschüchtert wären und den Mund nicht aufbekämen. Man beschloss, die Anhörungen in Gruppen vorzunehmen.

Roger und Seymour Bell begaben sich gemeinsam mit dem ersten Barbadier auf die Terrasse vor Rogers Zimmer. Doch kurz nach Beginn des Gesprächs schützte Bell Unwohlsein wegen seiner angeblichen Dehydratation vor und zog sich zurück, so dass Roger allein mit dem ehemaligen Aufseher blieb.

Er hieß Eponim Thomas Campbell und war sich seines Alters nicht ganz sicher, schätzte sich aber auf nicht älter als fünfunddreißig. Er hatte eine dichte Krause, in der einige weiße Haare schimmerten. Sein verwaschenes Hemd war offen bis zum Bauchnabel, und seine grobe, in der Taille mit einem Strick zusammengehaltene Leinenhose reichte ihm nur bis zu den Knöcheln. Die riesigen verhornten Füße mit den langen Nägeln wirkten wie aus Stein. Er sprach ein stark kolonial eingefärbtes Englisch, das Roger nur mit Mühe verstand. Manchmal benutzte er auch portugiesische oder spanische Ausdrücke.

In einfachen Sätzen versicherte Roger ihm, seine Aussage würde streng vertraulich behandelt und ihm unter keinen Umständen Unannehmlichkeiten einbringen. Er selbst werde sich nicht einmal Notizen machen, sondern nur zuhören. Das Einzige, worum er ihn bitte, sei eine wahrheitsgetreue Schilderung dessen, was in Putumayo vorgegangen sei.

Sie saßen nebeneinander auf einer Bank, vor ihnen auf dem Tisch standen ein Krug Papayasaft und zwei Gläser. Eponim Thomas Campbell war sieben Jahre zuvor in Bridgetown, der Hauptstadt von Barbados, mit weiteren achtzehn Barbadiern von Julio C. Aranas Bruder Lizardo angeworben worden, um als Aufseher in einer der Stationen von Putumayo zu arbeiten. Und damit begann auch schon der Betrug, denn als sie unter Vertrag genommen wurden, hatte ihnen niemand gesagt, dass sie einen Großteil ihrer Zeit mit »Treibjagden« zubringen würden.

»Erklären Sie mir bitte, was diese ›Treibjagden‹ sind«, sagte Roger.

Auf Indiojagd durch die Dörfer ziehen, um Kautschuksammler für das Unternehmen aufzutreiben. Ob Huitotos, Ocaimas, Muinanes, Nonuyas, Andoques, Rezigaros oder Boras, ganz egal. Welche Indios sich eben in der Gegend befanden. Denn Latex sammeln wollte ohnehin keiner. Man musste sie dazu zwingen. Die »Treibjagden« bestanden aus langen, oft ergebnislosen Expeditionen. Manche Dörfer waren verlassen, wenn sie kamen, die Einwohner hatten die Flucht ergriffen. Aber zum Glück nicht immer. Dann schossen sie zur Einschüchterung um sich, damit die Indios sich nicht wehren würden, was sie aber dennoch taten, mit Pfeilschleudern und Knüppeln. Richtige Kämpfe waren das. Danach musste man alle, die sich zu Fuß fortbewegen konnten, Männer, Frauen und Kinder, mit Halsfesseln aneinanderbinden. Die Alten und Neugeborenen wurden zurückgelassen, damit sie den Marsch nicht aufhielten. Eponim sagte, er habe jedoch keine unnötigen Grausamkeiten begangen wie Armando Normand, auch wenn er in Matanzas zwei Jahre unter seinem Befehl gestanden habe.

»Unnötige Grausamkeiten?«, unterbrach ihn Roger. »Nennen Sie mir Beispiele.«

Eponim rutschte unbehaglich auf der Bank herum, die Augen weit aufgerissen und unstet.

»Mr. Normand hatte so seine Eigenheiten«, murmelte er mit ausweichendem Blick. »Wenn einer nicht spurte. Oder besser gesagt, wenn er nicht so spurte, wie er es wünschte. Er hat zum Beispiel ihre Kinder im Fluss ertränkt. Er selbst. Eigenhändig, meine ich.«

Nach einer kurzen Pause fuhr er fort, die Eigenheiten von Mr. Normand hätten ihn nervös gemacht. Weil ein so merkwürdiger Zeitgenosse zu allem fähig sei, aus einer Laune heraus zum Beispiel einfach die Person neben sich abzuknallen. Deshalb habe er darum gebeten, in eine andere Station versetzt zu werden. Als er nach Último Retiro gekommen sei, deren Verwalter heiße Alfredo Montt, habe Eponim ruhiger geschlafen.

»Mussten Sie bei irgendeiner Gelegenheit in Ausübung Ihrer Tätigkeit Indios töten?«

Der Schwarze sah Roger an, wandte sich ab, blickte ihn wieder an.

»Das war Teil der Arbeit«, gestand er und zuckte mit den Schultern. »Sowohl für die Aufseher wie für die Jungs, die antrainierten Indios, die sie auch die ›Verständigen‹ nennen. In Putumayo fließt viel Blut. Irgendwann gewöhnt man sich daran. Das Leben dort besteht aus Töten und Sterben.«

»Können Sie mir sagen, wie viele Menschen Sie töten mussten, Mr. Thomas?«

»Ich habe nicht mitgezählt«, entgegnete Eponim hastig. »Ich habe meine Arbeit getan und versucht, nicht weiter daran zu denken. Ich habe meinen Teil der Abmachung erfüllt. Deshalb sage ich, dass das Unternehmen sich mir gegenüber ungerecht verhalten hat.«

Er brachte eine lange, konfuse Anklage gegen seine ehemaligen Vorgesetzten hervor. Man beschuldige ihn, in den Verkauf von fünfzig Huitotos an das kolumbianische Kautschukunternehmen Iriarte verwickelt zu sein, das der Gesellschaft von Arana die Arbeitskräfte streitig mache. Alles gelogen. Eponim schwor hoch und heilig, dass er nichts mit dem Verschwinden dieser Huitoto-Indios aus der Station Último Retiro zu tun gehabt habe, die als Arbeiter bei den Kolumbianern wiederaufgetaucht seien. Der Vorsteher der Station, Alfredo Montt höchstpersönlich, habe sie verkauft. Ein habgieriger Geizhals. Um seinen Verstoß zu vertuschen, habe er ihn sowie Dayton Cranton und Simbad Douglas angezeigt. Alles Verleumdung. Aber das Unternehmen habe Montt geglaubt und die drei Aufseher hätten fliehen müssen. Es sei eine entsetzliche Schinderei gewesen, nach Iquitos zu gelangen. Die Chefs der Gesellschaft in Putumayo hätten den »Rationalen« Befehl gegeben, die drei Barbadier zur Strecke zu bringen. Jetzt würden Eponim und seine Gefährten vom Betteln und von Gelegenheitsarbeiten leben. Die Gesellschaft weigere sich, ihnen die Rückreise nach Barbados zu bezahlen. Sie habe sie wegen unerlaubten Fernbleibens vom Arbeitsplatz verklagt und der Richter von Iquitos habe dem Haus Arana natürlich recht gegeben.

Roger versprach ihm, seine Regierung würde sich darum kümmern, ihn und die beiden anderen, da sie britische Staatsbürger seien, zurück nach Barbados zu bringen.

Erschöpft legte er sich auf sein Bett, kaum war Eponim Thomas Campbell gegangen. Er war schweißüberströmt, seine Glieder schmerzten und ein unangenehm flaues Gefühl breitete sich in ihm aus. Der Kongo. Das Amazonasgebiet. Kannte das menschliche Leid denn keine Grenzen? Die Welt war voller barbarischer Enklaven. Wie viele mochten es sein? Hunderte, Tausende, Millionen? Konnte man diese Hydra je besiegen? Jedes Mal, wenn man ihr den Kopf abschlug, wuchs ein anderer, noch schauderhafterer nach. Roger schlief ein.

Er träumte von seiner Mutter an einem See in Wales, die Sonne schien sacht durch die Kronen der hohen Eichen. Aufgewühlt sah er den muskulösen Jungen, den er morgens an der Uferpromenade fotografiert hatte. Was tat er an diesem walisischen See? Oder war es ein irischer See bei Ulster? Die zarte Gestalt Anne Jephsons war plötzlich verschwunden. Rogers Unbehagen entsprang nicht der Traurigkeit über das Schicksal dieser versklavten Menschen in Putumayo, sondern dem Gefühl, dass seine Mutter, ohne dass er sie sehen konnte, ihn von dem Hain aus beobachtete. Dennoch wuchs Rogers Erregung beim Anblick des näher kommenden Jungen, der mit nassem Oberkörper wie ein Wassergott dem See entstieg. Bei jedem Schritt traten seine Muskeln hervor, und seinen Mund umspielte ein provozierendes Lächeln, das Roger im Traum erschaudern und aufstöhnen ließ. Als er erwachte, bemerkte er voller Abscheu, dass er ejakuliert hatte. Beschämt wusch er sich und zog frische Wäsche an.

Als er nach unten ging, fand er die Kommissionsmitglieder zutiefst betroffen vor. Die Schilderungen der anderen beiden Barbadier Dayton Cranton und Simbad Douglas waren so schonungslos gewesen wie die von Eponim. Besondere Bestürzung rief hervor, dass die beiden in erster Linie erpicht darauf waren, die Beschuldigung zu widerlegen, sie hätten die fünfzig Huitotos an die kolumbianischen Kautschukunternehmer verkauft.

»Die Auspeitschungen, Verstümmelungen, Morde kümmerten sie nicht im Geringsten«, sagte der Botaniker Walter Folk immer wieder, der offenbar keinen Begriff davon hatte, was die Profitgier in den Menschen anrichten kann. »Solche Untaten scheinen ihnen das Selbstverständlichste der Welt.«

»Es war mir unmöglich, Simbad bis zum Ende anzuhören«, gestand Henry Fielgald. »Ich musste den Raum verlassen, um mich zu übergeben.«

»Sie haben doch das Dossier gelesen, das wir vom Foreign

Office bekommen haben«, erinnerte sie Roger. »Dachten Sie, die Beschuldigungen von Saldaña Roca und Hardenburg seien völlig aus der Luft gegriffen?«

»Aus der Luft gegriffen nicht«, antwortete Walter Folk. »Aber doch übertrieben.«

»Nach dieser Einstimmung frage ich mich, worauf wir in Putumayo stoßen werden«, meinte Louis Barnes.

»Sie werden entsprechende Maßnahmen treffen«, vermutete der Botaniker, »und uns eine geschönte Wirklichkeit zeigen.«

Sie wurden vom Konsul unterbrochen, das Mittagessen sei angerichtet. Roger war der Einzige, der dem Palmherzensalat und dem in Maisblätter gewickelten Fisch zusprach, die anderen brachten kaum etwas herunter. Stumm gedachten sie der Dinge, die sie von den Barbadiern gehört hatten.

»Diese Reise wird ein Abstieg in die Hölle werden«, prophezeite Seymour Bell, der sich soeben wieder zur Gruppe gesellt hatte. Er wandte sich an Roger. »Sie haben so etwas ja schon erlebt. Man kommt also darüber hinweg.«

»Es dauert, bis die Wunden verheilen«, gab Roger zu.

»So schlimm ist es nun auch wieder nicht, meine Herren«, versuchte der gutgelaunt speisende Stirs sie aufzumuntern. »Eine erholsame Siesta, und Sie fühlen sich wieder besser. Die Unterredungen mit den Behörden und den Leitern der *Peruvian Amazon Company* werden wesentlich angenehmer ausfallen als mit den Schwarzen, Sie werden schon sehen.«

Statt sich zur Siesta hinzulegen, setzte Roger sich hin und notierte, was er von dem Gespräch mit Eponim Thomas Campbell behalten hatte, sowie Zusammenfassungen der beiden anderen Aussagen. Dann schrieb er einige Fragen auf, die er nachmittags dem Präfekten Ley Rama und Pablo Zumaeta stellen wollte, Aranas Geschäftsführer und auch Schwager, wie er von Stirs wusste.

Der Präfekt empfing die Kommission in seinem Arbeitszimmer, wo er Bier, Säfte und Kaffee anbot. Er hatte zusätzliche Stühle bringen lassen und verteilte Strohfächer, damit sie sich etwas Luft zuwedeln könnten. Wie am Vorabend trug er Reithosen und Stiefel, doch statt der bestickten Weste eine weiße Leinenjacke und darunter ein hochgeschlossenes Hemd russischen Stils. Mit seinen weißen Schläfen und den geschliffenen Manieren wirkte er sehr vornehm. Sie erfuhren, dass er als Berufsdiplomat jahrelang in Europa tätig gewesen sei und diese Präfektur übernommen habe, weil der Präsident der Republik, Augusto B. Leguía – er zeigte auf die Fotografie eines eleganten kleinen Mannes in Frack mit Fliege und Schärpe –, höchstpersönlich ihn darum gebeten habe.

»Ich soll Ihnen viele Grüße von ihm übermitteln«, fügte er hinzu.

»Wie gut, dass Sie Englisch sprechen und wir auf einen Dolmetscher verzichten können«, sagte Roger.

»Mein Englisch ist sehr schlecht«, widersprach Rey Lama selbstzufrieden. »Sie werden nachsichtig sein müssen.«

»Die britische Regierung bedauert, dass die Gesuche an die Regierung von Präsident Leguía, den Anschuldigungen bezüglich Putumayo nachzugehen, ignoriert worden sind.«

»Ein juristisches Verfahren ist eingeleitet, Señor Casement«, unterbrach ihn der Präfekt. »Meine Regierung hat dafür nicht auf Seine Majestät gewartet. Man hat einen angesehenen Sonderrichter ernannt, Carlos A. Valcárcel, er ist bereits unterwegs nach Iquitos. Wie Sie wissen, ist die Entfernung zwischen Lima und Iquitos beträchtlich.«

»Aber warum einen Richter aus Lima schicken?«, wandte Louis Barnes ein. »Gibt es keine Richter in Iquitos? Gestern beim Abendessen haben Sie uns doch einige vorgestellt.«

Roger bemerkte den mitleidigen Blick, mit dem Rey Lama Barnes bedachte, als hätte er ein einfältiges Kind vor sich.

»Dieses Gespräch ist vertraulich, nicht wahr, meine Herren?«, fragte er schließlich.

Alle nickten, dennoch zögerte der Präfekt einen Moment, ehe er antwortete:

»Dass meine Regierung einen Richter aus Lima für die Untersuchung entsandte, ist ein Zeichen ihres guten Willens«, erklärte er. »Am einfachsten wäre es natürlich gewesen, einen Untersuchungsrichter vor Ort damit zu beauftragen. Doch das hieße …«

Er verstummte betreten.

»Ich glaube, ich muss nicht deutlicher werden«, fügte er schließlich hinzu.

»Wollen Sie damit sagen, dass kein Richter aus Iquitos es wagen würde, dem Unternehmen von Arana die Stirn zu bieten?«, fragte Roger behutsam.

»Wir sind hier nicht im kultivierten, wohlhabenden England, meine Herren«, murmelte der Präfekt betrübt. Er trank das Wasserglas, das er in der Hand hielt, mit einem Schluck aus. »Ein Reisender ist von Lima bis hierher Monate unterwegs, die Gehälter von Richtern, Obrigkeit, Militär und Beamten brauchen noch viel länger. Oder kommen schlichtweg nie an. Wovon sollen diese Menschen leben, während sie auf ihre Löhne warten?«

»Von der Großzügigkeit der *Peruvian Amazon Company*?«, mutmaßte Walter Folk.

»Legen Sie mir keine Worte in den Mund, die ich so nicht gesagt habe«, wehrte Rey Lama mit erhobener Hand ab. »Das Unternehmen von Señor Arana schießt den Funktionären ihre Gehälter in Form von Darlehen vor. Im Prinzip müssen diese Beträge mit niedrigen Zinsen zurückgezahlt werden, sie sind kein Geschenk. Es handelt sich nicht um Bestechung, sondern um ein rechtmäßiges Abkommen mit dem Staat. Dennoch ist es verständlich, dass Richter, die von diesen Darlehen leben, nicht ganz unparteiisch sind, was die Gesellschaft von Señor Arana betrifft. Das sehen Sie doch ein, nicht wahr? Die Regierung schickt einen Richter aus Lima, damit er eine vollkommen unabhängige Untersuchung durchführt. Ist das nicht der beste Beweis, dass ihr viel daran liegt, die Wahrheit aufzudecken?«

»Gibt es Regierungsvertreter in der Region, die wir besuchen werden?«, fragte Roger.

»Abgesehen von wenigen Polizeiinspektoren, nein«, antwortete Rey Lama. »Es ist eine sehr abgelegene Gegend. Bis vor wenigen Jahren alles Dschungel, bevölkert von wilden Stämmen. Wen hätte die Regierung dorthin schicken sollen? Und wozu? Damit sie von den Kannibalen aufgefressen werden? Dass es da inzwischen Handel gibt, erste Ansätze eines zivilisierten Lebens, ist Julio C. Arana und seinen Brüdern zu verdanken. Das muss man auch bedenken. Sie haben diese Gebiete für den peruanischen Staat erobert und erschlossen. Ohne die Gesellschaft wäre Putumayo von Kolumbien besetzt, das seit langem ein Auge auf die Region geworfen hat. Das darf man nicht außer Acht lassen, meine Herren. Putumayo ist nicht England. Es ist eine abgelegene, isolierte Welt voller Heiden, die ihre Kinder im Fluss ertränken, wenn sie als Zwillinge oder mit Missbildungen auf die Welt kommen. Julio C. Arana war ein Pionier, er hat Schiffe, Medizin, die katholische Religion und die spanische Sprache dorthin gebracht. Übergriffe müssen natürlich bestraft werden. Aber vergessen Sie nicht, es ist eine Gegend, die allerhand Begehrlichkeiten weckt. Kommt es Ihnen nicht merkwürdig vor, dass Señor Hardenburg alle peruanischen Kautschukunternehmer als Ungeheuer, die kolumbianischen hingegen als Wohltäter darstellt? Ich habe die Artikel in der Zeitschrift *Truth* gelesen. Fiel Ihnen das nicht auf? Ist es ein Zufall, dass die Kolumbianer einen so entschiedenen Fürsprecher wie Señor Hardenburg haben? Sie erinnern sich, dass er, bevor er nach Peru kam, für die kolumbianische Cauca-Eisenbahngesellschaft gearbeitet hat. Könnte er nicht vielleicht ein Agent sein?«

Ermattet hielt der Präfekt inne und trank einen Schluck Bier. Er musterte die Kommissionsmitglieder mit einem Blick, der zu besagen schien: »Ein Punkt für mich, nicht wahr?«

»Auspeitschungen, Verstümmelungen, Vergewaltigungen, Morde«, sagte Henry Fielgald. »Das nennen Sie zivilisiertes Leben, Herr Präfekt? Nicht nur Hardenburg hat davon berichtet. Auch Ihr Landsmann Saldaña Roca. Drei Aufseher aus Barbados, die wir heute Vormittag befragt haben, bestätigen diese Ungeheuerlichkeiten. Sie geben zu, sie selbst begangen zu haben.«

»Dann müssen sie bestraft werden«, sagte der Präfekt. »Und das wäre längst geschehen, wenn es in Putumayo Richter, Polizei und eine Obrigkeit gäbe. Aber dort herrscht die reine Barbarei. Ich nehme niemanden in Schutz. Reisen Sie hin. Sehen Sie es sich mit eigenen Augen an. Fällen Sie Ihre eigenen Urteile. Meine Regierung hätte Ihnen die Einreise nach Peru verbieten können, denn wir sind ein unabhängiges Land und Großbritannien hat kein Recht, sich in unsere Angelegenheiten einzumischen. Stattdessen habe ich Anweisung erhalten, Ihnen alle Wege zu ebnen. Präsident Leguía ist ein großer Bewunderer Englands, meine Herren. Er würde sich wünschen, dass Peru einmal ein so großartiges Land würde wie das Ihre. Deshalb sind Sie hier. Sie haben alle Freiheit, den Dingen auf den Grund zu gehen.«

Ein Platzregen brach aus. Das Licht flackerte, und das Wasser trommelte so heftig auf das Zinkdach, dass man fürchtete, es könnte jeden Moment einstürzen. Rey Lama machte jetzt ein melancholisches Gesicht.

»Ich habe eine Frau und vier Kinder, die ich anbete«, sagte er mit einem traurigen Lächeln. »Seit einem Jahr habe ich sie nicht gesehen, und weiß Gott, ob ich sie je wiedersehen werde. Aber als Präsident Leguía mich gebeten hat, meinem Land in diesem abgelegenen Winkel der Erde zu dienen, habe ich keinen Augenblick gezögert. Ich bin nicht hier, um Verbrecher zu verteidigen, meine Herren. Ganz im Gegenteil. Ich bitte Sie nur zu bedenken, dass es nicht das Gleiche ist, in England oder im Herzen des Amazonasgebietes ein Handelsunternehmen aufzubauen. Sollte in diesem Urwald jemals ein europäischer Lebensstandard erreicht werden, dann wird das Männern wie Julio C. Arana zu verdanken sein.«

Sie unterhielten sich lange mit dem Präfekten. Er beantwortete alle ihre Fragen, manche Antworten schienen ausweichend, andere schonungslos direkt. Roger gelang es bis zum Schluss nicht, aus ihm schlau zu werden. Bisweilen wirkte der

Präfekt wie ein zynischer Schauspieler, dann wieder wie ein integrer Mann mit erdrückender Verantwortung, der er nach bestem Wissen und Gewissen gerecht zu werden versuchte. Nur eines war sicher: Rey Lama wusste von den Gräueltaten und sie missfielen ihm, doch seine offizielle Aufgabe bestand auch darin, sie, so gut es ginge, herunterzuspielen.

Als sie sich von dem Präfekten verabschiedeten, hatte es zu regnen aufgehört. Von den Dächern tropfte es noch auf die Straße, in großen Pfützen hüpften Frösche, Bremsen und Stechfliegen stürzten auf die Delegation nieder. Mit gesenkten Köpfen stapften sie schweigend zum Sitz der *Peruvian Amazon Company*, wo der Geschäftsführer Pablo Zumaeta sie zur letzten Unterredung des Tages erwartete. Sie waren einige Minuten zu früh und umrundeten einmal die große leere Fläche der Plaza de Armas. Interessiert sahen sie das Gerüst des Eiffel-Hauses an, dessen Eisengestänge sich unter dem dunklen Himmel ausnahm wie das Skelett einer vorsintflutlichen Tierart. Die Lokale ringsum hatten schon wieder geöffnet und erfüllten die Dämmerung mit Lärm und Musik.

Die *Peruvian Amazon Company* befand sich in der Calle Perú, wenige Meter von der Plaza de Armas entfernt, in dem größten und solidesten Gebäude von Iquitos, einer zweistöckigen Villa mit Ziegeldach und Mosaikfassade. Die Wände im Inneren waren hellgrün gestrichen, und in dem Raum neben seinem Büro, in dem Pablo Zumaeta sie empfing, stand ein großer Holzventilator und wartete auf Strom. Trotz der drückenden Hitze trug der etwa fünfzigjährige Zumaeta einen dunklen Anzug mit gemusterter Weste und glänzende Halbstiefel. Feierlich reichte er jedem die Hand und erkundigte sich in dem singenden Spanisch der Amazonasregion, das Roger langsam vertraut wurde, ob sie gut untergebracht seien, ob Iquitos sich gastfreundlich zeige, ob sie etwas bräuchten. Und er erklärte, Julio C. Arana höchstpersönlich habe ihn aus London telegrafisch beauftragt, mit allen ihm zur Verfügung stehenden Mitteln zu einem guten Gelingen ihrer Mission beizutragen. Bei der Erwähnung Aranas machte der Geschäftsführer der *Peruvian Amazon Company* eine leichte Verbeugung zu dem großen Portrait hin, das an einer der Wände hing.

Während barfüßige indianische Dienstboten in weißen Kitteln Getränke servierten, betrachtete Roger Aranas ernstes, kantiges, dunkelhäutiges Gesicht mit dem stechenden Blick. Auf dem Kopf trug der Besitzer der *Peruvian Amazon Company* eine französische Baskenmütze, und sein Anzug verriet den guten Schnitt eines französischen Schneiders oder vielleicht sogar eines Herrenausstatters von der Savile Row. Ob es stimmte, dass dieser allmächtige König des Kautschuks, der Villen am Kensington Garden, in Biarritz und Genf besaß, seine Karriere als Strohhutverkäufer in den Straßen seines Heimatortes Rioja mitten im Amazonasdschungel begonnen hatte? Sein Blick zeugte von einem ruhigen Gewissen und großer Selbstgefälligkeit.

Pablo Zumaeta kündigte ihnen durch den Dolmetscher an, das beste Schiff der Gesellschaft, die *Liberal*, stehe zum Ablegen bereit. Er habe ihnen den kundigsten Kapitän der Amazonasflüsse und die beste Besatzung besorgt. Trotz allem sei die Fahrt bis Putumayo beschwerlich. Je nach Wetterlage würden sie acht bis zehn Tage unterwegs sein. Und ehe eines der Kommissionsmitglieder ihm irgendeine Frage stellen konnte, beeilte er sich, Roger eine Mappe mit Papieren auszuhändigen.

»Ich habe diese Unterlagen vorbereitet, die Ihnen einige Fragen vorab beantworten werden«, erklärte er. »Es sind die Anweisungen der Gesellschaft zur Behandlung des Personals, für die Verwalter, Vorsteher, stellvertretenden Vorsteher und Aufseher der Stationen.«

Zumaeta sprach jetzt lauter und gestikulierte heftig, wohl um seine Nervosität zu kaschieren. Während er ihnen die dicht beschriebenen, gestempelten und unterzeichneten Dokumente vorlegte, rezitierte er im Tonfall und mit den Gesten eines öffentlichen Ausrufers, was darin stand:

»Striktes Verbot, den Eingeborenen, ihren Frauen, Kindern oder Verwandten körperliche Strafen zuzufügen und sie mit

Wort oder Tat zu schmähen. Im Falle einer eindeutigen Zuwiderhandlung sollen die Täter streng ermahnt werden und eine Rüge erhalten. Im Falle schwerer Zuwiderhandlung können sie zu einer Bußstrafe verurteilt oder entlassen werden. Wenn die Zuwiderhandlung strafrechtlicher Natur ist, müssen sie der zuständigen Behörde übergeben werden.«

Ausführlich resümierte er Anordnungen zur Vermeidung von »Übergriffen gegen die Eingeborenen«. Er räumte dabei ein, dass die Angestellten, »da die Menschen eben so sind, wie sie sind«, diese Anweisungen zuweilen missachteten. Solches Fehlverhalten aber werde vom Unternehmen bestraft.

»Wir tun alles in unserer Macht Stehende, um Übergriffe in den Kautschukstationen zu verhindern. Wenn dennoch welche begangen wurden, dann waren das Ausnahmefälle, irgendwelchen Schwachköpfen zuzuschreiben, die unsere Eingeborenenpolitik nicht respektiert haben.«

Erschöpft von seiner langen, energischen Ansprache nahm er Platz. Mit einem bereits schweißnassen Tuch wischte er sich das Gesicht ab.

»Werden wir in Putumayo die von Saldaña Roca und Ingenieur Hardenburg beschuldigten Plantagenverwalter antreffen, oder sind sie geflohen?«

»Keiner unserer Angestellten ist irgendwohin geflohen«, entgegnete der Geschäftsführer der *Peruvian Amazon Company* entrüstet. »Warum auch? Wegen der Verleumdungen zweier Erpresser, die diese infamen Lügen erfanden, weil sie uns kein Geld abknöpfen konnten?«

»Verstümmelungen, Morde, Auspeitschungen«, zählte Roger auf. »Von Dutzenden, möglicherweise Hunderten Menschen. Diese Anschuldigungen haben die gesamte zivilisierte Welt erschüttert.«

»Mich würden sie auch erschüttern, wenn sie wahr wären«, sagte Pablo Zumaeta pikiert. »Jetzt erschüttert mich allerdings viel mehr, dass gebildete und intelligente Menschen wie Sie solchen Schwindeleien einfach so Glauben schenken.«

»Wir werden uns vor Ort einen Überblick verschaffen«,

entgegnete Roger. »Und wir werden sehr, sehr gründlich sein, keine Sorge.«

»Glauben Sie vielleicht, wir würden Eingeborene umbringen und uns damit ins eigene Fleisch schneiden? Wissen Sie etwa nicht, dass das Hauptproblem in den Kautschukstationen der Mangel an Arbeitskräften ist? Jeder Arbeiter zählt. Hätten diese Gemetzel tatsächlich stattgefunden, gäbe es in Putumayo keinen einzigen Indio mehr. Sie wären alle abgehauen, oder etwa nicht? Niemand bleibt freiwillig an einem Ort, wo er Gefahr läuft, ausgepeitscht, verstümmelt und getötet zu werden. Diese Anschuldigung ist unbeschreiblich dämlich, Señor Casement. Wenn die Eingeborenen flüchten, ist das unser Ruin und das Ende der Kautschukindustrie. Das wissen unsere Angestellten da draußen auch. Deshalb bemühen sie sich, die Wilden bei Laune zu halten.«

Er ließ den Blick über die Kommissionsmitglieder schweifen. In seine Empörung mischte sich jetzt Resignation.

»Es ist nicht leicht, sie gut zu behandeln und zufriedenzustellen«, gestand er ein. »Sie sind unglaublich primitiv. Wissen Sie, was primitiv ist? Manche Stämme sind noch Kannibalen. Das können wir nicht zulassen, nicht wahr? Das ist weder christlich noch menschlich. Also verbieten wir es, und manchmal werden sie deshalb wütend und reagieren wie die Wilden, die sie eben sind. Dürfen wir zulassen, dass sie ihre neugeborenen Kinder ertränken? Nein, denn Kindsmord ist auch nicht christlich. Nun ja. Sie werden sich selbst überzeugen können. Und dann werden Sie begreifen, wie ungerecht die Kritik an Señor Julio C. Arana und seiner Gesellschaft ist, die enorme Opfer bringt, um dieses Land voranzubringen.«

Roger dachte schon, Pablo Zumaeta würde jeden Moment ein paar Tränen vergießen, doch er täuschte sich. Der Geschäftsführer schenkte ihnen ein freundliches Lächeln.

»Aber ich habe genug geredet, jetzt sind Sie dran«, entschuldigte er sich. »Fragen Sie mich, was immer Sie wollen, ich werde Ihnen offen antworten. Wir haben nichts zu verbergen.«

Beinahe eine Stunde lang befragten die Kommissionsmitglieder den Geschäftsführer der *Peruvian Amazon Company*. Er antwortete ihnen ausschweifend, so dass der Dolmetscher bisweilen den Faden verlor und sich ganze Sätze wiederholen lassen musste. Roger beteiligte sich nicht an der Befragung, er hing seinen eigenen Gedanken nach. Es war offensichtlich, dass Zumaeta niemals die volle Wahrheit sagen, alle Vorwürfe abstreiten und genau die Argumente vorbringen würde, mit denen das Unternehmen Arana in London zu den Vorwürfen Stellung bezogen hatte. Möglicherweise begingen aufbrausende Individuen gelegentlich auch Überschreitungen, aber die Politik der *Peruvian Amazon Company* sehe weder das Foltern noch das Versklaven und erst recht nicht das Töten von Eingeborenen vor. Das sei gesetzlich verboten und man müsse verrückt sein, um die in Putumayo so knappen Arbeitskräfte zu verschrecken. Roger fühlte sich in den Kongo zurückversetzt. Die gleichen Gräueltaten, die gleiche Wahrheitsverachtung. Der einzige Unterschied bestand darin, dass Zumaeta Spanisch und die belgischen Funktionäre Französisch sprachen. Doch alle weigerten sie sich mit der gleichen Nonchalance, das Offensichtliche einzugestehen, weil sie davon überzeugt waren, Kautschuk zu sammeln und Geld zu verdienen sei ein christliches Ideal, das die schlimmsten Übeltaten gegen diese Heiden rechtfertigte, die natürlich immer Menschenfresser und Mörder ihrer eigenen Kinder waren.

Nachdem sie das Gebäude der *Peruvian Amazon Company* verlassen hatten, begleitete Roger seine Gefährten zu dem kleinen Haus, in dem sie untergebracht waren. Von dort aus kehrte er nicht direkt zur Residenz des Konsuls zurück, sondern streifte noch ein wenig durch Iquitos. Er hatte es immer so gehalten, den Tag mit einem Spaziergang zu beginnen und zu beschließen, allein oder in Begleitung eines Freundes. Er mochte es, stundenlang umherzuwandern, doch auf den unasphaltierten Straßen von Iquitos trat er immer wieder in Schlaglöcher und Pfützen mit quakenden Fröschen. Es herrschte mächtiger Radau. Kneipen, Bordelle, Amüsierlokale und Wettschuppen waren voller trinkender, essender, tanzender oder zankender Menschen. Und überall an den Türen Trauben halbnackter Kinder, die hineinlugten. Am Horizont verblasste das Abendrot, und Roger legte das letzte Stück des Weges im Dunkeln zurück. Unversehens war er wieder an dem viereckigen Erdstück angelangt, das den hochtrabenden Namen Plaza de Armas trug. Er umrundete es einmal, da wurde er von einem auf einer Bank sitzenden Umriss auf Portugiesisch begrüßt. »*Boa noite*, Señor Casement.« Es war Pater Ricardo Urrutia, der Superior der Augustiner, den er beim Abendessen des Präfekten kennengelernt hatte. Er setzte sich neben ihn auf die Holzbank.

»Wenn es nicht regnet, ist es angenehm, ein wenig frische Luft zu schöpfen und die Sterne zu betrachten«, sagte der Augustiner auf Portugiesisch. »Man muss sich nur die Ohren zuhalten, um diesen höllischen Krawall nicht zu hören. Man hat Ihnen gewiss schon von dem Haus erzählt, das ein närrischer Kautschukunternehmer in Europa gekauft hat und dort an der Ecke wieder aufstellen lässt. Offenbar wurde es für die Pariser Weltausstellung 1889 gebaut. Es heißt, es solle einen Club beherbergen. Können Sie sich vorstellen, wie glühend heiß es hier in einem Haus aus Metall wird? Wobei es im Moment eher eine Fledermaushöhle ist. Zu Dutzenden hängen sie an den Streben.«

Roger sagte, er könne ruhig Spanisch mit ihm sprechen, er verstehe ihn. Doch Pater Urrutia hatte zehn Jahre im brasilianischen Ceará verbracht und zog das Portugiesische vor. Im peruanischen Amazonasgebiet war er erst seit einem knappen Jahr.

»Ich weiß, Sie selbst waren noch nicht in den Kautschukstationen von Señor Arana. Aber zweifellos wissen Sie über einiges Bescheid, was dort vorgeht. Darf ich Sie offen heraus fragen? Stimmen die Anschuldigungen von Saldaña Roca und Hardenburg?«

Der Priester seufzte.

»Das mag wohl leider so sein, Señor Casement«, sagte er.

»Wir sind hier weit von Putumayo entfernt. Wenigstens tausendzweihundert Kilometer. Wenn in einer Stadt wie dieser hier, mit Behörden, einem Präfekten, Richtern, Militär und Polizei, die uns bekannten Dinge geschehen können, wie mag es dann erst dort zugehen, wo es all das nicht gibt?«

Er seufzte wieder, diesmal noch sorgenvoller.

»Das große Problem hier ist der Handel mit den Eingeborenenmädchen«, sagte er mit bedrückter Stimme. »Sosehr wir uns auch bemühen, eine Lösung dafür zu finden, es gelingt uns nicht.«

Wieder der Kongo. Der allgegenwärtige Kongo.

»Sie haben sicherlich von den berüchtigten Treibjagden gehört«, fuhr der Augustiner fort, »bei denen Eingeborenendörfer überfallen und Kautschuksammler gefangen werden. Doch dabei werden nicht nur die Männer entführt. Auch Jungen und Mädchen. Um sie hier zu verkaufen. Manchmal werden sie auch bis nach Manaus gebracht, wo sie offenbar bessere Preise erzielen. In Iquitos bekommt man für zwanzig, höchstens dreißig Soles ein Dienstmädchen. Alle Familien hier haben eine, zwei, fünf Dienstmädchen. Sklavinnen im Grunde. Sie arbeiten Tag und Nacht, sind wie Tiere untergebracht, werden wegen jeder Kleinigkeit geschlagen und dienen außerdem natürlich der sexuellen Erziehung der Söhne.«

Er seufzte wieder, sein Atem ging schwer.

»Kann man bei den Behörden nichts erreichen?«

»Im Prinzip könnte man das«, sagte Pater Urrutia. »Die Sklaverei ist in Peru seit über fünfzig Jahren offiziell abgeschafft. Man könnte sich an Polizei und Richter wenden. Aber die haben auch alle ihre Dienstmädchen. Und was sollten die Behörden mit den befreiten Mädchen tun? Entweder sie behalten sie oder verkaufen sie. Und oft an Bordelle, alles Weitere können Sie sich vorstellen.«

»Haben sie keine Möglichkeit, in ihre Gemeinschaften zurückzukehren?«

»In dieser Gegend gibt es fast keine Eingeborenengemeinschaften mehr. Die Väter wurden in die Kautschukstationen verschleppt. Die Mädchen können nirgends hin. Wozu diese armen Geschöpfe also befreien? Unter den gegebenen Umständen ist es vielleicht noch das geringste Übel für sie, hier zu bleiben und zu arbeiten. Manche Familien schließen sie sogar ins Herz. Kommt Ihnen das alles bestialisch vor?«

»Ja, bestialisch«, nickte Roger.

»Mir auch, uns allen hier«, sagte Pater Urrutia. »In der Mission zerbrechen wir uns schon lange den Kopf darüber. Was wäre eine gute Lösung? Wir wissen es einfach nicht. Wir haben nach Rom geschrieben und vorgeschlagen, eine Nonnenschule für diese Mädchen einzurichten. Dann erhielten sie wenigstens ansatzweise eine Art schulischer Bildung. Aber ob die Familien sie auch in die Schule gehen lassen würden? Die wenigsten wahrscheinlich. Die Indiomädchen sind für sie keine vollwertigen Menschen.«

Er seufzte wieder. Auch Roger fühlte sich jetzt deprimiert, er verspürte das Bedürfnis, ins Haus des Konsuls zurückzukehren. Er stand auf.

»Aber Sie können etwas tun, Señor Casement«, sagte Pater Urrutia, als er ihm zum Abschied die Hand schüttelte. »Das alles ist eine Art Wunder. Ich meine die Veröffentlichungen, der Skandal in Europa. Die Entsendung Ihrer Kommission. Wenn jemand diesen armen Menschen helfen kann, dann Sie. Ich werde dafür beten, dass Sie alle heil und gesund aus Putumayo zurückkehren.«

Roger ging langsam durch die Straßen, ohne sich um die lärmenden Spelunken und Bordelle zu kümmern. Er dachte an die Kinder, ihren Gemeinschaften entrissen, gewaltsam von ihren Familien getrennt, wie sie gefesselt unter Deck eines Bootes nach Iquitos gebracht und dort für zwanzig oder dreißig Soles verkauft wurden, wie sie im Dienste irgendwelcher Familien von morgens bis abends putzen, waschen, kochen mussten und dabei beschimpft, geschlagen und womöglich vom Hausherrn und dessen Söhnen missbraucht wurden. Die alte Geschichte. Die immer gleiche Geschichte.

IX

Als sich die Zellentür öffnete und Roger auf der Schwelle die breite Gestalt des Sheriffs erblickte, meinte er kurz, er habe Besuch, Gee oder Alice vielleicht. Aber der Kerkermeister sah ihn nur wortlos und mit einem merkwürdigen Ausdruck an. ›Sie haben das Gesuch abgelehnt‹, dachte Roger. Er blieb liegen, so gewiss war er, dass seine zitternden Beine unter ihm nachgeben würden, wenn er aufzustehen versuchte.

»Wollen Sie sich waschen?«, fragte der Sheriff unterkühlt.

›Mein letzter Wille?‹, dachte er. ›Erst das Bad, dann der Henker.‹

»Es verstößt gegen die Vorschriften«, sagte der Sheriff, und jetzt wirkte er bewegt. »Aber heute ist der erste Todestag meines Sohnes, der in Frankreich gefallen ist. Ich will im Gedenken an ihn etwas Barmherziges tun.«

»Ich danke Ihnen«, sagte Roger, ein wenig verwundert über die plötzliche Freundlichkeit des Sheriffs, und stand auf.

Langsam schlug sein Herz wieder ruhiger. Er trat in den Korridor und folgte dem Sheriff in den Waschsaal, einen düsteren Raum mit einer Reihe brüchiger Toilettenschüsseln an einer Wand und einer Reihe von Duschen mit verrosteten Wasserrohren über unpolierten Zementböden an der anderen Seite. Der Sheriff blieb am Eingang stehen, während Roger sich auszog, die blaue Uniform und die Häftlingsmütze an einem Wandnagel aufhängte und sich unter eine der Duschen stellte. Das Wasser war kalt, aber er empfand Dankbarkeit. Er schloss die Augen und ließ das Wasser eine Weile über seinen Körper laufen, dabei rieb er sich fest die Arme und Beine. Er war beinahe überschwänglich froh. Dieses Wasser reinigte ihn, es spülte nicht nur den Schmutz fort, sondern auch seine Sorgen und Ängste, seine Selbstvorwürfe. Er griff ein Stück

Seife aus einer Blechschale an der Wand, seifte sich ausgiebig ein und spülte sich langsam ab, bis der Sheriff ihn klatschend aufforderte, zum Ende zu kommen. Roger trocknete sich mit seiner Kleidung ab und zog sie wieder an. In Ermangelung eines Kamms strich er sich mit den Händen die Haare glatt.

»Sie wissen gar nicht, wie dankbar ich Ihnen bin«, sagte er auf dem Rückweg in die Zelle. »Das hat mich gerade zu neuem Leben erweckt.«

Der Wärter antwortete mit einem unverständlichen Brummen.

Als Roger wieder auf seiner Pritsche lag, versuchte er, weiter in Thomas von Kempens *Nachfolge Christi* zu lesen, doch ihm fehlte wieder die nötige Konzentration, und er legte das Buch auf den Boden.

Er dachte an Hauptmann Robert Monteith, seinen Adjutanten und Freund in den letzten sechs Monaten in Deutschland. Ein bemerkenswerter Mensch! Loyal, mutig und effizient. Er war sein Reise- und Kabinengefährte in dem deutschen U-Boot U 19 gewesen, das sie gemeinsam mit Feldwebel Daniel Julian Bailey, alias Julian Beverly, bis an die irische Küste bei Tralee gebracht hatte. Bei dem Versuch, per Boot an Land zu gelangen, wären sie alle drei beinahe ertrunken, weil sie nicht rudern konnten. Weil sie nicht rudern konnten! Aber so war es: Dumme Kleinigkeiten konnten große Vorhaben zum Scheitern bringen. Er erinnerte sich an das regnerische Morgengrauen, das aufgewühlte Meer und den dichten Nebel an jenem Karfreitag, dem 21. April 1916, und wie sie da in dem schaukelnden Boot saßen, jeder ein Ruder in der Hand, während das deutsche U-Boot im Dunst verschwand. »Viel Glück«, hatte Kommandant Raimund Weißbach ihnen zum Abschied zugerufen. Ein entsetzliches Gefühl der Ohnmacht hatte ihn überkommen, als sie inmitten der riesigen Wellen versuchten, die Kontrolle über das Boot zu behalten und es an Land zu manövrieren, ohne genau zu wissen, in welcher Richtung sich das Festland befand. Das Boot wurde emporgerissen und klatschte wieder aufs Wasser, schlingerte um sich selbst, und da keiner von ihnen es beizudrehen vermochte, schlugen die Wellen so heftig gegen die Seiten, dass sie jeden Moment zu kentern drohten. Und schließlich kenterte das Boot tatsächlich. Einige Minuten lang waren sie kurz vorm Ertrinken. Sie schluckten eine Menge Salzwasser, hielten sich aber irgendwie an der Oberfläche, bis es ihnen gelang, das Boot wieder umzudrehen und hineinzuklettern.

Roger erinnerte sich an den tapferen Monteith, an dessen Handverletzung, die er sich bei einem Unfall im Hafen von Helgoland zugezogen hatte, als er ein Motorboot zu lenken versuchte. Sie waren dort an Land gegangen, um in ein anderes U-Boot umzusteigen, weil das U 2, mit dem sie aus Wilhelmshaven gekommen waren, repariert werden musste. Die Wunde an der Hand hatte Monteith während der einwöchigen Fahrt von Helgoland nach Tralee Bay gequält. Roger selbst hatte die ganze Überfahrt mit heftiger Seekrankheit und Übelkeit gekämpft, er war nicht in der Lage, etwas zu essen oder auch nur aus der schmalen Koje aufzustehen. Voller Bewunderung dachte er jetzt an die stoische Geduld, die Monteith trotz seiner schlimm geschwollenen Hand bewiesen hatte. Die entzündungshemmenden Mittel, die ihm die deutschen Matrosen verabreicht hatten, zeigten keine Wirkung. Die Wunde eiterte weiter, und Kommandant Weißbach prophezeite, er werde sich einen Wundbrand zuziehen, wenn er sich nicht direkt nach der Ankunft behandeln ließe.

Zuletzt sah Roger Hauptmann Monteith im Morgengrauen jenes 21. April in den Ruinen von McKenna's Fort. Seine beiden Gefährten beschlossen, dass Roger sich dort versteckt halten müsse, während sie sich nach Tralee durchschlagen würden, um die *Volunteers* um Hilfe zu bitten. Sie meinten, Roger würde am ehesten von den Soldaten des Empire erkannt werden und dass er viel zu schwach sei. Roger war krank und am Ende seiner Kräfte, zweimal bereits war er hingefallen und mehrere Minuten bewusstlos liegen geblieben. Seine Freunde schüttelten ihm die Hand und ließen ihn mit einem Revolver und einem kleinen Kleidersack im Fort zurück. Roger erinnerte sich, wie er beim Anblick der zwitschernd durch die Luft gleitenden Schwalben und der wilden Veilchen, die ringsum im sandigen Boden wuchsen, dachte, dass er endlich in Irland angekommen war. Tränen stiegen ihm in die Augen. Hauptmann Monteith hatte sich mit einem militärischen Gruß von ihm verabschiedet. Während der sechs gemeinsamen Monate hatte Roger seinen kleinen, robusten Adjutanten nie klagen hören, nie das geringste Anzeichen von Schwäche an dem agilen, unermüdlichen irischen Patrioten bemerkt, trotz aller Rückschläge, die sie im Lager von Limburg erfahren hatten, wo sie mit den Vorbehalten, wenn nicht der offenen Ablehnung durch die Gefangenen konfrontiert wurden, der Irischen Brigade beizutreten, die Roger bilden wollte, um gemeinsam mit Deutschland (»aber nicht unter deutschem Befehl«) für die Unabhängigkeit Irlands zu kämpfen.

Von Kopf bis Fuß durchnässt, die geschwollene, blutige Hand mit einem Lumpen umwickelt, marschierte Monteith mit müdem Gesicht neben dem hinkenden Feldwebel Daniel Bailey in Richtung Tralee. Roger sah ihnen nach, bis sie vom Nebel verschluckt wurden. Ob sie dort angekommen waren, ohne von den Schutzpolizisten der *Royal Irish Constabulary* verhaftet zu werden? War es Monteith gelungen, in Tralee Kontakt mit den Leuten der *Irish Republican Brotherhood* oder den *Volunteers* aufzunehmen? Er sollte nie erfahren, wann und wo Feldwebel Daniel Bailey festgenommen worden war. Dessen Name war bei den langen Verhören, denen Roger erst in der Admiralität, dann von den Leitern des britischen Geheimdienstes und schließlich von Scotland Yard unterzogen wurde, nie erwähnt worden. Der Auftritt Baileys als Zeuge der Staatsanwaltschaft während des Prozesses wegen Landesverrats war ein schwerer Schlag gewesen. In Baileys verlogener Aussage fiel Monteiths Name nicht ein einziges Mal. War er noch auf freiem Fuß, oder hatte man ihn getötet? Roger betete, dass der Hauptmann wohlbehalten irgendwo in Irland versteckt sein mochte. Oder hatte er an dem Osteraufstand teilgenommen und war wie so viele namenlose Iren bei diesem ebenso heroischen wie wahnwitzigen Unternehmen umgekommen? Das konnte gut sein. Möglicherweise hatte er, neben dem von ihm so bewunderten Tom Clarke, das Hauptpostamt von Dublin verteidigt, bis eine feindliche Kugel seinem vorbildlichen Leben ein Ende gesetzt hatte.

Doch letztlich hatte er selbst sich auf ein nicht minder wahnwitzges Vorhaben eingelassen. War nicht sein Glaube illusorisch gewesen, er allein könnte, soeben aus Deutschland in Irland eingetroffen, mit pragmatischen, vernünftigen Argumenten den heimlich vom Militärrat der *Irish Volunteers* – Tom Clarke, Sean McDermott, Patrick Pearse, Joseph Plunkett und anderen – geplanten Osteraufstand aufhalten, von dem nicht einmal der Präsident der *Volunteers*, Professor Eoin MacNeill wusste? ›Weder Mystiker noch Märtyrer lassen sich durch Vernunft überzeugen‹, dachte Roger. Er hatte an langen, hitzigen Debatten im Kreis der *Volunteers* teilgenommen, in denen er die Meinung vertrat, eine bewaffnete Aktion der irischen Nationalisten gegen Großbritannien könne einzig von Erfolg gekrönt sein, wenn sie mit einem deutschen Militärangriff zusammenfiele, der große Teile der britischen Armee beanspruchen würde. Auch in Berlin hatte er stundenlang mit dem jungen Plunkett darüber diskutiert, ohne dass sie sich einig wurden. Hatten die *Irish Republican Brotherhood* und die *Volunteers* deshalb, weil die Verantwortlichen des Militärrats diese Überzeugung nicht mit ihm teilten, die Pläne des Aufstands bis zur letzten Sekunde vor ihm geheim gehalten? Als die Information endlich Berlin erreicht hatte, wusste Roger bereits, dass die deutsche Heeresleitung eine Seeoffensive gegen England ausgeschlossen hatte. Als die Deutschen schließlich einwilligten, die Aufständischen mit Waffen zu unterstützen, setzte er alles daran, die Lieferung selbst nach Irland zu begleiten, insgeheim mit dem Vorsatz, die Anführer davon zu überzeugen, dass eine Erhebung ohne gleichzeitigen deutschen Angriff ein nutzloses Opfer bedeuten würde. Darin hatte er sich nicht getäuscht. Nach allem, was ihm seit dem Prozess zu Ohren gekommen war, war der Aufstand zwar in der Tat heldenhaft gewesen, hatte aber den Tod der kühnsten Anführer der *Irish Revolutionary Brotherhood* und der *Volunteers* und die Verhaftung Hunderter Revolutionäre zur Folge gehabt. Die Repressionen würden nun kein Ende nehmen. Die Aussichten auf eine irische Unabhängigkeit waren schlechter denn je. Wie traurig die Geschichte doch war!

Er hatte einen bitteren Geschmack im Mund. Ein weiterer Irrtum hatte darin bestanden, so viel Hoffnung in Deutschland gesetzt zu haben. Er erinnerte sich an die letzte Begegnung mit Herbert Ward in Paris. Sein bester Freund aus afrikanischen Tagen, als sie beide noch jung und abenteuerlustig gewesen waren, misstraute allen Formen des Nationalismus. Er war einer der wenigen kultivierten, sensiblen Europäer in Afrika gewesen, und Roger hatte viel von ihm gelernt. Sie hatten einander Bücher geliehen und sich über Literatur, Musik, Malerei, Dichtung und Politik unterhalten. Herbert hatte schon damals davon geträumt, nur noch als Künstler zu arbeiten, und hatte jede freie Minute den Skulpturen gewidmet, die er nach afrikanischem Vorbild aus Holz und Lehm anfertigte. Beide hatten sie die Verbrechen des Kolonialismus hart kritisiert, und als Roger zu einer Person des öffentlichen Lebens und wegen seines Kongo-Berichts Opfer zahlreicher Angriffe wurde, waren Herbert und dessen Frau Sarita, die inzwischen in Paris lebten, wo Herbert zu einem anerkannten Bildhauer vor allem von wiederum afrikanisch inspirierten Bronzeskulpturen geworden war, seine vehementesten Verteidiger gewesen. Ebenso nach seinem Bericht über Putumayo, in dem er die Verbrechen der Kautschukunternehmer gegen die Eingeborenen aufdeckte und damit einen weiteren Skandal, auch um seine Person, entfachte. Herbert hatte anfangs sogar Sympathie für Rogers Nationalismus gezeigt, auch wenn er ihn in seinen Briefen oft vor den Gefahren des »patriotischen Fanatismus« gewarnt und Dr. Johnson zitiert hatte, für den der »Patriotismus die letzte Zuflucht einer Kanaille« war. Ihre Ansichten zu Deutschland waren hingegen unversöhnlich. Herbert hatte stets energisch Rogers positives – und wie er fand idealisierendes – Bild von Reichskanzler Bismarck und der Reichsgründung kritisiert. Herbert erschien der preußische Geist autoritär, fantasielos und plump, Kasernen und Hierarchien mehr zugetan als Demokratie und Kunst. Als er mitten im Krieg durch Enthüllungen in englischen Zeitungen erfuhr, dass Roger sich nach Berlin begeben und mit dem Feind verschworen hatte, ließ er ihm durch seine Schwester Nina einen Brief übermitteln, in dem er ihre jahrelange Freundschaft für beendet erklärte. In demselben Brief teilte er Roger mit, dass sein gerade neunzehnjähriger Sohn an der Front gefallen war.

Wie viele Freunde hatte er noch verloren, Menschen, die ihn wie Herbert und Sarita Ward geachtet und bewundert hatten und nun für einen Verräter hielten? Sogar Alice Stopford Green hatte sich gegen seine Reise nach Berlin ausgesprochen, die sie seit seiner Verhaftung allerdings mit keinem Wort mehr erwähnte. Wie viele Menschen waren durch die Diffamierungen der englischen Presse dazu gebracht worden, ihn zu verabscheuen? Sein Magen krampfte sich zusammen, er wand sich vor Schmerzen auf der Pritsche. Eine ganze Weile blieb er so liegen, bis das Gefühl, ein Stein zermalme seine Eingeweide, langsam nachließ.

Während der achtzehn Monate in Deutschland hatte er sich oft gefragt, ob er richtig gehandelt hatte. Er war in seinem Vorhaben ja bestätigt worden, als die deutsche Regierung jene – größtenteils von ihm selbst verfasste – Erklärung veröffentlichte, in der sie Solidarität mit dem irischen Unabhängigkeitsstreben bekundete und die Bereitschaft äußerte, den Iren zu helfen, ihre Freiheit wiederzuerlangen. Doch die langen Stunden des Wartens, wenn er in den Ministerien Unter den Linden vorsprechen wollte, die leeren Versprechungen seitens der Deutschen, seine schlechte Gesundheit und der gescheiterte Versuch, eine Irische Brigade zusammenzustellen, hatten wieder alles in Frage gestellt.

Sein Herz pochte heftig wie jedes Mal, wenn er an die eisigen Tage und Schneestürme im Lager von Limburg zurückdachte, als er nach zahllosen Anträgen endlich die Erlaubnis erhielt, vor den zweitausendzweihundert irischen Gefangenen zu sprechen. In bedachten Worten, die er sich monatelang zurechtgelegt hatte, erklärte er den Iren, dass es sich in keiner Weise darum handele, »zum Feind überzulaufen«. Die Irische Brigade würde nicht zum deutschen Heer gehören, sondern ein unabhängiges Militärkorps mit eigenen Offizieren bilden, das gegen seinen Kolonialherrn und Unterdrücker und für die Unabhängigkeit Irlands kämpfen würde, »gemeinsam mit, aber nicht als Teil« der deutschen Armee. Was ihn am schwersten zusetzte, war nicht die Tatsache, dass von den zweitausendzweihundert Gefangenen nur knapp fünfzig der Brigade beitraten, sondern die Feindseligkeit, die seine Rede provoziert hatte, nach der er als »Verräter«, »Judas«, »Überläufer« oder »Kakerlake« beschimpft wurde. Als er ein drittes Mal vor ihnen sprechen wollte, wurde er nach wenigen Sätzen von Pfiffen und Beschimpfungen übertönt, angespuckt und beinahe tätlich angegriffen. Wie erniedrigend war es gewesen, von dem Begleitkorps deutscher Soldaten im Laufschritt fortgebracht zu werden, um einer möglichen Lynchung durch die Iren zuvorzukommen.

Er war ein naiver Träumer gewesen, anzunehmen, die irischen Gefangenen würden dieser Brigade beitreten, die vom deutschen Heer ausgestattet, eingekleidet – Roger selbst hatte die Uniformen entworfen –, versorgt und beraten werden würde, jenem deutschen Heer, gegen das sie vor kurzem noch gekämpft hatten, das sie in den belgischen Schützengräben eingegast, das so viele irische Kameraden verletzt, verstümmelt und getötet und sie jetzt in dieses stacheldrahtumzäunte Lager gesperrt hatte. Man konnte die irischen Gefangenen natürlich verstehen. Dennoch empfand Roger diese Konfrontation als brutal. Unmittelbar danach bekam er so hohes Fieber, dass die Ärzte ihn beinahe schon aufgegeben hätten.

In diesen Monaten waren die Loyalität und Hilfsbereitschaft Robert Monteiths ein lebensnotwendiger Balsam gewesen. Der Hauptmann ließ sich von all den Schwierigkeiten und Rückschlägen zumindest nach außen hin nicht in seiner Überzeugung beirren, dass die von Roger konzipierte Irische Brigade Wirklichkeit werden und ein Großteil der irischen Gefangenen ihr beitreten würde, und voller Tatendrang leitete er das Training der fünfzig Freiwilligen auf einem kleinen Gelände in Zossen bei Berlin, das die deutsche Regierung ihnen zur Verfügung gestellt hatte. Und es gelang ihm in der Tat, einige weitere Männer zu rekrutieren. Alle trugen sie die von Roger entworfene Uniform, Monteith selbst eingeschlossen. Sie schliefen in Armeezelten, unternahmen Märsche, hielten Manöver ab und Schießübungen mit Gewehr und Pistole, wobei die Munition aus Platzpatronen bestand. Es wurde strikt auf Einhaltung der Disziplin geachtet, Monteith regte allerdings an, die militärische Ausbildung und das Ausdauertraining durch regelmäßige Vorträge Rogers zu ergänzen, die den Brigadiers die irische Geschichte und Kultur vermitteln und die Perspektiven eines künftigen unabhängigen Éires aufzeigen sollten.

Wie hätte Hauptmann Monteith reagiert, hätte er jene ehemaligen irischen Gefangenen – die im Zuge eines Gefangenenaustausches freigekommen waren – während des Prozesses als Zeugen der Anklage auftreten sehen, und unter ihnen niemand Geringeren als Feldwebel Daniel Bailey? Alle sagten sie unter Eid aus, Roger Casement habe sie in Anwesenheit von deutschen Offizieren aufgefordert, in die feindlichen Ränge überzuwechseln, und sie zu ködern versucht, indem er ihnen Freiheit, Lohn und Bauernhöfe versprach. Und alle hatten die infame Lüge bestätigt, die irischen Gefangenen, die seinem Drängen nachgaben und der Brigade beitraten, wären sofort in den Genuss besserer Haftbedingungen gekommen. Hauptmann Monteith hätte sich nicht über sie empört. Er hätte einmal mehr gesagt, dass seine Landsleute unwissend und blind seien, verblendet durch die über dreihundertjährige Propaganda des Empire. Man dürfe nicht verzweifeln, all das sei im

Begriff, sich zu ändern. Und vielleicht würde er Roger, wie so oft in Limburg und Berlin, zur Aufmunterung erzählen, mit welcher Begeisterung die jungen irischen Bauern, Arbeiter, Fischer, Handwerker und Studenten den Reihen der *Irish Volunteers* beigetreten waren, nachdem die Organisation am 25. November 1913 im Rahmen einer Großversammlung im Rotunda in Dublin gegründet worden war, als Reaktion auf die Militarisierung der von Sir Edward Carson angeführten Unionisten von Ulster, die offen damit drohten, das Gesetz zu missachten, sollte das britische Parlament die *Home Rule*-Regelung und damit die irische Selbstverwaltung absegnen. Hauptmann Monteith, ehemaliger Offizier der britischen Armee, in der er in Südafrika im Burenkrieg gekämpft und bei zwei Schlachten verletzt worden war, hatte zu den ersten Freiwilligen der *Volunteers* gezählt. Ihm war die militärische Ausbildung der Rekruten angetragen worden. Roger, der an jener historischen Versammlung im Rotunda teilgenommen hatte und von den Anführern der *Volunteers,* als Zeichen ihres Vertrauens, zu einem der Schatzmeister der zum Waffenkauf bestimmten Fonds ernannt worden war, konnte sich nicht erinnern, Monteith dort begegnet zu sein. Doch Monteith versicherte, ihm damals die Hand geschüttelt und ihm gesagt zu haben, wie stolz er sei, dass ausgerechnet ein Ire vor der Welt die Verbrechen angeklagt habe, die gegen die Eingeborenen im Kongo und im Amazonasgebiet verübt würden.

Er erinnerte sich an die langen Fußmärsche mit Monteith, in der Umgebung des Gefangenenlagers von Limburg oder durch die Straßen von Berlin, im fahlkalten Morgengrauen oder in der anbrechenden Dämmerung. Unblässig hatten sie dabei über Irland gesprochen. Trotz der Freundschaft, die zwischen ihnen entstand, verhielt Monteith sich nie ganz ungezwungen. Der Hauptmann behandelte Roger stets wie einen militärischen Vorgesetzten, ließ ihm Vortritt, hielt ihm die Tür auf, rückte ihm den Stuhl heran, knallte beim Händeschütteln die Fersen zusammen und legte die rechte Hand an die Mütze.

Hauptmann Monteith hatte über Tom Clarke, den geheimnisvollen Anführer der *Irish Revolutionary Brotherhood* und der *Volunteers*, von Rogers Versuch erfahren, eine Irische Brigade in Deutschland zu bilden, und hatte sich sofort erboten, mit ihm zusammenzuarbeiten. Monteith hielt sich damals in Limerick auf, von der britischen Armee strafversetzt, weil man herausgefunden hatte, dass er heimlich die *Volunteers* ausbildete. Tom Clarke beriet sich mit den anderen Anführern, und Monteiths Vorschlag wurde angenommen. Seine Reise nach Deutschland, die Monteith Roger in allen Details erzählte, war äußerst abenteuerlich verlaufen. In Begleitung seiner Frau, um den politischen Anlass seiner Unternehmung zu kaschieren, brach Monteith im September 1915 von Liverpool nach New York auf. Dort überließen ihn die Anführer der irischen Nationalisten der Obhut des Norwegers Eivind Adler Christensen (bei der Erinnerung an den Norweger bekam Roger einen Magenkrampf), der ihn im Hafen von Hoboken in ein Schiff mit Kurs auf die norwegische Hauptstadt Christiania schmuggelte. Monteiths Frau blieb in New York. Monteith legte die Überfahrt als blinder Passagier zurück, wurde von Christensen in häufig wechselnden Kabinen untergebracht und hielt sich stundenlang im Kielraum des Schiffes versteckt, wo er von dem Norweger mit Wasser und Lebensmitteln versorgt wurde. Das Schiff wurde auf halber Strecke von der Royal Navy angehalten. Ein Kommando englischer Matrosen kam an Bord und überprüfte die Papiere von Besatzung und Passagieren, auf der Suche nach möglichen Spionen. Während der fünftägigen Inspektion schlüpfte Monteith von einem Versteck ins nächste, einmal kauerte er höchst unbequem unter einem Stoß Wäsche in einem Schrank, ein andermal musste er sich in ein leeres Teerfass quetschen – und blieb unentdeckt. Schließlich ging er unbemerkt in Christiania an Land. Nicht weniger tollkühn waren seine Überquerungen der schwedischen und der dänischen Grenze, für die er sich verkleiden musste, einmal auch als Frau. Als er endlich in Berlin ankam, musste er feststellen, dass sein Vorgesetzter Roger

Casement, unter dessen Befehl er arbeiten sollte, in Bayern war, krank ans Bett gefesselt. Ohne langes Zaudern bestieg er den Zug, und als er in dem bayrischen Hotel eintraf, wo Roger sich von seiner Krankheit erholte, begrüßte er ihn mit Zusammenschlagen der Hacken un militärischem Gruß und den Worten: »Dies ist der glücklichste Augenblick meines Lebens, Sir Roger.«

Die einzige Meinungsverschiedenheit hatten sie eines Nachmittags im Trainingslager von Zossen, nachdem Roger einen seiner Vorträge vor den Mitgliedern der Irischen Brigade gehalten hatte. Sie tranken zusammen Tee in der Kantine, als Roger Eivind Adler Christensen erwähnte. Der Hauptmann machte eine unwillige Miene.

»Sie haben Christensen offenbar nicht in besonders guter Erinnerung«, scherzte Roger. »Nehmen Sie es ihm übel, dass er Sie als blinder Passagier von New York nach Norwegen geschmuggelt hat?«

Ernst erwiderte Monteith:

»Nein, das nicht.«

»Was dann?«

Monteith zögerte verlegen.

»Ich bin davon überzeugt, dass der Norweger ein Agent des britischen Geheimdienstes ist.«

Roger erinnerte sich, dass dieser Satz ihn wie ein Faustschlag in den Magen traf.

»Haben Sie irgendeinen Beweis für diese Annahme?«

»Nein, keinen. Es ist so ein Gefühl.«

Roger ermahnte ihn, in Zukunft keine derartigen Behauptungen ohne die entsprechenden Beweise zu äußern. Der Hauptmann stammelte eine Entschuldigung. Roger hätte jetzt alles darum gegeben, Monteith auch nur fünf Minuten zu sehen, um ihn für jene Ermahnung um Verzeihung zu bitten. Sie hatten ja so recht, mein Freund. Ihr Gefühl hat Sie nicht betrogen. Eivind ist tausendmal schlimmer als ein Spion, er ist der Teufel in Person. Und ich bin ein naiver Idiot, dass ich an ihn geglaubt habe.

Eivind war einer der großen Irrtümer in dieser letzten Etappe seines Lebens gewesen. Jedem außer ihm, dem »großen Kind«, wie Alice Stopford Green und Herbert Ward ihn manchmal genannt hatten, wäre die Art und Weise, in der diese Inkarnation von Luzifer in sein Leben getreten war, verdächtig vorgekommen. Roger hingegen hatte an eine zufällige, schicksalhafte Begegnung geglaubt.

Sie trug sich im Juli 1914 zu, am Tag seiner Ankunft in New York, wo er unter den irischen Gemeinschaften der Vereinigten Staaten für die *Irish Volunteers* werben, Unterstützung gewinnen und sich mit den Anführern der nordamerikanischen Linie der *Irish Revolutionary Brotherhood* treffen sollte, die sich *Clan na Gael* nannte, mit den Veteranen John Devoy und Joseph McGarrity. Er war zu einem Spaziergang durch Manhattan aufgebrochen, um seinem feuchtheißen Hotelzimmer zu entkommen, als er von einem blonden jungen Mann mit der strahlenden Aura eines Wikingergottes angesprochen wurde, dessen Charme und Ungezwungenheit ihn sofort für sich einnahmen. Eivind war groß und athletisch, hatte stahlblaue Augen, einen katzenhaften Gang und ein ebenso engelhaftes wie durchtriebenes Lächeln. Er war völlig abgebrannt, was er Roger demonstrierte, indem er mit einer komischen Grimasse seine leeren Hosentaschen umstülpte. Roger lud ihn zu einem Bier und einer Mahlzeit ein. Der junge Mann erzählte ihm, er sei vierundzwanzig Jahre alt und mit zwölf Jahren von zu Hause weggelaufen. Als blinder Passagier sei er von Norwegen bis nach Glasgow gekommen, und seitdem habe er als Heizer auf skandinavischen und englischen Schiffen alle Weltmeere befahren. Jetzt sei er in New York gestrandet und schlage sich so durch.

Und Roger hatte das alles für bare Münze genommen! Röchelnd krümmte er sich auf seiner schmalen Pritsche in einem erneuten Magenkrampf. Er kämpfte gegen die Tränen an. Manchmal nahmen Selbstmitleid und Beschämung so überhand, dass seine Augen feucht wurden, was ihn gleichzeitig deprimierte und abstieß. Er war nie sentimental gewesen, hatte nie seine Gefühle gezeigt, jeglichen inneren Aufruhr stets hinter einer Maske vollkommener Gelassenheit zu verbergen gewusst. Doch etwas in ihm hatte sich seit jenem letzten Oktobertag 1914 verändert, an dem er in Begleitung von Eivind Adler Christensen in Berlin eingetroffen war. Lag es vielleicht auch daran, dass er zu diesem Zeitpunkt bereits krank, abgekämpft und nervlich angegriffen war? Vor allem während der letzten Monate in Deutschland, als er trotz Monteiths Bemühungen, ihn mit seinem Elan anzustecken, erkannte, dass sein Projekt einer Irischen Brigade gescheitert war, und sich gleichzeitig bewusst wurde, dass die deutsche Regierung ihm misstraute – ihn vielleicht ihrerseits für einen britischen Spion hielt –, und zudem feststellen musste, dass sein Protest gegen das mutmaßliche Komplott zu seiner Ermordung, seitens des britischen Konsuls in Norwegen, nicht das internationale Echo fand, mit dem er gerechnet hatte. Und dann erfuhr er zu guter Letzt noch, dass seine Gefährten von der *Irish Revolutionary Brotherhood* und den *Volunteers* ihm ihre Pläne für den Osteraufstand bis zum letzten Augenblick verheimlicht hatten. (»Sie mussten strengste Sicherheitsmaßnahmen treffen«, versuchte ihn Robert Monteith zu beschwichtigen.) Zudem untersagten sie ihm, sich ihnen anzuschließen, beharrten darauf, er müsse in Deutschland bleiben. (»Wegen Ihrer Gesundheit«, entschuldigte Monteith sie.) Nein, nicht wegen seiner Gesundheit. Auch sie misstrauten ihm, weil sie wussten, dass er gegen bewaffnete Aktionen war, sofern sie nicht mit einem deutschen Angriff zusammenfielen. Monteith und er hatten das deutsche U-Boot gegen den Befehl der irischen Nationalisten bestiegen.

Doch sein allergrößter Irrtum war es gewesen, blind und naiv dem teuflischen Eivind vertraut zu haben. Der Norweger hatte ihn nach Philadelphia begleitet, wo sie Joseph McGarrity besucht hatten. Dort hatte Roger am 2. August der Parade der über tausend *Irish Volunteers* beigewohnt, vor denen er unter donnerndem Applaus gesprochen hatte, und in New York einer von John Quinn organisierten Versammlung, bei der Roger vor Mitgliedern der irisch-katholischen Vereinigung *Ancient Order of Hibernians* eine Ansprache hielt.

Vom ersten Moment an hatte er den Argwohn gespürt, den Christensen unter den irischen Nationalisten der Vereinigten Staaten hervorrief. Doch Roger versicherte ihnen so entschieden, Christensen sei absolut loyal und vertrauenswürdig, dass die Anführer des *Clan na Gael* die Anwesenheit des Norwegers bei allen öffentlichen Auftritten Rogers – jedoch nicht bei ihren politischen Versammlungen – akzeptierten. Und sie waren einverstanden, dass Roger ihn als Adjutanten mit nach Berlin nahm.

Und nicht einmal die sonderbare Episode in Christiania hatte Rogers Verdacht geweckt! Sie waren unterwegs nach Deutschland gerade in der norwegischen Hauptstadt angekommen, als Eivind, wie er später erzählte, bei einem kleinen Spaziergang von Unbekannten angesprochen, entführt und in das britische Konsulat am Drammensveien gebracht worden sei. Dort sei er vom Konsul selbst, Mr. Mansfeldt de Cardonnel Findlay, befragt worden. Dieser habe ihm eine beträchtliche Geldsumme angeboten, wenn er die Identität seines Begleiters und den Grund seines Aufenthaltes in Norwegen preisgäbe. Eivind schwor Roger, er habe nichts verraten und man habe ihn freigelassen, nachdem er dem Konsul versprochen habe, herauszufinden, was man über diesen Herrn wissen wolle, den er selbst kaum kenne und dem er nur als Fremdenführer diene.

Und Roger hatte diese unglaubliche Lüge geschluckt, ohne dass ihm auch nur in den Sinn gekommen wäre, man könnte ihm eine Falle stellen! Wie ein dummes Kind war er hineingetappt!

War Eivind Adler Christensen damals schon für den britischen Geheimdienst tätig gewesen? Der Direktor des britischen Marine-Nachrichtendienstes, Captain Reginald Hall, und Basil Thomson, Leiter der Abteilung für Kriminalfälle bei Scotland Yard, von denen er nach seiner Verhaftung in langen, freundlichen Gesprächen verhört wurde, gaben ihm widersprüchliche Auskünfte über den Skandinavier. Doch Roger machte sich keine großen Illusionen. Inzwischen war er sicher, dass Eivind in Christiania nicht entführt und mit Gewalt zu dem Konsul mit dem pompösen Nachnamen Mansfeldt de Cardonnel Findlay geschafft worden war. Im Zuge der Verhöre zeigte man ihm – fraglos um ihn zu demoralisieren, seine Befrager waren gute Psychologen – den Bericht des britischen Konsuls in Christiania an dessen Vorgesetzten beim Foreign Office, aus dem hervorging, dass Eivind Adler Christensen sich stürmisch Zutritt zum Konsulat am Drammensveien verschafft und verlangt habe, den Konsul höchstpersönlich zu sprechen. Und dass er diesem erklärt habe, er begleite einen Anführer der irischen Nationalisten, der mit falschem Pass und unter dem Namen James Landy auf dem Weg nach Deutschland sei. Er habe Geld für diese Informationen gefordert und der Konsul habe ihm fünfundzwanzig Kronen gegeben. Eivind habe angeboten, weiteres Material über besagte Person in Inkognito zu liefern, sollte die britische Regierung bereit sein, ihn entsprechend großzügig zu entlohnen.

Reginald Hall und Basil Thomson ließen Roger auch wissen, dass sämtliche seiner Aktivitäten in Deutschland – Unterredungen mit hohen Beamten, Militärs und Regierungsministern im Auswärtigen Amt in der Wilhelmstraße sowie seine Zusammenkünfte mit den irischen Gefangenen im Lager von Limburg – in allen Einzelheiten vom britischen Geheimdienst registriert worden waren. Eivind hatte also, während er gleichzeitig Roger gegenüber so tat, als führe er Konsul Mansfeldt de Cardonnel Findlay an der Nase herum, der englischen Regierung alles mitgeteilt, was er, Roger, sagte, tat, schrieb und vor allem, wen er während seines Aufenthaltes in Deutschland empfing und traf. ›Ich war einfach ein Idiot, ich habe es nicht besser verdient‹, sagte sich Roger zum tausendsten Mal.

Die Zellentür ging auf, man brachte ihm sein Essen. Es war schon Mittagszeit? Er war dermaßen in seine Erinnerungen versunken gewesen, dass der Vormittag wie im Flug vergangen war. Wäre das doch nur jeden Tag so. Er nahm nur ein paar Löffel der faden Brühe und des gekochten Kohls mit Fischbrocken zu sich. Als der Wärter die Teller wieder abholte, bat Roger ihn um Erlaubnis, den für seine Notdurft bestimmten Eimer zu reinigen. Einmal täglich durfte er zur Latrine gehen, den Eimer ausleeren und spülen. Zurück in seiner Zelle, legte er sich wieder auf die Pritsche. Das schöne, kecke Jungengesicht von Eivind kam ihm abermals in den Sinn, und Roger spürte, wie ihn das verbitterte und mutlos machte. Ihm war, als hörte er ihn wieder ›Ich liebe dich‹ in sein Ohr wispern, als würden Eivinds Arme ihn umschlingen. Er stöhnte auf.

Er war viel gereist, hatte einschneidende Erfahrungen gesammelt, die unterschiedlichsten Menschen kennengelernt, auf zwei Kontinenten entsetzliche Verbrechen untersucht. Wie war es möglich, dass ihn die skrupellose Niedertracht Eivinds derart aus der Fassung brachte? Der Norweger hatte ihn belogen, systematisch betrogen, während er sich gleichzeitig hilfsbereit und liebevoll gab, Roger wie ein treuer Hund folgte, sich um seine Gesundheit sorgte, sich um alles kümmerte, Medikamente besorgte, Ärzte herbeirief, ihm Fieber maß. Allerdings hatte er ihm zugleich das Geld aus der Tasche gezogen, wo er nur konnte. Und dann erfand er Vorwände für Reisen nach Norwegen, angebliche Besuche bei Mutter oder Schwester, und erstattete dem dortigen Konsulat Bericht über die verschwörerischen, politischen und militärischen Aktivitäten seines Vorgesetzten und Geliebten. Und verdiente auch noch Geld mit diesen Denunziationen! Roger hatte Eivind, der ihm weisgemacht hatte, Konsul Mansfeldt de Cardonnel Findlay habe ihm wortwörtlich gesagt, die Engländer wollten Roger ermorden, Instruktionen erteilt, so lange auf das Spiel einzugehen, bis er konkrete Beweise für die kriminellen Absichten der britischen Beamten gegen ihn habe. Für wie viele Kronen oder Pfund hatte Eivind dem Konsul das auch noch verraten? Deshalb hatte Rogers Kampagne gegen die britische Regierung – er hatte sie öffentlich beschuldigt, Mordpläne gegen ihre politischen Feinde zu hegen und dabei die Staatssouveränität von Drittländern zu verletzen – nicht die geringste Wirkung gezeigt. Sein offener Brief an Sir Edward Grey, den er in Kopie an alle in Berlin vertretenen Regierungen geschickt hatte, war der Botschaft nicht einmal eine Eingangsbestätigung wert gewesen.

Doch das Allerschlimmste – wieder verkrampfte sich Rogers Magen – folgte erst noch, am Ende der langen Verhöre in Scotland Yard, als er glaubte, Eivind würde ihm nie wieder über den Weg laufen. Weltweit war in den Zeitungen über Roger Casement zu lesen, den geadelten britischen Diplomaten, von der Krone mit einem Orden ausgezeichnet, dem wegen Vaterlandsverrats der Prozess gemacht werden sollte. Da sprach im britischen Konsulat in Philadelphia Eivind Adler Christensen vor und ließ durch den Konsul übermitteln, er sei bereit, nach England zu reisen und gegen Casement auszusagen, wenn die englische Regierung für die Unkosten aufkomme und er »ein angemessenes Entgelt erhalte«. Roger zweifelte keine Sekunde an der Authentizität des Berichts des britischen Konsuls in Philadelphia, den Reginald Hall und Basil Thomson ihm vorlegten. Glücklicherweise saß dieser blonde Luzifer während der vier Prozesstage im Gerichtshof von Old Bailey dann doch nicht auf der Zeugenbank. Roger wäre es schwergefallen, seine Wut zu unterdrücken und sich nicht auf ihn zu stürzen.

Waren dies der Geist, das Antlitz, die hinterhältige Verkörperung der Erbsünde? Während einer ihrer Unterhaltungen fragten Morel und Roger sich, wie kultivierte, zivilisierte Menschen mit christlicher Erziehung die Gräueltaten begehen und decken konnten, die sie im Kongo bloßgelegt hatten, und Roger sagte: »Wenn alle historischen, soziologischen, psychologischen und kulturellen Erklärungen erschöpft sind, sieht man sich immer noch vor einem großen undurchdringlichen Dunkel, in dem sich die Wurzel der menschlichen Bosheit verbirgt, *Bulldog*. Und das kann man nur begreifen, wenn man den Verstand außer Acht lässt und sich der Religion zuwendet. Es ist die Erbsünde.« »Diese Erklärung erklärt rein gar nichts, *Tiger*.« Sie diskutierten lange darüber, ohne zu einem Schluss zu kommen. Morel sagte: »Wenn der Ursprung der Bosheit die Erbsünde ist, dann gibt es keine Lösung. Wenn die Menschen für das Böse geschaffen sind, wir es in uns tragen, warum gegen etwas ankämpfen, das nicht zu ändern ist?«

Bulldog hatte recht, man durfte nicht pessimistisch werden. Nicht alle Menschen waren wie Eivind Adler Christensen. Es gab so großherzige Idealisten wie Monteith oder Morel selbst. Roger wurde schwer ums Herz. *Bulldog* hatte keines der Gnadengesuche zu seinen Gunsten unterzeichnet. Zweifellos verurteilte es sein Freund – oder einstiger Freund, wie Herbert Ward –, dass er Partei für Deutschland ergriffen hatte. Auch wenn Morel gegen den Krieg war und wegen seiner pazifistischen Aktionen schon vor Gericht gekommen war, verzieh er Roger gewiss nicht, sich auf die Seite des Kaisers gestellt zu haben. Wahrscheinlich hielt er ihn für einen Verräter. Und Conrad wohl ebenfalls.

Roger seufzte. Er hatte etliche bewundernswerte, liebe Freunde verloren. Wer mochte sich inzwischen noch von ihm abgewandt haben? Aber trotz allem hielt er an seiner Meinung fest. Er glaubte weiter daran, dass Irlands Unabhängigkeit in greifbare Nähe rücken würde, wenn Deutschland in diesem Konflikt obsiegen würde. Und in weite Ferne rücken würde, sollte England gewinnen. Er hatte für Irland gekämpft, nicht für Deutschland. Warum konnten das so scharfsinnige, intelligente Menschen wie Ward, Conrad und Morel nicht verstehen?

Patriotismus schwächt den Scharfsinn. Etwas in der Art hatte Alice bei einer hitzigen Debatte in ihrem Haus in Grosvenor Road einmal gesagt. Wie genau hatte sie es formuliert? »Der Patriotismus darf uns nicht den Scharfsinn, den Verstand und die Intelligenz rauben.« Ungefähr so. Allerdings hatte darauf George Bernard Shaw mit einer Spitze gegen die anwesenden irischen Nationalisten bemerkt: »Das sind unvereinbare Konzepte, Alice. Machen Sie sich nichts vor: Der Patriotismus ist eine Religion, in der Scharfsinn nichts verloren hat. Reiner Obskurantismus, ein Akt des Glaubens.« Er sagte das mit der spöttischen Ironie, die seine Gesprächspartner stets verunsicherte, weil sie ahnten, dass sich hinter der jovialen Art des Dramatikers ein vernichtender Kritiker verbarg. »Akt des Glaubens« bedeutete aus dem Munde dieses ungläubigen Skeptikers so viel wie Aberglaube, Augenwischerei oder noch Schlimmeres. Dennoch war Shaw, der an nichts glaubte und gegen alles polterte, ein großer Schriftsteller, dem die irische Literatur mehr Ansehen zu verdanken hatte als jedem anderen Künstler seiner Generation. Aber wie konnte man ein großes Werk schaffen, ohne ein Patriot zu sein, ohne diese tiefe Blutsverwandtschaft mit dem Land seiner Vorfahren zu spüren, ohne Liebe und Stolz für die Tradition zu empfinden, in der man stand? Deshalb zog Roger unter den Großen Irlands insgeheim Yeats vor. Yeats war sehr wohl ein Patriot, er hatte sich für seine Dichtung und sein Theater von den alten irischen und keltischen Legenden inspirieren lassen, sie neu bearbeitet und damit gezeigt, dass sie lebendig waren und die zeitgenössische Literatur bereichern konnten. Doch sogleich bereute Roger diese Gedanken. Wie konnte er gegenüber George Bernard Shaw nur so undankbar sein. Kaum ein anderer war so offen und beherzt für ihn eingetreten wie der Dramatiker. Er hatte Rogers Anwalt, Serjeant A.M. Sullivan, zu einer Verteidigungsstrategie geraten, der dieser geldgierige Taugenichts unglücklicherweise nicht gefolgt war. Nach dem Urteil hatte Shaw Artikel geschrieben und Manifeste unterzeichnet, die eine Aussetzung der Todesstrafe forderten. Man musste nicht Patriot und Nationalist sein, um großherzig und mutig zu handeln.

Die kurze Erinnerung an Serjeant A.M. Sullivan und die vier finsteren Tage des Prozesses wegen Hochverrats in Old Bailey Ende Juni 1916 war niederschmetternd. Es hatte sich als äußerst schwierig erwiesen, einen plädierenden Anwalt zu finden, der ihn vor dem Zentralen Strafgerichtshof vertreten würde. Alle Anwälte, die sein Rechtsanwalt Gavan Duffy, seine Familie und seine Freunde in Dublin und London kontaktierten, weigerten sich unter verschiedenen Vorwänden. Niemand wollte in Kriegszeiten einen Landesverräter verteidigen. Schließlich willigte der irische Serjeant A. M. Sullivan ein, der nie zuvor vor einem Londoner Gericht plädiert hatte. Er verlangte dafür eine beträchtliche Summe, die Rogers Schwester Nina und Alice Stopford Green mit Hilfe von Spenden aufbrachten. Entgegen Rogers Wunsch, der offen als Rebell und Kämpfer für die Unabhängigkeit auftreten und den Prozess als ein Forum nutzen wollte, um Irlands Recht auf Selbstverwaltung zu proklamieren, setzte Sullivan auf eine rein formaljuristische Verteidigung, die keinen Bezug auf politische Umstände nahm und auf dem Argument gründete, dass das Gesetz Edwards III., nach dem Roger gerichtet wurde, nur auf dem Gebiet der Krone galt. Die fraglichen Handlungen habe der Angeklagte aber in Deutschland begangen, weshalb Casement nicht als Verräter des Empire betrachtet werden könne. Roger hatte nie daran geglaubt, dass diese Strategie Erfolg haben könnte. Noch dazu war Sullivans Plädoyer ein jämmerliches Schauspiel. Kaum hatte er angesetzt, begann er plötzlich heftig zu gestikulieren und sich zu krümmen, bis er leichenblass ausrief: »Euer Gnaden, ich kann nicht mehr!« und mitten im Gerichtssaal bewusstlos zusammenbrach. Einer seiner Assistenten musste das Plädoyer zu Ende bringen. Wenigstens konnte Roger in seiner Schlussrede seine eigene Verteidigung übernehmen, sich zu einem stolzen Rebellen erklären, den Osteraufstand verteidigen und Unabhängigkeit für sein Vaterland fordern. Er war mit seiner Rede zufrieden und sagte sich, dass sie ihn vor den künftigen Generationen rechtfertigen würde.

Wie spät war es wohl? Er konnte sich einfach nicht daran gewöhnen, nicht die Uhrzeit zu wissen. Die Mauern des Pentonville-Gefängnisses waren so dick, dass von draußen kein Laut hereindrang, weder menschliche Stimmen noch Kirchenglocken noch sonstiger Straßenlärm. Und den Tumult des Marktes von Islington, hörte er den wirklich oder bildete er sich das nur ein? Er wusste es nicht. Eine sonderbare

Grabesstille umgab ihn, in der die Zeit, das Leben angehalten schienen. Die einzigen Geräusche, die er hörte, stammten aus dem Inneren des Gefängnisses: gedämpfte Schritte auf dem angrenzenden Korridor, Metalltüren, die sich öffneten und schlossen, die näselnde Stimme des Sheriffs, der irgendeinem anderen Wärter Befehle erteilte. Und jetzt war es selbst im Gefängnis still. Das versetzte ihn in Angst, lähmte seine Gedanken. Er versuchte, die Lektüre von Thomas von Kempens *Nachfolge Christi* wiederaufzunehmen, aber einmal mehr musste er das Buch zur Seite legen. Auf ein Gebet konnte er sich ebenso wenig konzentrieren. Lange Zeit lag er reglos und angespannt da und starrte auf einen Punkt an der feuchten Decke, bis er schließlich einschlief.

Ein wohliger Traum versetzte ihn in den Regenwald des Amazonas zurück, an einen lichten, sonnigen Morgen. Eine sachte Brise wehte über die Brücke des Schiffes und linderte die Hitze. Es gab keine Moskitos, er fühlte sich gut, das quälende Brennen seiner Augen, gegen das sonst weder Tropfen noch die verschriebenen Spülungen ankamen, hatte nachgelassen, die Arthritis verursachte ihm keine Schmerzen, die Hämorrhoiden behelligten ihn nicht, und seine Füße waren abgeschwollen. All die Beschwerden und Krankheiten, die ihm zwanzig Jahre Afrika eingebracht hatten, waren verschwunden. Er war wieder jung und hatte Lust, hier im mächtigen Amazonas eine der Tollheiten aus afrikanischen Zeiten zu begehen: nackt von der Reling in den grünen, von Gräsern und Gischt gesprenkelten Fluss zu springen. Sein Körper würde in das sämige warme Gewässer gleiten, ein göttliches Wohlgefühl würde ihn erfüllen, während er sich wieder an die Oberfläche stieß, auftauchte, die ersten Züge tat und gewandt wie ein Delphin neben dem Boot herschwamm. Von Deck aus würden der Kapitän und mehrere Passagiere ihm Zeichen geben, wieder an Bord zu kommen, aus Furcht, er würde ertrinken oder einer Anakonda zum Opfer fallen, dieser bis zu zehn Meter langen Wasserschlange, die einen Menschen mit Haut und Haar verschlingen konnte.

Befand er sich in der Nähe von Manaus? Von Tabatinga? Von Putumayo? Von Iquitos? Fuhr er den Fluss hinauf oder hinunter? Ganz gleichgültig. Entscheidend war, dass er sich lange nicht so wohl gefühlt hatte, und während das Schiff langsam durch das grünliche Wasser glitt und das Tuckern des Motors seine Gedanken einlullte, überlegte Roger einmal mehr, wie seine Zukunft aussehen könnte, da er sich nun endlich von der Diplomatie verabschiedet hatte und vollkommen frei war. Er würde die Londoner Wohnung in der Ebury Street aufgeben und nach Irland ziehen. Er würde seine Zeit zwischen Dublin und Ulster aufteilen. Und er würde sich nicht ausschließlich der Politik widmen. Eine Stunde am Tag, einen Tag in der Woche, eine Woche im Monat würde er seinen Studien vorbehalten. Er würde weiter Irisch lernen und Alice eines Tages mit seiner Beherrschung des Gälischen überraschen. Und in der Politik würde er sich auf die übergeordneten, zentralen Ziele konzentrieren – Irlands Unabhängigkeit und den Kampf gegen den Kolonialismus – und es tunlichst vermeiden, seine Zeit mit den kleinlichen Intrigen, Rivalitäten und Eifersüchteleien all der Möchtegernpolitiker zu verschwenden. Er würde gründlich Irland bereisen, lange Wanderungen durch die Glens von Antrim, durch Donegal, Ulster, Galway und abgelegene Gegenden wie die Region von Connemara und Tory Island unternehmen, wo die Fischer des Englischen nicht mächtig waren und nur Gälisch sprachen, er würde sich mit ihnen und den arbeitsamen Bauern und Handwerkern anfreunden, die stoisch die erdrückende Präsenz des Besatzers ertrugen und sich ihre Sprache, ihre Bräuche und ihre Glaubensvorstellungen bewahrt hatten. Er würde ihnen zuhören, von ihnen lernen, Aufsätze und Gedichte über das jahrhundertealte stumme Heldentum dieser einfachen Menschen verfassen, denn es war ihnen zu danken, dass Irland nicht untergegangen, sondern immer noch eine Nation war.

Ein blechernes Geräusch riss ihn aus diesem schönen Traum. Er schlug die Augen auf. Der Gefängniswärter war

hereingekommen und hielt ihm eine Schüssel mit Griessup-
pe und ein Stück Brot hin, sein Abendessen. Er brockte das
Brot in die Suppe und löffelte sie langsam aus. Ein weiterer
Tag war vergangen, vielleicht käme es morgen ja zu einer Entscheidung.

X

Am Vorabend ihrer Abfahrt nach Putumayo entschloss sich
Roger, offen mit Stirs zu reden. Während der dreizehn Tage,
die er nun in Iquitos war, hatte er viele Unterhaltungen mit
dem britischen Konsul geführt, ein Thema jedoch nicht anzuschneiden gewagt. Er wusste, dass seine Mission ihm viele Feinde eingetragen hatte, nicht nur in Iquitos, sondern
im gesamten Amazonasgebiet; daher sein Zögern, noch eine
weitere Person zu verstimmen, die ihm von wertvoller Hilfe sein könnte, sollten sich ernstere Schwierigkeiten mit den
Kautschukunternehmern ergeben. Besser, er erwähnte diese
scheußliche Geschichte erst gar nicht.

Doch als sie an jenem Abend im Wohnzimmer des Konsuls
ihr Glas Portwein tranken und dem Regen lauschten, der auf
das Zinkdach trommelte und gegen die Fenster und auf das Ter-
rassengeländer peitschte, wischte Roger seine Bedenken fort.

»Was halten Sie von Pater Urrutia, Mr. Stirs?«

»Dem Superior der Augustiner? Ich habe nicht viel mit ihm
zu tun. Im Großen und Ganzen machte er einen guten Eindruck auf mich. Sie haben ihn in diesen Tagen des Öfteren
getroffen, nicht wahr?«

Ahnte der Konsul, dass er sich auf heikles Terrain begab?
Seine leicht hervorstehenden Augen blitzten beunruhigt auf.
Seine Glatze schimmerte im Schein der Öllampe, die auf dem
Tischchen in der Mitte des Raums stand und knisterte. Der
Fächer in seiner rechten Hand stand jetzt still.

»Nun ja, Pater Urrutia ist gerade erst ein Jahr vor Ort und
nicht über Iquitos hinausgekommen«, sagte Roger. »Deshalb
weiß er nicht viel über das, was in den Kautschukstationen
von Putumayo vor sich geht. Dafür hat er mir viel von einer
anderen Tragödie erzählt, die sich hier in der Stadt zuträgt.«

Der Konsul nippte an seinem Portwein. Dann fächelte er sich weiter Luft zu, das runde Gesicht leicht gerötet, wie es Roger vorkam. Draußen tobte der Sturm mit lautem Donnerhallen, und von Zeit zu Zeit erhellte ein Blitz sekundenlang den finsteren Busch.

»Von geraubten Kindern«, fuhr Roger fort. »Die aus ihren Gemeinschaften hierhergebracht und für zwanzig oder dreißig Soles an Familien verkauft werden.«

Stirs musterte ihn schweigend. Sein Fächer wedelte jetzt schneller. »Pater Urrutia sagt, so gut wie alle Bediensteten in Iquitos seien geraubte Kinder«, fuhr Roger fort. Eindringlich blickte er den Konsul an und fragte: »Stimmt das?«

Stirs seufzte und setzte sich in seinem Schaukelstuhl zurecht. Er war offensichtlich verärgert, und seine Miene schien zu besagen: Sie wissen gar nicht, wie froh ich bin, dass Sie morgen nach Putumayo aufbrechen. Und hoffentlich begegnen wir uns nie wieder, Mr. Casement.

»Gab es das im Kongo nicht?«, antwortete er ausweichend.

»Es kam vor, aber es war keine allgemeine Praxis wie hier. Haben Sie Ihre vier Bediensteten rechtmäßig angestellt oder gekauft?«

»Ich habe sie übernommen«, erwiderte der Konsul knapp. »Sie gehörten zum Haus, als mein Vorgänger, Konsul Cazes, nach England zurückging. Ich kann Ihnen nicht sagen, dass er sie eingestellt hat, das ist in Iquitos nicht üblich. Die vier sind Analphabeten und könnten einen Arbeitsvertrag weder lesen noch unterschreiben. Sie schlafen und essen unter meinem Dach, ich kleide sie ein und gebe ihnen ein Trinkgeld, was hierzulande nicht gebräuchlich ist, das kann ich Ihnen versichern. Die vier haben die Freiheit, zu gehen, wann immer sie wollen. Reden Sie mit ihnen und fragen Sie sie selbst, ob sie lieber eine andere Arbeit hätten. Sie werden schon sehen, wie sie darauf reagieren, Mr. Casement.«

Roger nickte und trank einen Schluck Portwein.

»Ich wollte Ihnen nicht zu nahe treten«, entschuldigte er sich. »Ich versuche nur, dieses Land zu begreifen, die in Iquitos geltenden Werte und Gewohnheiten. Betrachten Sie mich bitte nicht als Inquisitor.«

Das Gesicht des Konsuls drückte jetzt unverhohlene Feindseligkeit aus. Er fächelte sich langsam Luft zu.

»Nicht als Inquisitor, wohl aber als Gerechtigkeitsapostel«, korrigierte er Roger mit missmutigem Blick. »Oder als Helden, wenn Ihnen das lieber ist. Aber ich sagte Ihnen schon, ich mag keine Helden. Nehmen Sie mir meine Offenheit nicht übel. Aber machen Sie sich auch keine Illusionen. Sie werden nichts an den Zuständen hier ändern, Mr. Casement. Und Pater Urrutia auch nicht. In gewisser Weise haben diese Kinder noch Glück. Bedienstete zu werden, meine ich. Tausendmal schlimmer wäre es für sie, in ihren Stämmen aufzuwachsen, sich gegenseitig die Läuse vom Kopf zu knabbern, am Wechselfieber oder irgendeiner Pest zu sterben, bevor sie zehn Jahre alt wären, oder sich in den Kautschukstationen abzuquälen wie die Tiere. Hier geht es ihnen besser. Aber ich weiß, mein Pragmatismus muss Sie schockieren.«

Roger sagte nichts. Er hatte erfahren, was er wissen wollte. Und ihm war klar, dass er in dem britischen Konsul von Iquitos fortan wohl einen weiteren Feind haben würde, vor dem er sich in Acht nehmen müsste.

»Ich bin hierhergekommen, um Konsulatsdienste für mein Land zu leisten«, fügte Stirs hinzu und fixierte die Bambusmatte auf dem Boden. »Und ich erfülle sie zuverlässig, das versichere ich Ihnen. Ich kenne die wenigen britischen Staatsbürger hier, vertrete ihre Interessen und unterstütze sie in jeder Hinsicht. Ich tue, was in meiner Macht steht, um den Handel zwischen dem Amazonasgebiet und Großbritannien zu fördern. Ich informiere meine Regierung über Handelsbewegungen, ein- und auslaufende Schiffe, Grenzvorkommnisse. Zu meinen Pflichten gehört nicht, Sklaverei oder Übergriffe zu bekämpfen, die peruanische Mestizen und Weiße gegenüber den Indios des Amazonasgebietes begehen.«

»Verzeihen Sie, dass ich Sie verletzt habe, Mr. Stirs. Reden wir nicht weiter darüber.«

Roger stand auf, wünschte dem Hausherrn eine gute Nacht und ging auf sein Zimmer. Der Sturm war vorübergezogen, doch es regnete weiter. Auf der Terrasse vor seinem Schlafzimmer hatten sich Pfützen gebildet, es roch durchdringend nach Pflanzen und feuchter Erde. Das Rumoren der Insekten war so laut, als befänden sie sich nicht im angrenzenden Busch, sondern mitten im Zimmer. Draußen wimmelte es von *Vinchucas*, schwarzen Raubwanzen, deren Kadaver am nächsten Morgen die ganze Terrasse bedecken würden. Wenn man auf sie trat, knackten sie wie Nüsse und hinterließen blutige Schlieren. Roger entkleidete sich, zog seinen Pyjama an und legte sich unter das Moskitonetz ins Bett.

Es war natürlich unbesonnen gewesen, den Konsul zu beleidigen, diesen armen, vermutlich doch gutherzigen Menschen, der ohne Komplikationen das Pensionsalter erreichen wollte, um nach England zurückkehren und sich dem Garten seines Cottage in Surrey widmen zu können. Roger sollte sich daran ein Vorbild nehmen, dann wäre auch er körperlich und seelisch in einer besseren Verfassung.

Er erinnerte sich an die langen, teilweise äußerst vergnüglichen Unterhaltungen, die er auf dem Deck der *Huayna*, dem Schiff, das sie von Tabatinga an der peruanisch-brasilianischen Grenze nach Iquitos gebracht hatte, mit dem Kautschukunternehmer Víctor Israel geführt hatte, einem maltesischen Juden, der seit vielen Jahren im Amazonasgebiet lebte. Víctor Israel kleidete sich bizarr wie für einen Kostümball, er sprach ein tadelloses Englisch und erzählte geistreich von seinem abenteuerlichen Leben, das einem Schelmenroman glich. Dabei spielten sie Poker und tranken Cognac, den der Kautschukunternehmer liebte. Er hatte die grässliche Angewohnheit, mit einer altmodischen Pistole auf die rosafarbenen Reiher zu schießen, die über das Schiff hinwegflogen, glücklicherweise traf er nur selten. Doch dann stimmte er eines Tages, aus welchem Anlass, wusste Roger nicht mehr, ein Loblied auf Julio C. Arana an. Dieser Mann rette das Amazonasgebiet aus der Barbarei, gewinne es für die moderne Welt. Er verteidigte die Treibjagden, denen es zu verdanken sei, dass es überhaupt noch Arbeitskräfte für die Kautschukplantagen gebe. Denn das große Problem im Urwald sei der Mangel an Arbeitern zur Ernte dieser kostbaren Substanz, mit der der Schöpfer die Region beschenkt und die Peruaner gesegnet habe. Dieses »himmlische Manna« werde durch die Faulheit und Dummheit der Wilden verschwendet, die nicht als Kautschuksammler arbeiten wollten und mit Gewalt aus ihren Dörfern geholt werden müssten, was für das Unternehmen natürlich großen zeitlichen und finanziellen Aufwand bedeute.

»Nun ja, das ist ein Standpunkt«, wandte Roger ein. »Es gibt aber auch noch einen anderen.«

Víctor Israel war groß und hager, seine schulterlange Mähne war weiß meliert. Er trug eine rote Weste, darüber Hosenträger und über den Schultern ein buntes Tuch. Sein langes, knochiges Gesicht war voller Bartstoppeln, und er kniff seine kleinen dunklen Augen mephistophelisch zusammen.

»Was meinen Sie damit?«

»Ich meine den Standpunkt derer, die Sie als Wilde bezeichnen«, sagte Roger beiläufig, als spräche er vom Wetter oder von den Moskitos. »Versetzen Sie sich doch für einen Augenblick in ihre Lage. Seit Jahrhunderten leben sie in ihren Dörfern. Und eines schönen Tages kommen ein paar Weiße oder Mestizen mit Gewehren und Revolvern und verlangen von ihnen, dass sie ihre Familien, Hütten und Felder verlassen, um etliche Kilometer entfernt Kautschuk zu sammeln, wovon Fremde profitieren, deren einziges Argument ihre Stärke ist. Würden Sie sich unter solchen Umständen freiwillig melden, um diesen sagenhaften Kautschuk zu sammeln, Don Víctor?«

»Ich bin kein nackter Wilder, der Yacumama anbetet und seine Kinder im Fluss ertränkt, wenn sie mit einer Hasenscharte auf die Welt kommen«, entgegnete der Kautschukunternehmer mit einem gehässigen Lachen. »Wollen Sie vielleicht diese Kannibalen auf eine Stufe mit uns Pionieren, Unternehmern und Kaufleuten stellen? Wir arbeiten unter härtesten Bedingungen, setzen unser Leben dafür aufs Spiel, aus diesem Dschungel ein zivilisiertes Land zu machen.«

»Vielleicht haben wir unterschiedliche Auffassungen von Zivilisation, mein Freund«, erwiderte Roger in dem liebenswürdigen Tonfall, der Víctor Israel ganz offensichtlich zur Weißglut brachte.

Mit ihnen saßen Walter Folk und Henry Fielgald am Pokertisch, die übrigen Kommissionsmitglieder lagen bereits in ihren Hängematten. Es war eine laue Vollmondnacht, der Amazonas schimmerte silbrig.

»Ich würde gern wissen, was Ihre Auffassung von Zivilisation ist«, grummelte Víctor Israel. Er war so erzürnt, dass Roger Zweifel kamen, ob der andere nicht plötzlich seinen altmodischen Revolver aus der Gürteltasche ziehen und auf ihn schießen würde.

»Kurz zusammengefasst, wäre es eine Gesellschaft, in der Privateigentum und individuelle Freiheit respektiert würden«, erläuterte Roger ruhig, innerlich jedoch auf der Hut. »Die britischen Gesetze verbieten den Kolonisten zum Beispiel, das Land der Eingeborenen zu besetzen. Und es steht eine Gefängnisstrafe darauf, die Eingeborenen zur Minen- oder Feldarbeit zu zwingen. Aber das ist nicht unbedingt, was Sie unter Zivilisation verstehen, habe ich recht?«

Víctor Israels magere Brust hob und senkte sich erregt unter seinem merkwürdigen hochgeknöpften Hemd mit Pluderärmeln und der roten Weste. Seine Daumen steckten in den Hosenträgern und seine Augen waren blutunterlaufen. In seinem offenen Mund drängten sich schiefe nikotinbefleckte Zähne.

»Würde man sich daran halten«, sagte er mit scharfem Spott, »müssten die Peruaner das Amazonasgebiet für die nächsten Jahrhunderte in der Steinzeit belassen. Um diese Heiden, die es bewohnen, nicht zu kränken und ihr Land nicht zu besetzen, mit dem sie selbst nichts anfangen können, weil sie faul und arbeitsscheu sind. Man müsste einen Reichtum vergeuden, der den Lebensstandard der Peruaner erhöhen und aus

Peru ein modernes Land machen könnte. Ist es das, was die britische Krone für dieses Land vorschlägt, Mr. Casement?«

»Das Amazonasgebiet birgt ganz zweifelsohne mächtige Reichtümer«, pflichtete Roger ihm unerschütterlich bei. »Natürlich soll Peru davon profitieren. Aber ohne die Eingeborenen zu missbrauchen, ohne sie wie Tiere zu jagen und zu versklaven. Vielmehr sollte die Zivilisation zu ihnen gebracht werden, in Form von Schulen, Krankenhäusern, Kirchen.«

Víctor Israel wurde von einem Lachkrampf geschüttelt.

»Aber in welcher Welt leben Sie denn, Herr Konsul!«, rief er aus und hob theatralisch seine langen knochigen Hände in die Höhe. »Man merkt, dass Sie noch nie einen Kannibalen gesehen haben. Wissen Sie, wie viele Christen hier schon verspeist wurden? Wie viele Weiße und Mestizen Lanzen und vergifteten Pfeilen zum Opfer gefallen sind? Wie viele zu Schrumpfköpfen der Shapra geworden sind? Unterhalten wir uns wieder, wenn Sie etwas mehr Erfahrung mit den Wilden haben.«

»Ich habe fast zwanzig Jahre in Afrika verbracht, solche Dinge sind mir nicht unbekannt, Mr. Israel«, sagte Roger. »Ich bin dort übrigens vielen Weißen begegnet, die genauso denken wie Sie.«

Um eine weitere Verhärtung der Fronten zu vermeiden, hatten Walter Folk und Henry Fielgald das Gespräch auf harmlosere Themen gelenkt.

In dieser schlaflosen Nacht vor der Abreise nach Putumayo, nachdem er in Iquitos zehn Tage lang alle möglichen Menschen befragt hatte, von Regierungsbeamten über Richter und Militärs bis hin zu Restaurantbesitzern, Kellnern, Fischern, Zuhältern, Herumtreibern und Prostituierten, musste sich Roger nun eingestehen, dass die überwältigende Mehrheit der Weißen und Mestizen in Iquitos, ob Peruaner oder Ausländer, dachten wie Víctor Israel. Für sie waren die Indios keine richtigen Menschen, sondern stellten eine verachtenswerte, tierähnliche Daseinsform dar. Deshalb war es aus ihrer Sicht vollkommen legitim, sie auszubeuten, auszupeitschen, in die

Kautschukstationen zu entführen oder sie zu töten wie tollwütige Hunde, wenn sie Widerstand leisteten. Dieses Bild der Eingeborenen war allgemein verbreitet, weshalb, wie schon Pater Urrutia gesagt hatte, niemand daran Anstoß nahm, dass die Bediensteten in Iquitos in der Regel geraubte und für umgerechnet ein oder zwei Pfund verkaufte Kinder waren. Er atmete tief durch. Wenn er all das in Erfahrung gebracht hatte, ohne die Stadt auch nur zu verlassen, was würde ihn dann erst in Putumayo erwarten?

Die Kommissionsmitglieder verließen Iquitos am Vormittag des 14. September 1910. Roger hatte Frederick Bishop, einen der Barbadier, die sie angehört hatten, als Dolmetscher engagiert. Bishop sprach Spanisch und versicherte, dass er die beiden in den Kautschukstationen besonders verbreiteten Eingeborenensprachen, Bora und Huitoto, verstehe und sich darin verständlich machen könne.

Die *Liberal*, das größte der fünfzehn Schiffe aus der Flotte der *Peruvian Amazon Company*, war in gutem Zustand. In den kleinen Kabinen hatten jeweils zwei Reisende Platz. An Bug und Heck waren Hängematten für diejenigen angebracht, die lieber unter freiem Himmel schliefen. Bishop hatte große Angst davor, nach Putumayo zurückzukehren, und bat Roger um die schriftliche Bestätigung, dass er auf der Reise unter dem Schutz der Kommission stand und danach die britische Regierung für seine Rückkehr nach Barbados aufkommen würde.

Die Fahrt von Iquitos bis La Chorrera, der größten Siedlung des riesigen Gebietes zwischen den Flüssen Napo und Caquetá, in dem die *Peruvian Amazon Company* tätig war, dauerte acht Tage, in denen sie drückender Hitze, Heerscharen von Moskitos, bohrender Langeweile und einer monotonen Landschaft und Geräuschkulisse ausgesetzt waren. Das Schiff fuhr den Amazonas flussabwärts, der kurz nach Iquitos so breit wurde, dass man kaum noch die beiden Ufer ausmachen konnte, überquerte bei Tabatinga die Grenze zu Brasilien, fuhr weiter den Yavarí hinab und über den Igaraparaná zurück nach Peru. Auf diesem Streckenabschnitt rückten die Ufer wieder näher, und bisweilen baumelten Lianen und Äste der mächtigen Bäume über dem Schiffsdeck. Man sah krächzende Papageienschwärme zwischen den Wipfeln schwirren, rosa Kraniche, die sich auf einer Flussinsel geruhsam auf einem Bein stehend sonnten, gelbbraune Schildkrötenpanzer, die aus dem etwas helleren Wasser lugten, und manchmal den gezackten Rücken eines im Uferschlick dösenden Kaimans, der dann vom Schiff aus mit Gewehren und Revolvern unter Beschuss genommen wurde.

Roger verbrachte die meiste Zeit damit, seine Notizen und Aufzeichnungen zu ordnen und einen Arbeitsplan für die Monate auszuarbeiten, die sie in den Besitzungen von Julio C. Arana zubringen würden. Die Anordnungen des Foreign Office lauteten, nur die in den Kautschukstationen arbeitenden Barbadier zu befragen, die britische Staatsbürger waren, dafür die peruanischen und anderen ausländischen Arbeiter außen vor zu lassen, um die peruanische Regierung nicht zu verstimmen. Doch Roger hatte nicht vor, sich derart einschränken zu lassen. Seine Untersuchung würde ganz und gar unvollständig bleiben, wenn er nicht auch die Plantagenverwalter, ihre Jungs – die auch »Verständige« genannten, Spanisch sprechenden Indios, die die Arbeiter überwachten und die Bestrafungen vornahmen – und die Eingeborenen selbst befragte. Nur so würde er einen Einblick in die Methoden des Unternehmens bekommen und beurteilen können, inwieweit die Behandlung der Indios gegen Ethik und Gesetz verstieß.

In Iquitos hatte Pablo Zumaeta die Kommission informiert, das Unternehmen habe auf Aranas Anweisung hin einen der obersten Chefs, Señor Juan Tizón, nach Putumayo vorausgeschickt, der sie in Empfang nehmen und ihnen bei ihrer Arbeit behilflich sein sollte. Die Kommissionsmitglieder vermuteten, dass Tizón sich tatsächlich nur nach Putumayo begab, um die Spuren der Übergriffe zu tilgen und ihnen eine geschönte Wirklichkeit zu präsentieren.

Sie kamen am 22. September 1910 zur Mittagszeit in La

Chorrera an. Der Ort verdankte seinen Namen, »die Strömende«, den Stromschnellen und Wasserfällen, die durch eine jähe Verengung des Flussbettes an dieser Stelle entstanden und ein tosendes Spektakel aus Schaum und Strudeln rings um nass glänzende Felsen boten, das die träge Gleichförmigkeit des Igaraparaná durchbrach, des Nebenflusses, an dessen Ufer sich das Hauptquartier der *Peruvian Amazon Company* befand. Um von der Anlegestelle zu den Büros und Wohnquartieren von La Chorrera zu gelangen, musste man eine schlammige, von Dickicht überwucherte steile Böschung erklimmen. Die Stiefel der Reisenden versanken im Morast, und sie mussten sich zuweilen auf die indianischen Träger stützen, um nicht hinzufallen. Während sie die Männer begrüßten, die ihnen entgegenkamen, stellte Roger leicht schaudernd fest, dass jeder dritte oder vierte der halbnackten Eingeborenen, die ihr Gepäck trugen oder sie vom Ufer aus neugierig betrachteten und dabei mit offenen Handflächen die Moskitos fortwedelten, auf Rücken, Hinterteilen und Schenkeln Narben aufwies, die nur von Peitschenhieben stammen konnten. Der Kongo, o ja, überall der Kongo!

Juan Tizón war ein großer, überaus höflicher Mann um die fünfzig, ganz in Weiß gekleidet und mit aristokratischen Manieren, der gut genug Englisch sprach, um sich mit ihnen verständigen zu können. Sein glatt rasiertes Gesicht, sein gestutzter Schnurrbart, seine gepflegten Hände und seine Kleidung verrieten sofort, dass er hier, mitten im Dschungel, nicht in seinem Element war, sich für gewöhnlich in städtischen Büros und Salons bewegte. Er hieß sie willkommen und stellte ihnen seinen Begleiter vor, dessen Name allein in Roger Abscheu hervorrief: Víctor Macedo, Verwalter von La Chorrera. Der zumindest hatte nicht das Weite gesucht! Die Artikel von Saldaña Roca und die von Hardenburg hatten ihn als einen der blutrünstigsten Statthalter Aranas in Putumuayo ausgewiesen.

Roger musterte ihn, während sie die Böschung hinaufkletterten. Macedo war ein nicht besonders großer, kräftiger

Mann undefinierbaren Alters mit der hellen Haut eines Mestizen, aber den etwas orientalischen Zügen und der platten Nase der Eingeborenen. Zwischen seinen breiten, stets leicht geöffneten Lippen funkelten zwei oder drei Goldzähne, sein Gesichtsausdruck war hart, wettergegerbt. Anders als die Neuankömmlinge stieg er den steilen Abhang ohne Mühe hinauf. Er sah sein Gegenüber nie direkt an, als fürchte er den Augenkontakt oder weiche dem gleißenden Sonnenlicht aus. Tizón war nicht bewaffnet, doch in Víctor Macedos Gürtel steckte ein Revolver.

Auf der weitläufigen Lichtung standen mehrere Holzhäuser auf Pfählen – dicke Baumstämme oder Zementsäulen –, die größeren mit Balkonen im Obergeschoss und Zinkdächern, die kleineren waren mit Palmblattdächern gedeckt. Tizón deutete erklärend um sich: »Dort sind die Büros«, »Hier sind die Kautschuklager«, »In diesem Haus beziehen Sie Unterkunft«, doch Roger hörte ihm kaum zu. Er beobachtete die Gruppen halb oder ganz nackter Eingeborener, die ihnen gleichgültige Blicke zuwarfen oder es vermieden, in ihre Richtung zu schauen. Ausgemergelte Männer, Frauen und Kinder mit dünnen Beinen und gelblich blasser Haut. Manche hatten bemalte Wangen und Brüste, andere Einschnitte und Ringe in Lippen und Ohren, die Roger an die afrikanischen Eingeborenen erinnerten. Doch hier gab es keine Schwarzen. Die vier Mulatten und Dunkelhäutigen, die er zu Gesicht bekam, trugen Hosen und Stiefel und gehörten vermutlich dem Kontingent aus Barbados an. Die Jungs erkannte er sofort, barfüßige Indios, die ihre Haare nach »Christenart« geschnitten hatten, mit Hosen und Hemden bekleidet waren und Knüppel und Peitschen am Gürtel trugen.

Während die übrigen Kommissionsmitglieder sich jeweils zu zweit ein Zimmer teilen mussten, hatte Roger das Privileg eines Einzelzimmers. Es war ein kleiner Raum mit einer Hängematte statt eines Bettes und einer Kleidertruhe, die gleichzeitig als Schreibtisch diente. Auf einem schmalen Tischchen standen eine Waschschüssel, ein Krug und ein Spiegel. Man erklärte ihm, unten neben dem Eingang gebe es eine Latrine und eine Dusche. Roger stellte rasch seine Sachen ab und informierte Juan Tizón, ehe sie sich zum Mittagessen setzten, er wolle noch am selben Nachmittag damit beginnen, alle aus Barbados stammenden Arbeiter in La Chorrera zu befragen.

Inzwischen machte ihm der ranzige Geruch zu schaffen, wie von fauligen Pflanzen, der La Chorrera bis in den letzten Winkel durchdrang und ihn während seines dreimonatigen Aufenthalts in Putumayo unablässig begleiten sollte, ohne dass er sich je daran gewöhnte. Ein Übelkeit erregender Gestank, der in der Luft zu hängen, von der Erde, den Dingen und den Menschen auszugehen schien und der für Roger zum Symbol für die Bosheit und das Leid wurde, die hier herrschten. »Sonderbar«, sagte er am Tag ihrer Ankunft zu Juan Tizón, »im Kongo war ich oft in Kautschukstationen und Kautschuklagern. Aber ich kann mich nicht daran erinnern, dass der kongolesische Latex einen so starken, unangenehmen Geruch verströmt hätte.« »Es sind unterschiedliche Arten«, erklärte ihm Tizón. »Dieser hier riecht stärker, ist aber auch resistenter als der afrikanische Kautschuk. In die nach Europa verfrachteten Bündel wird Talk gestreut, um die Ausdünstungen zu mildern.«

In der gesamten Region von Putumayo waren einhundertsechsundneunzig Barbadier registriert, davon befanden sich in La Chorrera jedoch nur sechs. Zwei von ihnen hatten sich gleich kategorisch geweigert, mit Roger zu sprechen, obwohl dieser ihnen durch Bishop versichern ließ, dass ihre Aussagen streng vertraulich behandelt würden, keine unangenehmen Folgen für sie hätten und er sich persönlich darum kümmern würde, sie nach Barbados zurückzuschicken, sollten sie nicht länger für Aranas Unternehmen arbeiten wollen.

Die vier, die einer Unterredung zustimmten, waren seit fast sieben Jahren in Putumayo und hatten auf verschiedenen Plantagen als Aufseher gearbeitet, damit standen sie hierarchisch zwischen den Verwaltern und den Jungs. Der erste, mit dem er sich unterhielt, war Donal Francis, ein großer kräftiger

Schwarzer, der hinkte, ein trübes Auge hatte und so nervös und misstrauisch war, dass Roger, wie er sogleich ahnte, nicht viel aus ihm herausbekam. Francis antwortete einsilbig und stritt alle Anschuldigungen ab. Glaubte man seinen Worten, kamen in La Chorrera Vorsteher, Angestellte und »sogar Wilde« bestens miteinander aus. Es gab keine Probleme und erst recht keine Gewalt. Er war gut abgerichtet worden, was er vor der Kommission aussagen durfte und wie er sich zu verhalten hatte.

Roger war schweißüberströmt. Er trank etwas Wasser. Würden die Anhörungen der übrigen Barbadier ebenso nutzlos sein? Nein, das waren sie nicht. Philip Bertie Lawrence, Seaford Greenwich und vor allem Stanley Sealy nahmen, nachdem ihre anfängliche Befangenheit von Rogers Versprechen im Namen der britischen Regierung, sie nach Barbados zurückzuschicken, überwunden worden war, kein Blatt vor den Mund und beschuldigten sich dabei selbst bisweilen so heftig, als könnten sie es kaum erwarten, ihr Gewissen zu erleichtern. Stanley Sealy veranschaulichte seine Aussage mit derart konkreten Beispielen und Ausführungen, dass Roger trotz seiner langen Erfahrung mit der menschlichen Grausamkeit zwischendurch von einer Übelkeit und Beklemmung übermannt wurde, die ihm den Atem raubten. Als der Barbadier geendet hatte, war die Nacht hereingebrochen. Das Summen der Insekten war ohrenbetäubend. Zu zweit hatten sie eine Packung Zigaretten geraucht. In der zunehmenden Dunkelheit konnte Roger schon nicht mehr die Züge des kleinen Mulatten Stanley Sealy ausmachen, nur die Umrisse seines Kopfes und seiner muskulösen Arme waren erkennbar. Er war noch nicht lange in La Chorrera. Zuvor hatte er zwei Jahre auf der Plantage Abisinia als rechte Hand der Vorsteher Abelardo Agüero und Augusto Jiménez gearbeitet und davor auf Matanzas mit Armando Normand. Sie saßen schweigend auf der Holzbank der Veranda vor Rogers Schlafzimmer. Die Moskitos stachen Roger in Gesicht, Hals und Arme, doch ihm fehlte die Energie, sie zu verscheuchen.

Plötzlich bemerkte er, dass Sealy weinte. Er hielt sich die Hände vors Gesicht und schluchzte leise, seine Brust bebte in tiefen Seufzern. Roger sah die Tränen in seinen Augen schimmern.

»Glaubst du an Gott?«, fragte Roger. »Bist du religiös?«

»Als Kind war ich das, glaube ich«, brachte der Mulatte mit brüchiger Stimme hervor. »In St. Patrick, wo ich geboren bin, hat mich meine Patin sonntags in die Kirche mitgenommen. Jetzt weiß ich nicht.«

»Ich frage dich das, weil es dir vielleicht hilft, zu Gott zu sprechen. Ich meine nicht beten, sondern zu ihm zu sprechen. Versuch es. Genauso offen, wie du mit mir gesprochen hast. Erzähl ihm, was du fühlst, warum du weinst. Er kann dir in jedem Fall besser helfen als ich. Ich wüsste nicht, wie, ich fühle mich ebenso niedergeschmettert wie du, Stanley.«

Wie auch Philip Bertie Lawrence und Seaford Greenwich war Stanley Sealy bereit, seine Aussage vor den Kommissionsmitgliedern, sogar in Gegenwart von Juan Tizón, zu wiederholen. Immer unter der Bedingung, dass Roger anwesend wäre und er mit ihm nach Iquitos und von dort aus nach Barbados fahren könnte.

Roger trat in sein Zimmer, zündete die Öllampe an, zog sich das Hemd aus und wusch sich an der Waschschüssel Brust, Achselhöhlen und Gesicht. Er hätte gern geduscht, doch dafür hätte er nach unten ins Freie gehen müssen und sein Körper wäre von den Moskitos noch schlimmer zerstochen worden.

Er ging zum Abendessen hinunter in das ebenfalls mit Öllampen erleuchtete Speisezimmer. Seine Reisegefährten standen mit Juan Tizón zusammen und tranken lauwarmen Whisky mit Soda. Drei oder vier halbnackte eingeborene Bedienstete trugen gebratenen und gegarten Fisch, gekochten Maniok, Süßkartoffeln und Maismehl herein, das über die Speisen gestreut wurde wie in Brasilien das *Farinha*. Zwei weitere Bedienstete verscheuchten mit Strohwedeln die Fliegen.

»Wie ist es Ihnen mit den Barbadiern ergangen?«, fragte Juan Tizón und reichte ihm ein Glas Whisky.

»Besser, als ich gedacht hätte, Señor Tizón. Ich hatte Angst, sie würden sich nicht trauen, den Mund aufzumachen. Aber es haben ganz im Gegenteil drei von ihnen völlig offen gesprochen.«

»Ich hoffe, Sie setzen mich über die Klagen in Kenntnis, die Ihnen zu Ohren kommen«, sagte Tizón halb im Spaß. »Das Unternehmen möchte verbessern, was es zu verbessern gibt. Das ist seit jeher Señor Aranas Politik gewesen. Wie auch immer, ich nehme an, Sie haben Hunger. Zu Tisch, meine Herren!«

Sie setzten sich und bedienten sich aus den verschiedenen Schalen. Die Kommissionsmitglieder hatten nachmittags die Installationen von La Chorrera besichtigt und mit Bishops Hilfe Verwaltungs- und Lagerangestellte befragt. Alle wirkten matt und wenig gesprächig. Ob ihre Eindrücke von diesem ersten Tag so deprimierend waren wie seine eigenen?

Juan Tizón bot Wein an, doch da er gleichzeitig darauf hinwies, dass der französische Wein durch Transport und das lokale Klima manchmal sauer wurde, blieben alle beim Whisky.

Während des Essens sagte Roger mit einem Blick auf die Indios, die sie bedienten:

»Ich habe gesehen, dass viele Indios in La Chorrera Narben auf Rücken, Hintern und Schenkeln haben. Dieses Mädchen da, zum Beispiel. Wie viele Hiebe bekommen sie normalerweise, wenn sie ausgepeitscht werden?«

Ein tiefes Schweigen entstand, man hörte nur mehr das Knistern der Öllampen und das Sirren der Insekten. Alle sahen Juan Tizón ernst an.

»Die meisten dieser Narben fügen sie sich selbst zu«, behauptete er. »Diese Stämme haben ziemlich barbarische Initiationsriten, wie Sie wissen, sie bohren sich Löcher in Wangen, Lippen, Ohren und Nase, um Ringe, Zähne und alles Mögliche durchzustecken. Ich gebe zu, dass einige Narben auch von Aufsehern stammen können, die sich nicht an die Richtlinien der Gesellschaft gehalten haben. Unsere Satzungen verbieten allerdings kategorisch jegliche Form der physischen Bestrafung.«

»Das war nicht meine Frage, Señor Tizón«, sagte Roger. »Aber abgesehen davon wundert es mich, dass die Indios unter ihren vielen Narben nicht auch das Brandmal der Gesellschaft tragen.«

»Ich weiß nicht, was Sie meinen«, sagte Tizón und senkte seine Gabel.

»Die Barbadier haben mir erklärt, dass viele Eingeborene mit den Initialen der Gesellschaft gebrandmarkt sind: CA, Casa Arana. Wie Kühe, Pferde oder Schweine. Damit sie nicht weglaufen oder von den kolumbianischen Kautschukunternehmern geraubt werden. Die Barbadier haben das vielfach selbst getan, die Zeichen eingebrannt oder mit dem Messer eingeritzt. Doch bisher habe ich keinen Indio mit einem solchen Mal gesehen. Was ist aus ihnen geworden, Señor Tizón?«

Da verlor Juan Tizón mit einem Schlag die Fassung und seine vornehmen Manieren. Sein Gesicht war rot angelaufen, und er bebte vor Empörung.

»Ich verbitte mir diesen Tonfall«, rief er in einer Mischung aus Spanisch und Englisch. »Ich bin hier, um Ihnen bei Ihrer Arbeit zu helfen, nicht, um mir Ihre sarkastischen Bemerkungen anzuhören.«

Roger nickte gelassen.

»Verzeihen Sie«, sagte er ruhig. »Es ist nur so, dass ich im Kongo zwar Zeuge unsagbarer Grausamkeit wurde, gebrandmarkte Menschen habe ich indes noch nie gesehen. Aber ich bin mir sicher, dass Sie für solche Schandtaten keine Verantwortung tragen.«

»Selbstverständlich trage ich keine Verantwortung für irgendwelche Schandtaten«, erhob Tizón heftig gestikulierend wieder die Stimme. Unbeherrscht sprang sein Blick hin und her. »Wenn sie begangen werden, dann kann die Gesellschaft nichts dafür. Sehen Sie nicht, wo Sie hier sind, Señor Casement? Hier gibt es keine Obrigkeit, weder Polizei noch Richter, noch sonst jemanden. Die Vorsteher, Aufseher und ihre Helfer, die hier arbeiten, sind raue Männer, vom Urwald abgehärtete Abenteurer, oft Analphabeten. Manchmal greifen sie zu Methoden, die einen zivilisierten Menschen abstoßen, das weiß ich wohl. Wir tun, was wir können, glauben Sie mir. Señor Arana sieht das ganz wie Sie. Jeder, der irgendeinen Verstoß begangen hat, wird entlassen. Ich decke keine Ungerechtigkeiten, Señor Casement. Ich habe einen achtbaren Namen, bin ein praktizierender Katholik, meine Familie ist eine der angesehensten des Landes.«

Roger dachte, dass Juan Tizón vermutlich glaubte, was er sagte. Sicherlich war er ein guter Mensch, der einfach nicht wusste oder nicht wissen wollte, was sich hier abspielte. Sicherlich verfluchte er den Tag, an dem Julio C. Arana auf die Idee gekommen war, ihn in diesen gottverlassenen Winkel der Erde zu schicken, wo er sich nun zahllosen Unannehmlichkeiten ausgesetzt sah.

»Wir müssen zusammenarbeiten«, wiederholte Tizón etwas ruhiger und mit ausschweifenden Handbewegungen. »Was schlecht läuft, werden wir korrigieren. Die Angestellten, die sich Vergehen haben zuschulden kommen lassen, werden bestraft. Mein Ehrenwort! Ich bitte Sie nur, in mir einen Freund zu sehen, der auf Ihrer Seite steht.«

Wenig später entschuldigte sich Tizón, er fühle sich nicht wohl, und mit einem Gutenachtgruß verließ er den Raum.

»Gebrandmarkt wie Tiere?«, murmelte der Botaniker Walter Folk skeptisch. »Kann das wahr sein?«

»Drei der vier Barbadier, die ich befragt habe, haben es mir versichert«, erwiderte Roger. »Stanley Sealy gibt an, in der Station Abisinia habe er es auf Befehl seines Chefs, Abelardo Agüero, selbst getan. Aber die Brandmarkung finde ich gar nicht das Schlimmste. Ich habe heute Nachmittag noch schaurigere Dinge gehört.«

Das Essen rührte keiner mehr an, sie unterhielten sich aber weiter, bis die beiden Whiskyflaschen leer waren. Die Kommissionsmitglieder waren schockiert über die Narben auf den Körpern der Eingeborenen und den Fußblock, den sie in einem der Kautschukschuppen von La Chorrera entdeckt hatten. In Anwesenheit des unangenehm berührten Tizón hatte Bishop ihnen erklärt, wozu dieser mit Seilen versehene Holzkasten diente. Durch die Löcher wurden die Hände und Füße des zu bestrafenden Eingeborenen gesteckt, so dass er hocken musste und weder Arme noch Beine bewegen konnte. Um die Qual zu verstärken, wurden die Löcher enger gestellt oder das Folterinstrument wurde mit Seilen in die Höhe gezogen. Bishop ergänzte, der Fußblock stehe in allen Stationen in der Mitte des Hauptplatzes. Sie fragten einen der im Lager arbeitenden Verständigen, wann die Vorrichtung in den Schuppen geschafft worden sei. »Am Vorabend Ihrer Ankunft«, lautete die Antwort.

Sie beschlossen, dass die Kommission am nächsten Tag ebenfalls Philip Bertie Lawrence, Seaford Greenwich und Stanley Sealy anhören würde. Seymour Bell schlug vor, Tizón dazu einzuladen. Die Meinungen gingen auseinander, vor allem Walter Folk befürchtete, dass die Barbadier in Anwesenheit eines so ranghohen Vorgesetzten ihre Aussagen zurückziehen würden.

In dieser Nacht tat Roger kein Auge zu. Er machte sich Notizen zu den Gesprächen mit den Barbadiern, bis das Öl in der Lampe ausging. Dann legte er sich in die Hängematte, nickte für Momente ein und wachte kurz darauf mit schmerzenden Gliedern und ungutem Gefühl wieder auf.

Und die *Peruvian Amazon Company* war ein britisches Unternehmen! In ihrem Vorstand saßen beispielsweise Sir John Lister-Kaye, Baron von Souza-Deiro, John Russell Gubbins und Henry M. Read, allesamt in der Geschäftswelt und Londoner City sehr respektierte Persönlichkeiten. Was würden diese Kompagnons von Julio C. Arana sagen, wenn sie in dem Bericht, den er der Regierung vorlegen würde, zu lesen bekämen, dass das Unternehmen, das sie mit ihrem Namen und ihrem Geld legitimiert hatten, Sklaverei praktizierte,

Kautschuksammler und Bedienstete mittels Treibjagden beschaffte, bei denen bewaffnete Schurken Männer, Frauen und Kinder einfingen und in die Kautschukstationen entführten, wo sie auf ruchlose Weise ausgebeutet, in den Fußblock gesteckt, mit Feuer und Messer gebrandmarkt und bis aufs Blut ausgepeitscht wurden, wenn sie nicht alle drei Monate mindestens dreißig Kilogramm Kautschuk ablieferten. Roger war im Londoner Geschäftssitz der *Peruvian Amazon Company* im Salisbury House gewesen. Eindrucksvolle Räumlichkeiten, an einer Wand hing ein Landschaftsbild von Gainsbourough, uniformierte Sekretärinnen, dicke Teppiche, Ledersofas für die Besucher und ein Schwarm von Schreibern in gestreiften Hosen, schwarzen Überröcken, steifen weißen Hemdkragen und kurzen Krawatten, die Buch führten, Telegramme versandten und empfingen, die stinkenden, mit Talk bestäubten Kautschukladungen in die Industriestädte ganz Europas verkauften. Während am anderen Ende der Welt in Putumayo Huitotos, Ocaimas, Muinanes, Nonuyas, Andoques, Rezígaros und Boras nach und nach ausgerottet wurden, ohne dass dies irgendjemanden groß zu kümmern schien.

»Warum haben diese Eingeborenen nicht versucht, zu rebellieren?«, hatte Walter Folk beim Abendessen gefragt und selbst hinzugefügt: »Natürlich, sie haben keine Feuerwaffen. Aber es sind sehr viele, sie könnten sich erheben und ihre Peiniger durch ihre schiere Anzahl überwältigen, auch wenn einige dabei umkommen würden.« Roger antwortete ihm, das sei nicht so leicht. Sie rebellierten aus denselben Gründen nicht wie die Kongolesen. Es gab wenige Ausnahmen von dieser Regel, lediglich selbstmörderische Versuche von Einzelpersonen oder kleinen Gruppen. Denn in einem so unerbittlichen System der Ausbeutung wurde der Geist noch vor dem Körper zerstört. Die Gewalt, deren Opfer die Eingeborenen waren, brach ihren Willen zum Widerstand, ihren Überlebensinstinkt, verwirrte und verängstigte sie, verwandelte sie in bloße Automaten. Für viele war das, was ihnen zustieß, nicht der Bosheit konkreter Menschen zuzuschreiben, sondern einer mythischen Katastrophe, einem Fluch der Götter, einer Bestrafung, der man nicht entrinnen konnte.

Allerdings entdeckte Roger nun in Putumayo, in seinem Dossier über das Amazonasgebiet, dass die Boras der Station Abisinia vor einigen Jahren sehr wohl den Versuch einer Rebellion unternommen hatten. Doch davon wollte niemand sprechen. Keiner der Barbadier hatte es erwähnt. Der junge Bora-Häuptling Katenere hatte dort eines Nachts mit einer kleinen Gruppe Männer seines Stammes die Gewehre der Vorsteher und Verständigen gestohlen, Bartolomé Zumaeta, einen Verwandten Pablo Zumaetas, getötet, weil der einmal im Suff seine Frau vergewaltigt hatte, und war im Busch verschwunden. Die Gesellschaft setzte ein Kopfgeld auf ihn aus. Mehrere Suchexpeditionen wurden ausgesandt. Fast zwei Jahre lang blieb er unauffindbar. Bis er von einem anderen Indio verraten wurde, der ein paar Kopfgeldjäger zu der Hütte führte, in der sich Katenere mit seiner Frau versteckt hielt. Der Häuptling konnte entkommen, doch seine Frau wurde gefasst. Der Vorsteher Vásquez vergewaltigte sie höchstpersönlich vor aller Augen und steckte sie in den Fußblock. Mehrere Tage kauerte sie dort ohne Wasser und Nahrung, von Zeit zu Zeit wurde sie ausgepeitscht. Bis eines Nachts der Häuptling erschien. Zweifellos hatte er die Folter seiner Frau aus dem Dickicht beobachtet. Er überquerte die Lichtung, warf das Gewehr weg, das er bei sich trug, und kniete sich unterwürfig neben den Fußblock, in dem seine sterbende oder bereits tote Frau befestigt war. Vázquez befahl den Verständigen schreiend, nicht auf ihn zu schießen. Er selbst stach Katenere mit einem Draht die Augen aus. Dann ließ er ihn gemeinsam mit seiner Frau bei lebendigem Leib verbrennen, in einem Kreis aus Indios der Umgegend. Hatte es sich so zugetragen? Das schaurig romantische Ende mochte dem in diesen Breitengraden verbreiteten Gefallen an makabren Geschichten geschuldet sein. Doch es blieben das Symbol und das Exempel: Ein Eingeborener hatte rebelliert, den Unterdrücker bestraft und war gestorben wie ein Held.

Kaum war die Sonne aufgegangen, ging Roger nach draußen und kletterte die Böschung zum Fluss hinunter. Er fand eine kleine Bucht, die Schutz vor der Strömung bot, und badete nackt. Das kalte Wasser war wie eine Massage. Erfrischt und gestärkt kleidete er sich wieder an. Auf dem Rückweg ging er an dem Wohnviertel der Huitotos vorbei. Ihre runden Hütten, mit Lianen zusammengehaltene Palmholzbretter, die mit geflochtenen Elfenbeinpalmblättern gedeckt waren, standen zwischen Feldern mit Maniok, Mais und Bananenbäumen verstreut. Er begegnete ausgezehrten Frauen mit Kindern auf dem Rücken – keine erwiderte sein nickendes Grüßen –, aber nicht einem einzigen Mann. In seiner Unterkunft legte eine Indiofrau mit grünen und blauen Strichen im Gesicht ihm gerade die Kleidung hin, die er am Vortag in die Wäsche gegeben hatte. Er fragte sie, was er ihr schuldig sei, worauf die junge Frau ihn verständnislos ansah. Er bat Frederick Bishop, ihr die Frage auf Huitoto zu übersetzen, doch sie schien weiterhin nicht zu verstehen, was er meinte.

»Sie schulden ihr nichts«, sagte Bishop. »Hier gibt es kein Geld. Außerdem ist sie eine der Frauen des Vorstehers von La Chorrera, Víctor Macedo.«

»Wie viele hat er denn?«

»Im Moment fünf«, entgegnete der Barbadier. »Als ich hier noch arbeitete, waren es mindestens sieben. Er hat sie inzwischen ausgewechselt. Das ist so üblich.«

Grinsend machte er einen Witz, über den Roger nicht lachen konnte:

»Bei diesem Klima brauchen die Frauen sich so schnell auf wie Kleidung. Man muss sich von Zeit zu Zeit neue zulegen.«

Die nächsten zwei Wochen ihres Aufenthaltes in La Chorrera, bevor die Kommission zur Plantage Occidente weiterziehen würde, sollten Roger als die geschäftigsten der ganzen Reise in Erinnerung bleiben. Zur Zerstreuung schwamm er im Fluss, an Stellen mit geringer Strömung und an kleineren Wasserfällen, unternahm lange Wanderungen durch den Wald, fotografierte, und am späten Abend spielte er mit seinen

Gefährten Bridge. Doch einen Großteil seiner Zeit brachte er mit Nachforschungen zu, er befragte die Leute vor Ort, hielt seine Eindrücke fest und besprach sie mit den anderen.

Entgegen ihrer Befürchtungen ließen sich Philip Bertie Lawrence, Seaford Greenwich und Stanley Sealy nicht durch Juan Tizóns Anwesenheit einschüchtern. Vor ihm und der versammelten Kommission bestätigten sie, was sie Roger erzählt hatten und ergänzten ihre Aussagen mit weiteren blutigen Episoden. Bisweilen sah Roger während der Befragungen das eine oder andere Kommissionsmitglied erbleichen.

Hinter ihnen saß Juan Tizón, hörte schweigend zu und machte sich in einem kleinen Heft Notizen. In den ersten Tagen versuchte er nach jeder Anhörung, die Aussagen über Folterungen, Morde und Verstümmelungen herunterzuspielen und in Frage zu stellen. Doch nach dem dritten oder vierten Tag schlug etwas in ihm um. Bei den Mahlzeiten aß er kaum noch einen Bissen, und wenn jemand sich an ihn wandte, antwortete er mit einem einsilbigen Murmeln. Als sie am fünften Tag vor dem Essen einen Aperitif tranken, platzte es aus ihm heraus: »Das hier übersteigt jegliches Vorstellungsvermögen. Ich schwöre Ihnen bei meiner seligen Mutter, bei meiner Frau und meinen Kinder, die mir das Liebste auf der Welt sind, dass ich keine Ahnung hatte, was hier vorgeht. Ich bin ebenso entsetzt wie Sie. Was wir zu hören bekommen, macht mich krank. Mag sein, dass die Anschuldigungen dieser Barbadier, die sich bei Ihnen einschmeicheln wollen, etwas übertrieben sind. Aber selbst dann haben wir es immer noch mit unentschuldbaren, unmenschlichen Verbrechen zu tun, die geahndet und bestraft werden müssen. Ich schwöre Ihnen, dass ich ...«

Seine Stimme versagte, und er ließ sich auf einen Stuhl sinken. Eine ganze Weile saß er mit gesenktem Kopf da, sein Glas in der Hand. Er stammelte, weder Julio C. Arana noch seine leitenden Mitarbeiter in Iquitos, Manaus und London hätten die leiseste Ahnung, was hier geschehe. Er selbst werde als Allererster fordern, dem ein Ende zu machen. Roger war zunächst beeindruckt von diesen Worten, letztlich klangen sie ihm jedoch nicht völlig entschlossen. Vermutlich kam Tizón seine Abhängigkeit in den Sinn, vielleicht dachte er an die Zukunft seiner Familie, was letztlich nur menschlich war. Ungeachtet dessen verhielt sich Juan Tizón von diesem Tag an nicht mehr wie ein leitender Angestellter der *Peruvian Amazon Company*, sondern wie ein weiteres Kommissionsmitglied. Er stand der Kommission diensteilig und hilfsbereit zur Seite, brachte oft selber neue Informationen ein. Und stets mahnte er zur Vorsicht. Er war argwöhnisch geworden, misstraute allen und jedem. Da sie nun wüssten, was sich hier zutrage, befinde sich ihrer aller Leben in Gefahr, vor allem das des Generalkonsuls. Er war beständig auf der Hut, befürchtete, Víctor Macedo könnte erfahren, was die Barbadier enthüllt hatten. In diesem Fall sei nicht auszuschließen, dass dieses Individuum, um zu vermeiden, der Polizei übergeben und vor Gericht gestellt zu werden, sie in einen Hinterhalt locken und töten und danach behaupten würde, sie seien von den Wilden umgebracht worden.

Das Ganze nahm eine neue Wendung, als es eines Morgens noch vor Sonnenaufgang an Rogers Zimmertür klopfte. Roger öffnete, und vor ihm stand Donal Francis, der Barbadier, der bis dahin versichert hatte, es gebe keinen Grund zur Beanstandung. Er schien ängstlich und flüsterte, er habe nachgedacht und wolle nun doch die Wahrheit sagen. Roger ließ ihn herein, da Donal fürchtete, auf der Terrasse könne man sie hören. Sie setzten sich auf den Boden, und Donal begann mit dem Geständnis, er habe aus Angst vor Víctor Macedo gelogen. Dieser habe ihm gedroht, dass er, sollte er den Engländern etwas von den wahren Zuständen verraten, Barbados niemals wiedersehen würde, weil er, Víctor Macedo, ihm höchstpersönlich die Hoden abschneiden, ihn nackt an einen Baum fesseln und den Blattschneiderameisen zum Fraß überlassen würde. Roger beruhigte ihn. Gemeinsam mit den anderen Barbadiern würde man ihn nach Bridgetown zurückbringen. Allerdings müsse Francis seine Aussage vor der Kommission und Tizón machen.

Dies geschah noch am selben Tag im Speisezimmer, in dem sie ihre Sitzungen abhielten. Francis wirkte zutiefst verängstigt. Mit weit aufgerissenen Augen saß er da und biss sich auf die dicken Lippen, oft fand er nicht die richtigen Worte. Die Anhörung dauerte beinahe drei Stunden. Besonders dramatisch wurde sein Bericht, als er eine zwei Monate zurückliegende Begebenheit erwähnte, bei der zwei Huitotos vorgegeben hatten, krank zu sein, um die lächerliche Menge an Kautschuk zu rechtfertigen, die sie gesammelt hatten. Víctor Macedo habe ihm und einem der Jungs namens Joaquín Piedra befohlen, die beiden an Händen und Füßen zu fesseln und so lange im Fluss unter Wasser zu halten, bis sie ertrunken seien. Dann habe er den Verständigen befohlen, ihre Leichen in den Wald zu schaffen. Donal bot den Kommissionsmitgliedern an, sie zu der Stelle zu bringen, wo noch einige Gliedmaßen und Knochen der Huitotos zu finden seien, die die wilden Tiere übrig gelassen hatten.

Am 28. September brachen Roger und die Kommissionsmitglieder in einem Boot der *Peruvian Amazon Company* von La Chorrera zur Station Occidente auf. Sie fuhren mehrere Stunden den Igaraparaná flussaufwärts, machten in den Stationen Victoria und Naimenes Halt, um etwas zu essen, nächtigten auf dem Boot und kamen am folgenden Tag nach drei weiteren Fahrtstunden in Occidente an. Der Vorsteher Fidel Velarde und seine Gehilfen Torrico, Rodríguez und Acosta nahmen sie in Empfang. ›Die sehen alle aus wie Schurken und Totschläger‹, dachte Roger. Sie waren mit Pistolen und Winchester-Gewehren bewaffnet. Wohl auf höhere Anweisung hin verhielten sie sich den Ankömmlingen gegenüber beflissen zuvorkommend. Juan Tizón ermahnte erneut zur Vorsicht. Keinesfalls dürften sie gegenüber Velarde und seinen Jungs erwähnen, was sie bislang herausgefunden hatten.

Occidente war eine kleinere Siedlung als La Chorrera und von einem Zaun aus spitzen Bambusstangen umgeben. Mit Karabinern bewaffnete Verständige standen an den Eingängen.

»Warum ist diese Station so bewacht?«, fragte Roger Juan Tizón. »Haben sie Angst, die Indios könnten sie angreifen?«

»Nicht die Indios. Auch wenn man natürlich nie weiß, ob es nicht eines Tages einen neuen Katenere geben wird. Aber hier schützt man sich vor den Kolumbianern, die sich diese Gebiete gern unter den Nagel reißen würden.«

Fidel Velarde hatte in Occidente fünfhundertdreißig Eingeborene unter seinem Kommando, von denen der Großteil in der Regel unterwegs war und Kautschuk sammelte. Alle zwei Wochen lieferten sie ihre Ernte in der Station ab, dann verschwanden sie wieder vierzehn Tage lang im Busch. Ihre Frauen und Kinder blieben in den Hütten, die außerhalb des Lagers am Flussufer lagen. Velarde kündigte an, die Indios würden zu Ehren des »freundschaftlichen Besuches« der Kommission nachmittags ein Fest geben.

Er brachte sie zu ihrer Unterkunft, einem zweistöckigen Stelzenhaus, dessen Fenster und Türen mit Fliegengittern versehen waren. Auch in Occidente stank es penetrant nach Kautschuk. Roger war froh, diesmal in einem richtigen Bett schlafen zu können. Oder vielmehr auf einer Pritsche, deren Matratze mit Samenkörnern gefüllt war, aber zumindest würde er sich ausstrecken können. Die Nächte in der Hängematte hatten seine Muskelschmerzen und Schlafstörungen verschlimmert.

Das Fest begann am frühen Nachmittag auf einer Lichtung unweit des Huitoto-Dorfes. Eine Gruppe Eingeborener hatte Tische und Stühle aufgestellt und Getränke und Töpfe voller Speisen angerichtet. Ernst standen sie im Kreis und erwarteten die Delegation. Der Himmel war wolkenlos, es war kein Regen zu befürchten. Doch weder das gute Wetter noch der idyllische Anblick des Igaraparaná, der mäandernd durch die dicht bewaldete Ebene floss, konnten Roger erheitern. Er wusste, dass sie einem deprimierenden Spektakel beiwohnen würden. Knapp vier Dutzend Indios – die männlichen sehr alt oder noch Kinder, die weiblichen ziemlich jung – bildeten einen Kreis und tanzten nackt oder mit den *Cushma* genannten knöchellangen Überwürfen bekleidet, wie auch viele Eingeborene in Iquitos sie trugen, zu den Klängen der *Manquaré*-Trommeln, die aus hohlen Baumstämmen gefertigt waren und denen die Huitotos mit hölzernen, an den Enden mit Kautschuknoppen versehenen Schlegeln lange raue Töne entlockten. Diese Trommeln konnten offenbar über weite Entfernungen hinweg Nachrichten übermitteln. Die Tanzenden trugen Rasseln aus Samenkörnern um die Fesseln und um die Oberarme, die im Rhythmus ihrer Sprünge scharrten. Dazu summten sie monotone Melodien, aus denen eine Bitterkeit klang, die zu ihren ernsten, barschen, ängstlichen oder gleichgültigen Gesichtern passte.

Später fragte Roger seine Gefährten, ob ihnen aufgefallen sei, wie viele Indios Narben auf Rücken, Hinterteilen und Schenkeln gehabt hätten. Rogers Einschätzung nach wiesen mindestens achtzig Prozent der Huitotos Narben auf, Fielgald und Folk meinten, es seien nicht mehr als sechzig Prozent. Doch alle stimmten darin überein, dass der Anblick eines spindeldürren kleinen Jungen besonders schrecklich gewesen sei, der am ganzen Körper und stellenweise auch im Gesicht Brandmale aufwies. Sie baten Frederick Bishop nachzuforschen, ob diese Wunden auf einen Unfall oder Bestrafung und Folter zurückzuführen waren.

Sie hatten sich vorgenommen, in dieser Station das Ausbeutungssystem in allen Einzelheiten zu studieren. Am nächsten Morgen gingen sie an die Arbeit. Fidel Velarde selbst führte sie nach dem Frühstück in ein Kautschuklager, wo sie durch Zufall feststellten, dass die Waagen falsch geeicht waren. Seymour Bell kam auf die Idee, sich zu wiegen, da er als alter Hypochonder überzeugt war, an Gewicht verloren zu haben. Und wie groß war sein Schreck, als er feststellte, dass er ganze zehn Kilo abgenommen hatte! Wie war das möglich! Das hätte er doch merken müssen, ihm müssten doch die Hosen herunterrutschen und die Hemden viel zu groß sein. Darauf wog Roger sich ebenfalls und bat die anderen Kommissionsmitglieder und Juan Tizón, es ihnen nachzutun. Alle waren weit unter ihrem Normalgewicht. Während des Mittagessens fragte Roger Tizón, ob seiner Meinung nach alle Waagen der *Peruvian Amazon Company* in Putumayo falsch geeicht seien, um so die Indios zu betrügen. Tizón, der längst nicht mehr in der Lage war, gute Miene zum bösen Spiel zu machen, sagte achselzuckend: »Ich weiß es nicht, meine Herren. Ich weiß nur, dass hier alles möglich ist.«

Anders als in La Chorrera stand der Fußblock in Occidente nicht in einem Schuppen, sondern mitten auf dem Hauptplatz, an dem sich die Unterkünfte und Lagerhallen befanden. Roger bat die Gehilfen von Fidel Velarde, ihn in das Foltergerät einzusperren. Er wollte wissen, wie es sich anfühlte, in diesem Kasten zu hocken. Rodríguez und Acosta zögerten, doch als Juan Tizón ihnen die Erlaubnis erteilte, bedeuteten sie Roger, sich zusammenzukrümmen und schoben ihn zwischen die Bretter. Der Fußblock ließ sich nicht anlegen, da die Löcher für Fesseln und Handgelenke zu klein für seine Gelenke waren, die stattdessen zusammengebunden wurden. Der Halsring ging dafür zu, erstickte ihn zwar nicht, machte ihm das Atmen jedoch beinahe unmöglich. Ein stechender Schmerz durchzog seinen ganzen Körper, und es erschien ihm unvorstellbar, dass ein menschliches Wesen es stundenlang in dieser Position aushalten sollte, mit einem derartigen Druck auf Hals, Rücken, Brust, Magen, Armen und Beinen. Nachdem er sich aus dem Kasten gekämpft hatte, musste er sich eine Weile auf Louis Barnes' Schulter abstützen, ehe er sich wieder richtig bewegen konnte.

»Für welche Übertretungen sperren Sie die Indios in den Fußblock?«, fragte er abends den Vorsteher von Occidente.

Fidel Velarde war ein pummeliger Mestize mit buschigem Seelöwenbart und großen Glupschaugen. Er trug einen Strohhut, hohe Stiefel und einen Gürtel mit Patronenschlaufen.

»Bei sehr schweren Vergehen«, sagte er, jedes Wort abwägend. »Wenn sie ihre Kinder umbringen, ihre Frauen im Suff böse zurichten oder stehlen und nicht gestehen wollen, wo sie das Gestohlene versteckt haben. Der Fußblock kommt nicht oft zum Einsatz. Im Allgemeinen benehmen die Indios sich hier gut.«

Er sagte das in einem belustigten Tonfall und ließ dabei einen herablassenden Blick über die Kommissionsmitglieder schweifen, der zu besagen schien: ›Ich sehe mich gezwungen, diese Dinge zu sagen, aber bitte glauben Sie mir kein Wort.‹ Seine Haltung war so selbstherrlich und menschenverachtend, dass Roger sich lebhaft vorstellen konnte, welche lähmende Angst dieser brutale Zeitgenosse mit der umgeschnallten Pistole, dem Patronengürtel und dem Gewehr über der Schulter den Indios einflößte.

Kurz darauf sagte einer der fünf Barbadier von Occidente vor der Kommission aus, er sei Zeuge gewesen, wie Fidel Velarde und Alfredo Montt, der damalige Vorsteher der Station Último Retiro, in einer durchzechten Nacht darum gewettet hätten, wer einem in den Fußblock gesperrten Huitoto schneller und sauberer das Ohr abschneiden könnte. Velarde trennte dem Eingeborenen das Ohr mit einem Machetenhieb ab, aber Montt war so restlos betrunken, dass seine Hände zitterten und er dem Indio nicht das andere Ohr abhieb, sondern den Schädel spaltete. Nach dieser Anhörung gingen Seymour Bells Nerven mit ihm durch. Er gestand seinen Gefährten, er halte es nicht mehr aus. Ihm versagte die Stimme, seine Augen waren vom Weinen gerötet. Er habe genug gesehen und gehört, um sich davon zu überzeugen, dass hier die barbarischsten Zustände herrschten. Es habe keinerlei Sinn, die Untersuchung in dieser unmenschlichen, von Psychopathen bevölkerten Welt fortzuführen. Er schlage deshalb vor, die Reise abzubrechen und umgehend nach England zurückzukehren.

Roger erwiderte, er würde sich einer Abreise der anderen nicht entgegenstellen, er selbst werde jedoch nach dem ursprünglichen Plan in Putumayo bleiben und weitere Stationen besichtigen. Er wolle einen sorgfältig dokumentierten Bericht erstellen, um eine möglichst durchschlagende Wirkung zu erzielen. Er rief ihnen in Erinnerung, dass all diese Verbrechen von einem britischen Unternehmen begangen wurden, zu dessen Vorstand höchst respektvolle englische Persönlichkeiten gehörten, und dass die Aktionäre der *Peruvian Amazon Company* sich vermittels dessen, was hier geschehe, die Taschen füllten. Man müsse diesem Skandal ein Ende bereiten und die Verantwortlichen bestrafen. Um dies zu erreichen, müsse ein umfassender, hieb- und stichfester Bericht vorgelegt werden. Es gelang ihm, die anderen zu überzeugen, den entmutigten Seymour Bell eingeschlossen.

Um die schlimmen Eindrücke abzuschütteln, beschlossen sie, sich einen Tag freizunehmen. So fuhren sie am nächsten Morgen nicht mit den Anhörungen und Nachforschungen fort, sondern gingen zum Schwimmen an den Fluss. Mehrere Stunden brachten sie mit Schmetterlingfangen zu, Walter Folk suchte den Wald nach Orchideen ab. Schmetterlinge und Orchideen waren in dieser Region so zahlreich vorhanden wie Mosquitos und Fledermäuse, die nachts auf ihren lautlosen Flügen Hunde, Hühner und Pferde bissen und dabei manchmal die Tollwut übertrugen, so dass die angesteckten Tiere getötet und verbrannt werden mussten, um eine Epidemie zu verhindern.

Sie waren wie verzaubert von der Artenvielfalt, der Größe und Schönheit der in Flussnähe herumflatternden Schmetterlinge. Es gab sie in allen Farben und Formen, und ihr sanfter Flügelschlag und die Lichtreflexe, die sie hervorbrachten, wenn sie sich auf eine Blume oder ein Blatt setzten, durchzogen die Luft mit zarten Schattierungen und entschädigten sie momentweise für alles Hässliche und Schändliche, das ihnen in diesem Land auf Schritt und Tritt begegnete.

Walter Folk war verblüfft über die unzähligen Orchideen, die von den hohen Bäumen hingen und mit erlesenen Tönungen ihre Umgebung erleuchteten. Er schnitt keine ab und erlaubte es auch seinen Gefährten nicht. Lange betrachtete er einzelne durch ein Vergrößerungsglas, machte sich Notizen und fotografierte sie.

In Occidente bekam Roger eine ziemlich genaue Vorstellung vom Funktionsmechanismus der *Peruvian Amazon Company*. Möglicherweise hatte es anfangs eine Art Abkommen zwischen den Kautschukleuten und den Stämmen gegeben, aber inzwischen wollten die Eingeborenen nicht mehr freiwillig in den Urwald gehen, um Kautschuk zu sammeln. Deshalb wurden jetzt die Treibjagden veranstaltet. Es wurden keine Löhne bezahlt und auch sonst sahen die Eingeborenen keinen Heller. Im Magazin der Station bekamen sie ihre Arbeitsgerätschaften ausgehändigt – ein Messer zum Anritzen der Bäume, Dosen zum Aufnehmen des Latex, Körbe zur Aufbewahrung des zu Röllchen oder Bällen geformten Kautschuks –, dazu Kleidung, Lampen, Samenkörner und Lebensmittel. Die Preise wurden von der Gesellschaft festgelegt, so dass die Indios immer in der Schuld standen und für den Rest ihres Lebens arbeiten mussten, um diese Schuld zu begleichen. Da die Vorsteher keine Gehälter, sondern Provisionen für den Kautschuk bekamen, der in ihrer Station eingebracht wurde, waren sie unerbittlich in ihren Forderungen. Während der zwei Wochen, die die Sammler sich in den Busch begaben, blieben ihre Frauen und Kinder als Geiseln zurück. Die Vorsteher und Verständigen sprangen nach Belieben mit ihnen um, nahmen sie als Bedienstete oder um ihre sexuellen Gelüste zu stillen. Jeder von ihnen hatte einen wahren Harem, dessen Mädchen – etliche vorpubertäre darunter – sie nach Lust und Laune auswechselten, wobei es mitunter allerdings zu Eifersuchtsszenen und Abrechnungen mit Pistole oder Messer kommen konnte. Wenn die Sammler in die Station zurückkehrten, lieferten sie den Kautschuk ab, der dann auf den falsch geeichten Waagen gewogen wurde. Innerhalb von drei Monaten mussten sie dreißig Kilogramm zusammenbringen, und wenn sie dies nicht schafften, wurden sie Bestrafungen unterzogen, die von Auspeitschen und Fußblock bis zum Abschneiden von Ohren oder Nase oder manchmal sogar bis zur Folter und Ermordung der jeweiligen Frauen und Kinder reichten. Die Leichen wurden nicht vergraben, sondern in den Wald geworfen und den wilden Tieren überlassen. Alle drei Monate kamen die Boote und Dampfschiffe der Gesellschaft, um den Kautschuk abzuholen, der in der Zwischenzeit geräuchert, gewaschen und mit Talk bestreut worden war. Die Schiffe brachten ihre Ladungen von Putumayo nach Iquitos oder auch direkt nach Manaus, von wo aus sie nach Europa und in die Vereinigten Staaten exportiert wurden.

Roger beobachtete, dass ein Großteil der Verständigen keinerlei produktiven Beschäftigung nachging. Sie waren bloße Kerkermeister, Folterer und Ausbeuter der anderen Indios. Den ganzen Tag lagen sie rauchend und trinkend herum, schäkerten, erzählten Witze, spielten Ball oder erteilten den Arbeiter-Indios Befehle. Diese mussten Hütten bauen, vom Regen eingedrückte Dächer richten, Lasten schleppen, den Pfad zur Anlegestelle ausbessern, waschen, putzen, kochen, alles Mögliche holen oder bringen, und in der wenigen freien Zeit, die ihnen blieb, bestellten sie ihre eigenen Felder.

Roger hatte Verständnis für die Fassungslosigkeit seiner Reisegenossen. Wenn selbst er, der in zwanzig Jahren Afrika alles gesehen zu haben glaubte, nervlich angegriffen war, mitunter kaum noch gegen seine Niedergeschlagenheit ankam, wie musste es dann erst jemandem ergehen, der die zivilisierte Heimat kaum verlassen hatte und davon ausging, dass es in jedem Land der Welt Gesetze, Polizei, kirchliche Autorität und verbindliche Werte gab, die die Menschen daran hinderten, der Barbarei zu verfallen.

Roger wollte tatsächlich um der Vollständigkeit seines Berichts willen in Putumayo ausharren. Aber er hatte noch ein anderes Motiv: seine Neugierde auf einen Menschen, der allen Zeugnissen nach der Inbegriff der Grausamkeit sein musste: Armando Normand, der Vorsteher von Matanzas.

Bereits in Iquitos hatte Roger Anekdoten gehört, die Normand mit so unsagbaren Schandtaten in Verbindung brachten, dass der Gedanke an den Vorsteher ihn bald ständig umtrieb und dieser Mann ihn manchmal sogar in Albträumen heimsuchte, aus denen er schweißgebadet und mit Herzrasen erwachte. Er hatte keinen Zweifel daran, dass einiges, was die

Barbadier über Normand berichteten, eher ihrer überhitzten Fantasie zuzuschreiben war. Doch allein die Tatsache, dass sich um seine Person derartige Legenden rankten, ließ auf einen Menschen schließen, der an Brutalität Übeltäter wie Abelardo Agüero, Alfredo Montt, Fidel Velarde, Elías Martinengui und Konsorten noch übertraf.

Niemand wusste, welcher Nationalität Normand angehörte – ob Peruaner, Bolivianer oder Engländer –, doch alle stimmten überein, dass er noch keine dreißig Jahre alt sei und in England studiert habe. Juan Tizón hatte gehört, er habe ein Diplom von einer Londoner Buchhalterschule.

Es hieß, er sei klein, mager und unansehnlich. Der Barbadier Joshua Dyall hatte gesagt, seine mickrige Person strahle eine »teuflische Kraft« aus, die jeden erschüttere, der ihm nahe kam, und sein durchdringender, eiskalter Blick gleiche dem einer Schlange. Dyall behauptete, nicht nur unter den Indios, auch unter den Jungs und sogar den Aufsehern löse seine Gegenwart Panik aus. Armando Normand könne aus heiterem Himmel die unsäglichsten Dinge anrichten oder befehlen, ohne seine ungerührte Verächtlichkeit abzulegen. Dyall gestand Roger und der Kommission, Normand habe ihm in Matanzas einmal angeordnet, fünf Indios vom Stamm der Andoken umzubringen, die ihre Kautschukquoten nicht erfüllt hatten. Dyall erschoss die ersten zwei, doch dann beschloss der Vorsteher, er solle den nächsten beiden erst mit einem Stein die Hoden zerquetschen und sie dann mit einem Knüppel erschlagen. Den letzten musste er eigenhändig erwürgen. Armand saß unterdessen rauchend auf einem Baumstamm und verfolgte die ganze Aktion mit gleichgültigem Ausdruck.

Seaford Greenwich, ein weiterer Barbadier, der einige Monate in Matanzas unter Armando Normand gearbeitet hatte, erzählte ihnen, dass unter den Verständigen der Station das Gerücht umgegangen sei, der Vorsteher habe die Gewohnheit, seinen Liebesmädchen ganze oder gemahlene Chilischoten ins Geschlecht zu stecken, um sie zum Schreien zu bringen. Nur so komme er in Fahrt und könne sie vögeln, sagte Greenwich.

Eine Zeit lang, fuhr der Barbadier fort, habe Normand die Indios nicht in den Fußblock gesteckt, sondern sie mit einer Kette über einen hohen Baumast hinaufziehen und wieder herunterfallen lassen, um sich daran zu ergötzen, wie Schädel und Knochen beim Aufprall zerschmetterten oder die Herabfallenden sich die Zunge durchbissen. Ein weiterer ehemaliger Aufseher sagte der Kommission, mehr Angst noch als vor Normand hätten die Andoken-Indios vor seinem Hund gehabt, einem Mastin, den er darauf abgerichtet habe, die Indios auf Befehl zu zerfleischen.

Konnten all diese Schauergeschichten wahr sein? Auch nach langem Überlegen konnte Roger sich nicht erinnern, im Kongo jemals einem Menschen begegnet zu sein, der zu ähnlichen Dingen fähig gewesen wäre wie Normand. Roger verspürte einen geradezu perversen Wunsch, Normand kennenzulernen, und er nahm sich vor, herauszufinden, woher er wirklich stammte. Und was er zu den Vorwürfen sagte, die gegen ihn vorgebracht wurden.

Von Occidente begaben sich Roger und die anderen Kommissionsmitglieder auf demselben Boot, mit dem sie gekommen waren, zur Station Último Retiro. Diese Station war kleiner als die beiden vorangegangenen, wirkte mit ihrem hohen Zaun und den Wachen, die um eine Handvoll Unterkünfte postiert standen, allerdings auch wie eine Festung. Die Indios machten einen primitiveren, menschenscheueren Eindruck als die Huitotos. Bis auf winzige Lendenschurze, die ihnen gerade das Geschlecht bedeckten, waren sie nackt. Hier sah Roger zum ersten Mal zwei etwas ältere Eingeborene mit dem Brandzeichen der Gesellschaft auf den Pobacken: CA. Er versuchte sich mit ihnen zu verständigen, doch sie sprachen weder Spanisch noch Portugiesisch, noch das Huitoto, in dem Frederick Bishop sie anredete. Als die Gruppe später einen Rundgang durch Último Retiro unternahm, sahen sie noch weitere Indios mit Brandzeichen. Von einem Angestellten der Station erfuhren sie, dass mindestens ein Drittel der ansässigen Eingeborenen mit dem Brandmal gekennzeichnet seien. Man habe vor einigen Wochen mit dieser Art der Kennzeichnung aufgehört, als die *Peruvian Amazon Company* die Entsendung der Kommission nach Putumayo gestattet habe.

Um vom Fluss nach Último Retiro zu gelangen, musste man eine verschlammte Böschung erklimmen, mit jedem Schritt versank man bis zu den Knien im Schlick. Als Roger sich endlich die Schuhe ausziehen und auf seiner Pritsche ausstrecken konnte, taten ihm alle Knochen weh. Die Bindehautentzündung machte sich wieder bemerkbar. Ein Auge brannte und tränte so stark, dass er es nach dem Einträufeln der Tropfen verbinden musste. Mehrere Tage lief er wie ein Pirat durch die Gegend, das entzündete Auge unter einem feuchten Tuch geschützt. Doch auch diese Maßnahme brachte keine Linderung, und fortan nutzte er bis zum Ende der Reise jede freie Minute – gab es deren auch nicht viele –, um seine Augen mit warmen Kompressen zu behandeln. Das war die einzige Möglichkeit, den Schmerz zu lindern. Während dieser seltenen Momente der Ruhe und in den Nächten, er schlief nie mehr als vier oder fünf Stunden, skizzierte er im Geiste schon den Bericht, den er für das Foreign Office verfassen würde. Er hatte eine klare Vorstellung der möglichen Gliederung. Zunächst eine Schilderung Putumayos vor zwanzig Jahren, das Eintreffen der ersten Pioniere, die das Land der Eingeborenenstämme in Besitz nahmen. Dann der Beginn der Treibjagden, für die die Pioniere keinerlei offizielle Sanktion befürchten mussten, da es in der Region weder Polizei noch Richter gab. Sie selbst waren gewissermaßen die einzige Obrigkeit, legitimiert durch ihre Feuerwaffen, gegen die Schleudern, Lanzen und Blasrohre kaum etwas ausrichten konnten. Er musste veranschaulichen, wie die Ausbeutungsmechanismen der Kautschukindustrie funktionierten, wie dabei die Eingeborenen versklavt und systematisch misshandelt wurden, vor allem durch habgierige Vorsteher, die auf Beteiligungsbasis angestellt waren und ihre Arbeiter körperlich züchtigten, verstümmelten und ermordeten. Die Vorsteher konnten, da sie niemandem Rechenschaft ablegen mussten, unbehelligt ihre sadistischen Neigungen ausleben.

Könnte sein Bericht etwas bewirken? Die *Peruvian Amazon Company* würde öffentlich gerügt werden, das auf jeden Fall. Die britische Regierung würde die peruanische Regierung auffordern, die für die Verbrechen Verantwortlichen vor Gericht zu stellen. Aber würde Präsident Augusto B. Leguía dieser Aufforderung nachkommen? Juan Tizón meinte, die Enthüllungen würden nicht nur in London, sondern auch in Lima einen Skandal auslösen. Die Öffentlichkeit würde eine Bestrafung der Schuldigen verlangen. Aber Roger hatte da seine Zweifel. Was konnte die peruanische Regierung in Putumayo ausrichten, wo sie keinen einzigen Repräsentanten hatte und die Gesellschaft Julio C. Aranas sich mit Recht brüstete, dass sie es sei, die – mit ihrer Bande Totschläger – die peruanische Oberherrschaft über die Region verteidige? Es würde bei hehren Beteuerungen bleiben. Das Martyrium der Indiogemeinschaften im Amazonasgebiet würde andauern bis zu ihrer vollständigen Ausrottung. Diese Aussicht war nicht besonders ermutigend, doch Roger wollte sich davon nicht lähmen lassen, sondern sich im Gegenteil noch entschiedener seiner Sache widmen. Die Hefte und Notizblätter, die er mit seiner gut lesbaren, fliegenden Schrift füllte, stapelten sich bereits.

Von Último Retiro aus begaben sie sich nach Entre Ríos, zunächst per Schiff, dann zu Fuß quer durch dichten Regenwald. Roger war von dieser Begegnung mit der Natur sehr angetan, vergegenwärtigte sie ihm doch die Expeditionen, die er früher in Afrika unternommen hatte. Zwölf Stunden lang mussten sie sich durch den Busch schlagen, versanken an manchen Stellen bis zur Hüfte im Morast, glitten auf Abhängen aus, die von Gestrüpp überwuchert waren, bewegten sich streckenweise in Kanus fort, die die Eingeborenen mit Stangen durch schmale Wasserläufe lenkten, und obwohl Roger wieder die alte Begeisterung verspürte, führte ihm das alles doch auch vor Augen, dass inzwischen viel Zeit vergangen und er in sehr viel schlechterer körperlicher Verfassung war als damals. Er musste sich nicht nur mit Schmerzen in den Armen, Beinen und im Rücken herumplagen, sondern auch gegen eine übermächtige Müdigkeit ankämpfen, die er nur mit Mühe vor den anderen vertuschen konnte. Doch auch Louis Barnes und Seymour Bell waren auf halbem Wege bereits so erschöpft, dass sie von jeweils vier der insgesamt zwanzig Eingeborenen, die sie begleiteten, in Hängematten getragen werden mussten. Roger beobachtete beeindruckt, wie die mageren Indios mit ihren dürren Beinen stundenlang leichtfüßig mit Gepäck und Proviant auf den Schultern dahinmarschierten, ohne etwas zu essen oder zu trinken. Während einer der Pausen bat Roger, unter den Eingeborenen ein paar Dosen Sardinen verteilen zu lassen.

Unterwegs sahen sie Schwärme von Papageien und viele weitere Vogelarten, verspielte Äffchen, die schelmisch dreinschauten und die im Volksmund »kleine Mönche« hießen, Leguane mit triefäugigem Blick, deren ledrige Haut von den Ästen und Baumstämmen, auf denen sie kauerten, kaum zu unterscheiden war. Und schließlich amazonische Seerosen, deren mächtige kreisförmige Blätter wie Floße in den Lagunen trieben.

Sie kamen bei Sonnenuntergang in Entre Ríos an. In der Station herrschte helle Aufregung: Eine Indiofrau, die sich vom Lager entfernt hatte, um nach Brauch der Eingeborenen am Flussufer zu gebären, war von einem Jaguar zerfetzt worden. Ein Trupp Jäger hatte sich unter Leitung des Vorstehers auf die Suche nach dem Jaguar begeben, doch bei Einbruch der Nacht kehrten sie unverrichteter Dinge zurück. Der Vorsteher hieß Andrés O'Donell, er war ein gutaussehender junger Mann, der angab, sein Vater sei Ire. Auf Rogers Fragen hin konnte er allerdings nur so dürftige Auskunft über seine irischen Vorfahren geben, dass vermutlich bereits sein Großvater, vielleicht sogar sein Urgroßvater, der erste O'Donnell gewesen war, der sich in Peru niedergelassen hatte. Roger fand es bedauerlich, dass ausgerechnet ein Nachfahre von Iren einer von Aranas Statthaltern in Putumayo war, obwohl er den Zeugenaussagen nach lange nicht so blutrünstig zu sein schien wie die anderen Vorsteher. Offenbar hatte er Eingeborene ausgepeitscht und ihnen ihre Frauen und Töchter weggenommen, um sie seinem persönlichen Harem einzuverleiben – er lebte mit sieben Frauen zusammen, die eine ganze Reihe Kinder von ihm hatten –, aber den Berichten nach hatte er weder jemanden getötet noch töten lassen. Der Fußblock stand jedoch weithin sichtbar da, und alle Jungs und Barbadier trugen Peitschen um die Hüfte, manche verwendeten sie als Gürtel. Und etliche Indios hatten Narben auf Rücken, Beinen und Hinterteilen.

Obwohl seine offizielle Mission nur die Befragung britischer Staatsbürger, also der Barbadier vorsah, die für Aranas Gesellschaft arbeiteten, hatte Roger seit Occidente damit begonnen, auch mit Verständigen zu reden. In Entre Ríos verfuhr die gesamte Kommission so. Während ihres mehrtägigen Aufenthaltes sagten nicht nur die drei unter Andrés O'Donnell als Aufseher arbeitenden Barbadier aus, sondern auch der Chef der Verständigen und einige seiner Jungs.

Die Befragungen verliefen fast immer gleich. Anfangs zeigten sich alle abweisend, ihre Antworten waren ausweichend oder dreiste Lügen. Doch irgendwann rutschte ihnen unversehens etwas heraus, und sie wurden plötzlich gesprächig und redeten sich um Kopf und Kragen. Trotz mehrmaliger Versuche gelang es Roger aber nicht, die Indios zu einer Aussage zu bewegen.

Am 16. Oktober 1910 zogen Roger, Juan Tizón und die anderen Kommissionsmitglieder, begleitet von drei Barbadiern und zwanzig Indios der Ethnie der Muinanes, die das Gepäck trugen, durch den Busch nach Matanzas. Unterwegs notierte Roger eine Idee, die in seinem Kopf Gestalt anzunehmen begonnen hatte, seit er in Iquitos angekommen war: »Ich bin zu der absoluten Überzeugung gelangt, dass die Eingeborenen von Putumayo ihrem Elend einzig dadurch ein Ende bereiten können, indem sie eine bewaffnete Erhebung gegen ihre Herrn durchführen. Es ist realitätsfremd und illusorisch, wie Juan Tizón zu glauben, die Situation würde sich ändern, sobald der peruanische Staat Obrigkeit, Richter und Polizei hierherbringt und die seit 1854 geltenden Gesetze durchsetzt, die Knechtschaft und Sklaverei verbieten. Wie sollte das etwa in Iquitos funktionieren, wo die Familien den Menschenhändlern zwanzig oder dreißig Soles für geraubte Kinder zahlen? Vielleicht durch die Beamten, Richter und Polizisten, die ihre Löhne von Arana beziehen, weil der Staat sie ihnen nicht bezahlen kann oder weil Bürokraten und Langfinger sie einstreichen? In Peru ist der Staat in die Ausbeutung und Ausrottung der Indios unmittelbar involviert. Die Eingeborenen können sich von seinen Institutionen nichts erhoffen. Wenn sie frei sein wollen, müssen sie sich diese Freiheit mit eigenen Händen und mit viel Mut erkämpfen. Wie der Bora-Häuptling Katenere. Aber ohne sich theatralisch zu opfern wie er. Sie müssen bis zum bitteren Ende kämpfen.«

Diese Sätze hallten in ihm nach, während er schnellen Schrittes marschierte und mit einer Machete Lianen, Zweige und Gestrüpp aus dem Weg schlug. Und dann plötzlich dachte er: ›Wir Iren sind wie die Huitotos, die Boras, die Andokes und die Muinanes von Putumayo. Kolonisiert und ausgebeutet, und das bis in alle Ewigkeit, sofern wir weiter die Gesetze, Institutionen und Regierungen Englands hinnehmen. Auf diese Weise werden wir niemals die Freiheit erlangen. Warum sollte das Imperium, das uns kolonisiert, uns die Freiheit schenken, wenn es nicht gewaltig unter Druck gesetzt und dazu gezwungen wird? Und solchen Druck können nur Waffen erzeugen.‹ Dieser Gedanke, der in den folgenden Tagen, Wochen, Monaten und Jahren immer drängender werden sollte – dass sich Irland wie die Indios von Putumayo die Freiheit erobern müsse –, beherrschte ihn während des achtstündigen Marsches derart, dass er darüber sogar die unmittelbar bevorstehende Begegnung mit Armando Normand vergaß.

Die Station Matanzas lag am Cahuinari, einem Nebenfluss des Caquetá. Sie mussten auf den letzten Metern eine steile

Böschung erklimmen, die der Platzregen in einen schlammigen Sturzbach verwandelt hatte. Nur den Muinanes gelang es, hinaufzukommen, ohne hinzufallen. Alle anderen glitten aus, rutschten den Hang wieder hinab und zogen sich dabei böse Prellungen zu. Als sie endlich das Lager erreichten, das, wie die anderen Stationen auch, von einem Bambuszaun umgeben war, kamen einige Eingeborene mit Wasserkübeln herbeigeeilt und wuschen ihnen den Dreck ab.

Der Vorsteher war nicht in der Station. Er machte Jagd auf fünf Indios, die es geschafft hatten, sich über die nahe kolumbianische Grenze abzusetzen. Die fünf Barbadier, die in Matanzas arbeiteten, verhielten sich äußerst respektvoll gegenüber dem »Herrn Konsul«, über dessen Mission sie bestens unterrichtet waren. Sie brachten die Gäste zu ihren Unterkünften. Roger, Louis Barnes und Juan Tizón wurden in einer großen, mit Fliegenfenstern versehenen Hütte aus Palmholzbrettern und Palmblattdach einquartiert, in der, so sagte man es ihnen, Normand und dessen Frauen wohnten, wenn sie in Matanzas weilten. Normands eigentliches Haus befand sich in La China, einer kleinen Siedlung zwei Kilometer flussaufwärts, die die Indios nicht betreten durften. Dort lebte der Vorsteher von seinen bewaffneten Verständigen bewacht, denn er fürchtete, dass die Kolumbianer ihm nach dem Leben trachteten, die ihn beschuldigten, die Grenze nicht zu respektieren und sie bei seinen Treibjagden zu überqueren, um Träger zu entführen oder flüchtige Indios einzufangen. Die Barbadier erklärten, Armando Normand nehme seine Frauen überall mit hin, denn er sei sehr eifersüchtig.

Die Indios in Matanzas waren Boras, Andokes und Muinanes, Huitotos gab es keine. Beinahe alle wiesen Narben von Peitschenhieben auf, und mindestens ein Dutzend trug das Brandzeichen des Hauses Arana auf dem Hinterteil. Der Fußblock stand in der Mitte des Lagers, unter einem der hier *Lupuna* genannten, mit Knubbeln und Schmarotzerpflanzen bedeckten Kapokbäume, denen alle Stämme der Region eine ängstliche Ehrfurcht entgegenbrachten.

In seinem Zimmer, ganz ohne Zweifel das von Normand selbst, stieß Roger auf vergilbte Fotografien von dem milchgesichtigen Vorsteher und auf ein 1903 ausgestelltes Diplom einer Londoner Buchhalterschule. Es stimmte also, Normand war in England ausgebildet worden.

Bei Einbruch der Nacht zog Armando Normand in Matanzas ein. Roger sah ihn draußen im Schein der Laternen vorbeigehen, klein und schmächtig, fast so ausgemergelt wie die Eingeborenen, gefolgt von seinen Jungs, mit Winchester-Gewehren und Revolvern bewaffnete Galgenvögel, und zehn Frauen in den traditionellen *Cushmas*, und die benachbarte Hütte betreten.

Nachts wachte Roger mehrmals auf. Voller Unruhe dachte er an Irland und wurde von Heimweh übermannt. Auch wenn er wenig Zeit in seinem Land verbracht hatte, fühlte er sich ihm immer tiefer verbunden. Es drängte ihn, so schnell wie möglich den Bericht zu schreiben und nach Irland zurückzukehren, um sich im Verbund mit Gleichgesinnten der nationalen Sache zu widmen. Er würde die verlorene Zeit wettmachen und alles daransetzen, die Iren davon zu überzeugen, dass sie, wenn sie ihre Freiheit wollten, entschlossen und opferbereit für sie kämpfen müssten.

Als er am nächsten Tag zum Frühstück kam, saß Armando Normand schon am Tisch. Zum Kaffee gab es Früchte und Maniokscheiben als Brotersatz. Normand, auch bei Licht besehen alles andere als imposant, hatte das Gesicht eines alten Kindes, einen stahlblauen Blick und blinzelte unaufhörlich. Er trug Stiefel, eine blaue Latzhose, ein weißes Hemd und darüber eine Lederweste. Aus einer der Westentaschen ragten ein Notizheft und ein Stift. Er trug einen Revolver am Gürtel.

Er begrüßte Roger wortlos mit einem beinahe unmerklichen Kopfnicken. Einsilbig antwortete er auf Fragen zu seinem Leben in London und seiner Nationalität – »sagen wir, ich bin Peruaner« –, in einem perfekten Englisch, dessen seltsamen Akzent Roger jedoch nicht verorten konnte. Als Roger ihm erläuterte, wie schockiert die Kommissionsmitglieder darüber seien, dass in einer britischen Gesellschaft Eingeborene auf unmenschliche Weise misshandelt würden, erklärte er abfällig und keineswegs eingeschüchtert:

»Würden Sie hier leben, dächten Sie anders.« Und nach einer kurzen Pause fügte er hinzu: »Tiere kann man nicht wie menschliche Wesen behandeln. Eine Anakonda, ein Jaguar oder ein Puma kennen keine Vernunft. Die Wilden auch nicht. Aber was soll's, Durchreisende können solche Dinge nicht begreifen.«

»Ich habe zwanzig Jahre in Afrika gelebt und mich nicht in ein Ungeheuer verwandelt«, sagte Roger. »Aber genau das sind Sie, Mr. Normand. Ihr Ruf eilt Ihnen voraus. Es sind unfassbare Gräuelgeschichten, die man sich in Putumayo über Sie erzählt, wissen Sie das?«

Armando Normand zeigte keinerlei Regung. Ausdruckslos starrte er Roger an, zuckte die Achseln und spuckte auf den Boden.

»Darf ich Sie fragen, wie viele Menschen und Frauen Sie getötet haben?«, fragte Roger unumwunden.

»So viele wie nötig«, entgegnete der Vorsteher in gleichmütigem Tonfall und stand auf. »Entschuldigen Sie mich. Ich habe zu arbeiten.«

Rogers Widerwille war so groß, dass er beschloss, Normands Befragung nicht selbst durchzuführen, sondern der Kommission zu überlassen. Dieser Mörder würde ihnen ohnehin nur Lügen auftischen. Roger redete stattdessen mit den Barbadiern und Verständigen, die zu einer Aussage bereit waren. Das beanspruchte seine Vormittage und Nachmittage, den Rest der Zeit brachte er damit zu, die Notizen zu ordnen, die er sich während der Anhörungen gemacht hatte. Von seinen morgendlichen Ausflügen zum Fluss abgesehen, wo er badete und fotografierte, arbeitete er unermüdlich – er merkte mit der Zeit, dass er deutlich an Gewicht verlor –, bis er spätabends erschöpft in einen unruhigen Schlaf fiel.

Er fühlte sich ausgelaugt und angegriffen. Wie schon im

Kongo befürchtete er, diese Gemengelage aus Verbrechen, Gewalttaten und Scheußlichkeiten jeder Art würden ihn langsam um den Verstand bringen. Mutlos dachte er, dass man den Menschen in England wahrscheinlich nur schwer würde vermitteln können, welche rohen Sitten unter den »Weißen« und »Mestizen« in Putumayo herrschten. Man würde ihn der Voreingenommenheit bezichtigen, ihm vorwerfen, zu übertreiben und die Ereignisse und Zustände zu dramatisieren. Und nicht zuletzt setzte ihm die Gewissheit zu, nach allem, was er gesehen und gehört hatte, niemals wieder optimistisch in die Welt blicken zu können.

Als er erfuhr, dass eine Expedition von Lastenträgern im Begriff war, eine größere Ladung Kautschuk zunächst nach Entre Ríos und von dort nach Puerto Peruano zu transportieren, kündigte er seinen Reisegefährten an, er werde sie begleiten. Die Kommission könne derweil in Matanzas bleiben, bis sie alle Inspektionen und Anhörungen abgeschlossen hätte. Die anderen waren ebenso erschöpft und entmutigt wie er. Sie erzählten ihm, Armando Normands unverschämtes Verhalten sei unversehens in Unterwürfigkeit umgeschlagen, als man ihm mitteilte, der »Herr Konsul« habe den Auftrag, die Übergriffe in Putumayo zu untersuchen, direkt von Sir Edward Grey erhalten, dem Außenminister der britischen Krone, und dass die mutmaßlichen Mörder und Folterer, da sie für eine englische Gesellschaft arbeiteten, in England vor Gericht gestellt werden könnten. Vor allem, wenn sie im Besitz der englischen Staatsbürgerschaft seien oder diese erwerben wollten, was möglicherweise bei ihm der Fall sei. Auch eine offizielle Auslieferung an die peruanische oder kolumbianische Regierung sei denkbar. Von diesem Moment an habe Normand sich ausgesprochen beflissen und kooperativ gezeigt. Er habe zwar alle ihm zur Last gelegten Vergehen abgestritten, ihnen aber versichert, die Fehler der Vergangenheit gutzumachen: Die Eingeborenen würden von nun an gut ernährt, im Krankheitsfall gepflegt, für ihre Arbeit bezahlt und wie Menschen behandelt werden. Er hatte mitten im Lager ein Schild aufstellen lassen, auf dem ebendies stand, was vollkommen lächerlich war, da die Eingeborenen und ein Großteil der Verständigen Analphabeten waren. Es war allein für die Augen der Kommission bestimmt.

Der Fußmarsch durch den Urwald von Matanzas bis Entre Ríos mit den achtzig Indios – Boras, Andokes und Muinanes –, die auf ihren Schultern das von Armando Normands Leuten gesammelte Kautschuk trugen, sollte für Roger zu einer der schrecklichsten Erfahrungen seiner ersten Peru-Reise werden. Die Expedition wurde nicht von Normand, sondern einem seiner Stellvertreter namens Negretti geleitet, einem Mestizen mit Schlitzaugen und einem Goldzahn, der immer einen Zahnstocher im Mund hatte und dessen dröhnende Stimme das Heer ausgezehrter, mit Narben und Wundmalen übersäter Indios, darunter viele Frauen und sogar Kinder, in panische Angst versetzte. Negretti trug ein Gewehr geschultert, eine Revolvertasche und eine Peitsche am Gürtel. Bevor sie loszogen, hatte Roger ihn gebeten, ihn fotografieren zu dürfen, was Negretti ihm grinsend gestattete. Doch Negretti verging das Grinsen, als Roger auf die Peitsche zeigte und sagte:

»Sollte ich Zeuge werden, dass Sie damit die Eingeborenen schlagen, werde ich Sie persönlich der Polizei von Iquitos übergeben.«

Negretti sah ihn verdutzt an und murmelte:

»Haben Sie irgendeine Vollmacht von der Gesellschaft?«

»Ich habe die mir von der britischen Regierung übertragene Vollmacht, die Übergriffe in Putumayo zu untersuchen. Sie wissen doch, dass die *Peruvian Amazon Company*, für die Sie arbeiten, britisch ist, oder?«

Verunsichert entfernte sich der Mestize. Und Roger sah ihn tatsächlich gegen keinen der Träger die Peitsche erheben, er begnügte sich damit, sie schreiend anzutreiben oder wüst zu beschimpfen, wenn sie die Würste aus Kautschuk fallen ließen, weil sie stolperten oder am Ende ihrer Kräfte waren.

Roger wurde von den Barbadiern Bishop, Sealy und Lane

begleitet. Die übrigen neun, die sich kooperativ gezeigt hatten, waren mit der Kommission zurückgeblieben. Roger hatte den Kommissionsmitgliedern geraten, sie nie aus den Augen zu verlieren, da die Gefahr bestehe, Normand oder seine Kumpanen könnten sie einschüchtern oder bestechen oder möglicherweise sogar ermorden wollen. Das Schlimmste an der Expedition waren nicht die dicken blauen Fliegen, die sie Tag und Nacht plagten und zerstachen; noch die Unwetter, die über sie hereinbrachen, sie bis auf die Knochen durchnässsten und den Boden in einen unwegsamen Schlamm verwandelten; noch die unbequemen Lager, in denen sie, nach einer Dose Sardinen oder einem Teller Suppe und ein paar Schlucken Whisky oder Tee mehr schlecht als recht die Nacht verbrachten. Große Gewissensnot verspürte Roger angesichts der nackten, unter dem schweren Gewicht der Kautschukballen gekrümmten Indios, die Negretti und seine Jungs erbarmungslos vorantrieben und denen sie während der kurzen Pausen nichts zu essen gaben. Als er Negretti fragte, warum nicht auch die Indios Essensrationen erhielten, blickte der Aufseher ihn verständnislos an. Als Bishop ihm die Frage erklärte, sagte Negretti völlig arglos:

»Die mögen nicht, was wir Christen essen, die haben ihre eigene Nahrung.«

Doch die hatten sie nicht, denn das bisschen Maniokmehl oder die zusammengerollten Blätter und Pflanzen, die sie sich von Zeit zu Zeit in den Mund steckten, konnte man wohl kaum als solche bezeichnen. Für Roger war es unverständlich, wie zehn- oder zwölfjährige Kinder stundenlang die zwischen zwanzig und dreißig Kilo schweren Kautschukrollen – er hatte sie selbst probeweise geschultert – tragen konnten. Am ersten Tag brach ein Bora-Junge unter der Last zusammen und fiel hin. Er wimmerte, als Roger versuchte, ihn mit etwas Dosensuppe wieder auf die Beine zu bringen. Mit gehetztem Blick versuchte der Junge zweimal vergeblich, aufzustehen. Bishop erklärte: »Er hat solche Angst, weil Negretti ihm, wären Sie nicht hier, eine Kugel in den Kopf jagen würde, als Warnung für die anderen, damit ihnen nicht etwa einfällt, ohnmächtig zu werden.« Der Junge kam nicht mehr hoch, sie zogen ohne ihn weiter. Roger gab ihm zwei Konservenbüchsen und seinen Regenschirm. Jetzt begriff er, wie diese schmächtigen Wesen solche Gewichte tragen konnten; sie wussten, dass man sie töten würde, wenn sie die Dreistigkeit besäßen, bewusstlos zu werden.

Am zweiten Tag fiel eine Frau bei dem Versuch, mit dreißig Kilogramm Kautschuk auf dem Rücken eine Anhöhe zu erklimmen, vor Erschöpfung tot um. Nachdem Negretti sich von ihrem Ableben überzeugt hatte, verteilte er mit verärgerter Miene die »Würste« der Toten schnell auf andere Eingeborene.

In Entre Ríos machte sich Roger nach kurzer Rast direkt daran, die Vorkommnisse während der Reise und seine Überlegungen dazu festzuhalten. Ein Gedanke, der ihm später zu einer Art Leitmotiv werden sollte, ließ ihn dabei nicht mehr los: »Wir dürfen nicht zulassen, dass die Kolonisierung den Geist der Iren so kastriert, wie sie den der Indios kastriert hat. Wir müssen jetzt handeln, ein für allemal, bevor es zu spät ist und wir zu Automaten geworden sind.«

Roger nützte die Zeit bis zum Eintreffen der Kommission. Er nahm einige Befragungen vor, vor allem aber sichtete er die Lagerlisten und Handelsbücher des Hauses Arana. Er wollte herausfinden, zu welchen Preisen die Indios, Aufseher und Jungs von der Gesellschaft auf Kredit Lebensmittel, Medizin, Kleidung, Waffen und Gerätschaften kauften. Aus den Unterlagen ging deutlich hervor, dass die Magazine der Gesellschaft alle Warenpreise ständig anhoben. Roger kaufte zwei Hemden, eine Hose, einen Hut und ein Paar Feldstiefel und bezahlte dafür dreimal so viel, wie er in London bezahlt hätte. Nicht nur die Eingeborenen wurden übervorteilt, sondern auch die armen Faulenzer und Totschläger, die in Putumayo ihren Chefs zu Befehl standen. Es war nicht verwunderlich, dass die einen wie die anderen so lange als Schuldner von der *Peruvian Amazon Company* abhängig waren, bis das Unternehmen sie nicht weiter gebrauchen konnte.

Es erwies sich dagegen als schwieriger, die Anzahl der Eingeborenen in Putumayo um 1893 zu schätzen, als die ersten Kautschukstationen in der Region eingerichtet wurden und die Treibjagden begannen, und zu überschlagen, wie viele nun, im Jahr 1910, noch übrig waren. Statistiken, die man hätte heranziehen können, existierten nicht, alle Dokumente, die Roger zu dieser Frage einsehen konnte, waren vage, die Zahlen schwankten beträchtlich. Die zuverlässigsten Berechnungen schien der unglückselige französische Ethnologe und Forscher Eugène Robuchon angestellt zu haben, der 1905 auf mysteriöse Weise in Putumayo verschollen ging, während er das Gebiet von Julio C. Aranas Unternehmen kartographierte. Seinen Berechnungen zufolge hatten die sieben Ethnien der Region – Huitotos, Ocaimas, Muinanes, Nonuyas, Andokes, Rezígaros und Boras – insgesamt etwa einhunderttausend Mitglieder gezählt, bevor der Kautschuk die »Zivilisierten« nach Putumayo lockte. Juan Tizón sollte diese Zahl später als stark übertrieben bezeichnen. Er berief sich auf andere Quellen und vertrat die Meinung, dass vierzigtausend der Wahrheit wesentlich näher kämen. Inzwischen gab es jedenfalls nur noch etwa zehntausend Indios. Das Zwangssystem der Kautschukunternehmen hatte also bereits drei Viertel der Eingeborenenbevölkerung ausgelöscht. Viele waren zweifellos an Pocken, Malaria, dem Beriberi und anderen Krankheiten gestorben. Doch die überwiegende Mehrheit war Opfer von Ausbeutung, Hunger, Verstümmelungen, von Fußblöcken und Ermordungen geworden. Es schien unvermeidlich, dass es allen Stämmen wie den Iquarasi ergehen würde, die mittlerweile gänzlich ausgerottet waren.

Zwei Tage später kamen die anderen Kommissionsmitglieder in Entre Ríos an. Zu seiner Überraschung erblickte Roger unter ihnen Armando Normand, gefolgt von seinem Harem junger Mädchen. Folk und Barnes teilten Roger mit, der Vorsteher von Matanzas habe sie unter dem Vorwand begleitet, das Verladen des Kautschuks in Puerto Peruano persönlich überwachen zu müssen, tatsächlich dürften ihn dazu jedoch eher die Befürchtungen bewegt haben, die er hinsichtlich seiner Zukunft hege. Kaum habe er von den Anschuldigungen der Barbadier gehört, habe er eine regelrechte Kampagne aus Bestechungen und Drohungen in Gang gesetzt, damit sie ihre Aussagen widerriefen. Diese Kampagne sei insofern erfolgreich gewesen, als einige Barbadier, so etwa Levine, der Kommission einen Brief hatten zukommen lassen – zweifellos von Normand selbst verfasst –, in dem sie alles zurücknahmen, was man ihnen »betrügerisch« entlockt habe, und angaben, schwarz auf weiß festhalten zu wollen, dass in der *Peruvian Amazon Company* niemals Eingeborene misshandelt worden seien und dass Angestellte und Lastenträger harmonisch und zum Wohle Perus zusammenarbeiteten. Folk und Barnes waren der Ansicht, dass Normand fraglos versuchen würde, Bishop, Sealy und Lane, vielleicht sogar Roger Casement selbst zu bestechen oder sonst wie einzuschüchtern.

Und in der Tat klopfte Armando Normand sehr früh am nächsten Morgen an Rogers Tür und schlug ihm ein »offenes, freundschaftliches Gespräch« vor. Von der arroganten Selbstsicherheit, die er bei ihrem letzten Zusammentreffen an den Tag gelegt hatte, war nichts mehr zu spüren. Normand wirkte nervös, rieb sich unentwegt die Hände und biss sich auf die Unterlippe. Sie gingen ins Kautschuklager, das sich auf einer Brache aus Gestrüpp und Pfützen befand, in denen sich Frösche tummelten. Der Latexgestank war entsetzlich, und Roger streifte der Gedanke, dieser Geruch gehe womöglich nicht von den großen Kautschukballen aus, sondern von dem zwergenhaften rothaarigen Männchen an seiner Seite.

Normand hatte sein kleines Plädoyer gut vorbereitet. Das Leben im Busch, das er nunmehr seit sieben Jahren führe, bringe schreckliche Entbehrungen für jemanden mit sich, der wie er eine Ausbildung in London genossen habe. Er wolle nicht aufgrund von Missverständnissen und Verleumdungen Probleme mit dem Gesetz bekommen und seinen sehnsüchtigen Wunsch, nach England zurückzukehren, vereitelt sehen. Er schwor bei seiner Ehre, dass er kein Blut an den Händen habe. Er sei streng, aber gerecht, und zeige sich bereit, alle Maßnahmen anzuwenden, die von der Kommission und dem »Herrn Konsul« für ein besseres Funktionieren der Gesellschaft vorgeschlagen würden.

»Die Treibjagden und Entführungen der Eingeborenen müssen ein Ende haben«, begann Roger aufzuzählen, »Fußblock und Peitschen müssen verschwinden, jegliche körperliche Bestrafung muss abgeschafft werden, die Indios müssen für ihre Arbeit bezahlt werden, die Vorsteher, Aufseher und Jungs dürfen die Frauen und Töchter der Indios nicht mehr vergewaltigen und rauben, und es müssen Entschädigungen an die Familien derer bezahlt werden, die ermordet, lebendig verbrannt, denen Ohren, Nase, Hände oder Füße abgeschnitten wurden. Die Arbeiter dürfen nicht länger mit falsch geeichten Waagen und überteuerten Preisen in den Magazinen betrogen werden. Das für den Anfang. Und es wird noch einiger weiterer Reformen bedürfen, damit die *Peruvian Amazon Company* es verdient, sich ein britisches Unternehmen zu nennen.«

Armando Normand war erbleicht und blickte ihn aufgelöst an.

»Wollen Sie, dass die *Peruvian Amazon Company* dichtmacht?«, stammelte er schließlich.

»Genau. Und dass allen Mördern und Folterern, der ehrenwerte Herr Julio C. Arana und Sie eingeschlossen, für ihre Verbrechen der Prozess gemacht wird und sie bis zum Ende ihrer Tage im Gefängnis sitzen.«

Roger wendete sich ab und ließ den Vorsteher von Matanzas, dem es die Sprache verschlagen hatte, einfach stehen. Sofort bereute er, seiner Abscheu derart freien Lauf gelassen zu haben. Ein riesiger Fehler. Damit hatte er sich Normand zum Feind gemacht, der jetzt erst recht alles daransetzen würde, ihn aus dem Weg zu räumen. Normand war gewarnt und würde ohne langes Zaudern handeln.

Wenige Tage später verriet Juan Tizón ihnen, Normand habe die Gesellschaft gebeten, ihn bar und in britischen Pfund auszuzahlen. Er werde gemeinsam mit der Kommission auf der *Liberal* nach Iquitos zurückfahren. Es war nicht schwer zu erraten, was er vorhatte. Mit Hilfe von Beziehungen die gegen ihn vorgebrachten Vorwürfe und Beschuldigungen herunterzuspielen und sich ins Ausland – vermutlich nach Brasilien – abzusetzen, wo er gewiss stattliche Ersparnisse hatte. Tizón nannte auch konkrete Zahlen: Seit fünf Jahren erhalte Normand zwanzig Prozent des in Matanzas gesammelten Kautschukwertes und eine »Prämie« über jährlich zweihundert Pfund, wenn der Ertrag des Vorjahres übertroffen würde. Die Aussicht, Normand ins Gefängnis bringen zu können, verschlechterte sich zusehends.

Die folgenden Tage und Wochen waren von einer lähmenden Gleichförmigkeit geprägt. Die Anhörungen der Barbadier und Verständigen brachten weitere Schreckenstaten ans Licht. Roger spürte, wie ihn die Kräfte verließen. Fieberschübe an den Nachmittagen ließen ihn einen erneuten Malariaanfall befürchten, worauf er die Chinindosis erhöhte. Aus Angst, Armando Normand oder einer der anderen Vorsteher könnte seine Notizhefte vernichten, in denen er die Zeugenaussagen protokolliert hatte, trug er seine Papiere stets bei sich und ließ sie niemanden auch nur anfassen. Nachts verwahrte er sie unter der Matratze oder in der Hängematte, und nie schlief er ohne einen geladenen Revolver in Reichweite.

Eines Tages, sie packten gerade ihre Sachen für die Rückkehr nach Iquitos, sah Roger etwa zwanzig Träger aus dem Dorf Naimenes in der Station La Chorrera eintreffen, die Kautschuk brachten. Es waren Männer und Halbwüchsige, unter ihnen ein neun- oder zehnjähriger magerer Junge, der auf dem Kopf eine Kautschukwurst trug, die um einiges größer war als er selbst. Roger begleitete sie bis zur Waage, wo Víctor Macedo die Bündel entgegennahm. Das Bündel des Jungen, er hieß Omarino, wog vierundzwanzig, Omarino selbst fünfundzwanzig Kilo. Wie konnte Omarino mit diesem Gewicht auf dem Kopf kilometerweit durch den Urwald marschiert sein? Trotz der Narben auf seinem Rücken hatte er ein fröhliches Gesicht und lebhafte Augen. Roger kaufte im Magazin eine Dose Suppe und eine mit Sardinen und gab sie Omarino. Von da an wich der Junge ihm nicht mehr von der Seite. Er begleitete Roger überallhin und war immer erpicht darauf, kleine Botengänge für ihn zu erledigen. Irgendwann sagte Víctor Macedo zu Roger, auf den Jungen deutend:

»Der hat sie wohl ins Herz geschlossen, Mr. Casement. Warum nehmen Sie ihn nicht mit? Er ist Waise, ich schenke ihn Ihnen.«

Dieses »ich schenke ihn Ihnen«, mit dem Víctor Macedo sich bei ihm einschmeicheln wollte, schien Roger aussagekräftiger als alles andere. Der Vorsteher konnte jeden Indio seiner Station einfach »verschenken«, weil ihm Träger und Sammler genauso gehörten wie die Bäume und Hütten, die Gewehre und Kautschukwürste. Er fragte Juan Tizón, ob irgendetwas dagegen spräche, dass er Omarino mit nach London nähme – die Gesellschaft zur Abschaffung der Sklaverei würde ihn in ihre Obhut nehmen und sich um die Ausbildung des Jungen kümmern. Tizón hatte keine Einwände.

Ein weiterer Schützling sollte einige Tage später ein halbwüchsiger Andoke-Indio namens Aredomi werden. Als Roger eines Morgens im Fluss badete, bemerkte er den Jungen, der mit ein paar anderen Kindern nackt im Wasser planschte. Sein Körper war wunderbar proportioniert, und er bewegte sich mit großer Geschmeidigkeit. Roger dachte, dass Herbert Ward eine herrliche Skulptur nach diesem jungen Indio geschaffen hätte, ein Symbol der Ureinwohner, die von den Kautschukbaronen und ihrer schönen Unschuld beraubt wurden. Er verteilte Konservendosen unter den badenden Kindern. Arédomi küsste ihm zum Dank die Hand. So unangenehm Roger das war, ging es ihm doch nahe. Der Junge folgte ihm bis zu seiner Unterkunft und redete gestikulierend auf ihn ein, nur Roger verstand ihn natürlich nicht. Er rief Frederick Bishop herbei, der für ihn übersetzte:

»Er möchte, dass Sie ihn mitnehmen. Er wird ihnen zu Diensten sein, sagt er.«

»Sag ihm, das geht nicht, ich nehme ja schon Omarino mit.«
Doch Arédomi gab nicht nach. Er bewegte sich nicht mehr
von Rogers Hütte weg und bedachte ihn mit flehentlichen
Blicken. Roger beschloss, die Kommission und Juan Tizón zu
Rate zu ziehen. Was hielten sie davon, wenn neben Omarino
auch Arédomi mit nach London käme? Vielleicht könnten die
Jungen seinem Bericht mehr Überzeugungskraft verleihen –
beide wiesen Narben von Peitschenhieben auf. Außerdem
hätten sie so die Chance, der Sklaverei zu entkommen.

Am Vorabend ihrer Abfahrt kam Carlos Miranda, der Vorsteher der Station Sur, nach La Chorrera. Ihn begleiteten etwa
hundert Indios mit der dreimonatlichen Kautschuklieferung.
Miranda war ein dicklicher, kalkweißer Mittvierziger, seine
Ausdrucksweise und sein Benehmen deuteten auf eine bürgerliche Herkunft und eine höhere Bildung hin. Trotzdem
war er allem Anschein nach nicht weniger blutrünstig als die
übrigen Vorsteher. Insbesondere ein Vorfall war Roger und
den anderen Kommissionsmitgliedern von verschiedenen Seiten zugetragen worden. Einige Monate zuvor habe eine alte
Bora-Frau in einem Anflug von Wahnsinn oder Verzweiflung
die übrigen Boras mit lautem Geschrei aufgefordert, sich nicht
weiter erniedrigen zu lassen und gegen die Unterdrücker zu
kämpfen. Wutentbrannt habe Carlos Miranda einem seiner
Jungs die Machete entrissen, sich auf die Indiofrau gestürzt
und ihr den Kopf abgeschlagen. Von ihrem Blut überströmt,
habe er den Kopf in die Höhe gehalten und den entsetzten
Eingeborenen erklärt, dass es ihnen so ergehen würde wie dieser Alten, wenn sie nicht ihre Arbeit täten. Und ebendieser
Carlos Miranda stand jetzt vor ihnen, redselig und offensichtlich darum bemüht, sich bei Roger und den anderen anzubie-
dern. Umstandslos begann er, ihnen Witze und Anekdoten
über die skurrilen Zeitgenossen zu erzählen, die ihm in Putumayo begegnet waren.

Als Roger am 16. November 1910 endlich an Bord der
Liberal ging, atmete er tief durch. Er fühlte sich ungeheuer
erleichtert, ihm war, als würde die Abreise nach Iquitos sei-

nen Körper und seinen Geist von einer Beklemmung befreien, wie er sie niemals zuvor verspürt hatte. Außer Omarino und Arédomi fuhren achtzehn Barbadier, fünf Indiofrauen und die Kinder von John Brown, Allan Davis, James Mapp, J. Dyall und Philip Bertie Lawrence mit ihnen.

Um die Barbadier auf das Schiff zu bringen, waren komplizierte Verhandlungen zwischen Juan Tizón, Víctor Macedo, der Kommission und den Barbadiern selbst vonnöten gewesen, mussten immer neue Zugeständnisse gemacht werden. Alle Barbadier hatten schon vor ihrer Befragung verbindliche Zusicherungen und sicheres Geleit verlangt, denn sie wussten sehr wohl, dass die von ihnen belasteten Vorgesetzten versuchen würden, sie unter Druck zu setzen. Roger hatte ihnen versprochen, er persönlich werde sie heil aus Putumayo fortbringen.

Doch in den Tagen vor dem Eintreffen der *Liberal* verlegte sich das Unternehmen plötzlich auf eine Strategie des Wohlwollens, um die barbadischen Aufseher umzustimmen. Man versicherte ihnen, sie hätten keinerlei Konsequenzen zu befürchten, und versprach ein höheres Gehalt und bessere Arbeitsbedingungen, sollten sie zu bleiben gedenken. Víctor Macedo kündigte an, unabhängig von ihrer Entscheidung habe die *Peruvian Amazon Company* beschlossen, ihnen fünfundzwanzig Prozent der Schulden zu erlassen, die sie gegenüber dem Magazin hätten. Dieses Angebot nahmen alle Barbadier zunächst an. Roger war klar, worauf das Ganze hinauslaufen würde: Kaum wäre er weg, würden die Barbadier bestochen werden oder sich Nötigungen ausgesetzt sehen, sie würden ihre Aussagen zurückziehen und behaupten, er, Roger, habe alles nur erfunden oder sie mit Drohungen zu Falschaussagen bewegt. Er beriet sich mit Juan Tizón, der ihn daran erinnerte, dass die Zustände ihn zwar ebenso betrübten und er entschlossen sei, sie zu verbessern, er ja aber noch immer dem Vorstand der *Peruvian Amazon Company* angehöre und nicht auf die Barbadier einwirken könne noch sollte, um sie zum Gehen zu bewegen, wenn sie zu bleiben wünschten. Eines der

Kommissionsmitglieder, Henry Fielgald, pflichtete Tizón bei: Auch er arbeite in London für Julio C. Arana, und er fordere durchaus tiefgreifende Reformen der Arbeitsbedingunen im Amazonasgebiet, könne jedoch das Unternehmen, bei dem er angestellt sei, nicht in den Ruin treiben. Für Roger ging eine Welt unter.

Als dann aber am Abend des 12. November die *Liberal* in La Chorrera eintraf, nahmen die Dinge plötzlich und unverhofft eine ganz neue Wendung. Das Schiff brachte Post und Zeitungen aus Iquitos und Lima mit. Und in der zwei Monate alten Ausgabe der Tageszeitung *El Comercio* stand ein langer Artikel darüber, dass die Regierung von Präsident August B. Leguía wegen der Proteste Großbritanniens und der Vereinigten Staaten gegen angebliche Übergriffe in den Kautschukstationen von Putumayo angekündigt habe, einen angesehenen Richter namens Carlos A. Valcárcel mit Sondervollmachten ins Amazonasgebiet zu entsenden. Seine Mission sei es, die Angelegenheit zu untersuchen und unverzüglich die entsprechenden rechtlichen Schritte einzuleiten und, falls nötig, mithilfe von Polizei und Militär dafür zu sorgen, dass die Urheber der Verbrechen sich der Justiz nicht entzögen.

Unter den Angestellten des Hauses Arana schlug diese Nachricht ein wie eine Bombe. Juan Tizón teilte Roger mit, Víctor Macedo habe höchst alarmiert die Vorsteher aller, noch der entferntesten Stationen, zu einer Versammlung in La Chorrera einberufen. Tizón schien zwiegespalten. Einerseits freute er sich als Mensch mit großem Gerechtigkeitssinn und als Patriot, dass die peruanische Regierung endlich zur Tat geschritten war. Andererseits war er sich durchaus bewusst, dass dieser Skandal das Ende der *Peruvian Amazon Company* und damit seinen eigenen Untergang herbeiführen könnte. Als sie eines Abends bei lauwarmem Whisky zusammensaßen, gestand Tizón Roger, dass er fast sein gesamtes Vermögen in Aktien der Gesellschaft angelegt hatte.

Die Gerüchte und Befürchtungen, die auf die Nachricht aus Lima hin zu kursieren begannen, stimmten die Barbadier schließlich wieder um. Sie zogen es jetzt doch vor, mitzufahren, aus Angst, ihre peruanischen Vorgesetzten könnten sich ihrer Verantwortung an den Folterungen und Morden entziehen, indem sie ihnen, den »fremden Negern«, die Schuld in die Schuhe schieben würden. Sie wollten Peru so schnell wie möglich verlassen und nach Barbados zurückkehren.

Roger kam für sich zu dem Schluss, dass eine gemeinsame Ankunft mit den Barbadiern nicht besonders ratsam sei, da sie sich in Iquitos der Willkür des Unternehmens ausgeliefert sähen. Es erschien ihm sinnvoller, dass sie an einem der Flusshäfen auf brasilianischem Gebiet von Bord gehen und dort so lange bleiben würden, bis Roger sie auf seinem Weg von Iquitos nach Europa an Bord der *Atahualpa* wieder auflesen und in Barbados absetzen würde. Er vertraute Frederick Bishop seinen Plan an. Bishop war einverstanden, riet Roger jedoch, ihn den anderen Barbadiern besser erst in letzter Minute zu unterbreiten.

Es herrschte eine seltsame Stimmung an der Anlegestelle von La Chorrera. Keiner der Vorsteher war gekommen, um sie zu verabschieden. Es hieß, einige von ihnen seien in Richtung Brasilien oder Kolumbien aufgebrochen. Juan Tizón, der einen weiteren Monat in Putumayo blieb, umarmte Roger und wünschte ihm viel Glück. Die Kommissionsmitglieder, die ebenfalls noch ein paar weitere Wochen mit Inspektionsarbeiten vor Ort zubringen würden, begleiteten ihn bis zur Landebrücke. Sie vereinbarten, dass sie sich in London treffen und gemeinsam Rogers Bericht durchgehen würden, ehe er ihn dem Foreign Office vorlegte.

In der ersten Nacht auf dem Fluss stand ein rötlicher Vollmond am Himmel, dessen Schein sich im dunklen Wasser spiegelte wie glitzernde Sternchen oder winzige Leuchtfische. Ringsum war alles still und schön, bis auf den allgegenwärtigen Kautschukgestank. Roger lehnte lange an der Reling des Achterdecks, in die Betrachtung des bewegenden Naturschauspiels versunken, Tränen liefen ihm über die Wangen. Gütiger Gott, welch himmlischer Frieden!

Erschöpfung und Angstzustände machten es ihm in den ersten Tagen unmöglich, seine Notizen auszuwerten und mit dem Bericht voranzukommen. Er schlief wenig, wurde von Albträumen heimgesucht. Immer wieder stand er nachts auf und trat auf die Brücke hinaus, um bei wolkenklarem Himmel Mond und Sterne zu betrachten. Auf dem Schiff war auch ein Beamter der brasilianischen Zollbehörde. Roger fragte ihn, ob die Barbadier an einem der brasilianischen Häfen von Bord gehen könnten, um weiter nach Manaus zu reisen. Der Beamte versicherte ihm, das sei problemlos möglich. Trotzdem blieb Roger angespannt. Er befürchtete, die *Peruvian Amazon Company* könnte sich auf irgendeine Weise den Sanktionen entziehen. Nachdem er so unmittelbarer Zeuge geworden war, welchem Schicksal die Eingeboren ausgesetzt waren, musste er dringend dafür sorgen, dass die Welt davon erfahren und etwas dagegen getan werden würde.

Und er musste ständig an Irland denken. Seit er zu der Überzeugung gelangt war, dass nur eine durchschlagende Aktion seine Heimat davor bewahren könnte, endgültig »ihre Seele zu verlieren«, brannte er vor Ungeduld darauf, sich ganz der Vorbereitung eines Aufstandes widmen zu können.

Mit dem Überqueren der Grenze zu Brasilien fiel das Gefühl einer lauernden Gefahr von ihm ab. Doch sie würden erneut auf den Amazonas und in peruanisches Hoheitsgebiet gelangen, wo ihn zweifellos wieder die Furcht überkommen würde, irgendeine unvorhergesehene Katastrophe könnte seine Mission zum Scheitern bringen.

Am 21. November 1910 verließen in dem am Javari gelegenen brasilianischen Ort Esperanza vierzehn Barbadier, vier der mitgereisten Frauen und vier Kinder das Schiff. Am Vorabend hatte er sie zusammengerufen und ihnen erklärt, welchen Risiken sie sich aussetzen würden, wenn sie ihn bis nach Iquitos begleiten würden. Ein Großteil der Barbadier zeigte sich auf seine Warnungen hin einverstanden damit, in Esperanza von Bord zu gehen und das nächste Schiff nach Manaus zu nehmen, wo sie unter dem Schutz des britischen Konsulats darauf warten sollten, bis Roger sie auf der *Atahualpa*, die für die Booth Line die Strecke Iquitos–Manaus–Pará fuhr, wieder auflesen würde. Von Pará aus würden sie ein Schiff nach Barbados nehmen. Roger übergab ihnen zum Abschied ausreichend Proviant, eine offizielle Bestätigung, dass die britische Regierung ihre Schiffspassage nach Manaus übernehmen werde, und ein Empfehlungsschreiben an den britischen Konsul in Manaus.

Arédomi und Omarino begleiteten Roger weiter nach Iquitos, wie auch Frederick Bishop, John Brown mit Frau und Sohn, Larry Clarke und Philip Bertie Lawrence, ebenfalls mit zwei kleinen Kindern. Die Barbadier wollten in Iquitos noch einige Sachen mitnehmen und Schecks einlösen, die das Unternehmen ausgestellt hatte. Die vier verbleibenden Tage an Bord widmete sich Roger seinen Papieren und der Anfertigung eines Berichts für die peruanischen Behörden.

Am 25. November erreichten sie Iquitos. Der britische Konsul Stirs bestand erneut darauf, Roger bei sich einzuquartieren. Arédomi und Omarino wurden in einer nahe gelegenen Pension untergebracht. Stirs wirkte nervös. Er sagte, in Iquitos herrsche eine spürbare Anspannung wegen des bevorstehenden Eintreffens von Richter Carlos A. Valcárcel und der Untersuchung gegen das Haus Arana. Rogers Rückkehr wurde mit allgemeiner Feindseligkeit aufgenommen, und der Konsul riet ihm, nicht allein auf die Straße zu gehen, ein Attentat auf ihn sei nicht auszuschließen.

Nach dem Abendessen und ihrem üblichen Glas Portwein fasste Roger zusammen, was er in Putumayo gesehen und gehört hatte. Daraufhin fragte ihn Stirs, der mit ernster Miene zugehört hatte:

»So schlimm wie im Kongo von Leopold II. also?«

»Ich fürchte ja, vielleicht noch schlimmer«, antwortete Roger. »Obwohl es mir obszön vorkommt, Verbrechen dieser Ausmaße miteinander zu vergleichen.«

In der Zwischenzeit hatte Lima einen neuen Präfekten entsandt. Im Unterschied zu seinem Vorgänger stand Esteban

Zapata nicht auf Julio C. Aranas Gehaltsliste. Offenbar blieb er auf Distanz zu Pablo Zumaeta und den übrigen leitenden Angestellten der Gesellschaft. Er wusste über Rogers Eintreffen Bescheid und erwartete ihn ungeduldig.

Die Unterredung zwischen Roger und dem Präfekten fand am darauffolgenden Vormittag statt und dauerte über zwei Stunden. Zapata war ein junger dunkelhaariger Mann mit höflichen Umgangsformen. Trotz der Hitze – der Schweiß rann an ihm herab, und unablässig wischte er sich mit einem großen lilafarbenen Stofftaschentuch übers Gesicht – legte er sein Kordsamtsakko nicht ab. Er hörte Roger aufmerksam zu, zeigte sich erstaunt, unterbrach ihn bisweilen mit der Bitte um Präzisierung oder brachte seine Empörung zum Ausdruck (»Wie furchtbar! Wie entsetzlich!«). Immer wieder bot er ihm frisches Wasser an. Roger erzählte ihm alles, mit zahlreichen Einzelheiten, Namen, Zahlen, Orten, er konzentrierte sich auf die Tatsachen und vermied persönliche Bemerkungen, und erst am Ende seiner Darstellung fügte er hinzu:

»Kurz gesagt, Herr Präfekt, die Vorwürfe von Saldaña Roca und Hardenburg waren nicht übertrieben. Im Gegenteil, was die Londoner Zeitschrift *Truth* veröffentlicht hat, kommt noch lange nicht an die ganze Wahrheit heran, so unglaublich es auch scheinen mag.«

Es klang ehrlich betroffen, als Zapata sagte, er schäme sich für Peru. Dies könne geschehen, weil der Staat noch nicht bis in diese abgelegenen Regionen vorgedrungen sei und es dort weder Gesetz noch Ordnung gebe. Doch die Regierung sei entschlossen, zu handeln. Deshalb sei er hier. Deshalb treffe binnen Kürze ein so unbestechlicher Richter wie Valcárcel ein. Präsident Leguía höchstpersönlich wolle die Ehre Perus wiederherstellen und diesen abscheulichen Missbräuchen ein Ende bereiten. So habe er es ihm selbst gesagt, mit diesen Worten. Die Regierung Seiner Majestät würde sich davon überzeugen können, dass die Schuldigen bestraft und die Eingeborenen von nun an beschützt würden. Er fragte, ob Rogers Bericht veröffentlicht werden würde. Als Roger entgegnete, sein Bericht sei prinzipiell nur für den internen Gebrauch bestimmt, allerdings würde die britische Regierung zweifellos eine Durchschrift an die peruanische Regierung schicken, damit diese über eine mögliche Veröffentlichung entscheiden solle, atmete der Präfekt erleichtert auf:

»Ein Glück!«, rief er aus. »Es würde dem Ruf unseres Landes ungemein schaden, sollte all das bekannt werden.«

Roger war versucht, zu sagen, am meisten schade Peru nicht der Bericht, sondern das, was er dokumentiere. Doch dann wollte der Präfekt wissen, ob die Barbadier, die ihn nach Iquitos begleitet hatten, damit einverstanden wären, ihre Aussagen vor ihm zu wiederholen. Roger versprach, sie am nächsten Morgen in die Präfektur zu schicken.

Stirs, der das Gespräch gedolmetscht hatte, verließ den Raum mit gesenktem Kopf. Roger war es nicht entgangen, dass der Konsul bei der Übersetzung ins Spanische etliche eigene Sätze hinzugefügt hatte, mit denen er die schrecklichen Schilderungen abzumildern versuchte. Das steigerte Rogers Argwohn gegenüber Stirs, der trotz seines Wissens um die vielen Missstände in Iquitos das Foreign Office darüber nie in Kenntnis gesetzt hatte. Der Grund dafür war ein denkbar einfacher: Juan Tizón hatte Roger verraten, dass Stirs in Iquitos Geschäfte betrieb und damit seinerseits von der Gesellschaft Aranas abhängig war. Fraglos war Stirs in Sorge, der Skandal könnte sich auch für ihn nachteilig auswirken. Der Konsul war ein kleinmütiger Mensch, dessen Werteskala von seiner Habgier bestimmt wurde.

An einem der folgenden Tage begab sich Roger in die Mission, um mit Pater Urrutia zu sprechen, aber dort hieß es, der Superior sei unterwegs nach Pebas in ein Dorf der Yagua-Indios – Roger hatte bei einem Zwischenstopp der *Liberal* einige Yagua zu Gesicht bekommen und war von ihren wallenden Lianengewändern sehr beeindruckt gewesen –, um eine Schule einzuweihen.

So widmete sich Roger bis zur Abfahrt der *Atahualpa*, deren Ladung unterdessen im Hafen von Iquitos gelöscht wurde, einer ersten Fassung seines Berichts. Nachmittags unternahm er Spaziergänge, zweimal ging er ins Kino Alhambra an der Plaza de Armas. Es war zwei Monate zuvor eröffnet worden und zeigte Stummfilme, die etwas kakophon von einem drei-köpfigen Orchester begleitet wurden. Das wahre Spektakel bestand für Roger nicht in den Filmen selbst, sondern in der Reaktion des Publikums, Indios und Soldaten der Garnison, das entgeistert auf die Leinwand starrte.

Einmal marschierte er bis nach Punchana. Auf dem Rück-weg regnete es so heftig, dass Roger durch Morast waten musste. Die Landschaft war allerdings atemberaubend. Und eines Nachmittags versuchten Omarino, Arédomi und er zu Fuß bis nach Quistococha zu gelangen, doch sie wurden von einem schweren Unwetter überrascht und mussten sich im Gebüsch unterstellen. Danach kehrten sie über den völlig auf-geweichten Pfad auf direktem Wege nach Iquitos zurück.

Die *Atahualpa* legte am 6. Dezember 1910 in Richtung Ma-naus und Pará ab. Roger reiste erster, Omarino, Arédomi und die Barbadier dritter Klasse. Als das Schiff sich an dem klaren, warmen Morgen von Iquitos entfernte und die Menschen und Häuser immer kleiner wurden, fühlte Roger sich wieder be-freit, als hätte er eine große Gefahr gebannt. Keine physische, sondern eine moralische Gefahr. Ihm schien, dass er, hätte er noch länger an diesem fürchterlichen Ort ausharren müssen, selber verroht wäre, einfach durch die Tatsache, weiß und Eu-ropäer zu sein. Der Gedanke daran, niemals wieder einen Fuß in diese Gegenden setzen zu müssen, munterte ihn jedenfalls auf.

Am Abend des 10. Dezember legte das Schiff in Manaus an. Roger hatte sich inzwischen etwas erholt und arbeitete wieder mit der alten Energie und Ausdauer. Die vierzehn Barbadier erwarteten sie in der Stadt. Die meisten hatten beschlossen, nicht nach Barbados zurückzukehren, sondern für die Madei-ra–Mamoré-Eisenbahn zu arbeiten. Die übrigen fuhren mit Roger weiter bis nach Pará, wo das Schiff am 14. Dezember einlief. Dort besorgte Roger den Barbadiern sowie Omarino und Arédomi eine Schiffspassage nach Barbados. Er gab die beiden Letzteren in Frederick Bishops Obhut, der sie in Bridgetown zu Reverend Frederick Smith bringen sollte, damit sie vor ihrer Weiterreise nach London bei den dortigen Jesuiten schon einmal auf die Schule gehen würden. Auf der Suche nach einem Schiff, das ihn nach Europa bringen würde, stieß er auf die *SS Ambrose* der *Booth Line*. Da sie erst am 17. Dezember in See stechen sollte, nutzte er die verbleibenden Tage, um sich an einige der Orte zu begeben, die er noch aus seiner Zeit als britischer Konsul in Pará kannte: Cafés, Restaurants, botanischer Garten, der riesige, bunte Markt am Hafen. Er verspürte keine Wehmut, dazu hatte er sich in Pará zu unwohl gefühlt, aber er genoss den Frohsinn der Menschen, den Anblick der hübschen Frauen und jungen Männer, die müßig auf der Uferpromenade schlenderten. Ihm fiel abermals auf, dass die Brasilianer ein gesundes, heiteres Verhältnis zu ihrem Körper hatten, sehr im Unterschied zu den Peruanern beispielsweise, die sich wie die Engländer in ihrer Haut stets unbehaglich zu fühlen schienen. Hier stellte sich hingegen jeder unbekümmert zur Schau, je jünger und ansehnlicher, desto mehr.

Am 17. Dezember legte die *SS Ambrose* mit Kurs auf den französischen Hafen Cherbourg ab, der in den letzten Dezembertagen erreicht werden sollte. Roger hatte vor, von Cherbourg aus mit dem Zug nach Paris zu fahren, um Silvester mit Herbert Ward und dessen Frau Sarita zu verbringen. Im neuen Jahr würde er nach London weiterreisen. Es würde ihm guttun, zwei Tage mit kultivierten Freunden zu verbringen, in ihrem prächtigen Atelier voller afrikanischer Skulpturen und Andenken, und sich über schöne Dinge zu unterhalten, über Kunst, Literatur, Theater und Musik, die der widerspruchsvolle menschliche Geist ebenso hervorzubringen vermochte wie jene Art von Bosheit, deren Zeuge er in den Kautschukstationen von Julio C. Arana geworden war.

XI

Roger war nicht besonders überrascht, als der Sheriff die Zellentür öffnete, wortlos eintrat und sich zu ihm auf die Pritsche setzte. Seit er ihn unter Missachtung der Vorschriften hatte duschen lassen, waren sie sich nähergekommen. Aus welchen Gründen auch immer, der Sheriff schien keinen Hass mehr gegen ihn zu hegen.

Es war die Stunde der Dämmerung, die Umrisse der breiten, kegelförmigen Gestalt des Sheriffs hoben sich gegen die einsetzende Dunkelheit ab. Roger hörte ihn tief und beschwerlich atmen.

»Mein Sohn hatte Plattfüße, er hätte ausgemustert werden können«, stammelte der Sheriff aufgewühlt. »In Hastings wollte man ihn zunächst nicht nehmen. Aber er hat nicht klein beigegeben und hat es woanders versucht. Er wollte unbedingt in den Krieg. Können Sie sich das vorstellen?«

»Er liebte sein Land, er war ein Patriot«, sagte Roger leise. »Sie sollten stolz auf Ihren Sohn sein, Sheriff.«

»Was bringt es mir, dass er ein Held war, jetzt ist er tot«, entgegnete der Wärter düster. »Er war alles, was ich hatte. Es ist, als hätte ich mit ihm aufgehört zu existieren. Manchmal komme ich mir vor wie ein Gespenst.«

Im Dunkel der Zelle hatte Roger den Eindruck, als hörte er den Sheriff leise weinen, aber vielleicht täuschte er sich auch. Er erinnerte sich an die dreiundfünfzig Freiwilligen der Irischen Brigade, die in dem kleinen Lager in Zossen zurückgeblieben waren, wo Monteith sich trotz der widrigen Umstände so zuversichtlich um ihre militärische Ausbildung gekümmert hatte. Die Fragen, die er sich schon viele Male gestellt hatte, begannen ihn erneut zu quälen. Was mochten die Freiwilligen gedacht haben, als Monteith, Bailey und er von heute auf morgen einfach verschwunden waren? Galten sie ihnen als Verräter, weil sie sie sich selbst überlassen hatten, in den Händen der Deutschen, von den übrigen irischen Gefangenen in Limburg gehasst, die sie als Überläufer betrachteten? Diese dreiundfünfzig Patrioten, die selbstlos und voller Idealismus den Mut bewiesen hatten, ihren über zweitausend Gefährten im Lager von Limburg die Stirn zu bieten und sich für die Irische Brigade zu melden, um »gemeinsam mit, aber nicht als Teil« der deutschen Armee für Irlands Unabhängigkeit zu kämpfen, würden nie von den Debatten erfahren, die Roger sich mit der Obersten Heeresleitung der Deutschen geliefert hatte, um zu verhindern, dass die Brigadiers gemeinsam mit den zwanzigtausend Gewehren für die *Volunteers* auf der *Aud* nach Irland verfrachtet wurden.

»Ich bin für diese dreiundfünfzig Brigadiers verantwortlich«, hatte Roger zu Hauptmann Rudolf Nadolny gesagt, dem Zuständigen für irische Angelegenheiten in der Obersten Heeresleitung in Berlin. »Ich habe sie angestiftet, aus der britischen Armee zu desertieren. Nach englischem Recht sind sie Fahnenflüchtige. Sie würden sofort gehängt, sollte die Royal Navy sie gefangen nehmen. Was unvermeidlich geschehen wird, wenn der Aufstand ohne militärische Unterstützung Deutschlands stattfindet. Ich kann meine Landsleute nicht in den sicheren und darüber hinaus unehrenhaften Tod schicken. Sie werden nicht mit den zwanzigtausend Gewehren nach Irland fahren.«

Es war nicht leicht gewesen. Hauptmann Nadolny und die anderen Offiziere der Obersten Heeresleitung hatten versucht, ihn zu erpressen.

»Na schön, dann werden wir den Führern der *Irish Volunteers* in Dublin und den Vereinigten Staaten eben mitteilen, dass die deutsche Regierung, angesichts Ihres Widerstandes gegen die Erhebung, von der Versendung der zwanzigtausend Gewehre und fünf Millionen Patronen absieht.«

Er diskutierte, verhandelte, erklärte und musste dabei immer die Ruhe bewahren. Roger war nicht gegen den Aufstand gewesen, nur dagegen, dass die *Volunteers* und die Volksarmee sich in einer selbstmörderischen Aktion gegen das Empire opferten, was zwangsläufig geschehen würde, sofern nicht ein zeitgleicher Angriff der U-Boote, Zeppeline und Kommandos des Kaisers die britischen Streitkräfte ablenken würde. Die zwanzigtausend Gewehre waren natürlich unverzichtbar. Er selbst wollte diese Waffen nach Irland bringen und Tom Clarke, Patrick Pearse, Joseph Plunkett und den anderen Führern der *Volunteers* die Gründe darlegen, weshalb der Aufstand aufgeschoben werden müsse.

»Seine Mutter ist nach der Geburt des Jungen abgehauen, da waren wir beide allein«, sprach der Sheriff plötzlich in die Dunkelheit, und Roger erschrak. »Ich habe nie wieder von ihr gehört. Sie hieß Hortensia, sie war nicht ganz richtig im Kopf. Ich musste dem Kind Vater und Mutter zugleich sein.«

Roger konnte jetzt nicht einmal mehr die Umrisse des Wächters ausmachen. Dessen Stimme war sehr nah und klang ganz eigenartig, wie ein wehklagendes Tier.

»Die ersten Jahre kostete es mich beinahe mein ganzes Gehalt, eine Frau zu bezahlen, die ihn stillte und aufzog«, fuhr der Sheriff fort. »Alle freie Zeit habe ich mit ihm verbracht. Er war ein lieber, gehorsamer Junge, hat nie Unsinn gemacht oder gestohlen oder getrunken. Er ging bei einem Schneidermeister in die Lehre, der große Stücke auf ihn hielt. Er hätte es da zu etwas bringen können, wenn er es sich nicht in den Kopf gesetzt hätte, trotz seiner Plattfüße Soldat zu werden.«

Roger wusste nicht, was er sagen sollte. Der Sheriff tat ihm leid, und er hätte ihn gern getröstet, doch wie hätte er den tiefen Schmerz dieses armen Mannes lindern können? Er hätte ihn gern nach seinem Namen und dem Namen des toten Sohnes gefragt, so hätte er sich beiden näher gefühlt, doch er wollte ihn nicht unterbrechen.

»Ich habe zwei Briefe von ihm bekommen«, sagte der Sheriff. »Einen während seiner Ausbildung. Das Kasernenleben gefiel ihm, er wollte nach dem Krieg in der Armee bleiben, schrieb er. Sein zweiter Brief hörte sich ganz anders an. Viele Absätze waren von der Zensur schwarz gestempelt. Er beklagte sich nicht, aber aus seinen Worten sprach Bitterkeit, sogar ein wenig Angst. Dann kam nichts mehr von ihm. Bis die Armee mir mit einem Beileidsbrief seinen Tod mitteilte. Er habe in der Schlacht von Loos ein heldenhaftes Ende gefunden. Ich habe auf einer Landkarte nachgesehen, wo Loos liegt. Irgend so ein Nest.«

Zum zweiten Mal hörte Roger den wimmernden Laut, wie das Fiepen eines Vogels. Und es kam ihm vor, als würde der Schatten des Sheriffs zucken.

Was würde mit den dreiundfünfzig irischen Patrioten geschehen? Würde die deutsche Heeresleitung die Abmachungen einhalten und es der kleinen Brigade erlauben, in dem Lager zusammenzubleiben? Sicher war es nicht. Bei seinen Unterredungen mit Hauptmann Nadolny in Berlin war Roger nicht entgangen, welche Verachtung die deutschen Militärs für dieses lächerliche Kontingent einer halben Hundertschaft hegten. Wie anders war ihre Haltung anfangs gewesen, als sie sich von Rogers Begeisterung hatten überzeugen lassen. Sie hatten alle irischen Kriegsgefangenen im Lager von Limburg zusammengelegt, weil er davon ausging, dass Hunderte sich über kurz oder lang der Irischen Brigade anschließen würden. Welch enttäuschendes Scheitern! Das schmerzhafteste seines ganzen Lebens. Ein Scheitern, das ihn der Lächerlichkeit preisgab und seine patriotischen Träume zunichtemachte. Worin hatte sein Irrtum bestanden? Laut Monteith darin, dass er sich an alle zweitausendzweihundert Gefangenen auf einmal gerichtet hatte, statt an kleinere Gruppen. Es wäre durchaus möglich gewesen, mit jeweils zwanzig oder dreißig zu diskutieren, auf Einwände einzugehen, Unklarheiten zu beseitigen. Doch wie sollte man das gegenüber einer Schar von Männern tun, die sich von der erlittenen Niederlage und Gefangennahme geschmäht und erniedrigt fühlten? Das Einzige, was sie Rogers Worten entnahmen, war seine Bitte, dass sie sich mit ihren Feinden verbünden sollten, deshalb reagierten sie so aggressiv. Obwohl Roger das durchaus verstand, verbitterte es ihn, von Landsleuten, für die er seine Zeit, seine Ehre und seine Zukunft geopfert hatte, als Verräter, Kakerlake, Judas beschimpft zu werden. Er dachte daran, wie Herbert Ward sich über seinen Nationalismus lustig gemacht und ihn ermahnt hatte, der Realität ins Auge zu sehen, aus diesem »Traum des Kelten« endlich aufzuwachen.

Am Vorabend seiner Abreise nach Irland, am 11. April 1916, schrieb Roger einen Brief an Reichskanzler Theobald von Bethmann Hollweg, in dem er ihm in Erinnerung rief, was sie hinsichtlich der Irischen Brigade vereinbart hatten. Dieser Vereinbarung nach durften die Brigadiers nur für einen bewaffneten Kampf nach Irland geschickt und unter keinen Umständen als Ersatzstreitkräfte des deutschen Heers an anderen Kriegsschauplätzen verwendet werden. Desgleichen war festgehalten worden, dass die Soldaten der Irischen Brigade, sollte Deutschland nicht siegreich aus dem Krieg hervorgehen, in die Vereinigten Staaten oder in ein anderes neutrales Land geschickt werden sollten, das bereit wäre, sie aufzunehmen, auf keinen Fall jedoch nach Großbritannien, wo sie ein Schnellverfahren zu erwarten hätten. Würden die Deutschen sich an diese Abmachungen halten? Und wenn Hauptmann Nadolny, kaum waren Monteith, Bailey und er nach Irland aufgebrochen, die Irische Brigade aufgelöst und ihre Mitglieder in das Gefangenenlager von Limburg hätte verlegen lassen? Sie wären dort den Beschimpfungen und dem Hass der restlichen irischen Gefangenen ausgesetzt.

»Ich hatte darum gebeten, seine sterblichen Überreste übergeben zu bekommen«, schreckte ihn die schmerzerfüllte Stimme des Sheriffs wieder auf. »Um ihn in Hastings kirchlich bestatten zu lassen, wo er geboren ist, wie ich, mein Vater und mein Großvater. Sie haben es nicht getan. Die Umstände des Krieges machen eine Rückführung der sterblichen Überreste unmöglich, haben sie gesagt. Verstehen Sie das mit den ›Umständen des Krieges‹?«

Roger antwortete nicht, weil ihm klar war, dass der Wächter

nicht mit ihm redete, sondern seine Gegenwart nur brauchte, um mit sich selbst zu sprechen.

»Ich weiß schon, was das heißt«, fuhr der Sheriff fort. »Dass nichts von meinem armen Sohn übrig geblieben ist. Dass eine Granate oder ein Mörser ihn in Stücke gerissen hat. An diesem verdammten Ort namens Loos. Und dass sie ihn mit zig anderen Soldaten in ein Massengrab geworfen haben. Ich werde nie wissen, wo genau er begraben liegt, ich werde nie an sein Grab treten, Blumen darauf legen und ein Gebet davor sprechen können.«

»Das Entscheidende ist nicht das Grab, sondern Ihre Erinnerung«, sagte Roger. »Das ist es, was zählt. Wo auch immer Ihr Sohn jetzt ist, wichtig ist, dass Sie sich seiner so liebevoll erinnern.«

Der Umriss des Sheriffs hatte sich jäh bewegt, als Rogers Stimme erklang. Womöglich hatte er ganz vergessen, dass er sich in Rogers Zelle befand.

»Wenn ich wüsste, wo seine Mutter ist, hätte ich sie aufgesucht und ihr die Nachricht überbracht, dann hätten wir ihn zusammen beweint«, sagte der Sheriff. »Ich trage es Hortensia nicht nach, dass sie mich verlassen hat. Aber ich weiß nicht mal, ob sie noch am Leben ist. Sie hat sich kein einziges Mal nach ihrem Sohn erkundigt, nachdem sie weggegangen ist. Trotzdem war sie kein schlechter Mensch, nur eben nicht ganz richtig im Kopf.«

Wie so oft, seit er an jenem Morgen in Tralee Bay den Schwalben gelauscht und die ersten wilden Veilchen gesehen hatte, fragte Roger sich, warum zum Teufel kein irisches Boot die *Aud* mit der Ausrüstung für die *Volunteers* erwartet, niemand Monteith, Bailey und ihn in Empfang genommen hatte. Was war geschehen? Er hatte John Devoys Eildepesche an Johann Heinrich Graf von Bernstorff und das deutsche Kanzleramt gelesen, in dem Devoy ankündigte, der Aufstand werde zwischen Karfreitag und Ostersonntag stattfinden. Weshalb die Gewehre unbedingt am 20. April in Fenit Pier eintreffen müssten, wo sie von den Booten der *Volunteers* und einem erfahrenen Schiffsführer übernommen werden würden. Dieselben dringenden Anweisungen wurden von Joseph Plunkett in einem Schreiben vom 5. April an den deutschen Geschäftsträger in Bern wiederholt und von diesem an Kanzleramt und Heeresleitung in Berlin übermittelt: Die Waffen sollten am Abend des 20. April in Tralee Bay eintreffen, nicht früher und nicht später. Und sowohl die *Aud* als auch das U 19 waren pünktlich am vereinbarten Ort. Was zur Hölle war passiert? Warum hatte sie niemand erwartet? Wie konnte es zu dieser Katastrophe kommen, derentwegen er jetzt im Gefängnis versauerte und die zum Scheitern des Aufstandes mit beigetragen hatte? Denn nach dem, was er von Basil Thomson und Reginald Hall im Laufe der Verhöre erfuhr, wurde die *Aud* weit nach dem vereinbarten Datum von der Royal Navy in irischen Gewässern überrascht, und der Kapitän, der das Risiko eingegangen war, auf die *Volunteers* zu warten, hatte sich gezwungen gesehen, sein Schiff zu versenken, mitsamt der zwanzigtausend Gewehre, zehn Maschinengewehre und fünf Millionen Patronen, die dem Aufstand, den die Engländer mit der erwartbaren Entschiedenheit niederschlugen, womöglich eine andere Wende gegeben hätten.

Doch im Grunde konnte Roger sich ausmalen, was vorgefallen war – nichts Großartiges oder Besonderes, einfach irgendeine dumme Kleinigkeit, Nachlässigkeit, ein Gegenbefehl oder eine Uneinigkeit zwischen den Führern der *Irish Revolutionary Brotherhood*. Einige, vielleicht alle, mochten ihre Meinung darüber geändert haben, welches der beste Zeitpunkt für die Ankunft der *Aud* sei, und ihn telegrafisch geändert haben, ohne darüber nachzudenken, dass der nach Berlin entsandte Gegenbefehl verlorengegangen sein mochte oder vielleicht erst ankam, als Frachter und U-Boot sich bereits auf hoher See befanden und wegen der miserablen Wetterbedingungen tagelang keinen Funkkontakt nach Deutschland halten konnten. Etwas in der Art musste der Grund gewesen sein. Ein Missverständnis, ein Kalkulationsfehler, irgendein Schnitzer, und eine ganze Waffenladung erster Güte sank auf den Meeresgrund, anstatt in die Hände der *Volunteers* zu gelangen, die dann während der einwöchigen Kämpfe auf Dublins Straßen getötet worden waren.

Er hatte recht behalten, dass ein bewaffneter Aufstand ohne eine parallele Militäraktion Deutschlands scheitern musste. Doch er empfand darüber keine Genugtuung, er hätte sich lieber geirrt, wäre lieber unter diesen wahnwitzigen hundert *Volunteers* gewesen, die im Morgengrauen des 24. April das Hauptpostamt in der Sackville Street besetzten, oder unter jenen, die das Dubliner Schloss zu stürmen versuchten, oder unter denen, die das Magazine Fort in Phoenix Park in die Luft jagen wollten. Er wäre tausendmal lieber wie sie gestorben, die Waffe in der Hand – einen heldenhaften, edlen, romantischen Tod –, als schändlich auf dem Schafott wie ein gemeiner Mörder oder Vergewaltiger. So undurchführbar der Plan der *Volunteers*, der *Irish Republican Brotherhood* und der Volksarmee auch war, es musste bewegend gewesen sein – sicherlich waren den Anwesenden die Tränen gekommen –, Patrick Pearse die Proklamation der Republik Irland verlesen zu hören. Womit zumindest für den kurzen Zeitraum von sieben Tagen der »Traum des Kelten« Wirklichkeit wurde: Irland, vom britischen Besatzer befreit, war eine unabhängige Nation.

»Er mochte meinen Beruf nicht«, tönte die Stimme des Sheriffs aus der Dunkelheit. »Insgeheim schämte er sich dafür, dass sein Vater im Gefängnis arbeitete. Die Leute glauben, dass wir Wärter selbst zu Gesetzeslosen werden, weil wir mit Verbrechern zu tun haben. Ist das nicht ungerecht? Aber diese Arbeit muss doch auch von jemandem verrichtet werden, zum Wohle der Gesellschaft! Nehmen Sie zum Beispiel Mr. John Ellis, den Henker. Er ist nebenbei Barbier in seinem Heimatdorf Rochdale, und dort redet niemand schlecht über ihn. Im Gegenteil, alle achten ihn sehr. Er kann sich vor Kundschaft kaum retten. Aber ganz bestimmt hätte mein Sohn nicht zugelassen, dass jemand schlecht über mich redet. Er hatte nicht nur Respekt vor mir. Er liebte mich auch, das weiß ich.«

Wieder hörte Roger das erstickte Schluchzen des Wärters. War es eine Erleichterung für den Sheriff, das alles zu erzählen? Oder vergrößerte es seinen Schmerz nur? Roger fragte sich, was er tun sollte. Ihm antworten? Ihn trösten? Ihm schweigend zuhören?

»Zu jedem Geburtstag hat er mir ein Geschenk gemacht«, sagte der Sheriff. »Sein erstes Gehalt aus der Schneiderei wollte er komplett mir geben. Ich musste ihn fast zwingen, es zu behalten. Welcher Junge bringt seinem Vater heutzutage noch so viel Respekt entgegen?«

Der Sheriff versank in regloses Schweigen. Roger dachte, dass er nicht viel über den Aufstand erfahren hatte: die Besetzung des Hauptpostamtes, die gescheiterten Angriffe auf Schloss und Magazine Fort. Und die standrechtlichen Erschießungen der Anführer, darunter sein irischer Freund Sean McDermott, einer der ersten Dichter, der wieder auf Gälisch, geschrieben hatte. Wie viele mehr hatte man füsiliert, und wo? Direkt im Gefängnis von Kilmainham Gaol oder hatte man sie nach Richmond Barracks gebracht? Alice hatte ihm erzählt, man habe James Connolly, den Initiator des Aufstands, der wegen seiner Verletzungen nicht mehr habe stehen können, auf einem Stuhl sitzend vor das Erschießungskommando gestellt. Diese Barbaren! Die Informationen, die Roger, teilweise noch während der Kämpfe, bei den Verhören, durch seinen Anwalt, seine Schwester und Alice zugetragen wurden, ergaben kein klares Bild des Geschehens, ihm kam es vor wie ein einziges blutiges Chaos aus Bomben, Bränden und Schüssen. Flüchtige Anekdoten, Fragmente, Gesprächsfetzen, die er für sich in einen sinnvollen Zusammenhang zu bringen versuchte. Aus den Fragen von Thomson und Hall während der Verhöre schlussfolgerte er, dass die englische Regierung ihn verdächtigte, aus Deutschland gekommen zu sein, um den Aufstand anzuführen. So wurde also Geschichte geschrieben! Er, der kam, um die Rebellion zu verhindern, wurde durch einen britischen Fehlschluss zu ihrem Anführer! Seit langem schon schrieb die britische Regierung ihm einen weitaus größeren

Einfluss innerhalb der Unabhängigkeitsbewegung zu, als es der Wirklichkeit entsprach. Vielleicht erklärte das die Hetzkampagnen der britischen Presse, die ihn während seines Aufenthaltes in Berlin beschuldigte, sich an den Kaiser verkauft zu haben, ihn als Verräter und Söldner bezeichnete und die ihm dieser Tage die schlimmsten Laster anzuhängen trachtete. Ein Rufmordversuch, mit dem ein Anführer vernichtet werden sollte, der er nie war und nie sein wollte. Die Geschichte war also letztlich nicht mehr als eine Form des Fabulierens, die sich wissenschaftlichen Anschein gab.

»Einmal hatte er hohes Fieber, und der Arzt sagte, er könnte vielleicht sterben«, nahm der Sheriff seinen Monolog erneut auf. »Aber Mrs. Cubert, seine Amme, und ich haben ihn gepflegt, ihn warm gehalten und ihn mit viel Geduld und Fürsorge durchgebracht. Nächtelang saß ich bei ihm, habe ihn am ganzen Körper mit Kampfer eingerieben. Das tat ihm gut. Es brach einem das Herz, diesen kleinen Kerl vor Kälte bibbern zu sehen. Ich hoffe, dass er nicht gelitten hat. Ich meine, in den Schützengräben dort in Loos. Dass er schnell gestorben ist, ohne es groß zu merken. Dass Gott nicht so grausam war, ihm ein langes Leiden zuzumuten, dass er nicht langsam verbluten oder am Senfgas ersticken musste. Er ist sonntags immer zum Gottesdienst gegangen, er hat seine christlichen Pflichten ernst genommen.«

»Wie hieß Ihr Sohn, Sheriff?«, fragte Roger.

Er hatte den Eindruck, der Wächter würde erneut zusammenzucken, als hätte er ein weiteres Mal vergessen, dass er nicht allein war.

»Er hieß Alex Stacey«, sagte er schließlich. »Wie mein Vater. Und wie ich.«

»Danke, dass Sie mir das sagen«, sagte Roger. »Wenn man den Namen weiß, kann man sich jemanden, den man nicht kennt, besser vorstellen. Alex Stacey ist ein schöner Name. Man denkt sofort an einen guten Menschen.«

»Höflich und hilfsbereit«, murmelte der Sheriff. »Ein wenig schüchtern vielleicht. Vor allem mit den Frauen. Ich habe ihn von klein auf beobachtet. Unter Männern war er ungezwungen, aber Frauen schüchterten ihn ein. Er traute sich nicht, ihnen in die Augen zu schauen. Und wenn sie ihn ansprachen, fing er an zu stottern. Bestimmt ist er gestorben, ohne eine berührt zu haben.«

Der Sheriff verstummte und hing regungslos seinen Gedanken nach. Armer Junge! Wenn es stimmte, was sein Vater andeutete, hatte Alex Stacey nie die Wärme eines weiblichen Körpers gespürt. Die Wärme der Mutter, einer Ehefrau, einer Geliebten. Roger war immerhin, wenn auch nur für kurze Zeit, das Glück einer schönen, zärtlichen, sanften Mutter widerfahren. Er seufzte. Er hatte lange nicht an sie gedacht. Doch wenn es ein Jenseits gab, wenn die Seelen der Toten auf das vergängliche Leben der Sterblichen herabschauten, dann war Anne Jephson ohne Frage die ganze Zeit über bei ihm gewesen, dann hatten die Vorfälle in Deutschland sie ebenso getroffen wie ihn, hatte sie seine Enttäuschungen und das schreckliche Gefühl geteilt, sich geirrt zu haben, den Kaiser und die Deutschen – in seinem naiven Idealismus, mit seiner romantischen Ader, über die Herbert Ward sich immer lustig gemacht hatte – verklärt zu haben, indem er davon ausging, die Deutschen würden sich für Irland einsetzen, zu enthusiastischen Verbündeten seiner Unabhängigkeitsträume werden.

Doch, und ganz bestimmt hatte seine Mutter ihm auch während der fünf unsäglichen Tage in dem deutschen U-Boot beigestanden, als er sich auf der Fahrt von Helgoland zur irischen Küste in seiner Kabine vor Schmerzen und Übelkeit krümmte. Nie zuvor hatte er sich so elend gefühlt, körperlich wie moralisch. Außer winzigen Schlucken Kaffee und ein paar Bissen Brot konnte er nichts bei sich behalten. Der Kapitän des U 19, Oberleutnant zur See Raimund Weissbach, hatte ihm zur Linderung der Übelkeit Schnaps eingeflößt, worauf Roger Galle erbrach. Wenn das U-Boot mit etwa zehn Knoten pro Stunde an der Oberfläche fuhr, war das Schlingern am stärksten und seine Seekrankheit am schlimmsten. Wenn es untertauchte, bewegte es sich ruhiger, kam dafür aber langsamer vorwärts. Keine Decke und kein Mantel konnten die Kälte bannen, die ihm in den Knochen steckte. Und er litt an einer Klaustrophobie, die ihm jetzt wie ein Vorbote dessen vorkam, was ihm später im Gefängnis von Brixton, im Londoner Tower und im Pentonville-Gefängnis widerfahren sollte.

Sicherlich waren die Übelkeit und seine allgemeine Schwäche daran schuld gewesen, dass er die Zugfahrkarte von Berlin nach Wilhelmshaven in seiner Manteltasche vergaß. Die Polizisten, die ihn in McKenna's Fort festnahmen, holten sie hervor, als sie ihn auf der Polizeiwache von Tralee durchsuchten. Die Zugfahrkarte diente der Staatsanwaltschaft während des Prozesses als Beweis, dass er aus Deutschland, dem Feindesland, nach Irland gekommen war. Schlimmer noch war, dass die Polizisten der *Royal Irish Constabulary* in einer anderen Tasche den Zettel mit dem Geheimcode fanden, den ihm die Oberste Heeresleitung gegeben hatte, damit er sich im Notfall mit der höchsten kaiserlichen Kommandoebene in Verbindung setzen könnte. Wie war es möglich, dass er ein so kompromittierendes Dokument nicht vernichtet hatte, ehe er das U-Boot verlassen hatte? Diese Frage schwärte in seinem Kopf wie eine Wunde. Und doch erinnerte Roger sich ganz genau, dass Bailey und er, bevor sie sich vom Kapitän und der Besatzung verabschiedeten, auf Anraten Monteiths ihre Taschen gründlich durchsucht hatten, um alles wegzuwerfen, was Hinweis auf ihre Identität und den Ausgangspunkt ihrer Reise hätte geben können. Wie konnte er so nachlässig gewesen sein, dass ihm eine Zugfahrkarte und der Geheimcode entgingen? Er dachte an das befriedigte Lächeln, mit der der Staatsanwalt den Zettel mit dem Code vor Gericht hochhielt. Welchen Schaden mochte diese Information in den Händen des britischen Geheimdienstes für Deutschland bedeutet haben?

Er war physisch und psychisch angegriffen gewesen, anders ließ es sich nicht erklären, seine Gesundheit hatte in Deutschland gelitten, die politischen Ereignisse hatten ihm zugesetzt – erst scheiterte seine Irische Brigade, dann erfuhr er, dass die *Volunteers* und die *Irish Revolutionary Brotherhood* den Osteraufstand ohne eine militärische Parallelaktion der Deutschen beschlossen hatten –, und seine Klarsicht und sein geistiges Gleichgewicht beeinträchtigt, das alles hatte ihn seiner Konzentrationsfähigkeit beraubt. Oder waren es die ersten Anzeichen des Wahnsinns? Dieses Gefühl war ihm vertraut, im Kongo und im Amazonas war es ihm ähnlich ergangen, als er Zeuge der bestialischen Brutalität wurde, der die Eingeborenen dort ausgesetzt waren. Drei- oder viermal war er damals dem Zusammenbruch nahe gewesen, hatte ihn eine lähmende Ohnmacht überkommen angesichts des grenzenlosen Bösen. Unter solchen Umständen mag man folgenschwere Unachtsamkeiten begehen. Einen Augenblick lang erleichterte ihn diese Begründung, aber gleich darauf empfand er wieder Schuld und Reue.

»Ich hatte schon den Gedanken, mir das Leben zu nehmen«, ließ die Stimme des Sheriffs ihn auffahren. »Ohne Alex hat das Leben für mich keinen Sinn. Ich habe keine anderen Verwandten. Auch keine Freunde. Nur ein paar Bekannte. Mein Sohn war alles für mich. Wozu weitermachen, ohne ihn?«

»Solche Gedanken kenne ich, Sheriff«, murmelte Roger. »Aber trotz allem hat das Leben doch auch schöne Seiten. Sie werden schon sehen, Sie sind ja noch jung.«

»Ich bin siebenundvierzig und sehe älter aus«, entgegnete der Wächter. »Und ich habe mich nur wegen der Religion nicht umgebracht. Sie verbietet es. Aber ganz ausgeschlossen habe ich es noch nicht. Wenn ich nicht darüber hinwegkomme, wenn sich weiter alles so leer und gleichgültig anfühlt, dann tue ich es. Das Leben muss einem lebenswert vorkommen. Sonst lässt man es besser.«

Er sagte das ganz ruhig und überlegt. Dann verfiel er wieder in Schweigen. Roger lauschte. Er vermeinte die Klänge eines Liedes, einen Chor zu hören, doch so gedämpft und fern, dass er weder Melodie noch Text erkannte.

Warum waren die Anführer des Aufstands dagegen gewesen, dass er nach Irland zurückkehrte? Warum hatten sie auf die deutsche Regierung eingewirkt, ihn in Berlin zu behalten und als »Botschafter« der nationalistischen irischen Organisationen – welch ein lächerlicher Titel! – anzuerkennen? Er hatte die entsprechenden Briefe gesehen, die fraglichen Sätze wieder und wieder gelesen. Für Monteith bestand kein Zweifel, dass es auf Rogers Ablehnung eines Aufstands ohne flankierende Militäroffensive zurückging. Warum hatten sie ihm das nicht offen gesagt? Warum erreichte ihn diese Entscheidung über die deutschen Behörden? Vielleicht misstrauten sie ihm? Vielleicht schenkten sie den idiotischen, haarsträubenden Gerüchten Glauben, die von der britischen Regierung in Umlauf gebracht worden waren und die ihn als englischen Spion denunzierten? Ihn hatten diese Verleumdungen gar nicht weiter gekümmert, weil er stets davon ausgegangen war, dass seine Freunde und Gefährten darin eine Diffamierungskampagne des britischen Geheimdienstes erkennen würden, die Argwohn und Zwietracht unter den Nationalisten säen sollte. Jedenfalls war inzwischen wohl deutlich geworden, dass Roger Casement nach wie vor ein loyaler Verfechter der irischen Unabhängigkeitssache war. Hatten auch manche von denen, die in Kilmainham Gaol erschossen worden waren, an seiner Loyalität gezweifelt? Aber was galt jetzt noch das Verständnis der Toten?

Der Sheriff stand auf, schlurfte zur Tür und sagte:

»Es war nicht richtig, was ich getan habe. Ein Verstoß gegen die Vorschriften. Niemand darf mit Ihnen sprechen, erst recht nicht ich, der Sheriff. Aber ich konnte nicht mehr. Wenn ich nicht mit jemandem geredet hätte, wäre ich am Ende durchgedreht.«

»Es hat mich gefreut, Sheriff«, wisperte Roger. »In meiner Situation ist es eine Erleichterung, mit jemandem zu sprechen. Ich bedaure nur, dass ich Ihnen keinen Trost spenden konnte.«

Der Wächter grummelte etwas, öffnete die Zellentür und ging hinaus. Der Schlüssel drehte sich hörbar im Schloss.

Roger legte sich auf die Seite, schloss die Augen und versuchte einzuschlafen, doch er wusste, dass er auch in dieser Nacht nicht zur Ruhe kommen und dass die Stunden bis zum Tagesanbruch unendlich langsam vergehen würden.

Er dachte darüber nach, was der Sheriff über seinen Sohn gesagt hatte, dass er wohl gestorben sei, ohne eine Frau berührt zu haben. Armer Junge. Neunzehn oder zwanzig Jahre alt geworden zu sein, ohne je Lust empfunden zu haben, die fieberhafte Besinnungslosigkeit, das Innehalten der Welt, diese kurze Ewigkeit, die alle Fasern des Körpers durchdrang und die Seele zutiefst erschütterte. Er selbst wäre vielleicht auch unberührt gestorben, wenn er mit zwanzig Jahren nicht nach Afrika gegangen, sondern in Liverpool als Angestellter der *Elder Dempster Line* geblieben wäre. Frauen gegenüber war er vielleicht noch schüchterner, als es der plattfüßige junge Alex Stacey gewesen war. Er erinnerte sich an die Witzeleien, mit denen seine Cousinen, vor allem Gee, ihn zum Erröten gebracht hatten. Sie mussten nur ein Mädchen erwähnen, zum Beispiel sagen: »Hast du gesehen, wie Dorothy dich ansieht?« oder »Hast du gemerkt, dass Malina immer versucht, sich beim Picknick neben dich zu setzen? Du gefällst ihr, gefällt sie dir auch?« – und schon war es ihm unangenehm. Er verkrampfte, begann zu stammeln und zu stottern, dummes Zeug zu reden, bis Gee und ihre Freundinnen loslachten und ihm sagten: »Das war ein Scherz, hab dich doch nicht so!«

Allerdings war sein ästhetisches Empfinden schon früh sehr ausgeprägt gewesen, er fühlte sich von schönen Gesichtern und Körpern angesprochen, einer harmonischen Silhouette, einem lebhaften Blick, einer schmalen Taille, von muskulösen Gliedmaßen, die an die selbstvergessene Kraft eines Raubtiers erinnerten. Und in Afrika schließlich war ihm bewusst geworden, dass die verbotene Schönheit, die ihn am meisten erregte und in inneren Aufruhr versetzte, nicht die weibliche, sondern die männliche war. Vorher hatten seine puritanische Erziehung und die rigide Prüderie seiner Familie ein solches sexuelles Erwachen verhindert. Wo er herkam, wurde jegliche Anziehung zwischen Personen desselben Geschlechts als eine verabscheuenswerte Entgleisung betrachtet, als Verbrechen verurteilt und als Sünde verdammt. In Magherintemple, dem Haus seines Großonkels John in Antrim, und bei seinem Onkel und seiner Tante in Liverpool waren ihm Fotografien schöner, schlanker Männerkörper in die Hände geraten, an denen er sich – allein mit den Augen und im Geiste – erfreut hatte, deren Reiz jedoch rein ästhetischer Natur gewesen war, wie er sich selbst weiszumachen versucht hatte.

Afrika, dieser ebenso schreckliche wie herrliche Kontinent, bot neben unsagbarem Leid auch große Freiheiten, die Menschen wurden dort auf unvorstellbare Weise misshandelt, konnten andererseits aber ihre Leidenschaften, Fantasien, Sehnsüchte und Träume ausleben, ohne all die Vorurteile und Einschränkungen, die in Großbritannien herrschten. Roger erinnerte sich an einen heißen Nachmittag in Boma, damals nicht viel mehr als ein Weiler aus ein paar Häusern. Er war zum Schwimmen an den Fluss gegangen, der auf jener Höhe kleine Lagunen und murmelnde Wasserfälle zwischen den Felsen bildete, beschattet von hohen Mangobäumen, Kokosnusspalmen, Baobabs und Riesenfarnen. Zwei junge Bakongos badeten dort, nackt wie er. Sie sprachen kein Englisch, erwiderten seinen Gruß jedoch mit einem Lächeln. Es sah aus, als würden sie nur herumplanschen, doch dann bemerkte Roger, dass sie mit bloßen Händen fischten. Ihr aufgeregtes Gelächter rührte von der Schwierigkeit, die glitschigen Fische festzuhalten. Einer der beiden war sehr schön, hatte einen schlaksigen, dunklen Körper und blitzende Augen. Geschmeidig bewegte er sich im Wasser. Sein muskulöser Oberkörper war von glitzernden Tropfen bedeckt. Er hatte leuchtend weiße Zähne, und sein dunkles Gesicht war mit geometrischen Mustern tätowiert. Als es ihnen endlich gelungen war, einen Fisch zu fangen, stieg der andere Junge aus dem Wasser, um ihn auszunehmen und ein Feuer anzufachen. Der schöne Jüngling sah Roger lächelnd an. Erregt lächelte Roger zurück und schwamm zu ihm. Als er ihn erreichte, wusste er nicht, was er tun sollte. Er verspürte eine leichte Scham und war zugleich grenzenlos glücklich.

»Wie schade, dass du mich nicht verstehst«, hörte er sich halblaut sagen. »Ich hätte dich gern fotografiert. Mich mit dir unterhalten. Dich zum Freund gehabt.«

Sie standen so nah beieinander, dass sie sich fast berührten, und plötzlich spürte Roger, dass die Hände des Jungen sich an seinem Bauch herabtasteten, sein erregtes Geschlecht berührten und streichelten. In der Dunkelheit seiner Zelle seufzte er vor Verlangen auf. Ihm war alles wieder ganz gegenwärtig, die Überraschung, die unbeschreibliche Erregung, seine Verstörung, der Körper des Jungen in seinen Armen, das steife Glied an seinen Schenkeln und seinem Bauch.

Es war sein erster Liebesakt gewesen, wenn man es als Liebe bezeichnen konnte, sich im Wasser an dem Körper eines Knaben zu reiben, der ihn bis zum Höhepunkt brachte und wahrscheinlich auch selber die höchste Lust erreichte, was Roger allerdings nicht bemerkte. Als er aus dem Wasser war und sich anzog, luden die beiden Bakongos ihn ein, den Fisch mit ihnen zu teilen, der über dem kleinen Lagerfeuer briet.

Wie beschämt er später war. Den restlichen Tag über fühlte er sich benommen, quälte ihn sein Gewissen, unterbrochen von Momenten schieren Glücks, dem Bewusstsein, die Mauern eines Gefängnisses gesprengt und eine Freiheit erlangt zu haben, nach der er sich insgeheim immer gesehnt hatte. Trotzdem hatte er sich voller Reue geschworen, es nie wieder geschehen zu lassen, um seiner Ehre, dem Gedenken seiner Mutter, der Religion willen, wobei ihm ganz klar war, dass er sich damit selbst belog, dass er jetzt, da er die verbotene Frucht gekostet hatte und den Taumel des Verlangens erlebt hatte, nie wieder ganz darauf verzichten können würde. Es war eines der seltenen Male gewesen, dass die Lust ihn nichts gekostet hatte. Aber war es nicht eben das Bezahlen seiner flüchtigen, minuten- oder stundenlangen Geliebten gewesen, das ihn bald von den Schuldgefühlen befreite, die ihn anfangs nach jedem Abenteuer heimgesucht hatten? Gut möglich. Als würde der vereinbarte Handel – du gibst mir deinen Mund, deinen Penis, ich gebe dir meine Zunge, meinen Hintern und ein paar Pfund – in Parks, öffentlichen Bädern, Bahnhöfen, schäbigen Pensionen oder an dunklen Straßenecken mit Männern, die seine Sprache nicht beherrschten und mit denen er sich nur durch Gesten verständigen konnte, die moralische Dimension solchen Tuns ausblenden und das Ganze in ein reines Tauschgeschäft verwandeln, als würde man Eis oder eine Packung Zigaretten kaufen. Es war keine Liebe, sondern Lust. Er hatte gelernt, Lust zu empfinden, aber nicht, zu lieben oder geliebt zu werden. Es hatte besonders intensive Begegnungen in Afrika, Brasilien, Iquitos, London, Belfast oder Dublin gegeben, die sich nicht wie ein bloßes Abenteuer angefühlt hatten und nach denen er sich gesagt hatte: »Ich bin verliebt.« Doch das war immer ein Irrtum gewesen. Nie hatte es angedauert. Nicht einmal mit Eivind Adler Christensen, dem er wohl Zuneigung entgegengebracht hatte, doch eher wie ein Vater oder großer Bruder. Schön unglücklich war er gewesen. Auch in dieser Hinsicht war sein Leben gescheitert. Etliche sporadische Geliebte – Dutzende, vielleicht sogar Hunderte –, doch keine einzige Liebesbeziehung. Reiner Sex, hastig und animalisch. Letztlich waren alle Episoden seines spät begonnenen Sexual- und Liebeslebens so rasch und folgenlos verlaufen wie damals in der Lagune bei dem kleinen Weiler Boma am Unterlauf des Kongos. Flüchtige Momente der Wonne, nichts, das mit einer richtigen, andauernden Beziehung vergleichbar gewesen wäre, die nicht nur von der Leidenschaft, sondern auch von Verständnis, Komplizenschaft, Freundschaft, Dialog und gegenseitiger Unterstützung lebte, wie die Beziehung, um die er Herbert und Sarita Ward immer beneidet hatte. Das war eine weitere große Lücke in seinem Leben, die ihn mit Wehmut erfüllte.

Da bemerkte er, dass unter seiner Zellentür das erste Tageslicht hindurchschien.

XII

›Ich werde bei dieser verfluchten Reise draufgehen‹, dachte Roger, als Sir Edward Grey ihm erklärte, dass die britische Regierung angesichts der widersprüchlichen Nachrichten, die sie aus Peru erreichten, nur mit Bestimmtheit wissen könne, woran sie sei, wenn Roger erneut nach Iquitos reisen und sich vor Ort vergewissern würde, ob die peruanische Regierung Maßnahmen getroffen habe, um die Missstände in Putumayo zu beheben, oder ob sie die geforderten Reformen verschleppe, weil sie sich Julio C. Arana nicht entgegenstellen könne oder wolle.

Rogers Zustand verschlechterte sich zusehends. Seit der Rückkehr aus Iquitos litt er wieder unter Bindehautentzündung und Wechselfieber. Auch die Hämorrhoiden quälten ihn. Unmittelbar nach seinem Eintreffen in London, Anfang Januar 1911, unterzog er sich ärztlichen Untersuchungen. Die beiden Spezialisten, die er aufsuchte, schrieben seinen Zustand den Reisestrapazen zu. Er müsse sich erholen, ein Urlaub sei ratsam.

Doch das ging nicht. Der Bericht, den die britische Regierung ungeduldig erwartete, die zahlreichen Besprechungen im Ministerium, bei denen er von seinen Eindrücken im Amazonasgebiet berichten sollte, und einige Treffen mit Mitgliedern der Gesellschaft zur Abschaffung der Sklaverei nahmen ihn ganz in Anspruch. Außerdem traf er sich mit den englischen und peruanischen Vorständen der *Peruvian Amazon Company*, die zwei Stunden lang wie versteinert seine Schilderungen über die Situation in Putumayo anhörten. Sie waren so bestürzt, dass sie sich schließlich von ihm verabschiedeten, ohne auch nur eine einzige Frage gestellt zu haben.

An dem zweiten Treffen mit Delegierten der *Peruvian*

Amazon Company nahm Julio C. Arana selbst teil. Es war das erste und einzige Mal, dass Roger diesem Menschen persönlich begegnete, den die einen verherrlichten, als wäre er ein Heiliger oder politischer Führer, und dem andere die schlimmsten Eigenschaften zuschrieben. Roger nahm ihn in Augenschein wie ein Entomologe, der ein noch nicht katalogisiertes Insekt vor sich hat.

Arana gab vor, Englisch zu verstehen, sprach es jedoch nie, ob aus Unsicherheit oder Eitelkeit. Ein Dolmetscher übersetzte ihm leise ins Ohr. Der Gründer der *Peruvian Amazon Company* war nicht besonders groß, dunkelhaarig, seine leicht schräggestellten, asiatisch anmutenden Augen verliehen ihm die Züge eines Mestizen, er hatte eine breite Stirn, über der sich sein lichtendes Haar in der Mitte scheitelte. Sein Schnurr- und Kinnbart waren frisch gestutzt, und er verströmte einen Duft nach Kölnisch Wasser. Ganz offensichtlich war er so sehr auf Reinlichkeit und makellose Garderobe bedacht, wie man ihm nachsagte. Sein feiner Kordanzug war tadellos geschnitten, womöglich eine Maßanfertigung aus der Savile Row. Arana tat den Mund nicht auf, während die übrigen Vorstände Roger diesmal zahllose Fragen stellten, die ohne Zweifel von den Anwälten der Gesellschaft vorbereitet worden waren. Sie versuchten, ihn in Widersprüche zu verwickeln, unterstellten Irrtümer, Übertreibungen und warfen ihm vor, die Dinge aus der sentimentalen Sicht eines kultivierten Europäers zu betrachten, der sich mit einer primitiven Welt konfrontiert sieht.

Während Roger ihnen antwortete, weitere Vorkommnisse und Details anführte, beobachtete er Julio C. Arana aus den Augenwinkeln. Reglos wie eine Götzenstatue saß der Potentat auf seinem Stuhl. Seine Miene war undurchdringlich, in seinem harten, kalten Blick lag etwas Unerbittliches. Roger erinnerte er an die erloschenen Blicke der Vorsteher in den Kautschukstationen von Putumayo, denen ebenfalls die Fähigkeit abhandengekommen war (sollte sie jemals vorhanden gewesen sein), zwischen Gut und Böse, zwischen Menschlichkeit und Unmenschlichkeit zu unterscheiden.

Dieser leicht füllige, geschniegelte kleine Mann war also der Herrscher über ein Reich mit den Ausmaßen eines europäischen Staates, der so verehrte wie gefürchtete Gebieter über Leben und Besitz Zehntausender Menschen, der im Amazonasgebiet, in dieser Welt der Elenden, ein immenses Vermögen gemacht hatte. Und das, nachdem er als kleiner Junge in dem gottverlassenen Dorf im peruanischen Hochwald, das Rioja damals vermutlich war, von Haustür zu Haustür gezogen war, um Strohhüte zu verkaufen, die in seiner Familie geflochten wurden. Obwohl er nur wenige Jahre die Schule besucht hatte, stieg er durch übermenschliche Willenskraft, einen genialischen Geschäftssinn und völlige Skrupellosigkeit in der gesellschaftlichen Hierarchie unaufhaltsam auf. Vom Hausierer, der im weiten Amazonasgebiet Hüte verscherbelte, zum Auftraggeber jener armseligen Kautschuksammler, die sich auf eigene Gefahr in den Busch begaben, von ihm ausgerüstet, wofür er mit einem bestimmten Anteil an ihrer Ernte beteiligt war, die er in Iquitos und Manaus an Fabrikanten und Exporteure verkaufte. Anfangs arbeitete er mit kolumbianischen Kautschukunternehmern zusammen, die ihm jedoch nach und nach, weil sie entweder nicht so gewitzt oder weniger geschäftstüchtig oder amoralisch waren wie er, ihr Land, ihre Depots und ihre eingeborenen Arbeiter für einen Spottpreis überließen und manchmal selbst in seine Dienste treten mussten. Misstrauisch, wie er war, setzte Arana seine Brüder und Schwäger in den Schlüsselpositionen des Unternehmens ein, das inzwischen zwar ungemein gewachsen und seit 1908 an der Londoner Börse notiert war, praktisch aber weiter wie ein Familienbetrieb geführt wurde. Wie groß war sein Vermögen wirklich? Was man gerüchteweise hörte, war sicherlich übertrieben, doch der Hauptsitz der *Peruvian Amazon Company* befand sich in einem noblen Gebäude mitten in der Londoner City, und Aranas Wohnhaus in der Kensington Road stand den umliegenden Palästen der Fürsten und Bankiers in nichts nach. Seine Villa in Genf und seine Sommerresidenz in Biarritz waren von bekannten Dekorateuren eingerichtet und mit teuren Gemälden und Kunstgegenständen ausgestattet. Ihm selbst sagte man jedoch einen asketischen Lebensstil nach, dass er weder trinke noch spiele, auch keine Geliebten habe und jede freie Minute seiner Frau widme. Er hatte sich in sie verliebt, als er noch ein Junge in Rioja war, wo sie beide aufgewachsen waren, doch Eleonora Zumaeta, die Schullehrerin in ihrem gemeinsamen Geburtsort wurde, hatte seinen Antrag erst viele Jahre später angenommen, als er bereits wohlhabend und mächtig war.

Am Ende des Treffens ließ Julio C. Arana durch seinen Dolmetscher versichern, das Unternehmen werde alles Nötige veranlassen, um die Mängel oder Unzulänglichkeiten in den Kautschukstationen in Putumayo unverzüglich zu beheben. Es sei stets die Politik seines Unternehmens gewesen, sich an der Gesetzgebung und altruistischen Moral Großbritanniens zu orientieren. Darauf verabschiedete er sich mit einem Kopfnicken von Roger, ohne ihm die Hand zu reichen.

Der Bericht über Putumayo nahm Roger anderthalb Monate in Anspruch. Er begann ihn in einem Büro des Foreign Office zu schreiben, wo ein Stenograf zur Verfügung stand, setzte die Arbeit dann aber in seiner Wohnung in Philbeach Gardens fort, unweit der schönen kleinen Kirche St Cuthbert with St Matthias, die er manchmal besuchte, um den ausgezeichneten Organisten spielen zu hören. Auch zu Hause war jedoch bald kein ruhiges Arbeiten mehr möglich. Politiker, Mitglieder von Menschenrechtsorganisationen und Journalisten suchten ihn auf, da sich, nicht zuletzt durch spekulative Zeitungsartikel, herumgesprochen hatte, dass sein Bericht über Putumayo ebenso unverblümt sein würde wie der über den Kongo. Schließlich bat er das Foreign Office um Erlaubnis, sich nach Irland begeben zu dürfen.

In Dublin bezog er Quartier im Hotel Buswells, in der Molesworth Street, wo er Anfang März 1911 den Schlusspunkt setzte. Kurz darauf erreichten ihn die Glückwünsche seiner Vorgesetzten und Kollegen. Sir Edward Grey persönlich lobte den Bericht und schlug einige kleinere Änderungen vor. Das Dokument wurde sogleich an die Regierung der Vereinigten Staaten übermittelt. Es war vorgesehen, dass London und Washington gemeinsam Druck auf die peruanische Regierung ausüben und im Namen der zivilisierten Welt das Ende der Verbrechen und eine gerichtliche Aufarbeitung der Missstände verlangen sollten.

In der Zwischenzeit nahm Roger an den Versammlungen verschiedener Regierungskommissionen, des Parlaments und der Gesellschaft zur Abschaffung der Sklaverei teil. Dabei wurden Möglichkeiten der Zusammenarbeit zwischen öffentlichen und privaten Institutionen diskutiert, die die Situation der Eingeborenen im Amazonasgebiet verbessern helfen sollten. Auf Rogers Vorschlag hin beschloss man, eine religiöse Mission in Putumayo einzurichten, was die Gesellschaft von Arana bislang stets verhindert hatte. Jetzt aber verpflichtete sie sich, das Missionsprojekt zu finanzieren.

Ende Juni 1911 war Roger endlich frei von Verpflichtungen und konnte nach Irland aufbrechen. Dort erreichte ihn ein persönlicher Brief von Sir Edward Grey, in dem es hieß, Seine Majestät George V. habe entschieden, ihn für seine Verdienste um den Kongo und das Amazonasgebiet zu adeln.

Während seine Verwandten und Freunde ihn lebhaft beglückwünschten, überkamen Roger, der sich das Lachen nicht verkneifen konnte, als er die ersten Male mit Sir Roger angeredet wurde, ernste Zweifel. Wie konnte er diesen Titel annehmen, von einem Staat verliehen, der sein Land kolonisiert hatte und den er als Feind empfinden musste? Doch arbeitete er nicht andererseits als Diplomat für ebendiesen König und diese Regierung? Nie zuvor war ihm dieses Dilemma so schmerzlich bewusst geworden. Mit großem Einsatz arbeitete er im Dienste Großbritanniens, gleichzeitig setzte er sich für Irlands Selbstbestimmung ein, wobei er sich zunehmend von den gemäßigten Gruppen um John Redmond distanzierte, die eine irische Selbstverwaltung nach dem *Home Rule*-Prinzip anstrebten, und den radikaleren Fraktionen wie der *Irish Revolutionary Brotherhood* unter ihrem geheim agierenden Anführer Tom Clarke zuwandte, die auf eine bewaffnete Aktion setzten.

Von seiner eigenen Zögerlichkeit mürbe, schrieb er Sir Edward Grey schließlich einen freundlichen Brief, in dem er die ihm angetragene Ehre dankend annahm. Die Nachricht ging durch die Presse, sein öffentliches Ansehen stieg.

Großbritannien und die Vereinigten Staaten forderten die peruanische Regierung offiziell auf, die durch Rogers Bericht vorrangig inkriminierten Übeltäter – Fidel Velarde, Alfredo Montt, Augusto Jiménez, Armando Normand, José Inocente Fonseca, Abelardo Agüero, Elías Martingengui und Aurelio Rodríguez – festzunehmen und vor Gericht zu stellen. Zunächst schien dem Folge geleistet zu werden. Der Geschäftsträger Großbritanniens in Lima, Lucien Gerome, telegrafierte an das Foreign Office, die elf leitenden Angestellten der *Peruvian Amazon Company* seien entlassen worden. Der aus Lima entsandte Richter Valcárcel habe gleich nach seiner Ankunft in Iquitos eine Expedition zu den Kautschukstationen in Putumayo organisiert, die er allerdings nicht selbst habe begleiten können, da er erkrankt sei und sich einer Operation in den Vereinigten Staaten habe unterziehen müssen. Er habe an seiner statt den ebenso energischen wie respektablen Rómulo Paredes, Herausgeber der Zeitung *El Oriente*, als Leiter der Expedition eingesetzt. Dieser habe sich mit einem Arzt, zwei Dolmetschern und einer Eskorte von neun Soldaten in das Gebiet begeben. Die Kommission habe alle Kautschukstationen der *Peruvian Amazon Company* besucht und sei soeben nach Iquitos zurückgekehrt, wo in der Zwischenzeit auch der genesende Richter Valcárcel wieder eingetroffen sei. Die peruanische Regierung habe ihm, Lucien Gerome, versprochen, nach Erhalt des Berichts von Paredes und Valcárcel unverzüglich zu handeln.

Doch wenig später erfuhr man, wiederum von Lucien Gerome, die Regierung Leguía habe bedauernd mitgeteilt, ein Großteil der Täter, die per Haftbefehl gesucht würden, habe sich nach Brasilien abgesetzt. Die Übrigen hielten sich vermutlich im Dschungel versteckt oder hätten die Grenze nach Kolumbien überquert. Die Vereinigten Staaten und Großbritannien versuchten, auf die brasilianische Regierung einzuwirken, um eine Auslieferung der Justizflüchtigen nach Peru zu erwirken. Doch der brasilianische Außenminister Baron von Rio Branco erklärte beiden Ländern, es bestehe kein Auslieferungsabkommen zwischen Peru und Brasilien, eine Rücküberstellung besagter Personen stelle insofern ein delikates juristisches Problem auf internationaler Ebene dar.

Einige Tage später berichtete der britische Geschäftsträger, der peruanische Außenminister habe ihm in einem Gespräch unter vier Augen gestanden, Präsident Leguía sehe sich in einer heiklen Lage. Die Kolumbianer hätten ihre militärischen Stützpunkte an der Grenze zu Putumayo verstärkt, und augenblicklich hinderten nur die Präsenz der Gesellschaft Julio C. Aranas und deren Sicherheitskräfte die Kolumbianer daran, die Region zu besetzen. Die Forderungen der Vereinigten Staaten und Großbritanniens seien aus peruanischer Sicht insofern absurd, als eine Schließung oder strafrechtliche Verfolgung der *Peruvian Amazon Company* schlichtweg bedeuten würde, Kolumbien das Gebiet zu überlassen. Kein peruanischer Regierungschef könne so etwas tun, ohne dabei politischen Selbstmord zu begehen. Und Peru verfüge kaum über die Mittel, im fernen Putumayo einen ausreichend großen militärischen Stützpunkt einzurichten, um das Staatsgebiet zu verteidigen. Lucien Gerome fügte hinzu, dies alles gebe keinen Anlass zu der Hoffnung, dass die peruanische Regierung über vage Erklärungen und bloße Gesten hinaus wirkungsvolle Maßnahmen ergreifen würde.

Vor dem Hintergrund dieser Einschätzung und bevor die Regierung Seiner Majestät den Bericht über Putumayo veröffentlichen und von der Volksgemeinschaft Sanktionen gegen Peru fordern würde, beschloss das Foreign Office, Roger erneut ins Amazonasgebiet zu entsenden, damit er sich persönlich vergewissere, ob ein Untersuchungsverfahren in Gang sei und ob Richter Valcárcel tatsächlich rechtliche Schritte eingeleitet habe. Sir Edward Grey bat Roger so inständig, dass der nicht ablehnen konnte, allerdings drängte sich ihm dabei ein Gedanke auf, der ihm in den darauffolgenden Monaten noch oft in den Sinn kommen sollte: ›Ich werde bei dieser verfluchten Reise draufgehen.‹

Roger war mitten in den Vorbereitungen für diese neue Mission, als Omarino und Arédomi in London eintrafen. Während der fünf Monate in Barbados hatten sie ein wenig Englisch, Lesen und Schreiben gelernt und sich an die westliche Kleidung gewöhnt. Roger musste jedoch bald erkennen, dass die beiden Jungen in ihrem neuen zivilisierten Leben zwar keinen Hunger mehr litten und weder geschlagen noch ausgepeitscht wurden, dafür aber einen traurigen, verängstigten Eindruck machten. Sie waren ständig von fremden Menschen umringt, die sie begutachteten, ihnen prüfend über die Haut strichen und ihnen unverständliche Fragen stellten.

Roger nahm sie mit in den Zoo, zum Eisessen in den Hyde Park, auf Besuch zu seiner Schwester Nina und seiner Cousine Gee und zu einem der Abende mit Künstlern und Intellektuellen bei Alice Stopford Green. Alle behandelten sie sehr freundlich, doch die Neugierde, mit der man sie betrachtete, vor allem, wenn sie ihre Hemden ausziehen und die Narben auf ihren Rücken und Hinterteilen herzeigen sollten, bedrückte die Jungen. Manchmal bemerkte Roger, dass sie Tränen in den Augen hatten. Er hatte vorgehabt, sie nach Irland in die am Rande Dublins gelegene, zweisprachige Schule St. Enda's zu schicken, deren Direktor Patrick Pearse er gut kannte, ein Pädagoge, Autor, Dichter, militanter Katholik und radikaler Nationalist. Roger hatte dort einmal einen Vortrag über Afrika gehalten und unterstützte mit regelmäßigen Spenden die Arbeit Pears', der nicht nur durch sein Schulprojekt, sondern auch als Mitglied der Gälischen Liga und durch publizistische Arbeiten für die Verbreitung der altirischen Sprache eintrat. In einem Brief schilderte Roger ihm die Herkunft der beiden Jungen. Pearse willigte ein, sie aufzunehmen, bot sich sogar an, für sie das Schulgeld zu senken. Doch als Roger diese Antwort erhielt, hatte er bereits beschlossen, Omarinos und Arédomis tägliche Bitten zu erhören und sie zurück ins Amazonasgebiet zu schicken. Beide waren in England zutiefst unglücklich, wo sie sich wie menschliche Kuriositäten vorkamen, die Überraschung, Vergnügen, Ergriffenheit und manchmal Erschrecken auslösten, von ihren Betrachtern jedoch niemals als ihresgleichen, immer nur als exotische Fremdlinge behandelt wurden.

Auf seiner erneuten Reise nach Iquitos beschäftigte die unbegreifliche Widersprüchlichkeit der menschlichen Seele Roger sehr. Beide Jungen hatten der Hölle des Amazonas entkommen wollen, wo sie misshandelt worden waren und wie Tiere hatten arbeiten müssen. Er hatte alles in seiner Macht Stehende für sie getan, hatte einen Teil seines bescheidenen Besitzes darauf verwandt, ihre Überfahrt nach Europa zu bezahlen und in den vorangegangenen sechs Monaten für sie aufzukommen, in dem Glauben, sie auf diese Weise zu retten, ihnen ein lebenswertes Leben zu ermöglichen. Und dann waren sie in England, wenn auch aus anderen Gründen, dem Glück oder zumindest einem erträglichen Leben so fern gewesen wie in Putumayo. Man schlug sie nicht, brachte ihnen vielmehr Zuneigung entgegen, und trotzdem fühlten sie sich fremd und einsam, weil sie ahnten, dass sie niemals zu dieser Welt gehören würden.

Kurz vor Rogers Abreise ernannte das Foreign Office auf seinen Rat hin einen neuen Konsul für Iquitos: George Michell. Eine wunderbare Wahl! Roger hatte Michell im Kongo kennengelernt, wo er voller Einsatz bei der Kampagne mitgewirkt hatte, die Verbrechen unter der Herrschaft von Leopold II. aufzudecken. Er stand der kolonialen Unternehmung ebenso kritisch gegenüber wie Roger. Sollte es nötig sein, würde Michell nicht zögern, sich dem Hause Arana entgegenzustellen. Sie führten lange Gespräche und vereinbarten eine enge Zusammenarbeit.

Am 16. August 1911 stach die *Magdalena* mit Roger, Omarino und Arédomi an Bord von Southampton aus in See. Zwölf Tage später erreichte das Schiff Barbados. Als sich rings um das Schiff das silberblaue Karibische Meer erstreckte, fühlte Roger, wie sein sexuelles Verlangen wiedererwachte und seine Fantasie anregte. In seinem Tagebuch hielt er diesen Zustand mit drei Worten fest: »Ich brenne wieder.«

Kaum war er von Bord, begab er sich zu Pater Smith und dankte ihm für die Fürsorge, die er den beiden Jungen hatte zuteilwerden lassen. Es bewegte ihn zu sehen, wie Omarino und Arédomi, die in London so zurückhaltend gewesen waren, den Geistlichen innig umarmten. Pater Smith nahm sie zu einem Besuch im Konvent der Ursulinen mit. In dem stillen Klosterhof voller Johannisbrotbäumchen und violetten Bougainvilleabüschen, wo kein Straßengeräusch zu hören war und die Zeit stillzustehen schien, entfernte Roger sich von den anderen und setzte sich auf eine Bank. Er beobachtete Ameisen, die ein Blatt geschultert trugen wie Altarträger bei den Madonnenprozessionen in Brasilien, als er sich plötzlich erinnerte, dass es sein Geburtstag war. Siebenundvierzig Jahre! Besonders alt konnte man das noch nicht nennen. Andere in seinem Alter waren im Vollbesitz ihrer körperlichen und geistigen Kräfte, hatten Energie, Sehnsüchte und Pläne. Er hingegen fühlte sich alt und war von einer flauen Ahnung überkommen, in die letzte Etappe seines Lebens eingetreten zu sein. Mit Herbert Ward hatte er einmal darüber gesprochen, wie wohl ihre letzten Lebensjahre aussehen würden. Ward hatte sich im Alter in einem Landhaus am Mittelmeer gesehen, in der Provence oder in der Toskana. Mit einem weitläufigen Atelier und vielen Katzen, Hunden, Enten und Hühnern, wo er selbst sonntags für die ganze Familie große Töpfe Bouillabaisse kochen würde. Ganz anders Roger, der, von einer plötzlichen Gewissheit überkommen, ausrief: »Ich werde nicht alt, das weiß ich.« Lebhaft erinnerte er sich an diese Vorahnung und spürte sie auch jetzt wieder: Er würde nicht alt werden.

Am Tag nach der Ankunft ging Roger in die öffentlichen Bäder, die er von seiner letzten Durchreise her kannte. Wie erhofft, traf er auch diesmal auf athletische junge Männer, denn so wenig wie in Brasilien schämten die Menschen sich hier ihrer Körper. Ein Halbwüchsiger von fünfzehn oder sechzehn Jahren verwirrte ihn besonders. Er hatte den matt schimmernden Hautton der Mulatten, große grüne Augen und einen herausfordernden Blick. Er trug eine enge Badehose, und seine schmalen, definierten Beine machten Roger schwindlig. Die Erfahrung hatte seine Intuition dafür geschärft, an beinahe unmerklichen Zeichen – einem angedeuteten Lächeln, einem bestimmten Augenaufschlag, einer einladenden Bewegung – rasch zu erkennen, ob der andere begriff, was er von ihm wollte, und ob er bereit war, darauf einzugehen oder zumindest zu verhandeln. Es versetzte Roger einen Stich, dass der schöne Junge gleichgültig für seine werbenden Blicke blieb. Dennoch sprach er ihn an. Sie unterhielten sich kurz. Er war der Sohn eines barbadischen Pastors und wollte Buchhalter werden. Er studierte an einer Handelsschule und würde seinen Vater bald auf eine Reise nach Jamaika begleiten. Roger lud ihn auf ein Eis ein, doch der Junge lehnte ab.

Zurück im Hotel notierte er in sein Tagebuch, noch erregt und in dem knappen, vulgären Stil, mit dem er sein Intimleben festhielt: »Öffentliche Bäder. Sohn eines Pastors. Wunderschön. Langer, zarter Penis, der in meinen Händen steif wurde. Ich habe ihn in meinem Mund empfangen. Zwei Minuten des Glücks.« Er masturbierte und badete erneut, seifte sich lange ein und bemühte sich, das Gefühl von Traurigkeit und Einsamkeit zu verdrängen, das ihn bei solchen Gelegenheiten befiel.

Am nächsten Tag aß er auf der Terrasse eines Hafenrestaurants zu Mittag, als er Andrés O'Donnell erblickte. Er rief ihn zu sich. Der ehemalige Vorsteher von Aranas Station Entre Ríos erkannte Roger sofort. Ein paar Sekunden lang sah er Roger argwöhnisch und leicht erschrocken an. Doch schließlich kam er näher, schüttelte ihm die Hand und setzte sich zu ihm. Sie unterhielten sich bei Kaffee und Brandy. O'Donnell gestand Roger, dessen Reise nach Putumayo habe auf die Kautschukleute die Wirkung eines Huitoto-Fluchs gehabt. Kaum sei er wieder weg gewesen, sei das Gerücht umgegangen, bald würden Polizei und Richter mit Haftbefehlen kommen und alle Verwalter, Vorsteher und Aufseher der Stationen festnehmen, und da die Gesellschaft Arana englisch sei, würden sie alle nach England überführt und dort vor Gericht gestellt werden. Deshalb hätten sich viele lieber aus dem Staub gemacht, seien nach Brasilien, Kolumbien oder Ecuador geflohen. Er selbst sei wegen einer möglichen Anstellung auf einer Zuckerrohrplantage hierhergekommen, das habe jedoch nicht geklappt. Jetzt versuche er, in die Vereinigten Staaten zu gelangen, dort gäbe es offenbar Arbeit bei der Eisenbahn. Sah man ihn in seiner alten Latzhose und dem fadenscheinigen Hemd auf der Restaurantterrasse sitzen, ohne Stiefel, Pistole und Peitsche, wirkte er nur noch wie ein armer Teufel, der um seine Zukunft bangte.

»Sie wissen es nicht, aber Sie haben mir Ihr Leben zu verdanken, Mr. Casement«, sagte er zum Abschied mit einem bitteren Lächeln. »Aber das werden Sie mir wahrscheinlich nicht glauben.«

»Erzählen Sie es trotzdem«, ermunterte ihn Roger.

»Armando Normand war überzeugt, wir Vorsteher würden alle im Gefängnis landen, wenn Sie lebendig aus Putumayo herauskämen. Dass Sie besser im Fluss ertrinken oder von einem Puma oder Kaiman gefressen werden sollten. Sie verstehen mich. Wie dieser französische Forscher Eugène Robuchon, der die Leute mit seinen Fragen nervös gemacht hat und deshalb irgendwann verschwand.«

»Und warum habt ihr mich nicht aus dem Weg geräumt? Das wäre für euch doch ein Leichtes gewesen.«

»Ich habe die anderen auf die möglichen Folgen aufmerksam gemacht«, betonte Andrés O'Donnell. »Víctor Macedo hat das genauso gesehen. Dass uns dafür in England der Prozess gemacht werden könnte, weil Sie englisch sind und Don Julios Gesellschaft auch. Und dass wir nach englischen Gesetzen dafür gehängt werden könnten.«

»Ich bin kein Engländer, sondern Ire«, korrigierte Roger. »Und wahrscheinlich wäre es nicht so gekommen, wie Sie dachten, trotzdem vielen Dank. Aber reisen Sie lieber so schnell wie möglich ab und sagen Sie mir nicht, wohin. Ich bin verpflichtet, die englische Regierung darüber zu informieren, dass ich Sie gesehen habe, und sicherlich wird man bald einen Haftbefehl gegen Sie ausstellen.«

Nachmittags ging Roger wieder in die öffentlichen Bäder. Diesmal hatte er mehr Glück als am Vortag. Ein fröhlicher kräftiger Schwarzer, den er im Geräteraum Gewichte hatte stemmen sehen, lächelte ihm zu, hakte sich bei ihm unter und führte ihn zur Erfrischungsbar. Bei Ananas- und Bananensaft stellte er sich als Stanley Weeks vor und rückte dabei so nahe, dass sein Bein Rogers berührte. Dann hakte er sich wieder bei ihm unter, lächelte vielsagend und nahm ihn in eine kleine Kabine mit, die er von innen verschloss. Sie küssten sich, bissen sich in Hals und Ohren, während sie sich gegenseitig die Hosen abstreiften. Voller Verlangen starrte Roger auf Stanleys tiefschwarzes Glied mit der rosigen feuchten Eichel. »Für zwei Pfund kannst du ihn mir wichsen«, hörte er Stanley sagen. »Dann steck ich ihn dir in den Arsch.« Nickend ging Roger in die Knie. Später in seinem Hotelzimmer schrieb er in sein Tagebuch: »Öffentliche Bäder. Stanley Weeks: junger Athlet, 27 Jahre. Riesig, stählern, mindestens 22 Zentimeter. Küsse, Bisse, Penetration mit Schrei. Zwei Pfund.«

Roger, Omarino und Arédomi verließen Barbados mit Kurs auf Pará am 5. September auf der *Boniface*, einem unkomfortablen, überfüllten kleinen Schiff, auf dem es schlecht roch und das Essen ungenießbar war. Trotzdem wurde es dank des amerikanischen Arztes Herbert Spencer Dickey eine erträgliche Überfahrt. Dickey hatte für Aranas Gesellschaft in El Encanto gearbeitet, und er bestätigte nicht nur die Schreckensgeschichten, die Roger bereits kannte, sondern erzählte ihm etliche weitere Anekdoten aus seiner Zeit in Putumayo, manche grausam, andere komisch. Er erwies sich als ein sensibler, belesener Mann mit Abenteuergeist, der die halbe Welt bereist hatte. Es war ein Vergnügen, bei Sonnenuntergang mit ihm an Deck zu sitzen, Whiskey aus der Flasche zu trinken und ein geistreiches Gespräch zu führen. Dickey befürwortete die Initiativen Großbritanniens und der Vereinigten Staaten zur Verbesserung der Zustände im Amazonasgebiet. Doch grundsätzlich blieb er skeptisch, und fatalistisch prophezeite er, dass sich dort weder jetzt noch künftig irgendetwas ändern würde.

»Das Böse tragen wir in uns, mein Freund«, sagte er. »Das schütteln wir nicht so leicht ab. In Ländern wie den europäischen und meinem ist es nicht so deutlich sichtbar, tritt es nur in einem Krieg, bei einer Revolution oder einem Aufstand zutage. Das Böse bedarf eines Anlasses, um öffentlich und kollektiv zu werden. Im Amazonasgebiet dagegen kann es sich unverhüllt zeigen und die schrecklichsten Ausmaße annehmen, ohne sich durch Patriotismus oder Religion rechtfertigen zu müssen. Dort gibt es nur die reine Habgier. Das Gift des Bösen sitzt tief in unserer Brust.«

Doch unmittelbar auf solche düsteren Bekundungen konnte er einen Witz oder eine Anekdote erzählen, die alles zuvor Gesagte zu relativieren schienen. Roger unterhielt sich gern mit Dickey, auch wenn seine Schilderungen ihn manchmal bedrückten.

Die *Boniface* legte am Mittag des 10. September in Pará an. So deprimiert er sich dort als Konsul gefühlt hatte, dachte er nun bereits vor der Ankunft voller Verlangen an die Praça do Palacio. Nachts hatte er oft einen der jungen Männer aufgelesen, die dort zwischen den Bäumen herumstrichen, auf Kunden oder Abenteuer aus, in engen Hosen, in denen sich Hintern und Geschlechtsteile abzeichneten.

Er quartierte sich im Hotel do Comercio ein, und sein Körper wurde von dem alten Fieber ergriffen, das ihn in der Nähe dieses Platzes jedes Mal überkam. Er erinnerte sich – oder vermeinte er das nur? – an einige Namen, an Begegnungen, die stets in einem schäbigen Hotel in der Gegend oder manchmal auch in einer dunklen Parkecke endeten. Beim Gedanken an diese raschen Vereinigungen unter freiem Himmel pochte sein

Herz stärker. Doch als er an diesem Abend dort herumwanderte, hatte er kein Glück, denn weder Marco noch Olympio noch Bebé (hieß er so?) tauchten auf, stattdessen wurde er beinahe von zwei Herumtreibern in Lumpen ausgeraubt, fast noch Kinder. Einer der Jungen fragte ihn nach dem Weg, während der andere ihm mit der Hand in die Hosentasche fuhr, auf der Suche nach einer nicht vorhandenen Geldbörse. Roger versetzte einem einen solchen Stoß, dass er zu Boden fiel, und trieb beide mit seiner Entschlossenheit in die Flucht. Wütend kehrte er ins Hotel zurück. Er tröstete sich mit einem Tagebucheintrag: »Praça do Palacio: dick, stählern. Atemlos. Bluttropfen in der Unterhose. Wohltuender Schmerz.«

Am nächsten Morgen suchte er den britischen Konsul und mehrere Europäer und Brasilianer auf, deren Bekanntschaft er bei früheren Aufenthalten gemacht hatte. Seine Nachforschungen trugen unmittelbar Früchte, es gelang ihm, zwei der Flüchtigen aus Putumayo zu lokalisieren. Der Konsul und der Chef der lokalen Polizei versicherten ihm, José Inocente Fonseca und Alfredo Montt hätten zunächst eine Zeit lang auf einer Plantage am Ufer des Yavarí gelebt und sich inzwischen in Manaus niedergelassen, wo das Haus Arana ihnen Arbeit als Zollkontrolleure im Hafen verschafft habe. Roger telegrafierte sofort an das Foreign Office, damit es bei den brasilianischen Behörden einen Haftbefehl gegen die zwei Kriminellen beantrage. Drei Tage später teilte ihm das britische Außenministerium mit, Petrópolis habe dem Gesuch entsprochen. Der Polizei in Manaus werde unverzüglich Anweisung erteilt, Montt und Fonseca festzunehmen. Sie würden jedoch nicht ausgeliefert, sondern in Brasilien vor Gericht gestellt werden.

Rogers zweite und dritte Nacht in Pará verliefen erfolgreicher als die erste. Am zweiten Abend bot sich in der Dämmerung ein barfüßiger junger Blumenverkäufer Roger förmlich an, als er ihn nach dem Preis eines Rosensträußleins fragte, das der Verkäufer in der Hand hielt. Sie zogen sich auf ein dunkles Stück Brachland zurück, wo Roger das Stöhnen anderer Paare hörte. Diese improvisierten, riskanten Abenteuer lösten widersprüchliche Gefühle in ihm aus, erregten und ekelten ihn zugleich. Der Blumenverkäufer roch nach Achselschweiß, doch sein heißer Atem, die Wärme seines Körpers und die Kraft seiner Umarmung heizten Roger an, und schnell kam er zum Höhepunkt. Als er später das Hotel do Comercio betrat, bemerkte er, dass seine Hose fleckig und voller Erde war und der Rezeptionist ihn verunsichert anblickte. »Ich wurde überfallen«, sagte Roger zur Erklärung.

Am nächsten Abend kam es an der Praça do Palacio zu einer weiteren Begegnung, diesmal mit einem Jungen, der ihn um ein Almosen bat. Sie gingen ein paar Schritte zusammen und tranken ein Glas Rum an einem Straßenstand. Dann begleitete er João zu dessen Blechhütte in einem Elendsviertel. Die Hunde bellten, während sie sich auszogen und im Dunkeln auf einer über die nackte Erde ausgebreiteten Bambusmatte liebten. Roger war darauf gefasst, jeden Moment ein Messer an den Hals gesetzt oder einen Knüppel über den Kopf gezogen zu bekommen. Auf solche Fälle vorbereitet, hatte er weder seine Uhr noch seinen goldenen Füller eingesteckt und kaum Geld dabei, gerade ein paar Scheine und Münzen, um einen möglichen Dieb abzuspeisen. Doch nichts dergleichen geschah. João begleitete ihn bis in die Nähe seines Hotels zurück und biss ihm zum Abschied lachend in die Lippe. Am nächsten Tag stellte Roger fest, dass entweder João oder der Blumenverkäufer ihm Filzläuse beschert hatten. Er musste sich in einer Apotheke Kalomel besorgen, was nie besonders angenehm war, da der jeweilige Apotheker – oder, schlimmer noch, die Apothekerin – ihn entweder betreten oder komplizenhaft angrinste, was Roger ebenso beschämte wie erzürnte.

Die schönsten, wenn auch wehmütigsten Momente seiner zwölf Tage in Pará erlebte er bei seinem Treffen mit dem Ehepaar Da Matta. Junio, Ingenieur von Beruf, und dessen Frau Irene, eine Aquarellmalerin, waren während seiner Konsularzeit seine engsten Freunde gewesen. Beide waren jung, schön, fröhlich, ungezwungen und sprühten vor Lebensfreude. Ihre kleine Tochter María war entzückend mit ihren großen wachen Augen. Roger hatte sie bei einer privaten Gelegenheit oder einem offiziellen Anlass kennengelernt, denn Junio arbeitete für das regionale Bauamt. Sie hatten sich oft getroffen, waren am Fluss entlangspaziert, ins Kino oder Theater gegangen. Voller Freude begrüßten Junio und Irene ihren alten Freund. Gemeinsam besuchten sie ein Restaurant mit bahianischer Küche, und die inzwischen fünfjährige María tanzte für ihn und sang dazu mit verschmitztem Lächeln.

In dieser Nacht wurde Roger in seinem Bett im Hotel do Comercio, als er wieder einmal keinen Schlaf fand, von der Schwermut überkommen, die ihn sein ganzes Leben lang begleitet hatte und ihm nach sexuellen Episoden besonders zusetzte. Traurig konstatierte er, dass er niemals ein Zuhause haben würde, wie es die Da Mattas hatten, dass sich sein Leben mit zunehmendem Alter immer einsamer ausnehmen würde. Die wenigen Minuten gekaufter Liebe kamen ihn teuer zu stehen. Er würde sterben, ohne dieses innige Zusammensein mit einer Ehefrau gekannt zu haben, mit der man den Tag bespricht, Reisen und die Zukunft plant, Träume hegt; ohne Söhne gehabt zu haben, die seinen Namen und sein Andenken weitertragen würden, wenn er einmal nicht mehr wäre. Er würde alt werden – sollte er es denn werden – wie ein herrenloses Tier. Und ebenso kläglich, denn verdiente er als Diplomat auch ein anständiges Gehalt, hatte er nie etwas beiseitegelegt, war immer alles, was er erübrigen konnte, an Menschenrechtsvereine oder Organisationen gegangen, die sich für die Pflege des irischen Kulturguts engagierten.

Mehr noch verbitterte ihn der Gedanke, dass er sterben würde, ohne wahre, erwiderte Liebe erfahren zu haben, wie Junio und Irene sie füreinander empfanden, diese stillschweigende Verschworenheit, die zwischen ihnen zu spüren war, wenn sie zärtlich Hand in Hand dasaßen oder über die theatralische Darbietung der kleinen María lächelten. Wie immer, wenn er niedergeschlagen war, lag er lange wach, und als er endlich einschlief, hob sich aus den Schemen des Zimmers die zarte Gestalt seiner Mutter ab.

Am 22. September fuhren Roger, Omarino und Arédomi auf der *Hilda*, einem heruntergekommenen Dampfschiff der Booth Line, von Pará nach Manaus weiter. Die sechs Tage der Fahrt wurden für Roger zur Qual. Seine Kabine war eng, alles war schmutzig, das Essen schlecht, und von Einbruch der Nacht bis in die Morgenstunden plagten Schwärme von Moskitos die Passagiere.

Kaum waren sie in Manaus angelangt, machte sich Roger auf die Jagd nach den flüchtigen Vorstehern. In Begleitung des britischen Konsuls suchte er den Gouverneur Dos Reis auf, der ihm bestätigte, er habe in der Tat einen Haftbefehl von der Zentralregierung in Petrópolis erhalten, um Montt und Fonseca festzunehmen. Doch warum war das noch nicht geschehen? Der genannte Grund hörte sich für Roger nach einer idiotischen Ausrede an: Sie hätten Rogers Ankunft abwarten wollen. Ob sie die Verhaftung dann jetzt unverzüglich vornehmen könnten, bevor die beiden Vögel ausflögen? Noch heute werde man das tun.

Der Konsul und Roger mussten den aus Petrópolis gekommenen Haftbefehl zweimal zwischen Amtssitz und Polizei hin- und hertragen, bis der Polizeichef endlich zwei Beamte losschickte, um Montt und Fonseca beim Hafenzoll verhaften zu lassen.

Am nächsten Morgen kam der Konsul mit betrübter Miene zu Roger und erzählte ihm, der Festnahmeversuch habe einen grotesken Ausgang genommen. Der Polizeichef selbst habe es ihm soeben mitgeteilt und sich mehrmals bedauernd entschuldigt. Die beiden Polizisten, die Montt und Fonseca in Gewahrsam nehmen sollten, kannten die beiden, und bevor sie sie aufs Polizeirevier mitgenommen hätten, seien sie noch ein Bier mit ihnen trinken gegangen. Dies sei zu einem großen Saufgelage ausgeufert, in dessen Verlauf die Festzunehmenden geflüchtet seien. Da man nicht ausschließen könne, dass die beiden Polizisten bestochen worden seien, um sie laufen zu lassen, säßen sie vorläufig in Haft. Sollte sich der Korruptionsverdacht bestätigen, drohten ihnen harte Strafen. »Es tut mir leid, Sir Roger«, sagte der Konsul, »aber offen gesagt, war ich auf etwas in der Art gefasst. Sie haben als Diplomat in Brasilien gearbeitet, Sie wissen das nur zu gut. Hier sind solche Dinge gang und gäbe.«

Der Verdruss verschlimmerte Rogers körperliche Beschwerden. Die übrige Zeit bis zur Abfahrt des Schiffes nach Iquitos verbrachte er mit Fieber und Gliederschmerzen beinahe ausschließlich im Bett. Eines Nachmittags, während er gegen schwere Ohnmachtsgefühle ankämpfte, schrieb er in sein Tagebuch: »Drei Liebhaber in einer Nacht, darunter zwei Matrosen. Sechsmal haben sie es mir besorgt! Breitbeinig wie eine Gebärende bin ich ins Hotel zurückgewankt.« Das war so ungeheuerlich, dass er trotz seiner üblen Laune laut auflachen musste. Er, der formvollendete, eloquente Roger Casement, wurde bei seinen Tagebucheinträgen immer wieder von dem Drang überwältigt, die derbsten Obszönitäten zu Papier zu bringen. Aus irgendeinem ihm nicht ganz ersichtlichen Grund tat ihm das gut.

Die *Hilde* legte am 3. Oktober ab, und nach einer hindernisreichen Fahrt mit sintflutartigen Regenfällen, bei der sie auch eine kleine Palisade rammten, kamen sie am Morgen des 6. Oktober 1911 in Iquitos an. Am Hafen erwartete sie Stirs, den Hut in der Hand. Sein Nachfolger George Michell sollte bald in Begleitung seiner Gattin eintreffen. Der Konsul war auf der Suche nach einem Haus für die beiden. Diesmal wohnte Roger nicht bei ihm, sondern im Hotel Amazonas in der Nähe der Plaza de Armas. Stirs nahm Omarino und Arédomi fürs Erste bei sich auf. Die Jungen wollten in der Stadt bleiben und als Hausangestellte arbeiten, statt nach Putumayo zurückzukehren. Stirs versprach ihnen, sich nach einer Stellung bei einer Familie umzuhören, die sie gut behandeln würde.

Wie Roger nach dem brasilianischen Vorspiel befürchtet hatte, gab es auch in Iquitos keine besonders erbaulichen Neuigkeiten. Stirs wusste nicht, wie viele der zweihundertsiebenunddreißig leitenden Angestellten der Gesellschaft Arana, gegen die Richter Valcárcel auf den Bericht von Rómulo Paredes hin einen Haftbefehl ausgestellt hatte, tatsächlich festgenommen worden waren. Er habe es nicht herausfinden können, da in Iquitos ein seltsames Stillschweigen über diese Angelegenheit wie auch den Aufenthaltsort von Richter Valcárcel herrsche. Seit mehreren Wochen sei er unauffindbar. Der Geschäftsführer der *Peruvian Amazon Company*, Pablo Zumaeta, der ebenfalls auf der Liste der Festzunehmenden stehe, halte sich vorgeblich versteckt, doch Stirs versicherte Roger, dieses Versteck sei eine Farce, denn man sehe Aranas Schwager und dessen Frau Petronila in Restaurants und auf Festen, ohne dass irgendjemand sie behellige.

Rückblickend kamen Roger diese acht Wochen in Iquitos wie ein langsames Ertrinken vor, ein allmähliches Versinken in einem Pfuhl aus Intrigen, falschen Gerüchten, offenkundigen oder verschlagenen Lügen, in einer Welt, in der niemand die Wahrheit sagte, weil man sich damit nur Feindschaften und Probleme einhandelte oder sich schlicht in einem System bewegte, in dem mittlerweile kaum noch zwischen wahr und falsch, zwischen Wirklichkeit und Täuschung unterschieden werden konnte. Er kannte aus seinen Jahren im Kongo dieses entsetzliche Gefühl, in Treibsand geraten zu sein, sich auf derart unsicherem Terrain zu bewegen, dass alle Anstrengungen nur dazu führten, immer schlimmer in Bedrängnis zu geraten. Er musste so schnell wie möglich weg von hier!

Am nächsten Tag suchte er den Präfekten von Iquitos auf. Der frisch ernannte Adolfo Gamarro – Spitzbauch, gewichster Schnurrbart, qualmende Zigarre und vor Nervosität feuchte Hände – empfing ihn in seinem Arbeitszimmer und begrüßte ihn mit überschwänglichen Glückwünschen:

»Ihnen haben wir es zu verdanken«, sagte er, breitete demonstrativ die Arme aus und klopfte Roger auf die Schulter, »dass diese entsetzlichen sozialen Ungerechtigkeiten im Herzen des Amazonasgebietes aufgedeckt wurden. Die Regierung und das peruanische Volk sind Ihnen zutiefst verpflichtet, Señor Casement.«

Worauf er sogleich anfügte, der Bericht, den Richter Valcárcel im Auftrag der peruanischen Regierung angefertigt habe, um den Anträgen der britischen Behörden nachzukommen, sei »fantastisch« und »verheerend« gewesen. Er umfasse beinahe dreitausend Seiten und bestätige alle Anschuldigungen, die Großbritannien Präsident Leguía übermittelt habe.

Doch als Roger ihn fragte, ob er eine Abschrift des Berichts haben könne, entgegnete ihm der Präfekt, es handele sich um ein offizielles Dokument und es überschreite seine Kompetenzen, einem Ausländer Einblick zu gewähren. Der Herr Konsul müsse durch sein Außenministerium ein diesbezügliches Gesuch an die Regierung in Lima stellen, worauf ihm sicherlich die Erlaubnis erteilt würde. Als Roger sich daraufhin erkundigte, wie er eine Unterredung mit Richter Valcárcel erreichen könne, erwiderte der Präfekt hastig:

»Ich habe nicht die geringste Ahnung, wo Dr. Valcárcel sich aufhält. Seine Mission ist beendet, und ich meine gehört zu haben, dass er das Land verlassen hat.«

Roger verließ die Präfektur zutiefst verwirrt. Was ging hier eigentlich vor? Dieser Mensch hatte ihm nichts als Lügen aufgetischt. Am selben Nachmittag begab Roger sich in die Redaktion der Zeitung *El Oriente*, um mit Rómulo Paredes, dem Herausgeber, zu sprechen. Paredes, ein hemdsärmeliger Mittfünfziger mit grauen Haaren, hatte Schweißperlen auf der Stirn und war offensichtlich in Panik. Kaum richtete Roger das Wort an ihn, machte Paredes eine energische Geste, die wohl besagen sollte: ›Vorsicht, hier haben die Wände Ohren.‹ Er nahm Roger am Arm und führte ihn in eine kleine Bar namens La Chipirona, wo sie sich ein wenig abseits an einen Tisch setzten.

»Verzeihen Sie mir, Herr Konsul«, sagte er und sah sich dabei unentwegt um. »Ich kann und darf Ihnen nichts Konkretes sagen. Ich befinde mich in einer äußerst schwierigen Lage. Mit Ihnen gesehen zu werden ist sehr riskant für mich.«

Er war blass, seine Stimme zitterte und er hatte angefangen, an einem Fingernagel zu kauen. Den Schnaps, den er sich bestellt hatte, trank er in einem Zug aus. Schweigend hörte er zu, als Roger das Gespräch mit dem Präfekten zusammenfasste.

»Das ist ein Operettenkönig«, sagte Paredes schließlich, von dem Schnaps animiert. »Gamarra hat einen Bericht von mir vorliegen, in dem alle Anschuldigungen von Richter Valcárcel bestätigt werden. Im Juli hat er ihn bekommen. Seitdem sind drei Monate vergangen, und er hat ihn noch immer nicht nach Lima geschickt. Warum glauben Sie wohl, hält er ihn so lange zurück? Weil alle Welt weiß, dass Präfekt Gamarra, wie halb Iquitos, auf Aranas Gehaltsliste steht.«

Was Richter Valcárcel betreffe, der habe das Land verlassen. Er wisse nicht, wo er sich aufhalte, doch wäre er in Iquitos geblieben, wäre er inzwischen ganz bestimmt ein toter Mann. Er erhob sich jäh.

»Und das kann ich auch jeden Moment sein, Herr Konsul.« Paredes wischte sich beim Reden den Schweiß ab, und Roger hätte es nicht gewundert, wenn er zu schluchzen angefangen hätte. »Nur kann ich zu meinem Unglück nicht von hier weg. Ich habe Frau und Kinder, und meine einzige Einkommensquelle ist die Zeitung.«

Er entfernte sich grußlos. Wütend kehrte Roger zum Präfekten zurück. Adolfo Gamarra räumte ein, der von Paredes verfasste Bericht habe in der Tat »aus logistischen Problemen, die inzwischen glücklicherweise behoben seien«, noch nicht nach Lima geschickt werden können. Er werde aber noch in dieser Woche auf den Weg gebracht, »sicherheitshalber per Eilkurier, denn Präsident Leguía persönlich hat ihn dringlichst angefordert«.

Ähnliches widerfuhr Roger überall. Es kam ihm vor, als würden unsichtbare, heimtückische Kräfte dafür sorgen, dass er sich unaufhörlich im Kreis drehte. Alle Anträge, Versprechungen, Informationen lösten sich in Luft auf, Worte straften Taten Lügen, Taten straften Worte Lügen. Welten lagen zwischen dem, was zugesichert wurde, und dem, was wirklich geschah, wohin man sah, wurde geschwindelt und gelogen.

Die ganze Woche über bemühte er sich, Informationen

über Richter Valcárcel einzuholen, dem er ebensolche respektvolle Bewunderung und Anteilnahme empfand wie für Saldaña Roca. Man versprach, ihm zu helfen, sich zu erkundigen, eine Nachricht zu überbringen, den Richter ausfindig zu machen, schickte ihn letztlich aber nur von hier nach da, ohne dass irgendetwas dabei herauskam. Sieben Tage nach seinem Eintreffen in Iquitos wurde ihm durch die Bekanntschaft mit einem ansässigen Engländer etwas mehr Klarheit über die mehr als undurchsichtigen Verhältnisse verschafft. F. J. Harding, Geschäftsführer von *John Lilly & Company*, ein großer, steifer, beinahe kahlköpfiger Junggeselle, war einer der wenigen Kaufleute in Iquitos, die nicht nach dem Taktstock der *Peruvian Amazon Company* zu tanzen schienen.

»Niemand sagt Ihnen, was mit dem Richter geschehen ist, weil keiner in die Sache hineingezogen werden will, Sir Roger«, erklärte ihm Harding in seinem kleinen Haus nahe der Uferpromenade. An den Wänden hingen Stiche von schottischen Schlössern. Sie tranken Kokosnusssaft. »Arana hat durch seine Beziehungen in Lima erreicht, dass Richter Valcárcel abgesetzt, der Rechtsbeugung und weiß Gott welcher anderer Unterstellungen bezichtigt wurde. Sollte dieser arme Mensch noch am Leben sein, bedauert er sicherlich bitter, den größten Fehler seines Lebens begangen und diese Mission angenommen zu haben. Er hat sich in die Höhle des Löwen begeben und teuer dafür bezahlt. Offenbar war er in Lima sehr angesehen. Jetzt haben sie ihn im Morast versenkt, womöglich längst ermordet. Niemand weiß, wo er sich befindet. Hoffentlich hat er sich abgesetzt. In Iquitos ist es tabu, ihn auch nur zu erwähnen.«

Tatsächlich konnte die Geschichte dieses rechtschaffenen, mutigen Richters Carlos A. Valcárcel, der nach Iquitos kam, um die »Gräuel von Putumayo« zu untersuchen, trauriger nicht sein. Roger rekonstruierte sie im Laufe der Wochen. Als Valcárcel es gewagt hatte, einen Haftbefehl gegen zweihundertsiebenunddreißig Personen auszustellen, die nahezu alle in direkter Verbindung mit der *Peruvian Amazon Company* standen, versetzte das das gesamte Amazonasgebiet in Unruhe, nicht nur in Peru, sondern auch in Kolumbien und in Brasilien. Das Imperium des Julio C. Arana parierte den Schlag und holte sofort zur Gegenattacke aus. Die Polizei machte gerade neun der zweihundertsiebenunddreißig mutmaßlichen Verbrecher dingfest. Von diesen neun war nur einer von Bedeutung, Aurelio Rodríguez, einer der Stationsvorsteher in Putumayo mit einem langen Register von Entführungen, Vergewaltigungen, Verstümmelungen und Morden. Doch alle neun Verhafteten, Rodríguez eingeschlossen, präsentierten dem Obersten Gerichtshof von Iquitos ein *Habeas Corpus* und wurden vorläufig auf freien Fuß gesetzt, während ihre Akte geprüft wurde.

»Leider«, erklärte der Präfekt Roger mit übertrieben betrübter Miene, »haben diese gewissenlosen Bürger ihre vorläufige Freiheit ausgenutzt, um vor der Justiz zu fliehen. Wie Ihnen klar sein dürfte, wird es äußerst schwierig sein, sie im riesigen Amazonasgebiet aufzuspüren, sollte der Oberste Gerichtshof den Haftbefehl bestätigen.«

Der Gerichtshof wiederum hatte keinerlei Eile, wie Roger feststellte, als er die Richter aufsuchte und fragte, wann sie die Akten einsehen würden. Dies geschehe »nach strikter Reihenfolge des Eingangs der Fälle«, wurde ihm erklärt. Ein ganzer Stapel Akten sei zu bearbeiten, bevor man an die komme, »die Sie interessieren«. Einer der Gerichtsassistenten erlaubte sich, spöttisch hinzuzufügen:

»Die Justiz hierzulande ist zuverlässig, aber langsam, Herr Konsul. Solche Formalitäten können manchmal Jahre dauern.«

Pablo Zumaeta dirigierte aus seinem angeblichen Versteck die juristische Offensive gegen Richter Valcárcel, indem er über Strohmänner etliche Anzeigen wegen Rechtsbeugung, Unterschlagung, Falschaussage und anderer Vergehen erstatten ließ. Eines Morgens erschien im Polizeirevier von Iquitos eine Bora-Indiofrau mit ihrer kleinen Tochter und in Begleitung eines Dolmetschers, um Richter Valcárcel wegen Verführung einer Minderjährigen anzuzeigen. Der Richter musste einen Großteil seiner Zeit darauf verwenden, sich gegen diese Verleumdungen zu verteidigen, auszusagen, von einer Stelle zur nächsten zu hetzen und offizielle Mitteilungen zu schreiben, und er konnte sich kaum noch der Untersuchung widmen, um derentwillen er in den Urwald gekommen war. Er wurde zur Zielscheibe des Hasses. Aus dem kleinen Hotel El Yurimaguas, in dem er wohnte, warf man ihn hinaus. In keiner Pension der Stadt wagte man mehr, ihn aufzunehmen. Ihm blieb nichts anderes übrig, als ein winziges Zimmer in Nanay zu mieten, einem Elendsviertel, dessen Straßen voller Müll und Brackwassertümpel waren, wo nachts die Ratten unter seiner Hängematte herumhuschten und er auf Kakerlaken trat.

All das rekonstruierte Roger aus verschiedenen Bemerkungen, die ihm hier und da zugewispert wurden. Seine Bewunderung für den Richter vermehrte das alles, und gern hätte er ihm die Hand geschüttelt und ihn zu seinem Anstand und Mut beglückwünscht. Was war wohl aus ihm geworden? Das Einzige, was er mit Gewissheit festhalten zu können meinte, obwohl das Wort »Gewissheit« in Iquitos keine besonders tiefen Wurzeln zu haben schien, war der Umstand, dass Richter Valcárcel bereits verschwunden war, als von Lima aus seine Absetzung beschlossen wurde. Seitdem fehlte von Valcárcel jede Spur. Hatte man ihn ermordet? Die Geschichte des Journalisten Benjamín Saldaña Roca wiederholte sich. Die Feindseligkeit gegen Valcárcel hatte solche Ausmaße angenommen, dass ihm nichts anderes übriggeblieben war, als zu fliehen. Bei einem zweiten Gespräch, diesmal im Haus von Stirs, sagte Rómulo Paredes zu Roger:

»Ich selbst habe Richter Valcárcel geraten, zu verschwinden, bevor sie dafür gesorgt hätten, dass er verschwindet, Sir Roger. Es hatte schon genügend Warnungen gegeben.«

Warnungen welcher Art? Provokationen in den Restaurants und Bars, zum Beispiel, wo er zu essen oder ein Bier zu trinken pflegte. Ein Betrunkener, der ihn plötzlich beschimpfte und ihn mit einer obszönen Geste zum Streit herausforderte. Wenn der Richter bei der Polizei oder in der Präfektur Anzeige erstatten wollte, ließ man ihn endlos lange Formulare ausfüllen, auf denen die Vorfälle in allen Einzelheiten beschrieben werden mussten, und versicherte ihm, man werde »seiner Beschwerde nachgehen«.

Bald fühlte sich Roger, wie Richter Valcárcel sich gefühlt haben musste, ehe er aus Iquitos geflüchtet oder von einem der Schergen Aranas aus dem Weg geräumt worden war: allerorts belogen, zum Narren gemacht von einer Gesellschaft aus Marionetten, deren Fäden die *Peruvian Amazon Company* zog.

Roger hatte sich vorgenommen, noch einmal nach Putumayo zu fahren, stand es auch außer Frage, dass dort, wenn Aranas Unternehmen selbst hier in der Stadt die Sanktionen umgehen und angekündigte Reformen hatte unterlassen können, alles beim Alten geblieben oder noch schlimmer geworden war, weil man es nur mit Eingeborenen zu tun hatte. Rómulo Paredes, Stirs und Präfekt Gamarra taten alles, um Roger von seinen Reiseplänen abzubringen.

»Sie würden dort nicht lebendig herauskommen, und Ihr Tod würde niemandem etwas nutzen«, versicherte ihm Paredes. »Señor Casement, ich bedaure, Ihnen das sagen zu müssen, aber Sie sind der meistgehasste Mann in ganz Putumayo. Weder Saldaña Roca noch der Amerikaner Hardenburg noch Richter Valcárcel werden dort so verabscheut wie Sie. Ich kam nur durch ein Wunder aus Putumayo zurück. Aber dieses Wunder wird sich nicht wiederholen, zumal wenn Sie es darauf anlegen, dort gekreuzigt zu werden. Wissen Sie, was außerdem das Absurdeste dabei wäre? Man würde Sie mit den Giftpfeilen aus den Blasrohren der Boras und Huitotos umbringen, für die Sie sich einsetzen. Nein, bitte, seien Sie vernünftig. Es wäre glatter Selbstmord.«

Präfekt Gamarra suchte ihn im Hotel Amazonas auf, als er von Rogers Reiseplänen erfuhr. Gamarra schien sehr beunruhigt und lud ihn auf ein Bier ein, in eine Bar mit brasilianischer

Musik. Es war das erste Mal, dass Roger den Eindruck hatte, der Funktionär spreche aufrichtig zu ihm.

»Ich bitte Sie, Señor Casement, was Sie vorhaben, ist Wahnsinn«, sagte er und blickte ihm fest in die Augen. »Ich könnte Ihren Schutz nicht mehr garantieren. Es tut mir leid, aber so ist es. Ich möchte nicht Ihre Leiche in meiner Dienstakte verzeichnet haben. Es wäre das Ende meiner Karriere. Ich sage Ihnen das ganz offen: Sie würden gar nicht bis nach Putumayo kommen. Nur mit großer Mühe konnte ich verhindern, dass Ihnen hier jemand an die Gurgel geht. Was nicht leicht war, das kann ich Ihnen versichern. Ich musste diejenigen, die in dieser Stadt das Sagen haben, lange bitten und ihnen drohen. Aber mein Einfluss endet an den Stadtgrenzen. Fahren Sie nicht nach Putumayo. Ihnen und mir zuliebe. Seien Sie so gut und ruinieren Sie nicht meine Zukunft. Das sage ich Ihnen in aller Freundschaft, wirklich.«

Doch was Roger schließlich tatsächlich von der Reise abbrachte, war ein unverhoffter nächtlicher Besuch. Eines Abends, er lag bereits im Bett und war beinahe eingeschlafen, klopfte der Nachtportier an seine Tür. Ein Herr wolle zu ihm, es sei sehr dringend. Er zog sich an, ging hinunter und erblickte Juan Tizón. Roger hatte seit ihrer Reise nach Putumayo nichts mehr von ihm gehört. Tizón war nur noch ein Schatten des selbstsicheren Mannes und leitenden Angestellten, an den Roger sich erinnerte. Er wirkte gealtert, erschöpft und vor allem gebrochen.

Sie machten sich auf die Suche nach einem ruhigen Ort, ein aussichtsloses Unterfangen in der lärmenden Nacht von Iquitos, wo man überall umgeben war von Saufgelagen, Spielhöllen und Prostituierten. Sie begnügten sich schließlich mit einer Ecke im *Pim Pam*, einer Bar, wo sie zunächst zwei brasilianische Mulattinnen abwimmeln mussten, die sie auf die Tanzfläche ziehen wollten.

Nachdem sie zwei Bier bestellt hatten, ergriff Juan Tizón das Wort, so vornehm und gewählt wie ehedem, und allem Anschein nach vollkommen offenherzig.

»Nichts von dem, was das Unternehmen angekündigt hat, ist geschehen, trotz allem, was wir im Vorstand auf Präsident Leguías Bitte hin beschlossen haben. Als ich meinen Bericht vorgelegt habe, waren alle, sogar Pablo Zumaeta und die übrigen Brüder und Schwäger Aranas mit mir einig, dass in den Stationen radikale Verbesserungen stattfinden müssten. Um Probleme mit der Justiz zu vermeiden, aber auch aus moralischen Gründen und christlicher Pflicht. Alles leere Worte. Es geschah nichts, und es wird nichts geschehen.«

Er erzählte ihm, das Unternehmen habe in Putumayo nicht nur Anordnungen gegeben, die Angestellten sollten vorsichtiger agieren und die Spuren früherer Übergriffe beseitigen – die Leichen zum Beispiel –, sondern außerdem denen zur Flucht verhelfen, die in dem Bericht, den London der peruanischen Regierung übermittelt hatte, als Hauptverdächtige genannt wurden. Das ausbeuterische System des Kautschuksammelns funktioniere genauso wie früher.

»Ich habe sofort gemerkt, dass sich in Iquitos nichts verändert hat«, nickte Roger. »Und was ist mit Ihnen, Don Juan?«

»Ich kehre nächste Woche nach Lima zurück, und ich glaube nicht, dass ich jemals wieder einen Fuß in diese Gegend setze. Bei der *Peruvian Amazon Company* konnte ich nicht länger bleiben. Ich habe es vorgezogen, zu kündigen, ehe mir gekündigt wird. Man wird meine Aktien zurückkaufen, allerdings zu einem miserablen Preis. Trotzdem bedauere ich meinen Schritt nicht, auch wenn ich zehn Jahre meines Lebens in Aranas Diensten vergeudet habe. In Lima werde ich mich um andere Dinge zu kümmern haben. Jetzt muss ich ganz von vorne anfangen, aber es geht mir so besser. Nach allem, was wir in Putumayo gesehen haben, fühlte ich mich mitschuldig an dem, was das Unternehmen getan hat. Ich habe mich mit meiner Frau beraten, sie unterstützt mich.«

Ihr Gespräch dauerte beinahe eine Stunde. Auch Juan Tizón riet Roger entschieden davon ab, nach Putumayo zu fahren. Er werde rein gar nichts erreichen, außer vielleicht umgebracht zu werden, vermutlich auf grausame Weise, er habe ja selbst die Kautschukstationen besichtigt und wisse Bescheid.

Roger verfasste einen neuen Bericht für das Foreign Office. Darin hielt er fest, dass keinerlei Reformen unternommen, die Kriminellen der *Peruvian Amazon Company* keiner Strafe unterzogen worden seien und auch keine Hoffnung bestehe, dass dies noch geschehe. Schuld daran trügen sowohl das Unternehmen von Julio C. Arana als auch die Behörden. Die peruanischen Regierungsvertreter in Iquitos stünden in Aranas Diensten. Die Macht von Aranas Gesellschaft sei so groß, dass alle politischen, juristischen und polizeilichen Institutionen aktiv dafür sorgten, dass Arana weiterhin unbehelligt die Eingeborenen ausbeuten könne, weil alle Funktionäre entweder selbst mitverdienten oder seine Repressalien fürchten würden.

Als wollte der Oberste Gerichtshof von Iquitos ihm recht geben, wurde just in diesen Tagen das Berufungsurteil über die neun Verhafteten gefällt. Und es hätte zynischer nicht ausfallen können: Alle juristischen Maßnahmen wurden ausgesetzt, bis alle zweihundertsiebenunddreißig Personen, die auf Valcárcels Liste standen, festgenommen wären. Mit solch einem kleinen Grüppchen Verhafteter sei jede Untersuchung unvollständig und ungesetzlich, erklärten die Richter. So blieben die neun auf freiem Fuß, und der Fall wurde aufgehoben, bis die Polizeikräfte die zweihundertsiebenunddreißig Verdächtigen der Justiz übergeben hätten, was natürlich nie geschehen würde.

Wenige Tage später, als Roger schon dachte, nichts könne ihn mehr überraschen, wurde Iquitos Schauplatz einer weiteren Farce. Auf dem Weg zu Stirs Haus fiel ihm eine Menschenmenge auf, die sich in zwei Büros drängte, offensichtlich irgendein Amt, denn das Gebäude war mit Flagge und Wappen Perus versehen. Was war dort los?

»Es sind Gemeinde- und Bürgermeisterwahlen«, erklärte Stirs mit seiner lustlosen Stimme, die gegen jede Emotion gefeit schien. »Ziemlich spezielle Wahlen, denn das peruanische Wahlgesetz sieht vor, dass man Grundbesitzer sein und lesen und schreiben können muss, um Stimmrecht zu haben. Das reduziert die Anzahl der Wähler auf ein paar hundert Personen. Tatsächlich entscheiden sich die Wahlen aber in den Geschäftsräumen des Hauses Arana. Die Namen der Gewählten und ihre Stimmanteile werden vorab festgelegt.«

Und so trug es sich wohl zu, denn am selben Abend beobachtete Roger von weitem eine kleine Veranstaltung auf der Plaza de Armas, mit Orchester und Schnapsausschank, zur Feier der Wahl von Don Pablo Zumaeta zum neuen Bürgermeister von Iquitos! Aranas Schwager tauchte aus seinem »Versteck« auf, nachdem das Volk von Iquitos – so formulierte er es in seiner Dankesrede – ihn von den Verleumdungen der englisch-kolumbianischen Verschwörung freigesprochen habe, und er sei entschlossen, unbeugsam gegen die Feinde Perus und für den Fortschritt im Amazonas zu kämpfen. Nach dem Ausschank der alkoholischen Getränke gab es Volkstanz mit Gitarren, Pauken und Feuerwerk bis in die frühen Morgenstunden. Roger zog sich lieber in sein Hotel zurück, um nicht doch noch gelyncht zu werden.

George Michell und dessen Frau trafen am 30. November 1911, aus Manaus kommend, in Iquitos ein. Roger war schon dabei, die Koffer für seine baldige Abreise vorzubereiten. Vor ihrer Ankunft hatten Stirs und Roger noch alle Hebel in Bewegung gesetzt, um eine Residenz für den neuen britischen Konsul zu finden. »Großbritannien ist wegen Ihnen in Ungnade gefallen, Sir Roger«, sagte Stirs spitz. »Selbst gegen Aufpreis will mir niemand ein Haus für Michell vermieten. Alle haben Angst, Arana zu brüskieren.« Roger bat Rómulo Paredes um Hilfe, der sich eine Lösung ausdachte. Er mietete unter eigenem Namen ein Haus und vermietete es an den britischen Konsul unter. Es war ein altes, schmutziges Gebäude, das in aller Hast renoviert und möbliert werden musste, bevor die neuen Bewohner einziehen konnten. Glücklicherweise war Mrs. Michell, die Roger jetzt das erste Mal traf, eine heitere, tatkräftige Frau, die sich weder von dem Zustand ihrer neuen Bleibe noch von dem fremden Ort beirren ließ. Nichts schien sie entmutigen zu können. Sie machte sich gleich voller Elan und gut gelaunt ans Putzen.

Roger führte unterdessen in Stirs Salon eine lange Unterredung mit seinem alten Freund und Kollegen George Michell. Er erläuterte ihm die Situation in allen Einzelheiten und enthielt ihm keine der Schwierigkeiten vor, die sein neuer Posten mit sich bringen würde. Michell, ein beleibter, lebhafter Mittvierziger, dessen Gesten und Gebärden ebensolche Energie verrieten, wie seine Frau sie an den Tag legte, notierte sich alles in einem kleinen Heft und stellte Roger von Zeit zu Zeit kurze Zwischenfragen. Als sie das Gespräch beendet hatten, zeigte er sich weder bedrückt, noch beklagte er sich, sondern kündigte mit einem breiten Lächeln an: »Gut, jetzt weiß ich, wie die Dinge stehen, ich bin bereit für den Kampf.«

In den beiden letzten Wochen in Iquitos wurde Roger wieder einmal von dem übermächtigen Dämon der Lust überkommen. Bei seinem vorangegangenen Aufenthalt hatte er sich überaus vorsichtig verhalten, doch dieses Mal konnte ihn selbst das Wissen um die allgemeine Feindseligkeit gegen seine Person nicht davon abhalten, nachts über die Uferpromenade zu schlendern, wo weibliche wie männliche Prostituierte nach Kundschaft Ausschau hielten. Dort lernte er Alcibíades Ruiz kennen, wenn dies sein richtiger Name war. Roger nahm ihn mit ins Hotel Amazonas. Der Nachtwächter hatte nichts dagegen, nachdem Roger ihm ein großzügiges Trinkgeld gegeben hatte. Roger zeigte Alcibíades Posen griechischer Statuen, die dieser für ihn einnahm. Nach einer kurzen Verhandlung willigte er ein, sich auszuziehen. Alcibíades war ein *Cholo*, ein Mestize mit indianischem und weißem Blut. Roger schrieb in sein Tagebuch, diese Mischung habe eine außerordentlich schöne männliche Gestalt hervorgebracht, die sogar die der brasilianischen *Caboclos* noch übertreffe, in deren exotisch angehauchten Gesichtszügen sich die liebliche Sanftheit der Eingeborenen und die kantige Männlichkeit der europäischen Nachfahren vermischten. Er küsste und berührte Alcibíades, doch sie gingen nicht zum Liebesakt über. Auch nicht am nächsten Morgen, als Alcibíades erneut ins Hotel Amazonas kam und Roger ihn nackt fotografierte. Als er wieder fort war, notierte Roger: »Alcibíades Ruiz. *Cholo.* Die Bewegungen eines Tänzers. Schmal und lang, erregt gewölbt wie ein Bogen. Er drang in mich ein wie eine Hand in den Handschuh.«

Eines Tages wurde Rómulo Paredes auf der Straße angegriffen. Er kam gerade aus der Druckerei seiner Zeitung, als drei nach Alkohol stinkende, finstere Zeitgenossen sich auf ihn stürzten. Wie er Roger erzählte, den er unmittelbar nach dem Vorfall in seinem Hotel aufsuchte, wäre er wohl erschlagen worden, hätte er nicht einen Revolver bei sich getragen, mit dem er in die Luft geschossen und die drei Angreifer in die Flucht geschlagen habe. Paredes war so aufgelöst, dass er nicht einmal mit Roger nach unten in eine Bar gehen wollte. Seine Verbitterung und Empörung über die *Peruvian Amazon Company* waren grenzenlos.

»Ich habe mich dem Hause Arana gegenüber immer loyal gezeigt und ihnen jeglichen Gefallen erwiesen«, klagte er. Sie saßen auf dem Bettrand und redeten halb im Dunkeln, denn die kleine Flamme der Lampe erhellte nur einen Winkel des Zimmers. »Als ich noch Richter war, und auch als ich *El Oriente* gründete. Nie habe ich mich ihren Forderungen widersetzt, auch wenn es mir oft auf dem Gewissen lastete. Aber ich bin ein Realist, Herr Konsul, ich weiß, welche Schlachten nicht zu gewinnen sind. Ich wollte die Mission nicht annehmen, im Auftrag von Richter Valcárcel nach Putumayo zu fahren. Vom ersten Moment an wusste ich, dass mich das in Schwierigkeiten bringen würde. Aber man hat mich gezwungen. Pablo Zumaeta selbst hat es von mir verlangt. Ich habe diese Reise auf seinen Befehl hin angetreten. Bevor ich dem Präfekten meinen Bericht gab, habe ich ihn Señor Zumaeta vorgelegt. Er hat ihn mir kommentarlos zurückgegeben. Hieß das etwa nicht, dass er einverstanden damit war? Erst dann habe ich ihn dem Präfekten überreicht. Und jetzt stellt sich heraus, dass man mir den Krieg erklärt hat und mich umbringen will. Dieser Überfall war eine Warnung, damit ich mich aus Iquitos verziehe. Aber wohin denn bitte? Ich habe eine Frau, fünf Kinder und zwei Dienstmädchen, Señor Casement. Haben Sie schon einmal etwas so Undankbares gesehen wie diese Leute? Ich rate Ihnen, so bald wie möglich das Weite zu suchen. Ihr Leben ist in Gefahr, Sir Roger. Bis jetzt ist Ihnen nichts passiert, weil sie glauben, es würde eine internationale Krise auslösen, wenn sie einen Engländer töten, noch dazu einen Diplomaten. Aber trauen Sie dem nicht. Solche Skrupel können sich beim nächsten Besäufnis in Luft auflösen. Hören Sie auf mich und reisen Sie ab, mein Freund.«

»Ich bin kein Engländer, sondern Ire«, korrigierte Roger ihn behutsam.

Paredes übergab ihm den Koffer, den er bei sich trug.

»Hier haben Sie alle Dokumente aus Putumayo, auf die sich meine Arbeit stützt. Ich habe gut daran getan, sie nicht Gamarra übergeben zu haben. Er würde sie genau wie meinen Bericht in der Präfektur von Iquitos vermodern lassen. Nehmen Sie alles an sich, ich weiß, dass Sie guten Nutzen daraus ziehen werden. Es tut mir nur leid, Sie mit einem solchen Packen Papier zu beladen.«

Vier Tage später reiste Roger ab. Vorher verabschiedete er sich noch von Omarino und Arédomi, die Stirs in einer Schreinerei in Nanay untergebracht hatte, wo sie nicht nur als Hausangestellte des bolivianischen Inhabers arbeiten, sondern auch in die Lehre gehen würden. Bereits im Hafen, wo Stirs und Michell Abschied von ihm nahmen, erfuhr Roger, dass die Kautschukexporte in den letzten beiden Monaten im Vergleich zum Vorjahr zugenommen hatten. Welchen besseren Beweis gab es, dass sich nichts geändert hatte, dass Huitotos, Boras, Andokes und die anderen Indios aus Putumayo weiterhin gnadenlos ausgepresst wurden?

Während der fünftägigen Fahrt nach Manaus verließ Roger kaum seine Kabine. Er fühlte sich niedergeschlagen und krank und empfand Ekel vor sich selbst. Er hatte keinen Appetit und trat nur auf Deck hinaus, wenn die Hitze in der kleinen Kabine unerträglich wurde. Je weiter sie den Amazonas hinunterfuhren, das Flussbett breiter wurde und die Ufer ferner rückten, desto sicherer war er, dass er niemals wieder in diesen Dschungel zurückkehren würde. Und der Gedanke ließ ihn nicht los – wie so oft in Afrika auf seinen Fahrten über den Kongo –, dass diese prachtvolle Natur, mit ihren rosafarbenen Reihern und kreischend über das Schiff hinweg fliegenden Papageien, dem Schwarm kleiner Fische, die neben dem Schiff herflitzten, als wollten sie die Aufmerksamkeit der Reisenden auf sich ziehen, dass diese ganze Schönheit von unvorstellbarem Leid überschattet war, verursacht durch die Habgier solcher Unmenschen, wie er sie in Putumayo kennengelernt hatte. Roger erinnerte sich an Aranas gelassene Miene während des Treffens in London. Er schwor sich, die ihm verbleibende Kraft darauf zu verwenden, dass dieser kleine Geck seine gerechte Strafe dafür bekäme, aus schierer Profitgier eine derart menschenverachtende Maschinerie zu orchestrieren. Wer würde jetzt noch zu behaupten wagen, Julio C. Arana wisse nicht, was in Putumayo vor sich ging? Er hatte ein großes Spektakel inszeniert und damit die ganze Welt hereingelegt – zuallererst die peruanische und die britische Regierung –, um weiter in aller Ruhe Kautschuk aus diesen Urwäldern zu holen, die so geschunden waren wie die Eingeborenen, die sie bewohnten.

In Manaus fühlte Roger sich besser. Während er auf das Schiff nach Pará und Barbados wartete, konnte er in seinem Hotelzimmer arbeiten, seinem Bericht weitere Kommentare und Details hinzufügen. An einem Nachmittag suchte er den britischen Konsul auf, der ihn informierte, dass die brasilianischen Behörden trotz seiner Beschwerden nichts Entscheidendes getan hätten, um Montt und Agüero oder die anderen Flüchtigen zu fassen. Es ging das Gerücht um, mehrere von Aranas ehemaligen Vorstehern in Putumayo arbeiteten inzwischen am Bau der Eisenbahnstrecke Madeira–Mamoré mit.

Während der Woche in Manaus verzichtete Roger auf nächtliche Streifzüge. Er unternahm Spaziergänge am Fluss und durch die Straßen der Stadt, und neben seiner Arbeit verbrachte er viele Stunden mit der Lektüre von Büchern über die alte Geschichte Irlands, die Alice Stopford Green ihm empfohlen hatte. Die Konzentration auf sein eigenes Land, so hoffte er, würde ihm helfen, die Erlebnisse in Putumayo und Iquitos zu vergessen. Allerdings behinderte ihn der Umstand, dass sein Auftrag noch nicht ganz erledigt war, sich dem Thema Irland wirklich in Ruhe zuzuwenden.

Am 17. Dezember legte das Schiff nach Pará ab, wo er endlich eine Nachricht des Foreign Office vorfand. Das Außenministerium habe seine Telegramme aus Iquitos erhalten und sei somit informiert, dass die peruanische Regierung trotz ihrer Versprechungen faktisch nichts gegen die Missstände in Putumayo unternommen habe, die Verdächtigen sogar habe entkommen lassen.

Am Weihnachtsvorabend ging Roger mit einer Handvoll weiterer Passagiere an Bord der komfortablen *Denis*. Die Überfahrt nach Barbados verlief ruhig. Von dort aus sollte er auf der *SS Terence* nach New York reisen, das Foreign Office hatte eine Passage für ihn reserviert. Die britischen Behörden hatten beschlossen, entschieden gegen die *Peruvian Amazon Company* vorzugehen, und wollten die Vereinigten Staaten dazu bringen, sich anzuschließen, um gemeinsam bei der peruanischen Regierung Protest wegen ihrer mangelnden Bereitschaft einlegen zu können, den Forderungen der internationalen Gemeinschaft nachzukommen.

Während Roger in Bridgetown auf das Ablegen des Schiffes wartete, lebte er so enthaltsam wie in Manaus. Kein Abstecher in die öffentlichen Bäder, keine nächtlichen Abenteuer. Seine Phasen sexueller Abstinenz dauerten manchmal mehrere Monate, während deren er sich viel mit der Religion beschäftigte. In Bridgetown besuchte er täglich Pater Smith, und sie führten lange Unterhaltungen über das Neue Testament, das Roger auf seine Reisen mitzunehmen pflegte. Er las abwechselnd die Bibel und irische Dichter, vor allem William Butler Yeats, dessen Gedichte er zum Teil auswendig kannte. Er besuchte den Gottesdienst im Konvent der Ursulinen, und wie schon des Öfteren überkam ihn der Wunsch, die heilige Kommunion zu empfangen. Als er dies Pater Smith anvertraute, lächelte der Pater und erinnerte ihn daran, dass er kein Katholik, sondern Mitglied der anglikanischen Kirche sei. Er erbot sich allerdings, ihm beizustehen, sollte er konvertieren wollen. Roger war beinahe versucht, es zu tun, doch als er an die Schwächen und Sünden dachte, die er seinem guten Freund Pater Smith in diesem Fall würde beichten müssen, sah er doch lieber davon ab.

Am 31. Dezember legte die *SS Terence* mit Kurs auf New York ab, wo er sofort einen Zug nach Washington, D. C., bestieg, ohne auch nur die Wolkenkratzer zu besichtigen. Der britische Botschafter, James Bryce, überraschte ihn mit der Nachricht, der Präsident der Vereinigten Staaten, William Howard Taft, werde ihn empfangen. Der Präsident und seine Berater wollten aus dem Munde Sir Rogers, der selbst in Putumayo gewesen sei und das Vertrauen der britischen Regierung genieße, mehr über die Situation in den Kautschukstationen wissen und in Erfahrung bringen, ob die Kampagnen verschiedener Kirchen, Menschenrechtsorganisationen, Journalisten und liberalen Publikationen in den Vereinigten Staaten und Großbritannien auf wahren Tatsachen basierten oder reine Demagogie und Übertreibung waren, wie die Kautschukunternehmen und die peruanische Regierung behaupteten.

Roger, der in der Residenz von Botschafter Bryce wohnte, eine fürstliche Behandlung erfuhr und immerfort als Sir Roger angesprochen wurde, ging als Erstes zu einem Barbier, ließ sich Haare und Bart schneiden und eine Maniküre vornehmen. Dann kleidete er sich in den eleganten Herrengeschäften Washingtons neu ein. Ihm wurde dabei neuerlich bewusst, wie widersprüchlich sein Leben war. Vor zwei Wochen noch war er ein armer Teufel in einem armseligen Hotel in Iquitos gewesen, dessen Leben auf dem Spiel stand, jetzt trat er als Repräsentant der britischen Krone auf, der den Präsidenten der Vereinigten Staaten überzeugen sollte, Großbritannien zu unterstützen und eine Verbesserung der Zustände im Amazonasgebiet zu erwirken, während er sich im Grunde ganz als Ire fühlte und von der irischen Unabhängigkeit träumte. War das Leben nicht ein absurdes Theaterstück, das von einem Augenblick auf den anderen in eine Farce umschlagen konnte?

Die drei Tage in Washington waren schwindelerregend betriebsam, es gab mehrere Arbeitstreffen mit Beamten des Außenministeriums und eine lange persönliche Unterredung mit dem Außenminister. Am dritten Tag wurde er im Weißen Haus von Präsident Taft in Gegenwart mehrerer Berater und des Außenministers empfangen. Bevor Roger zu seiner Ausführung über Putumayo ansetzte, hatte er eine flüchtige Vision, in der er sich nicht als diplomatischer Vertreter der britischen Krone sah, sondern als Sondergesandten der neu gegründeten Republik Irland, von der Übergangsregierung geschickt, um die Gründe darzulegen, warum eine überwältigende Mehrheit der Iren per Volksabstimmung die Zugehörigkeit zu Großbritannien aufgekündigt und ihre Unabhängigkeit gewählt hätte. Das neue Irland wolle jedoch die freundschaftlichen Beziehungen zu den Vereinigten Staaten aufrechterhalten, deren demokratische Prinzipien es teile und wo eine große irischstämmige Gemeinschaft lebe.

Roger wurde seiner Aufgabe bestens gerecht. Die Audienz war auf eine halbe Stunde angesetzt, dauerte jedoch dreimal so lange, da Präsident Taft seinem Bericht über die Situation der Indios in Putumayo mit großer Aufmerksamkeit zuhörte, ihn anschließend eingehend befragte und ihn um seine Meinung darüber bat, wie die peruanische Regierung am wirksamsten dazu gebracht werden könne, den Verbrechen in den Kautschukstationen ein Ende zu bereiten. Rogers Vorschlag, die Vereinigten Staaten sollten in Iquitos ein Konsulat einrichten, um dort gemeinsam mit dem britischen Konsulat die Missstände anzuprangern, wurde von dem Präsidenten begrüßt. Tatsächlich entsandten die Vereinigten Staaten einige Wochen später den Diplomaten Stuart J. Fuller als Konsul nach Iquitos.

Doch mehr als alle Worte überzeugten Roger die Überraschung und Empörung, mit der Präsident Taft und dessen Mitarbeiter seinen Schilderungen folgten, dass die Vereinigten Staaten entschlossen waren, Großbritannien in dem Unterfangen beizustehen, die Situation der Indios im Amazonasgebiet zu verbessern.

Zurück in London, machte er sich trotz seiner Erschöpfung und den altbekannten Beschwerden mit ganzer Kraft daran, seinen neuen Bericht für das Foreign Office fertigzustellen, in dem er darlegte, dass die peruanischen Behörden nicht die versprochenen Reformen durchgeführt hätten und die *Peruvian Amazon Company* alle Initiativen boykottiert, Richter Valcárcel das Leben unmöglich gemacht und in der Präfektur den Bericht von Rómulo Paredes blockiert hätten, der außerdem beinahe umgebracht worden wäre, weil er ganz unparteiisch beschrieben habe, was er während seines viermonatigen Aufenthalts in Aranas Kautschukstationen beobachtet habe. Roger übersetzte eine Reihe von Zeugenaussagen, Interviews und anderen Dokumenten, die der Herausgeber von *El Oriente* ihm in Iquitos übergeben hatte, ins Englische. Dieses Material stellte eine große Bereicherung für seinen Bericht dar.

Das war seine abendliche Beschäftigung, tagsüber ließen ihm die zahlreichen Termine im Foreign Office zum Arbeiten keine Zeit, wo sowohl Außenminister als auch die unterschiedlichsten Kommissionen ihn um Stellungnahmen zu möglichen Initiativen baten, die von der britischen Regierung erwogen wurden. Die unmenschlichen Praktiken eines britischen Unternehmens im Amazonasgebiet war Gegenstand einer gewaltigen Kampagne geworden. Ursprünglich initiiert von der Gesellschaft zur Abschaffung der Sklaverei und der Zeitschrift *Truth*, hatten sich ihr inzwischen die gesamte liberale Presse und etliche religiöse Vereinigungen und Menschenrechtsorganisationen angeschlossen.

Roger bestand darauf, dass sein neuer Bericht über Putumayo unverzüglich veröffentlicht werden müsse. Er hatte alle Hoffnung verloren, dass die stille Diplomatie, die Großbritannien gegenüber Präsident Leguía verfochten hatte, irgendeine Wirkung erzielen könnte. Trotz des Widerstandes einiger Regierungskreise stimmte Sir Edward Grey dieser Anregung schließlich zu, und das Kabinett genehmigte die Veröffentlichung. *Blue Book*, das *Blaue Buch*, sollte der Bericht heißen. Mehrere Nächte lang ging Roger, während er stark rauchte und zahllose Tassen Kaffee trank, Wort für Wort die letzte Textfassung durch.

An dem Tag, an dem der Bericht in die Druckerei geschickt wurde, fühlte er sich so elend, dass er Angst bekam, allein könnte ihm etwas zustoßen, und Zuflucht bei seiner Freundin Alice Stopford Green suchte. »Du bist ja nur noch Haut und Knochen«, sagte sie zur Begrüßung und führte ihn in ihren Salon. Roger fürchtete, jeden Moment in Ohnmacht zu fallen. Er hatte starke Rückenschmerzen, so dass Alice ihm mehrere Kissen unterschieben musste, ehe er sich auf dem Sofa richtig ausstrecken konnte. Im Bruchteil einer Sekunde schlief er ein oder verlor tatsächlich das Bewusstsein. Als er die Augen wieder aufschlug, saßen seine Schwester Nina und Alice vor ihm und lächelten ihm zu.

»Wir dachten schon, du würdest nie mehr aufwachen«, hörte er eine von beiden sagen.

Er hatte beinahe vierundzwanzig Stunden geschlafen. Alice hatte ihren Hausarzt kommen lassen, der einen extremen Erschöpfungszustand diagnostizierte. Man solle ihn schlafen lassen. Roger erinnerte sich nicht, geträumt zu haben. Er wollte aufstehen, doch seine Beine gaben unter ihm nach, und er sank erneut aufs Sofa. ›Der Kongo hat mich nicht umgebracht, aber der Amazonas wird mich umbringen‹, dachte er.

Nach einem leichten Imbiss konnte er aufstehen und sich in seine Wohnung in Philbeach Gardens fahren lassen. Dort nahm er ein langes Bad, das ihn ein wenig belebte. Doch dann fühlte er sich wieder sehr erschöpft und musste sich erneut hinlegen.

Das Foreign Office ordnete ihm einen zehntägigen Zwangsurlaub an. Er weigerte sich zunächst, London vor Erscheinen des *Blauen Buches* zu verlassen, aber schließlich willigte er ein. In Begleitung von Nina, die sich in ihrer Schule beurlauben ließ, verbrachte er eine Woche in Cornwall. Er war dermaßen entkräftet, dass er sich kaum auf ein Buch zu konzentrieren vermochte. In seinem Kopf kreisten wirre Bilder. Doch der ruhige Tagesrhythmus und das gesunde Essen brachten ihn langsam wieder auf die Beine. Dank des milden Wetters konnte er ausgedehnte Spaziergänge unternehmen. Man hätte sich keinen größeren Kontrast vorstellen können als den zwischen der gefälligen Landschaft von Cornwall und dem Amazonasdschungel, und Roger fühlte sich von einer wohltuenden Gelassenheit erfüllt. Trotzdem brachten ihn die Arbeit der Bauern, die weidenden Kühe und schnaubenden Pferde in den Ställen, die weder von Raubtieren, Schlangen noch Moskitos bedroht wurden, eines Nachmittags auf den Gedanken, dass diese seit Jahrhunderten domestizierte Gegend längst keine natürliche Welt mehr war – ihre Seele verloren hatte, wie die Pantheisten sagen würden –, verglich man sie mit dem wilden, überwältigenden, unbezähmbaren Amazonasgebiet, dieser unvorhersehbaren, gefährlichen Welt, in der alles unentwegt entweder im Entstehen oder im Sterben begriffen war und man, verbunden mit der fernen Vergangenheit der Ahnen, näher am Ursprung der Menschheit lebte. Und überrascht stellte er fest, dass er, trotz allen Grauens, dessen Zeuge er geworden war, mit einiger Nostalgie daran zurückdachte.

Das *Blaue Buch* wurde im Juli 1912 veröffentlicht. Vom ersten Tag an verursachte es einen Aufruhr, der sich von London aus in konzentrischen Wellen über ganz Europa ausbreitete, dann die Vereinigten Staaten und viele andere Länder der Welt, vor allem Kolumbien, Brasilien und Peru erfasste. *The Times* widmete ihm mehrere Seiten und einen Meinungsartikel, in dem Roger in den höchsten Tonen gelobt wurde – einmal mehr habe er wieder außergewöhnlich »große Menschlichkeit« bewiesen –, und forderte sofortige Maßnahmen gegen das britische Unternehmen und dessen Aktionäre, die finanziell von einer Industrie profitierten, in der Sklaverei und Folterung praktiziert und Eingeborenenvölker dezimiert würden.

Was Roger allerdings am meisten bewegte, war ein Artikel seines Freundes Edmund D. Morel, der in *Daily News* erschien. Morel schrieb darin, er sei nie zuvor »einem Menschen mit größerer Ausstrahlung« begegnet als Roger.

Roger war nach wie vor geradezu allergisch gegen jede Form von Öffentlichkeit um seine Person und alles andere als erfreut über all die Aufmerksamkeit, der er sich nach Möglichkeit zu entziehen versuchte. Was allerdings nicht so leicht war angesichts der zahlreichen Interviewanfragen von englischen, kontinentaleuropäischen und amerikanischen Zeitungen. Er erhielt Einladungen zu Vorträgen an Hochschulen, in politischen Clubs und religiösen und wohltätigen Einrichtungen. In Westminster Abbey wurde ein Sondergottesdienst abgehalten, bei dem der Stiftsherr Herbert Henson in seiner Predigt die Aktionäre der *Peruvian Amazon Company* scharf dafür kritisierte, sich mittels Sklaverei, Folter und Mord zu bereichern.

Der Geschäftsträger Großbritanniens in Peru, Des Graz, berichtete über die Aufregung, die das *Blaue Buch* in Lima ausgelöst habe. Da sie ein Wirtschaftsembargo befürchtete, habe die peruanische Regierung erklärt, sie werde die angekündigten Reformen ohne Aufschub durchführen, Armee und Polizeikräfte nach Putumayo entsenden. Des Graz fügte allerdings hinzu, auch dieses Mal sei eine tatsächliche Umsetzung dieser Vorhaben unwahrscheinlich, da es Regierungskreise gebe, die das *Blaue Buch* als eine Verschwörung Großbritanniens zur Unterstützung der territorialen Ansprüche Kolumbiens auf Putumayo darstellten.

Die von der britischen Bevölkerung demonstrierte Solidarität mit den Eingeborenen des Amazonasgebietes führte dazu, dass das Projekt einer katholischen Mission in Putumayo massive finanzielle Unterstützung erhielt. Die anglikanische Kirche äußerte Vorbehalte, ließ sich jedoch in zahllosen Treffen und Gesprächen und durch Briefe Rogers davon überzeugen, dass in einem Land, in dem die katholische Kirche so tief verwurzelt sei, eine protestantische Mission sofort Argwohn wecken und die *Peruvian Amazon Company* dafür sorgen würde, sie als eine Vorhut kolonialer Absichten der Krone in Misskredit zu bringen.

In Irland und England traf sich Roger mit Jesuiten und Franziskanermönchen. Von beiden Ordensgemeinschaften hatte er stets viel gehalten. Bereits im Kongo hatte er gelesen, welche Anstrengungen die Gesellschaft Jesu in Paraguay und Brasilien unternommen hatte, um die Eingeborenen zu bekehren und in Dörfern zu organisieren, in denen ihre gemeinschaftlichen Traditionen aufrechterhalten und ein elementares Christentum praktiziert wurde, was ihren Lebensstandard verbessert und sie vor Ausbeutung und Ausrottung bewahrt hatte. Deshalb hatte Portugal die Jesuitenmissionen zerstören lassen und so lange intrigiert, bis Spanien und der Vatikan davon überzeugt waren, die Gesellschaft Jesu sei zu einem Staat im Staat und zu einer Bedrohung für die päpstliche Autorität und die Souveränität der spanischen Krone geworden. Die Jesuiten zeigten jedoch keinen großen Enthusiasmus für Rogers Projekt einer Mission im Amazonasgebiet. Die Franziskaner dagegen waren Feuer und Flamme.

Auf diese Weise erfuhr Roger von den Arbeiterpriestern der Franziskaner. Sie waren in den Armenvierteln von Dublin in den Fabriken und Werkstätten tätig und lebten unter den gleichen prekären, entbehrungsreichen Umständen wie die Arbeiter selbst. Als Roger bei den Gesprächen mitbekam, mit welcher Hingabe sie sich ihrer Aufgabe widmeten und das Schicksal der Besitzlosen teilten, sagte er sich, dass niemand besser vorbereitet sein könnte als diese Mönche, um sich der Herausforderung zu stellen, die es bedeuten würde, eine Mission in La Chorrera oder El Encanto einzurichten.

Als Roger euphorisch zu Alice Stopford Green kam, um mit ihr die Abreise der ersten vier irischen Franziskanermönche ins Amazonasgebiet zu feiern, sagte sie:

»Bist du sicher, dass du noch der anglikanischen Kirche angehörst, Roger? Vielleicht merkst du es gar nicht, aber du bist auf dem besten Weg, zum Papismus zu konvertieren.«

Zu den regelmäßigen Besuchern der Abende, die Alice in ihrem Haus in der Grosvenor Road ausrichtete, zählten irische Nationalisten anglikanischer, presbyterianischer und katholischer Konfession. Roger hatte nie irgendwelche Spannungen zwischen ihnen erlebt. Allerdings fragte er sich nach jener Bemerkung von Alice gelegentlich, ob seine Annäherung an den Katholizismus wirklich spiritueller oder nicht doch eher politischer Natur war, eine Form, sich der nationalistischen Sache noch deutlicher zu verschreiben, denn die irische Unabhängigkeitsbewegung bestand mehrheitlich aus Katholiken.

Um dem Trubel zu entgehen, den das *Blaue Buch* provoziert hatte, beantragte er im Ministerium einige weitere Tage Urlaub und fuhr nach Deutschland. Berlin beeindruckte ihn sehr. Die deutsche Gesellschaft unter dem Kaiser erschien ihm vorbildlich in ihrer Modernität, ihrem wirtschaftlichen Fortschritt, ihrer Ordnung und Effizienz. Es war ein kurzer Besuch, in dessen Verlauf jedoch eine Idee, die ihm seit einiger Zeit vage im Kopf herumging, greifbarer und zu einer Richtlinie seines politischen Engagements wurde: Irland konnte zur Erlangung seiner Freiheit nicht auf das Verständnis und erst recht nicht auf das Wohlwollen Großbritanniens setzen, wie es sich in diesen Tagen wieder einmal zeigte. Allein die Aussicht darauf, das englische Parlament könnte erneut einen Gesetzesentwurf diskutieren, der Irland eine Autonomie nach dem *Home Rule*-Prinzip zugestehen würde, was Roger und seine radikalen Freunde als gänzlich unzureichend betrachteten, hatte in England eine wütende patriotische Gegenreaktion hervorgerufen, nicht nur in konservativen Kreisen, sondern auch in weiten Teilen der eher liberalen und progressistischen Gesellschaftsschichten, sogar unter den Gewerkschaften und Handwerkskammern. Die Perspektive, die Insel könnte eine autonome Selbstverwaltung und ein eigenes Parlament bekommen, alarmierte die Unionisten von Ulster. Sie hielten Versammlungen ab, gründeten die *Ulster Volunteer*

Force, führten öffentliche Kollekten für den Kauf von Waffen durch, und Zehntausende unterschrieben eine Erklärung, in der die Nordiren ankündigten, sie würden die *Home Rule*-Regelung, sollte sie ratifiziert werden, nicht anerkennen, und die irische Zugehörigkeit zum Empire mit Waffen und ihrem Leben verteidigen. Unter diesen Umständen, sagte sich Roger, musste die Unabhängigkeitsbewegung die Unterstützung Deutschlands suchen. Die Feinde unserer Feinde sind unsere Freunde, und England hatte keinen größeren Rivalen als Deutschland. Im Falle eines Krieges würde Großbritanniens militärische Niederlage eine einzigartige Gelegenheit für Irland bedeuten, seine Unabhängigkeit zu erlangen. Oft kam Roger das alte nationalistische Motto in den Sinn: »Englands Unglück ist Irlands Freude.«

Doch trotz seiner politischen Orientierung, die er nur mit seinen nationalistischen Freunden in Irland oder im Hause Alice Stopford Greens teilte, war es England, das ihm Sympathie und Bewunderung für seine Taten entgegenbrachte. Dieser Umstand berührte ihn unangenehm.

Inzwischen zeigte sich immer deutlicher, dass das Schicksal der *Peruvian Amazon Company*, sosehr sie sich dagegen auch wehren mochte, im Grunde besiegelt war. Ihr Ruf nahm weiter Schaden durch einen Skandal, von dem der Journalist Horace Thorogood berichtete, der im Auftrag von *The Morning Leader* die Führungskräfte des Unternehmens interviewen wollte und dabei von einem der Vorstände, einem Schwager Julio C. Aranas namens Abel Larco, einen Umschlag mit Geld zugesteckt bekam. Als der Journalist fragte, was dies zu bedeuten habe, entgegnete Larco, das Unternehmen erweise sich seinen Freunden gegenüber stets großzügig. Empört wies der Journalist die Bestechung zurück und machte den Vorfall publik, woraufhin die *Peruvian Amazon Company* öffentlich um Entschuldigung bitten musste. Sie behauptete, es habe sich um ein Missverständnis gehandelt, die Verantwortlichen würden jedoch unverzüglich entlassen.

Der Aktienkurs des an der Londoner Börse notierten Unternehmens fiel beträchtlich. Zum Teil lag das auch an der zunehmenden Konkurrenz, die durch die einsetzenden Importe aus den britischen Kolonien in Asien – Singapur, Malaysia, Java, Sumatra und Ceylon – entstanden war. In einer waghalsigen Aktion hatte der englische Wissenschaftler und Abenteurer Henry Alexander Wickham Sprösslinge des Kautschukbaums aus dem Amazonasgebiet geschmuggelt und in diese Länder eingeführt. Doch in erster Linie war am Niedergang der *Peruvian Amazon Company* der Prestigeverlust des Unternehmens selbst schuld. Die Lloyds Bank kündigte alle Kredite, und viele weitere Banken in Europa und den Vereinigten Staaten folgten diesem Beispiel. Der von der Gesellschaft zur Abschaffung der Sklaverei und anderen Organisationen initiierte Boykott des Gummis der *Peruvian Amazon Company* brachte das Unternehmen um zahlreiche Kunden und Geschäftspartner.

Aranas Gesellschaft wurde der Gnadenstoß versetzt, als das Unterhaus im März 1912 eine Sonderkommission ernannte, die die Beteiligung der *Peruvian Amazon Company* an den Gräueltaten in Putumayo untersuchen sollte. Das fünfzehn Mann starke Gremium arbeitete mehrere Monate lang unter der Leitung des angesehenen Parlamentariers Charles Roberts. An den sechsunddreißig öffentlichen Sitzungen, in denen siebenundzwanzig Zeugen angehört wurden, nahmen Journalisten, Politiker und Vertreter verschiedener religiöser und weltlicher Organisationen teil, darunter der Präsident der Gesellschaft zur Abschaffung der Sklaverei, Missionar John Harris. Die Presse berichtete ausführlich darüber.

Der Zeuge, der die höchsten Erwartungen hervorrief und das meiste Publikum anzog, war Sir Roger Casement. Er sagte am 13. November und am 11. Dezember 1912 vor der Kommission aus. Knapp und präzise beschrieb er, was er mit eigenen Augen in den Kautschukstationen gesehen hatte: die Fußblöcke, das Hauptfolterinstrument in allen Siedlungen, die mit Narben übersäten Rücken, die Peitschen und Gewehre der Aufseher und Jungs, die für Ordnung sorgten und auf ihren Treibjagden die Eingeborenendörfer heimsuchten, die sklavischen Lebensbedingungen, Ausbeutung und Hunger der Eingeborenen. Dann fasste er die Zeugenaussagen der Barbadier zusammen, deren Glaubwürdigkeit, wie er betonte, durch ihr Geständnis bekräftigt wurde, dass sie selbst gefoltert und gemordet hätten. Auf Bitten der Kommissionsmitglieder erklärte er schließlich den Hintergrund des machiavellistischen Systems: Die Stationsvorsteher bekamen kein Gehalt, sondern arbeiteten auf Provisionsbasis, was dazu führte, dass sie von den Sammlern immer mehr Kautschuk einforderten, um ihren Gewinn zu erhöhen.

Bei der zweiten Anhörung gab Roger eine kleine Vorführung. Vor den verblüfften Parlamentariern holte er aus einem großen Sack, den zwei Gerichtsdiener hereingetragen hatten, die Dinge hervor, die er in den Warenlagern der *Peruvian Amazon Company* in Putumayo erworben hatte. Anhand dieser Gebrauchsgegenstände erläuterte er, wie die indigenen Arbeitskräfte betrogen und zu lebenslangen Schuldnern gemacht würden, indem das Unternehmen ihnen auf Kredit Arbeits- und Haushaltsgerätschaften oder Sonstiges zu überteuerten Preisen verkaufe. Er hielt eine alte Flinte hoch, die in La Chorrera fünfundvierzig Schilling gekostet hatte. Für diese Summe musste ein Huitoto oder ein Bora zwei Jahre lang arbeiten, erhielte er den Lohn eines Straßenkehrers in Iquitos. Roger zeigte den Anwesenden grobe Leinenhemden, Drillichhosen, bunte Glasperlen, Pulverpäckchen, Pitahanfseile, Kreisel, Öllampen, Strohhüte und Salben, wozu er jeweils den von ihm bezahlten und den weitaus geringeren Preis ausrief, der in London dafür veranschlagt werden würde. Die Empörung der Parlamentier nahm noch zu, als Roger Fotografien herumgehen ließ, die er selbst in El Encanto, La Chorrera und den anderen Kautschukstationen gemacht hatte: von vernarbten Rücken und Hinterteilen mit dem eingebrannten »Markenzeichen Arana«, von angefressenen, im Gebüsch verwesenden Leichen, von abgemagerten Männern, Frauen und Kindern, die mächtige Kautschukwürste auf dem Kopf trugen, von den aufgequollenen Bäuchen der Neugeborenen, die nicht mehr lange zu leben hatten. Die Fotos legten unbestreitbares Zeugnis ab, dass dort halb verhungerte Wesen von raffgierigen Menschen misshandelt wurden, deren einziges Ziel darin bestand, mehr Kautschuk zu gewinnen, und sollten ganze Völker dabei an Auszehrung sterben.

Auch die britischen Vorstände der *Peruvian Amazon Company* wurden vorgeladen. Ihre Anhörung wurde von dem langjährigen Parlamentarier Swift McNeill geleitet, der sie mit Scharfsinn bloßstellte. Wortgewandt legte er dar, dass so angesehene Geschäftsmänner wie Henry M. Read und John Russell Gubbins, Persönlichkeiten der Londoner Gesellschaft und Aristokraten wie John Lister-Kaye und Baron de Souza-Deira, offenbar keinen Schimmer hatten oder haben wollten, wie das Unternehmen Julio C. Arana operierte, an dessen Vorstandssitzungen sie teilnahmen und dessen Entscheidungen sie mittrugen, was ihnen beträchtliche Geldsummen einbrachte. Nicht einmal auf die Publikation der Artikel von Saldaña Roca und Hardenburg in der Zeitung *Truth* hin hätten sie sich bemüht, den Wahrheitsgehalt dieser Beschuldigungen zu überprüfen. Sie hätten sich mit den Gegendarstellungen begnügt, die Abel Larco oder Julio C. Arana selbst ihnen ausgehändigt hätten und in denen die Verfasser der Artikel als Erpresser bezichtigt würden, die dem Unternehmen bloß verübeln würden, dass es auf ihre Erpressungen nicht eingegangen sei. Keiner von ihnen habe auch nur den geringsten Versuch unternommen, herauszufinden, ob die Gesellschaft, der sie mit ihren Namen Prestige verliehen, diese Verbrechen nicht vielleicht doch begehe. Schlimmer noch, kein Einziger habe sich die Mühe gemacht, die Unterlagen des Unternehmens einzusehen, obwohl die Missetaten gewiss aus ihnen hervorgegangen wären. Denn so unwahrscheinlich es auch klingen mochte, hatten Julio C. Arana, Abel Larco und andere leitende Angestellte sich bis zum Ausbruch des Skandals so sicher gefühlt, dass sie in ihren Büchern etwaige Hinweise auf Ungerechtigkeiten gar nicht zu vertuschen versuchten; so ging aus ihnen beispielsweise hervor, dass die indigenen Arbeiter kein Gehalt bekamen und Unsummen für Peitschen, Revolver und Gewehre ausgegeben wurden.

Besonders dramatisch gestaltete sich Julio C. Aranas Auftritt vor der Kommission. Seine Anhörung musste einmal verschoben werden, da seine Frau Eleonora in Genf einen Nervenzusammenbruch erlitten hatte, wohl infolge des rasanten Niedergangs, den die einst so glanzvolle Familie nun plötzlich erlitt. Arana betrat das Unterhaus elegant wie immer, wenn auch blass wie nach einem Malariaanfall. Er war umringt von Assistenten und Beratern, in den Sitzungssaal durfte ihn allerdings nur sein Anwalt begleiten. Anfangs zeigte er sich gelassen. Doch nach und nach verging ihm die Arroganz, und er sah sich von den Fragen, die Charles Roberts und der alte Swift McNeill ihm stellten, in die Enge gedrängt, verhedderte und widersprach sich, was sein Übersetzer nach Möglichkeit zu kaschieren versuchte. Es rief Gelächter im Publikum hervor, als der Kommissionsvorsitzende ihn fragte, warum es denn so viele Gewehre in den Kautschukstationen in Putumayo gebe, ob etwa für die Treibjagden oder Überfälle auf Eingeborenendörfer, und Arana antwortete: »Aber nein, die sind für die Verteidigung gegen die wilden Tiere, von denen wimmelt es dort nur so.« Er versuchte, alles zu leugnen, räumte jedoch ein, ja, in der Tat habe er einmal von einer Indiofrau gehört, die lebendig verbrannt worden sei, aber das sei lange her. Alle Übergriffe hätten sich nach seinem Dafürhalten in einer fernen Vergangenheit zugetragen.

Der Kautschukunternehmer geriet jedoch in Bedrängnis bei dem Versuch, Walter Hardenburgs Glaubwürdigkeit in Zweifel zu ziehen. Er beschuldigte den Amerikaner, in Manaus einen Wechsel gefälscht zu haben. An dieser Stelle unterbrach ihn Swift McNeill mit der Frage, ob er es wagen würde, Hardenburg, den man in Kanada vermutete, von Angesicht zu Angesicht als »Fälscher« zu bezichtigen. »Aber ja«, sagte Arana. »Dann haben Sie jetzt die Gelegenheit«, entgegnete McNeill. »Hier ist er.«

Hardenburgs Eintreten sorgte für Unruhe im Saal. Auf den Rat seines Anwalts zog Arana seine Behauptung zurück und erklärte, er beschuldige nicht Hardenburg, sondern »irgendjemanden«, in Manaus einen Wechsel eingelöst zu haben, der sich als falsch erwiesen habe. Hardenburg konnte glaubhaft darstellen, dass es sich um ein Komplott gehandelt habe, das die Gesellschaft Arana mit Hilfe eines übel beleumdeten Individuums namens Julio Muriedas ersonnen habe, das augenblicklich in Pará wegen Betrugs im Gefängnis sitze. Arana verlor die Haltung und geriet ins Straucheln. Seine Antworten wurden immer unschlüssiger und wirrer, man merkte ihm die Nervosität an.

Die Parlamentskommission war noch zugange, da brach eine weitere Katastrophe über Arana herein. Richter Winfen Eady vom Höchsten Gerichtshof verfügte auf Antrag einer Gruppe von Aktionären die sofortige Einstellung aller Geschäftstätigkeiten der *Peruvian Amazon Company*. In der Erklärung des Richters hieß es, die Gesellschaft erwirtschafte Gewinn damit, »Kautschuk auf die grausamste Weise zu sammeln, die man sich nur vorstellen kann«, und dass »Mr. Aranas Schuld noch größer sei, sollte er nichts davon gewusst haben, denn mehr als jeder andere habe er die absolute Pflicht, darüber informiert zu sein, was sich in seinem Namen zutrage«.

Der abschließende Bericht der Parlamentskommission war nicht weniger deutlich. Er schloss mit den Worten: »Mr. Julio C. Arana wusste ebenso wie seine Partner Bescheid über die von seinen Mittelsmännern und Angestellten in Putumayo begangenen Gräueltaten, deren Hauptverantwortlicher er damit ist.«

Die Veröffentlichung des Kommissionsberichts machte Julio C. Aranas Ruf endgültig zunichte. Sein mächtiges Imperium, das er als einfacher Junge aus dem peruanischen Rioja gegründet hatte, war dem Untergang geweiht.

Doch zu diesem Zeitpunkt hatte Roger sich bereits wieder ganz Irland zugewandt. Nach seiner Rückkehr aus einem kurzen Urlaub bot das Foreign Office ihm den Posten des Generalkonsuls in Rio de Janeiro an, was Roger zunächst annahm. Doch er zögerte die Abreise immer weiter hinaus, wofür er gegenüber dem Ministerium und vor sich selbst zahlreiche Argumente anführte, doch im Grunde seines Herzens hatte er bereits beschlossen, dass er nicht wieder als Diplomat oder in anderer Position für die britische Krone tätig sein würde. Es drängte ihn danach, sich endlich ganz dem zu widmen, was von nun an seine Lebensaufgabe sein sollte: Irlands Unabhängigkeit.

Deshalb verfolgte er die letzten Geschehnisse um die *Peruvian Amazon Company* und ihren Besitzer nur noch aus der Ferne. Bei den Kommissionssitzungen hatte sich durch das Geständnis des Hauptgeschäftsführers Henry Lex Gielgud herausgestellt, dass Aranas Unternehmen keinerlei Besitztitel für die Gebiete in Putumayo besaß, sondern dort nur »nach dem Aneignungsprinzip« tätig sei, was das Misstrauen der Banken und Aktionäre noch verschärfte. Sofort drängten sie Arana, seinen ausstehenden Zahlungen und Verpflichtungen nachzukommen – allein in der City beliefen sich seine Schulden auf über zweihundertfünfzigtausend Pfund. Von allen Seiten drohte man mit Boykott und Pfändung seiner Güter. Arana verkündete öffentlich, er werde zur Rettung seiner Ehre bis zum letzten Cent alles bezahlen, und schrieb sein Londoner Stadthaus an der Kensington Road, seine Villa in Biarritz und sein Genfer Domizil zum Verkauf aus. Da die erzielte Summe jedoch nicht ausreichte, um die Gläubiger zu befriedigen, veranlassten diese gerichtliche Verfügungen, um seine sämtlichen Konten in England zu sperren. So löste sich Aranas Privatvermögen ebenso rasant in Luft auf wie sein Geschäftswesen. Zu dem durch die asiatische Konkurrenz verursachten Preisverfall des Kautschuks aus dem Amazonasgebiet kam noch der Beschluss etlicher europäischer und amerikanischer Importeure hinzu, keinen peruanischen Kautschuk mehr zu kaufen, solange eine unabhängige internationale Kommission nicht nachgewiesen habe, dass es keine Sklavenarbeit, Folterungen und Überfälle auf Eingeborenenstämme mehr gäbe, die Latexsammler in den Kautschukstationen gerecht entlohnt und die in England und den Vereinigten Staaten gültigen Arbeitsgesetze eingehalten würden.

Es gab keine Gelegenheit mehr, diese illusorischen Forderungen auch nur ansatzweise zu verwirklichen. Die panische Flucht der wichtigsten Stationsvorsteher und Aufseher angesichts einer möglichen Festnahme führte in der gesamten Gegend zu einer Art Anarchie. Viele Indios – ganze Gemeinschaften – nutzten die Gunst der Stunde und liefen ebenfalls davon, so dass die Kautschukgewinnung auf ein Minimum sank und bald ganz zum Erliegen kam. Die Justizflüchtigen hatten Warenlager und Geschäftsräume geplündert und alles mitgenommen, was auch nur annähernd von Wert war. Dann erfuhr man, dass das Unternehmen den entlaufenen Mördern, aus Angst, sie könnten bei künftigen Prozessen als Kronzeugen der Anklage aussagen, mit hohen Summen zur Flucht verholfen und ihr Schweigen erkauft hatte.

Roger wurde durch die Briefe seines Freundes George Michell über die Vorgänge in Iquitos auf dem Laufenden gehalten. Michell schrieb, Hotels und Restaurants würden geschlossen, ebenso Geschäfte, in denen früher Importartikel aus Paris und New York verkauft wurden, der einst so freigiebig entkorkte Champagner sei ebenso rar geworden wie Whisky, Cognac, Port und Wein. In den Kneipen und Bordellen würden jetzt nur noch scharfer Schnaps und ominöse Getränke ausgeschenkt, die angeblich aphrodisierende Wirkung besäßen, häufig jedoch nicht das sexuelle Verlangen der Konsumenten, sondern ihren Magen zum Explodieren brächten.

Wie in Manaus war auch in Iquitos die Krise, die auf den Niedergang des Hauses Arana und der Kautschukgewinnung folgte, so fulminant wie vorher der Wohlstand, den die Stadt drei Jahrzehnte lang gekannt hatte. Als Erstes wanderten die Ausländer ab – Forscher, Fachleute, Techniker, Händler, Kaufleute, Wirte, Prostituierte, Zuhälter und Kuppler –, um in ihre Heimatländer zurückzukehren oder sich nach profitableren Regionen umzusehen.

Die Prostitution verschwand nicht, doch sie nahm ein anderes Gesicht an. Die Brasilianerinnen und angeblichen Französinnen, die in Wirklichkeit polnischer, flämischer, türkischer oder italienischer Herkunft gewesen waren, wurden durch Mestizinnen und oft blutjunge Indiomädchen ersetzt, die als Hausangestellte gearbeitet und ihre Stellung verloren hatten, weil ihre Arbeitgeber entweder ebenfalls ihr Glück woanders versuchten oder wegen der wirtschaftlichen Krise nicht mehr für sie aufkommen konnten. In einem seiner Briefe lieferte Michell eine beklemmende Schilderung dessen, wie diese bis auf die Knochen abgemagerten fünfzehnjährigen Mädchen schrill geschminkt über die Uferpromenade von Iquitos spazierten und nach Kunden Ausschau hielten. Zeitungen und Zeitschriften wurden eingestellt, sogar das wöchentliche Verzeichnis der ein- und auslaufenden Schiffe wurde nicht weitergeführt, weil der früher so geschäftige Flussverkehr immer mehr abnahm, bis er so gut wie ganz zu existieren aufhörte. Iquitos sah sich von der großen weiten Welt endgültig isoliert, mit der es fünfzehn Jahre lang so regen Handel betrieben hatte, nachdem die *Booth Line* beschlossen hatte, die Frequenz ihrer Fracht- und Passagierdampferfahrten nach und nach zu reduzieren. Irgendwann verkehrten überhaupt keine Schiffe mehr. Bald sollte die Hauptstadt der Region Loreto ganz in die Vergangenheit zurückgeworfen und wieder nur ein gottverlassenes Nest im Herzen des Amazonasgebietes sein.

Roger befand sich indessen in Dublin. Nach einem Arztbesuch wegen seiner anhaltenden Arthritis ging er eines Tages über den feuchten Rasen von St. Stephen's Green, als ihm von weitem ein Franziskanermönch zuwinkte. Er war einer der vier Arbeiterpriester, die nach Putumayo gereist waren, um dort eine Mission zu gründen. Roger setzte sich mit ihm auf eine Bank, von der aus sie den Teich überblickten, in dem sich Enten und Schwäne tummelten. Der Missionar berichtete von der harten Prüfung, die Putumayo für sie bedeutet hatte. Die Feindseligkeit der Behörden in Iquitos, die Aranas Unternehmen zu Befehl standen, hatte sie nicht verzagen lassen – sie konnten auf die Hilfe des Augustinerordens zählen –, ebenso wenig die vielen Insektenstiche oder die Malariaanfälle. Trotz aller Hindernisse und Schwierigkeiten gelang es ihnen, in der Umgebung von El Encanto eine Hütte nach dem Vorbild der Huitoto-Behausungen zu errichten. Die Indios hatten sich anfangs abweisend und argwöhnisch gezeigt, mit der Zeit gewannen sie jedoch ihr Vertrauen. Die vier Franziskaner machten sich daran, Huitoto und Bora zu lernen, und richteten eine einfache Kirche unter freiem Himmel ein, mit einem Dach aus Palmblättern über dem Altar. Doch plötzlich setzte die allgemeine Flucht ein. Vorgesetzte, Angestellte, Handwerker, Wächter, eingeborene Hausangestellte und Arbeiter zogen von dannen, wie von einer bösen Macht oder um sich greifenden Panik getrieben. Die vier Franziskaner blieben allein zurück, ihr tägliches Leben gestaltete sich von Tag zu Tag schwieriger. Als einer von ihnen, Pater McKey, an Beriberi erkrankte, beschlossen sie nach langen Überlegungen, ebenfalls diesen Ort zu verlassen, den Gott mit einem Fluch belegt zu haben schien.

Die Rückreise der vier Missionare nahm homerische Ausmaße an. Wegen des jähen Endes der Kautschukexporte, der mit einem Mal verwaisten, sich selbst überlassenen Stationen, stellte die *Peruvian Amazon Company*, deren Schiffe, allen voran die *Liberal*, das einzige Transportmittel nach und aus Putumayo waren, ohne Vorankündigung den Verkehr über Nacht ein. Damit waren die vier Franziskaner völlig von der Welt abgeschnitten. Als der schwerkranke Pater McKey starb, beerdigten ihn seine Gefährten und versahen das Grab mit einer viersprachigen Inschrift auf Gälisch, Englisch, Spanisch und Huitoto. Dann vertrauten sie sich Gott an und brachen auf. Ein paar Indios fuhren sie in einem Kanu den Putumayo bis zu seiner Mündung in den Yavarí hinab. Sie kenterten während der langen Fahrt zweimal und erreichten jeweils schwimmend das Ufer. Am Yavarí kam einige Tage später endlich ein Schiff, das sie bis Manaus mitnahm, allerdings unter der Bedingung, dass sie keine Kabine in Anspruch nehmen würden. Sie schliefen an Deck, dem Regen ausgesetzt, worauf der Älteste von ihnen, Pater O'Nety, sich eine Lungenentzündung zuzog. Zwei Wochen später landeten sie in Manaus, wo sie in einem Franziskanerkloster aufgenommen wurden. Dort starb Pater O'Nety trotz aller Fürsorge, die seine Gefährten ihm angedeihen ließen. Sie setzten ihn auf dem Klosterfriedhof bei. Nachdem sich die beiden Überlebenden von diesen katastrophalen Ereignissen einigermaßen erholt hatten, kümmerte sich die britische Regierung um ihre Heimreise. Nun standen sie wieder den Industriearbeitern von Dublin bei.

Roger saß noch eine lange Weile unter dem dichten Laubwerk der Bäume von St. Stephen's Green. Er versuchte sich die riesige Region von Putumayo ohne Kautschukstationen vorzustellen, nach der Flucht der Angestellten, Wächter und Mörder des Unternehmens Arana. Mit geschlossenen Augen malte er sich aus, wie die üppige Natur mit Büschen, Lianen und Gestrüpp nach und nach die Kahlschläge und Lichtungen überwuchern würde und mit dem Nachwachsen des Dschungels die Tiere zurückkehren und sich ihre Unterschlüpfe einrichten würden. Überall Vogelgesang, das Pfeifen, Kreischen und Brüllen von Papageien, Hokkohühnern und Affen, Wasserschweinen und Jaguaren. Die Holzbauten würden im Regen vermodern, von Termiten zerfressen, Getier aller Art würde sich in ihnen einnisten. Binnen weniger Jahre würde nichts mehr von diesen Siedlungen übrig sein, in denen die menschliche Grausamkeit so unvorstellbares Leid angerichtet hatte, bald würde jede menschliche Spur vom Urwald ausgelöscht sein.

Irland

XIII

Erschrocken und verwundert fuhr Roger aus dem Schlaf. Seine Nächte waren unruhig, und diese hatte ihm in einem beklemmenden Traum seinen Freund – oder vielmehr ehemaligen Freund – Herbert Ward gezeigt. Der Schauplatz war allerdings nicht Afrika gewesen, wo sie sich auf Henry Morton Stanleys Expedition kennengelernt hatten, noch Paris, wo Roger Herbert und Sarita mehrmals besucht hatte, sondern Dublin, das Dublin der Barrikaden, der Gefechte, des Kanonendonnerns und Krawalls der Osterwoche. Herbert Ward kämpfte inmitten der irischen Aufständischen, der *Irish Volunteers* und der *Irish Citizen Army* für Irlands Unabhängigkeit! Wie konnte der menschliche Geist im Traum nur so absurde Szenerien ersinnen!

Ihm kam wieder zu Bewusstsein, dass das britische Kabinett wenige Tage zuvor getagt hatte, ohne jedoch eine Entscheidung bezüglich des Gnadengesuchs getroffen zu haben. Das wusste er von seinem Anwalt, George Gavan Duffy. Was hatte das zu bedeuten? Warum dieser erneute Aufschub? Gavan Duffy wertete es als positives Zeichen: Die Minister waren sich uneinig, gelangten nicht zu der nötigen Einstimmigkeit. Es bestand also Hoffnung. Doch das Warten hieß auch, jeden Tag, jede Stunde, jede Minute vor Angst zahllose Tode zu sterben.

Die Erinnerung an Herbert Ward erfüllte ihn mit Traurigkeit. Mit ihrer Freundschaft war es endgültig vorbei. Der Tod von Herberts Sohn Charles, der so jung, so strotzend vor Gesundheit im Januar 1916 an der Front von Neuve Chapelle gefallen war, hatte eine Kluft zwischen sie gerissen, die sich nie wieder schließen würde. Herbert war der einzige wirkliche Freund aus den afrikanischen Tagen gewesen. Vom ersten

Moment an hatte Roger in diesem überlegenen, ein paar Jahre älteren Landsmann, der um die halbe Welt gereist und gebildeter war als alle anderen Europäer im Kongo, Stanley eingeschlossen, jemanden gesehen, von dem er vieles lernen und mit dem er seine Gedanken und Zweifel teilen könnte. Im Unterschied zu den übrigen Teilnehmern an Stanleys Expedition, die in Afrika nur Geld und Macht suchten, liebte Herbert das Abenteuer um des Abenteuers willen. Er war ein Mann der Tat, dabei leidenschaftlich der Kunst zugetan, und er brachte den Afrikanern respektvolles Interesse entgegen. Er beschäftigte sich mit ihren Glaubensvorstellungen, Bräuchen und religiösen Objekten, ihrem Schmuck und ihrer Kleidung, die ihn sowohl ästhetisch und künstlerisch wie auch in spiritueller Hinsicht faszinierten. Bereits damals hatte Herbert in seiner freien Zeit gezeichnet und kleine Skulpturen nach afrikanischen Motiven angefertigt. Im Laufe ihrer langen Gespräche, meist in der Dämmerung, wenn die Zelte aufgebaut waren, die Abendmahlzeit vorbereitet wurde und die anderen nach den Mühen eines langen Tagesmarsches rasteten, vertraute er Roger an, dass er sich eines Tages als Bildhauer in Paris niederlassen werde, »der Welthauptstadt der Kunst«. Doch seine Liebe zu Afrika verlor er nie. Im Gegenteil, sie wurde aus der Entfernung und mit der Zeit immer noch größer. Roger erinnerte sich an das Londoner Haus der Wards, am Chester Square 53, in dem zahllose afrikanische Skulpturen standen. Und an ihr Atelier in Paris, an dessen Wänden Lanzen, Speere, Pfeile, Schilder, Masken, Ruder und Messer jeglicher Form und Größe hingen. Unter den Köpfen der ausgestopften Raubtiere und auf den von Tierfellen bedeckten Ledersesseln sitzend, hatten sie nächtelang ihrer Reisen durch Afrika gedacht. Francis, die damals noch kleine Tochter der Wards, mit Spitznamen *Cricket* genannt, verkleidete sich manchmal mit afrikanischen Gewändern, Ketten und Schmuckstücken und tanzte einen Bakongo-Tanz, den ihre Eltern klatschend und mit einem monotonen Singsang begleiteten.

Herbert war einer der wenigen, dem Roger gestand, wie

enttäuscht er war, von Stanley, von Leopold II., von der Kolonisierung überhaupt, die den Afrikanern letztlich weder Modernität noch Fortschritt brächte. Herbert stimmte völlig mit ihm überein, dass der wahre Grund für die europäische Präsenz in Afrika nicht altruistischer, sondern rein ausbeuterischer Natur war.

Dafür nahm Herbert Rogers Hinwendung zum irischen Nationalismus nie besonders ernst. Er machte sich freundschaftlich über ihn lustig, warnte ihn vor dem uniformierten Patriotismus mit Fahnen, Pauken und Trompeten, der auf Dauer stets einen Rückschritt in einen provinzlerischen Herdengeist bedeute und zur Verhöhnung der universalen Werte führe. Was diesen Weltbürger, als welchen Herbert sich selbst gern bezeichnete, nicht daran gehindert hatte, angesichts der ausufernden Gewalt des Weltkriegs im Patriotismus Zuflucht zu suchen wie Millionen andere Europäer auch. Aus dem Brief, mit dem er Roger die Freundschaft kündigte, sprachen all die patriotischen Gefühle, über die er früher gespottet hatte, sprach die Vaterlandsliebe, die ihm einmal primitiv und verachtenswert erschienen war. Und ebendieser Herbert Ward, dieser englische Pariser, hatte in seinem Traum also an der Seite der *Sinn Féin* von Arthur Griffith, der Volksarmee von James Connolly und den *Irish Volunteers* von Patrick Pearse in den Straßen von Dublin für Irlands Unabhängigkeit gekämpft. Wie grotesk! Trotzdem sagte sich Roger, während er in Erwartung des Morgengrauens auf seiner Pritsche lag, dass dieser Unsinn im Grunde doch einen tieferen Sinn in sich trug; schließlich hatte sein Unbewusstes nur versucht, zweierlei zu versöhnen, das er gleichermaßen liebte und vermisste: seinen Freund und sein Land.

Am frühen Vormittag kam der Sheriff und teilte ihm mit, er habe Besuch. Rogers Herz pochte schneller, als er den Besucherraum betrat und auf dem Bänkchen Alice Stopford Green sitzen sah. Sie stand auf, ging lächelnd auf ihn zu und umarmte ihn.

»Alice, liebe Alice«, sagte Roger. »Wie schön, dass du noch

einmal gekommen bist! Ich dachte, ich würde dich nie wieder sehen. Zumindest nicht in dieser Welt.«

»Es war nicht leicht, eine zweite Besuchserlaubnis zu bekommen«, sagte Alice. »Aber wie du siehst, hat meine Hartnäckigkeit schließlich gesiegt. Wenn du wüsstest, an wie viele Türen ich dafür geklopft habe.«

Seine sonst stets so elegante Freundin trug dieses Mal ein zerknittertes Kleid und ein achtlos umgebundenes Kopftuch, aus dem einige weiße Haarsträhnen gerutscht waren. Ihre Schuhe waren dreckverkrustet. Doch nicht nur ihre Aufmachung wirkte etwas liederlich, sie machte zudem einen erschöpften und mutlosen Eindruck. Was war in den vergangenen Tagen geschehen? Hatte Scotland Yard sie wieder belästigt? Sie schüttelte den Kopf und zuckte die Achseln, als hätte diese Episode keinerlei Bedeutung. Das Gnadengesuch und die bis zur nächsten Ministerratssitzung aufgeschobene diesbezügliche Entscheidung erwähnte Alice nicht. Auch Roger sprach das Thema nicht an, in der Annahme, Weiteres sei noch nicht bekannt. Dafür erzählte er ihr den albernen Traum von Herbert Ward als irischer Rebell während des Osteraufstands.

»Es sickert immer mehr darüber durch, wie sich alles wirklich zugetragen hat«, sagte Alice. Sie klang wütend und traurig zugleich. Roger bemerkte, dass der Sheriff und der andere Wärter, die beide mit dem Rücken zu ihnen an der Tür standen, bei der Anspielung auf den irischen Aufstand eine steifere Haltung annahmen. Sicherlich spitzten sie die Ohren. Er befürchtete schon, der Sheriff würde ihnen verbieten, darüber zu sprechen, doch das tat er nicht.

»Du hast also mehr in Erfahrung bringen können, Alice«, murmelte er.

Sie nickte und erblasste leicht. Ihrer Antwort ging ein langes Schweigen voraus, das entweder der Unentschlossenheit entspringen mochte, ob sie ihren Freund mit einem so schmerzvollen Thema belasten durfte, oder schlicht der Schwierigkeit, einen Anfang zu machen bei dem vielen, das es zu erzählen galt. Schließlich erklärte sie ihm, es kursierten viele Versionen über die Geschehnisse in Dublin und den anderen irischen Städten, widersprüchliche, teils wohl erfundene, übertriebene oder verklärende Berichte. Sie persönlich halte für glaubwürdig, was ihr Neffe Austin, ein Kapuzinermönch, der gerade in London eingetroffen sei, erzählt habe. Austin könne insofern aus erster Hand berichten, als er während der Osterwoche in Dublin als Krankenpfleger und Seelsorger sowohl im Hauptpostamt gewesen sei, von dem aus Patrick Pearse und James Connolly die Erhebung befehligten, als auch in den Verschanzungen in St. Stephen's Green, wo Gräfin Constance Markievicz in der Uniform der *Volunteers* mit Piratenpistole das Kommando führte, wie an den in der Jacob's Biscuit Factory errichteten Barrikaden und in der Boland's Mill, die die Rebellen unter Éamon de Valera besetzt hatten, ehe sie von den englischen Truppen umzingelt wurden. Bruder Austins Zeugnis schien Alice der Wahrheit am nächsten zu kommen, die vermutlich erst von künftigen Historikern festgestellt werden würde.

Es folgte ein weiteres langes Schweigen, das Roger nicht unterbrechen wollte. Es war erst zwei Tage her, seit er Alice gesehen hatte, doch sie wirkte um Jahre gealtert. Ihre Stirn war faltenzerfurcht, und ihr Dekolleté und ihre Handrücken waren plötzlich von Sommersprossen gesprenkelt. Ihre hellen Augen hatten ihren Glanz verloren. Sie machte einen tieftraurigen Eindruck, doch Roger war sich sicher, dass sie vor ihm nicht weinen würde. War das Gnadengesuch womöglich abgelehnt worden, und sie wagte nicht, es ihm zu sagen?

»Am stärksten beeindruckt haben meinen Neffen nicht die Schüsse, Bomben, Verletzten, das Blut, die Flammen und der erstickende Rauch«, fuhr Alice fort, »sondern das Chaos. Kannst du dir das vorstellen, Roger? Das heillose Chaos, das während der ganzen Woche in den Bastionen der Revolutionäre herrschte.«

»Das Chaos?«, wiederholte Roger flüsternd. Er schloss die Augen und versuchte, es sich vorzustellen, zu sehen, zu hören.

»Das heillose Chaos«, sagte Alice, jede Silbe betonend. »Sie waren bereit, zu sterben, und gleichzeitig erlebten sie geradezu euphorische Momente. Unglaubliche Momente. Stolz. Freiheit. Auch wenn keiner von ihnen, weder Anführer noch Kämpfende, jemals wirklich wussten, was sie taten oder überhaupt tun wollten. So sagt es Austin.«

»Wussten sie wenigstens, dass die Waffen, auf die sie warteten, nicht eingetroffen waren?«, murmelte Roger, als er merkte, dass Alice sich in einem immer längeren Schweigen verschanzte.

»Sie wussten rein gar nichts. Unter ihnen gingen die verrücktesten Mutmaßungen um. Niemand konnte sie widerlegen, weil niemand mit Genauigkeit wusste, wie es wirklich stand. Sie klammerten sich an die unwahrscheinlichsten Gerüchte, um glauben zu können, dass ihre verzweifelte Lage sich zum Guten wenden würde. Dass ein deutsches Heer sich Dublin näherte, zum Beispiel. Dass an verschiedenen Orten der Insel Bataillone gelandet waren und auf die Hauptstadt zumarschierten. Dass sich in allen Teilen des Landes, in Cork, Galway, Wexford, Meath, Tralee, sogar in Ulster, die *Volunteers* und die Bürgerarmee, dass sich Tausende erhoben, die Kasernen und Polizeiquartiere besetzt hätten und von allen Seiten nach Dublin zogen, um den Belagerten beizustehen. Halb verhungert und verdurstet, beinahe ohne Munition, lieferten sie sich einen Kampf, der auf völlig unbegründeten Hoffnungen beruhte.«

»Ich wusste, dass das geschehen würde«, sagte Roger. »Ich kam nicht rechtzeitig, um diesem Wahnsinn Einhalt zu gebieten. Jetzt ist Irlands Freiheit ferner denn je.«

»Eoin MacNeill hat versucht, sie aufzuhalten, als er dahinterkam«, sagte Alice. »Das Militärkommando der *Revolutionary Brotherhood* hatte ihn nicht über die Pläne informiert, weil er gegen eine bewaffnete Aktion ohne deutsche Unterstützung war. Als er erfuhr, dass die Befehlshaber der *Volunteers*, der *Revolutionary Brotherhood* und der Bürgerarmee ihre Leute für Truppenübungen am Ostersonntag mobilisierten, gab er einen Gegenbefehl, mit dem er diesen Marsch verbot und den Truppen der *Volunteers* untersagte, auf die Straße zu gehen, sollten sie keine anderweitigen, von ihm persönlich unterzeichneten Instruktionen erhalten. Das säte gewaltige Verwirrung. Hunderte, Tausende *Volunteers* wagten sich nicht aus ihren Häusern. Etliche versuchten erfolglos, Pearse, Connolly oder Clarke zu kontaktieren. So mussten diejenigen, die MacNeills Gegenbefehl befolgten, mit verschränkten Armen dasitzen, während die anderen, die ihn missachteten, niedergemetzelt wurden. Deshalb ist MacNeill inzwischen unter vielen bei *Sinn Féin* und den *Volunteers* als Verräter verhasst.«

Sie verstummte wieder, und Roger ging seinen Gedanken nach. Eoin MacNeill ein Verräter! Was für ein Aberwitz! MacNeill, Gründer der Gälischen Liga, Herausgeber des *Gaelic Journal*, einer der Mitbegründer der *Irish Volunteers*, der sein gesamtes Leben der Pflege der irischen Sprache und Kultur gewidmet hatte. Und dieser Mann wurde jetzt beschuldigt, seine Brüder verraten zu haben, weil er einen romantischen, zum Scheitern verurteilten Aufstand verhindern wollte! Im Gefängnis war er gewiss Schikanen ausgesetzt, oder zumindest schnitten ihn die anderen irischen Nationalisten vermutlich, wie sie es üblicherweise mit Halbherzigen und Feiglingen taten. Wie schrecklich musste sich dieser friedliebende, gebildete Universitätsprofessor fühlen, der ganz in der Liebe zur Sprache, zu den Bräuchen und Traditionen seines Landes aufging. Würden ihn Fragen quälen wie: »War dieser Gegenbefehl richtig? Habe ich, der ich nur Menschenleben retten wollte, stattdessen zum Scheitern der Revolution beigetragen? Die Revolutionäre gespalten und Durcheinander verursacht?« Roger erkannte sich in Eoin MacNeill wieder. Geschichte und Umstände hatten sie in vergleichbare zwielichtige Situationen gebracht. Was wäre geschehen, wenn er nicht in Tralee verhaftet worden wäre und mit Pearse, Clarke und den übrigen Anführern hätte sprechen können? Hätte er sie überzeugen können? Möglicherweise nicht. Sie würden ihn so oder so als Verräter betrachten.

»Ich tue etwas, was ich nicht tun sollte, mein Lieber«, sagte Alice mit gequältem Lächeln. »Ich bringe dir nur schlechte Nachrichten, das ist ein so pessimistischer Blick auf die Geschehnisse.«

»Könnte man sie anders betrachten, nach allem, was geschehen ist?«

»Doch, das kann man«, sagte Alice, leicht errötend und mit neuer Kraft in der Stimme. »Ich war auch gegen eine Erhebung unter diesen Umständen. Und doch …«

»Und doch was, Alice?«

»Ein paar Stunden, ein paar Tage, eine ganze Woche lang war Irland ein freies Land, mein Lieber«, sagte sie bewegt. »Eine unabhängige, eigenständige Republik mit einem Präsidenten und einer Übergangsregierung. Austin war noch nicht dort, als Patrick Pearse aus dem Hauptpostamt trat und die Proklamation verlas, in der die Unabhängigkeit Irlands und die Schaffung einer Übergangsregierung der Republik Irland erklärt wurde. Es waren offenbar nicht viele anwesend. Aber diejenigen, die dabei waren und seine Worte hörten, mussten es als einen ganz besonderen Moment empfunden haben, meinst du nicht? Ich war, wie gesagt, gegen das alles. Doch als ich die Proklamation las, musste ich weinen, wie ich noch nie in meinem Leben geweint habe. ›*Im Namen Gottes und der verstorbenen Generationen, von welchen unser Land seine alte Tradition der nationalen Einheit erhält, ebendieses Irland ruft durch uns seine Kinder zur Flagge und tritt für seine Freiheit ein.*‹ Du siehst, ich habe es auswendig gelernt. Und ich bedauere es zutiefst, nicht bei ihnen gewesen zu sein. Das verstehst du, nicht wahr?«

Roger schloss die Augen. Er sah die Szene lebhaft vor sich. Oben auf den Stufen des Hauptpostamtes, unter dunklen, regenschweren Wolken, vor hundert, vielleicht zweihundert mit Gewehren, Revolvern, Messern, Hacken und Knüppeln bewaffneten Menschen, hauptsächlich Männern, aber auch einigen Frauen mit Kopftüchern, die schmale, schmächtige Gestalt von Patrick Pearse. Der sechsunddreißigjährige Pearse mit seinem stählernen Blick, durchdrungen von einem nietzeanischen Willen zur Macht, mit dem er schon immer alle Widrigkeiten bezwungen hatte, seit er mit siebzehn Jahren in die Gälische Liga eingetreten war, deren unbestrittener Anführer er bald werden sollte, ungeachtet seiner Krankheiten, der äußeren Repressionen und internen Kämpfe, mit dem er den mystischen Traum seines Lebens – ein bewaffneter Aufstand der Iren gegen ihren Unterdrücker, das Martyrium der Heiligen, um ein ganzes Volk zu erlösen – verwirklichen würde, dieser Pearse also mit seiner messianischen, von der Bedeutung des Augenblicks beseelten Stimme, die sorgfältig gewählten Worte verlesend, die einem Jahrhundert der Besatzung und Knechtschaft ein Ende bereiteten und mit denen eine neue Ära in der Geschichte Irlands begann. Roger stellte sich die andächtige Stille vor, in die hinein Pearse gesprochen haben mochte, ehe die Schüsse einsetzten und aus Dublin ein Schlachtfeld machten. Er sah die Gesichter der *Volunteers* vor sich, die aus den Fenstern des Postgebäudes und der umliegenden, von den Rebellen eingenommenen Häuser in Sackville Street schauten, um der schlichten Zeremonie beizuwohnen. Er hörte den Jubel, Applaus, die Vivat- und Hurraschreie, mit denen die Leute auf der Straße, in den Fenstern und auf den Dächern nach der Verlesung der sieben unterzeichnenden Namen die Proklamation feierten, und lebte den kurzen, feierlichen Moment mit, als Pearse, umgeben von den übrigen Anführern mit den Worten schloss, es gebe keine Zeit mehr zu verlieren. Alle zurück auf ihre Stellungen, gerüstet für den Kampf, die heilige Pflicht. Rogers Augen brannten. Auch er hatte zu zittern begonnen. Ehe ihm selbst die Tränen kamen, sagte er rasch:

»Ja, es war sicherlich sehr bewegend.«

»Es ist ein Symbol, und die Geschichte besteht aus Symbolen«, sagte Alice. »Ganz gleichgültig, ob sie Pearse, Connolly, Clarke, Plunkett, Ceannt, Diarmada und MacDonagh standrechtlich erschossen haben. Im Gegenteil, diese Erschießungen haben das Symbol mit ihrem Blut geweiht, ihm eine Aura heroischen Märtyrertums verliehen.«

»Und genau das beabsichtigten Pearse und Plunkett«, sagte Roger. »Du hast recht, Alice. Ich wäre auch gern dabei gewesen.«

Beinahe ebenso wie die Zeremonie auf der Treppe des Hauptpostamtes bewegte es Alice, dass so viele Mitglieder der weiblichen Rebellenorganisation *Cumann na mBan* an dem Aufstand teilgenommen hatten. Das hatte ihr Neffe mit eigenen Augen gesehen. In den Rebellenstellungen waren die Frauen für das Kochen zuständig, doch je heftiger die Gefechte wurden, desto mehr Verantwortung wurde ihnen übertragen. Inmitten der Schüsse, Bombardierungen und Brände versorgten sie als Krankenschwestern die Verwundeten und halfen den Chirurgen, Kugeln zu entfernen, Wunden zu nähen, brandige Gliedmaßen zu amputieren. Doch eine besondere Rolle kam diesen Mädchen, jungen und älteren Frauen zu, als die wachsende Abgeschnittenheit der Barrikaden und Rebellenposten es unabdingbar machte, sie als Kuriere auf Fahrrädern oder in deren Ermangelung zu Fuß mündliche oder schriftliche Botschaften überbringen zu lassen, Letztere mit der Anweisung, die Zettel zu zerstören, verbrennen oder aufzuessen, sollte die Überbringerin verletzt oder gefangengenommen werden. Bruder Austin versicherte Alice, während der sechs Tage der Rebellion, inmitten der Gefechte und Schusswechsel, Explosionen und einstürzenden Balkone, Dächer und Mauern, die Dublin in ein Archipel aus Flammen und verkohltem, blutigem Schutt verwandelt hätten, habe er bis zum Schluss diese Engel in Röcken heldenhaft und unbeirrbar wie Amazonen in die Pedale treten gesehen, den Kugeln trotzend, um Nachrichten und Informationen zu überbringen und die Umzingelung zu durchbrechen, mit der das britische Militär die Rebellen vor ihrer endgültigen Zerschlagung isolieren wollte.

»Als sie schließlich nicht mehr als Kuriere dienen konnten, weil die Truppen die Straßen besetzten und nirgends mehr durchzukommen war, nahmen viele die Revolver und Gewehre ihrer gefallenen Männer, Väter und Söhne und schlossen sich dem Kampf an«, sagte Alice. »Nicht nur Constance Markievicz bewies, dass wir Frauen kein schwaches Geschlecht sind. Viele kämpften wie sie und starben oder wurden verletzt, die Waffe in der Hand.«

»Weiß man, wie viele?«

Alice schüttelte den Kopf.

»Es gibt keine offiziellen Zahlen. Die, die im Umlauf sind, sind völlig aus der Luft gegriffen. Aber eines ist sicher: Sie haben mitgekämpft. Das britische Militär kann ein Lied davon singen, es hat etliche verhaftet und in die Kaserne von Richmond und das Gefängnis von Kilmainham gebracht. Sie sollten ebenfalls vor ein Kriegsgericht gestellt und erschossen werden. Das weiß ich aus verlässlicher Quelle, ein Minister hat es mir anvertraut. Aber dem britischen Kabinett wurde – fraglos zu Recht – angst und bange bei dem Gedanken, ganz Irland könnte zu den Waffen greifen, finge man an, Frauen zu erschießen. Premierminister Asquith persönlich hat dem Oberbefehlshaber von Dublin, Sir John Maxwell, in einem Telegramm strikt untersagt, auch nur eine einzige Frau füsilieren zu lassen. Das hat Gräfin Markievicz das Leben gerettet. Sie wurde von einem Kriegsgericht zum Tode verurteilt, doch das Urteil wurde auf Druck der Regierung in lebenslängliche Haft umgewandelt.«

Doch natürlich gab es während der einwöchigen Kämpfe nicht nur Begeisterung, Solidarität und Heroismus unter der Zivilbevölkerung von Dublin. Alice' Neffe war auch Zeuge geworden, wie Geschäfte und Warenlager in der Sackville Street und anderen Straßen des Stadtzentrums von Herumtreibern, Ganoven oder schlicht Hungerleidern aus den benachbarten Elendsvierteln geplündert wurden, was die Anführer der *Revolutionary Brotherhood*, der *Volunteers* und der Bürgerarmee in Schwierigkeiten brachte, die eine solche kriminelle Entgleisung ihrer Rebellion nicht vorhergesehen hatten. In einigen Fällen versuchten die Rebellen, die Plünderungen von Hotels zu verhindern, die Menge vor dem Gresham Hotel verscheuchten sie sogar mit Schüssen in die

Luft, in anderen Fällen jedoch sahen sie fassungslos zu, wie diese einfachen, hungrigen Menschen, für deren Interessen sie zu kämpfen dachten, sich ihnen zornig entgegenstellten, um die eleganten Geschäfte der Stadt auszuräumen.

Doch nicht nur mit Räubern waren die Rebellen in Dublins Straßen konfrontiert. Auch mit Müttern, Ehefrauen, Schwestern und Töchtern von Polizisten und Soldaten, die von den Aufständischen angegriffen, verletzt oder getötet worden waren, bisweilen ganze Gruppen von Frauen, die blind vor Schmerz, Wut und Verzweiflung keine Furcht mehr kannten. In manchen Fällen attackierten sie sogar die Rebellenposten, verfluchten die Kämpfenden, beschimpften sie als Mörder, bespuckten sie und bewarfen sie mit Steinen. Das war die härteste Probe für die Revolutionäre, die Gerechtigkeit, Wahrheit und das Gute auf ihrer Seite wähnten: zu entdecken, dass sie ihre Waffen nicht gegen die Schergen des Empire erhoben, gegen die Soldaten der Besatzerarmee, sondern gegen einfache Iren, die, vom Schmerz geblendet, in ihnen nicht die Befreier des Vaterlandes sahen, sondern die Mörder ihrer Nächsten, dieser Iren, deren einziges Verbrechen darin bestand, aus bescheidenen Verhältnissen zu stammen und Soldaten oder Polizisten geworden zu sein, weil die Armen dieser Welt damit immer ein Auskommen haben.

»Es gibt nicht nur Schwarz oder Weiß, mein Lieber«, war Alice' Kommentar. »Nicht einmal bei einer so gerechten Sache. Auch hier kommen die Grautöne hinzu.«

Roger nickte. Er bezog die Worte seiner Freundin auf sich. So bedachtsam man seine Handlungen auch zu planen versuchte, das Leben war komplexer als alle Kalkulationen, sprengte die Schemata, und unversehens befand man sich in einer undurchsichtigen, widersprüchlichen Lage. War er nicht das lebendige Beispiel für diese Widersprüchlichkeiten? Reginald Hall und Basil Thomson, die ihn verhört hatten, waren der festen Überzeugung, er sei aus Deutschland gekommen, um die Erhebung anzuführen, die ihm doch tatsächlich von den Anführern des Aufstands bis zum letzten Moment verschwiegen worden war, weil sie wussten, dass er dagegen sein würde. Was konnte widersinniger sein?

Würde unter den Nationalisten jetzt eine Demoralisierung einsetzen? Ihre besten Männer waren gefallen, standrechtlich erschossen oder im Gefängnis. Es würde Jahre dauern, die Unabhängigkeitsbewegung neu zu organisieren. Auf die Deutschen, in die so viele Iren, wie er selbst, ihr Vertrauen gesetzt hatten, war kein Verlass gewesen. Jahre der Opfer und Mühen für Irland waren unwiederbringlich verloren. Und er hier, in diesem englischen Gefängnis, in Erwartung einer vermutlich negativen Entscheidung über das Gnadengesuch. Wäre es nicht besser gewesen, dort zu sterben, mit all den anderen zu schießen und erschossen zu werden? So hätte sein Tod wenigstens einen Sinn gehabt, würde ihm nicht drohen, wie ein gewöhnlicher Verbrecher am Galgen erhängt zu werden. Dichter und Mystiker. Das waren sie, und so hatten sie gehandelt, indem sie den Funken der Revolution nicht in einer Kaserne oder in Dublin Castle, der Hochburg der Kolonialmacht, gezündet hatten, sondern in einem zivilen Gebäude, im frisch renovierten Postamt. Die Wahl zivilisierter Bürger, keiner Politiker oder Militärs. Sie wollten die Bevölkerung für sich gewinnen, ehe sie die englischen Soldaten besiegten. Hatte Joseph Plunkett ihm das bei ihren Gesprächen in Berlin nicht klar gesagt? Eine Rebellion von Dichtern und Mystikern, die zu Märtyrern werden wollten, um die eingeschläferten Massen aufzurütteln, die wie John Redmond an einen friedlichen Weg und den guten Willen des Empire glaubten, um Irlands Freiheit zu erreichen. Waren sie naiv oder hellsichtig gewesen?

Er seufzte, und Alice tätschelte ihm liebevoll den Arm.

»Es ist traurig und aufregend zugleich, nicht wahr, lieber Roger?«

»Ja, Alice. Traurig und aufregend. Manchmal bin ich so wütend über das, was sie getan haben. Dann wieder beneide ich sie aus tiefster Seele, und meine Bewunderung für sie kennt keine Grenzen.«

»Um die Wahrheit zu sagen, denke ich an nichts anderes mehr. Und daran, wie sehr ich dich vermisse, Roger«, sagte Alice und griff wieder nach seinem Arm. »Deine Ideen, deine Klarsichtigkeit würden mir sehr helfen, Licht in dieses große Dunkel zu bringen. Trotzdem glaube ich, dass all das, vielleicht nicht gleich, aber auf längere Sicht, doch etwas Gutes hervorbringen wird. Es gibt schon erste Anzeichen.«

Roger nickte, verstand er auch nicht ganz, was Alice meinte.

»John Redmond und seine Anhänger verlieren in ganz Irland immer mehr an Einfluss«, fuhr sie fort. »Wir, die wir einst in der Minderheit waren, haben inzwischen die Mehrheit des irischen Volkes auf unserer Seite. Auch wenn du es nicht glaubst, ich schwöre es dir. Die Erschießungen, die Militärgerichte, die Deportationen leisten uns große Dienste.«

Roger bemerkte, dass der Sheriff, der weiterhin mit dem Rücken zu ihnen stand, leicht zuckte, als wollte er sich umdrehen und ihnen verbieten, weiterzusprechen. Doch auch diesmal tat er nichts dergleichen. Alice wirkte jetzt richtiggehend optimistisch. Ihrer Meinung nach hatten Pearse und Plunkett nicht so unrecht gehabt. Jeden Tag komme es nun in Irland auf den Straßen, in den Kirchen, in den Nachbarschaftsvereinen zu zahlreichen spontanen Sympathiekundgebungen für die Märtyrer und die zu langen Haftstrafen verurteilten Gefangenen, während Polizisten und Soldaten der britischen Armee offene Feindseligkeit entgegenschlage. Sie sähen sich solchen Beschimpfungen und Hassparolen vonseiten der Passanten ausgesetzt, dass die Militärregierung eine Anordnung erlassen habe, Polizisten und Soldaten sollten nur noch in Gruppen patrouillieren und außer Dienst Zivilkleidung tragen. Denn die öffentliche Ablehnung wirkte sich langsam negativ auf die Moral der Ordnungskräfte aus.

Alice berichtete weiter, der größte Umschwung habe sich innerhalb der katholischen Kirche vollzogen. Die obere Kirchenhierarchie und ein Großteil der Priester hatten sich stets für die pazifistischen Thesen, die einen stufenweisen Prozess vorsahen und eher zugunsten der *Home Rule*-Regelung ausgesprochen, die John Redmond und seine *Irish Parliamentary Party* vertraten, als für den radikalen Separatismus von *Sinn Féin*, der Gälischen Liga, der *Irish Revolutionary Brotherhood* und der *Volunteers*. Doch das habe sich seit der Erhebung geändert. Möglicherweise habe die religiöse Grundhaltung der Aufständischen dazu beigetragen. Die Zeugnisse der Geistlichen, die wie Bruder Austin selbst an Barrikaden und in den zu Rebellenposten umfunktionierten Gebäuden gewesen waren, ließen daran keinen Zweifel: Es waren Gottesdienste abgehalten worden, die Aufständischen hatten gebeichtet und die heilige Kommunion empfangen, viele hatten die Geistlichen um ihren Segen gebeten, bevor sie zu schießen begannen. In allen Stellungen hatte man sich an den strikten Befehl der Anführer gehalten, keinen Tropfen Alkohol zu trinken. In Gefechtspausen beteten die Aufständischen kniend den Rosenkranz. Ausnahmslos alle Hingerichteten baten um priesterlichen Beistand, ehe sie vor das Erschießungskommando gestellt wurden, selbst James Connolly, der sich zum Sozialismus bekannte und im Ruf stand, Atheist zu sein. Connolly küsste das Kruzifix, das ihm der Kaplan des Gefängnisses von Kilmainhaim hinhielt, ehe er, schwer verwundet auf einen Stuhl gefesselt, erschossen wurde. Ab Mai wurden in ganz Irland zahlreiche Gedenkgottesdienste und Würdigungen für die Märtyrer der Osterwoche abgehalten. Es verging kein Sonntag, an dem die Gemeindepriester in ihrer Predigt die Gläubigen nicht dazu aufriefen, für die Seelen der hingerichteten und von der britischen Armee im Verborgenen begrabenen Patrioten zu beten. Der Oberbefehlshaber, Sir John Maxwell, hatte offiziell Beschwerde bei der katholischen Kirche eingelegt, doch statt eine Erklärung abzugeben, nahm Bischof O'Dwyer die Priester in Schutz und beschuldigte vielmehr den General, wie ein »militärischer Diktator« zu agieren und mit den Hinrichtungen und der Weigerung, den Familien die Leichname der Erschossenen zu übergeben, ganz und gar unchristlich zu handeln. Vor allem die Tatsache, dass die Militärregierung unter Berufung auf das Kriegsrecht die Patrioten heimlich bestattet habe, um zu verhindern, dass ihre Gräber zu republikanischen Pilgerstätten würden, rief eine allgemeine Empörung selbst in den Teilen der Bevölkerung hervor, die den Radikalen bis dahin keine Sympathie entgegengebracht hatten.

»Kurz, die Papisten gewinnen immer mehr an Boden, und wir anglikanischen Nationalisten schrumpfen zusammen wie Balzacs Chagrinleder. Fehlt nur noch, dass wir beide zum Katholizismus übertreten, Roger«, scherzte Alice.

»Ich habe das praktisch schon getan«, bekannte Roger. »Aber nicht aus politischen Gründen.«

»Ich würde es niemals tun, vergiss nicht, dass mein Vater ein Pfarrer der *Church of Ireland* war«, sagte Alice. »Was dich betrifft, so erstaunt mich das gar nicht, seit einiger Zeit schon habe ich es kommen sehen. Erinnerst du dich, wie wir dich bei meinen Abenden damit aufzogen?«

»Bei deinen unvergesslichen Abenden«, seufzte Roger. »Ich muss dir ein Geständnis machen. Jetzt, da ich so viel Zeit zum Nachdenken habe, stelle ich mir oft die Frage: Wo und wann war ich in meinem Leben am glücklichsten? Und die Antwort lautet: Während der Dienstagabende in der Grosvenor Road, liebe Alice. Ich habe es dir nie gesagt, aber ich verließ dein Haus jedes Mal so frohgemut, mit dem Leben versöhnt. Ich bedauerte einzig, nie studiert zu haben, nie eine Universität besucht zu haben. Wenn ich dir und deinen Freunden zuhörte, fühlte ich mich eurer Kultur so fern wie die Eingeborenen aus Afrika oder dem Amazonasgebiet.«

»Mir und den anderen erging es ähnlich mit dir, Roger. Wir beneideten dich um deine Reisen, deine Abenteuer, dass du so vieles an so unterschiedlichen Orten erlebt hattest. Yeats hat es einmal so ausgedrückt: ›Roger Casement ist der universellste Ire, der mir je begegnet ist. Ein wahrer Weltbürger.‹ Ich glaube, das habe ich dir nie erzählt.«

Sie erinnerten sich an eine Jahre zurückliegende Unterhaltung mit Herbert Ward in Paris, bei der sie über Symbole gesprochen hatten. Herbert hatte ihnen den frischen Abguss eines afrikanischen Fetischpriesters gezeigt, mit dem er sehr zufrieden war. In der Tat war ihm die Gestalt mit den rituellen Narben im Gesicht, die einen Besen und einen Totenkopf in der Hand hielt, wunderbar gelungen. Trotz der realistischen Ausführung ging eine geheimnisvolle Aura von ihr aus, spürte man die Macht, die dem Priester von den Gottheiten des Waldes, der Flüsse und der wilden Tiere verliehen worden war und durch die er für die Gemeinschaft Verbindung mit dem Jenseits aufnehmen konnte.

»Wir alle tragen einen solchen Vorfahren in uns«, sagte Herbert und deutete auf die Bronzestatue, die mit halb geschlossenen Augen in Trance versunken schien. »Der Beweis? Die Symbole, denen wir voller Respekt unseren Kult erweisen: Wappen, Flaggen, Kreuze.«

Roger und Alice argumentierten, die Symbole könnten nicht als Anachronismen aus einer irrationalen menschlichen Vorzeit betrachtet werden. Im Gegenteil, eine Flagge zum Beispiel sei das Symbol einer Gemeinschaft, deren Mitglieder sich solidarisch fühlen, Glaubensvorstellungen, Anschauungen und Bräuche teilen und individuelle Unterschiede und Abweichungen respektieren würden, die das Gemeinsame nicht untergrüben, sondern es noch stärken würden. Beide gestanden, dass es sie stets berühre, die republikanische Flagge Irlands im Wind flattern zu sehen. Wie hatten Herbert und Sarita sich über dieses Bekenntnis lustig gemacht!

Als Alice erfuhr, so sagte sie, dass zur Proklamation der irischen Unabhängigkeit durch Pearse republikanische irische Fahnen auf den Dächern des Hauptpostamtes und von Liberty Hall gehisst worden waren, und als sie später die Fotos der von den Dubliner Rebellen eingenommenen Gebäude gesehen habe, auf denen wie in den Fenstern und an den Brüstungen des Hotels Metropole und des Hotels Imperial Fahnen wehten, habe sich ihr der Hals zugeschnürt. Dieser Anblick musste bei denen, die dort gewesen waren, ein unermessliches Glücksgefühl ausgelöst haben. Später hörte sie auch, die Frauen von *Cumann na mBan* hätten in den Wochen vor der Erhebung nicht nur Bomben fabriziert, Dynamitschachteln, Granaten, Spieße und Bajonette und Erste-Hilfe-Pakete zusammengestellt, sondern auch die grün-weiß-orangen Fahnen genäht, mit denen am Morgen des 24. April die Dächer der Innenstadt von Dublin geschmückt waren. Vor allem in Plunketts Haus in Kimmage war ein Großteil der Wahrzeichen hergestellt worden, die während der Erhebung verwendet wurden.

»Es war ein historischer Moment«, sagte Alice. »Wir missbrauchen dieses Wort. Vor allem für Politiker ist jeder mögliche Schwachsinn ›historisch‹. Aber diese republikanischen Flaggen im Himmel des alten Dublin waren es. Sie werden in bewegender Erinnerung bleiben. Als historischer Moment. Das ging um die Welt, mein Lieber. In den Vereinigten Staaten war das Bild auf der Titelseite vieler Zeitungen. Hättest du es nicht auch gern gesehen?«

Doch, das hätte er. Alice berichtete weiter, auf der Insel brächten inzwischen viele den Verboten zum Trotz republikanische Fahnen an ihren Häusern an, sogar in den probritischen Städten Belfast und Derry.

Gleichzeitig zeigten trotz des Krieges auf dem Kontinent, von dem täglich neue beunruhigende Nachrichten einträfen – die Zahlen der Opfer bei den Gefechten stiegen unablässig, und der Ausgang sei nach wie vor ungewiss –, selbst in England viele Menschen den Wunsch, den von der Militärregierung deportierten Iren zu helfen. Hunderte Männer und Frauen seien wegen vermeintlicher subversiver Aktivitäten des Landes verwiesen worden und jetzt, über ganz England verstreut, abgelegenen Ortschaften zugewiesen und größtenteils mittellos. Alice gehörte einer der Organisationen an, die ihnen Geld, Bekleidung und Lebensmittel zukommen ließen. Und sie habe keine Mühe, sagte sie Roger, finanzielle und anderweitige Unterstützung aufzutreiben. Auch hier sei der Beistand der katholischen Kirche von großer Bedeutung gewesen.

Dutzende Frauen befanden sich unter den Deportierten. Viele von ihnen – mit einigen hatte Alice persönlich gesprochen – hegten trotz aller Loyalität einen gewissen Groll gegen die Befehlshaber der Rebellion, die es den Frauen zunächst erschwert hätten, sich den Kämpfenden anzuschließen. Der einzige Kommandant, der sich rundheraus geweigert hatte, Frauen in der von ihm besetzten Fabrik Boland's Mill und dem umliegenden, von seinen Truppen kontrollierten Territorium zuzulassen, war Éamon de Valera. Seine konservativen Argumente versetzten die Aktivistinnen von *Cumann na mBan* in Wut. Eine Frau gehöre an den Herd und nicht in eine Straßenschlacht, sie solle mit Spinnrad, Töpfen, Nadel und Faden hantieren und nicht mit Pistolen oder Gewehren. Ihre Gegenwart könne die Kämpfenden ablenken, die sich verpflichtet fühlen würden, sie zu beschützen, statt sich auf ihre Aufgaben zu konzentrieren. Der große, schmale Mathematikprofessor und Anführer der *Irish Volunteers*, mit dem Roger viele Unterhaltungen und eine rege Korrespondenz geführt hatte, war von einem der geheimen militärischen Standgerichte, vor denen den Anführern der Erhebung der Prozess gemacht wurde, zum Tode verurteilt worden, kam jedoch in letzter Minute davon. Als er im Gefängnis von Kilmainham Gaol nach Beichte und Kommunion mit dem Rosenkranz in der Hand schon ruhig darauf wartete, an die Wand gestellt zu werden, wandelte das Tribunal die Todesstrafe gerade noch in lebenslange Haft um. Die Gerüchte besagten, Éamon de Valera habe trotz einer fehlenden militärischen Ausbildung seine Truppen äußerst effizient und diszipliniert geführt und dem Feind etliche Verluste zugefügt. Seine Leute waren die Letzten gewesen, die sich ergeben hatten. Allerdings hieß es auch, in der Anspannung dieser Tage habe er bisweilen so konfus gewirkt, dass seine Männer zeitweise befürchteten, er könnte um den Verstand kommen. Er wäre nicht der Einzige gewesen. Einige hatten in dem Kugelhagel und Flammenregen der Barrikaden, ohne Schlaf und Nahrung, die Nerven oder tatsächlich völlig den Verstand verloren.

Gedankenversunken rief Roger sich die lange Gestalt Éamon de Valeras in Erinnerung, seine feierlich getragene Art zu sprechen. Unterdessen erwähnte Alice ein Pferd. Die Tränen stiegen ihr in die Augen. Roger wusste um ihre große Liebe zu Tieren, aber warum diese plötzliche Gefühlswallung? Nach und nach begriff Roger, dass es sich um eine der Episoden handelte, die ihr Neffe ihr erzählt hatte. Das Pferd, um das es ging, gehörte einem der Soldaten, die am ersten Tag der Erhebung das Postamt unter Beschuss nahmen, dabei allerdings zurückgeworfen wurden, wobei sie drei Männer verloren. Von Schüssen getroffen, stürzte das Pferd vor einer Barrikade zu Boden, wiehernd vor Schmerz. Von Zeit zu Zeit gelang es ihm, sich aufzurichten, doch der Blutverlust hatte es so geschwächt, dass seine Beine nach wenigen Schritten wieder nachgaben. Hinter der Barrikade kam es zu einer Diskussion darüber, ob man ihm den Gnadenschuss versetzen sollte, um seinem Leiden ein Ende zu bereiten, oder ob es wieder genesen könnte. Zwei Gewehrschüsse waren schließlich nötig, um seinen Todeskampf zu beenden.

»Es war nicht das einzige Tier, das bei den Straßenkämpfen umkam«, sagte Alice betrübt. »Viele Pferde, Hunde und Katzen wurden getötet. Unschuldige Opfer der menschlichen Brutalität. Ich habe Albträume davon. Die Armen. Sind wir Menschen nicht schlimmer als Bestien, Roger?«

»Nicht immer, Alice. Ich versichere dir, dass manche von ihnen genauso grausam sind wie wir. Denk nur an die Schlangen, deren Gift ihr Opfer unter schrecklichen Qualen langsam tötet. Oder an den Canero-Fisch im Amazonas, der durch den Anus in den Körper gelangt und sich dort von Blut ernährt. Du siehst …«

»Wechseln wir das Thema«, sagte Alice. »Genug von Krieg, Gefechten, Verletzten und Toten.«

Doch kurz darauf erzählte sie Roger schon wieder, welch beeindruckenden Zulauf *Sinn Féin* und die *Irish Revolutionary Brotherhood* unter den Hunderten deportierten und in englische Gefängnisse gebrachten Iren erfuhr. Selbst gemäßigte oder unabhängige Aktivisten und bekannte Pazifisten schlossen sich den radikalen Organisationen an. Und wie viele Petitionen in ganz Irland um Amnestie für die Verurteilten baten. Auch in den Städten der Vereinigten Staaten mit irischen Gemeinschaften wurden Protestdemonstrationen gegen die extremen Repressionen abgehalten. John Devoy hatte fantastische Arbeit geleistet und erreicht, dass die Elite der amerikanischen Gesellschaft die Amnestiegesuche unterschrieb, von Künstlern und Geschäftsleuten bis zu Politikern, Professoren und Journalisten. Das Abgeordnetenhaus verurteilte in einer Erklärung die Schnellhinrichtungen von Gegnern, die sich ergeben hatten, scharf. Trotz der Niederlage hatte Irlands Ruf also nicht gelitten. Die Nationalisten erfuhren mehr internationale Unterstützung denn je.

»Die Besuchszeit ist längst abgelaufen«, unterbrach sie der Sheriff. »Sie müssen sich jetzt wirklich verabschieden.«

»Ich werde eine weitere Erlaubnis erwirken, ich komme noch einmal, bevor ...«, Alice unterbrach sich und stand auf. Sie war mit einem Mal blass geworden.

»Aber natürlich, liebe Alice«, sagte Roger und umarmte sie. »Ich hoffe, es gelingt dir. Du weißt gar nicht, wie gut es mir tut, dich zu sehen. Es erfüllt mich mit Ruhe und Frieden.«

Doch nicht dieses Mal. Als er in seine Zelle zurückkehrte, hatte er ständig vor Augen, was Alice ihm vom Osteraufstand erzählt hatte, als hätten die Berichte seiner Freundin ihn aus dem Pentonville-Gefängnis mitten in die tobenden Straßengefechte versetzt. Eine übermächtige Sehnsucht nach Dublin überkam ihn, nach den roten Backsteinhäusern, den winzigen, hinter Holzzäunen verborgenen Gärten, den lärmenden Trambahnen, den Armenvierteln, deren notdürftige Behausungen und barfüßige Bewohner die Inseln des modernen Lebens umgaben. Wie sah das alles nun wohl aus, nach den Artilleriebeschüssen, den Brandbomben, den Einstürzen? Er dachte an Abbey Theatre, Olympia, die warmen Kneipen mit ihrem Biergeruch und den aufwogenden Gesprächen. Würde Dublin irgendwann wieder das sein, was es einmal gewesen war?

Der Sheriff bot ihm nicht an, dass er duschen könne, und Roger fragte ihn nicht danach. Er wirkte so niedergeschlagen und abwesend, dass Roger ihn nicht ansprechen wollte. Er hatte Mitleid mit ihm und bedauerte, nichts tun zu können, um ihn aufzumuntern. Zweimal hatte der Sheriff bereits gegen die Regeln verstoßen und ihn nachts in seiner Zelle aufgesucht, und beide Male musste Roger bedauernd feststellen, dass er unfähig war, Mr. Stacey den Trost zu spenden, den er wohl suchte. Wie beim ersten Mal hatte er auch bei der zweiten Gelegenheit nur von seinem Sohn Alex gesprochen und jenen fernen Ort Loos verflucht, an dem er gefallen war. Irgendwann hatte der Wärter Roger nach einem langen Schweigen gestanden, wie schwer die Erinnerung auf ihm laste, Alex als kleinen Jungen einmal verprügelt zu haben, weil er in der Bäckerei an der Ecke einen Kuchen geklaut habe. »Es war ein Vergehen und musste bestraft werden«, sagte Mr. Stacey, »aber nicht so hart. Es ist unentschuldbar grausam, ein Kind so zu verprügeln.« Roger hatte versucht, ihn zu beruhigen, und ihm erzählt, sein Vater, Hauptmann Casement, habe ihn, seinen Bruder und sogar seine Schwester häufig geschlagen, trotzdem hätten sie ihn immer geliebt. Doch hatte der Sheriff ihm überhaupt zugehört? Stumm hatte er dagesessen, schwer atmend in seinen Schmerz versunken.

Zurück in seiner Zelle, streckte Roger sich auf der Pritsche aus. Das Gespräch mit Alice hatte ihm zugesetzt. Plötzlich fühlte er Wehmut, nicht dabei gewesen zu sein, nicht in seiner Uniform der *Volunteers* und mit der Mauser in der Hand an dem Aufstand teilgenommen zu haben, ohne sich darum zu scheren, ob das Ganze zu einem Gemetzel ausarten würde. Vielleicht hatten Pearse, Plunkett und die anderen recht. Es ging nicht darum, zu gewinnen, sondern den größtmöglichen Widerstand zu leisten. Die christlichen Märtyrer nachzuahmen, durch deren heroisches Blutopfer den heidnischen Göttern ein Ende bereitet wurde und Christus, der Erlöser, Einzug gehalten hatte. Ebenso würde das vergossene Blut der *Volunteers* Früchte tragen, Irland zur Freiheit verhelfen, den Blinden die Augen öffnen. Wie viele hatten sich für *Sinn Féin*, die *Volunteers*, das Bürgerheer und die *Irisch Revolutionary Brotherhood* in die Schlacht begeben, obwohl sie wussten, dass es ein selbstmörderisches Unterfangen war? Sicherlich Hunderte, Tausende. Patrick Pearse als Allererster. Er war immer der Überzeugung gewesen, das Märtyrertum sei die wichtigste Waffe im Kampf um eine gerechte Sache. War das nicht ein Zug des irischen Charakters, des keltischen Erbes? Die katholische Leidensfähigkeit beseelte bereits Cú Chulainn und andere mythische Helden Irlands, wie auch den stillen Heroismus seiner Heiligen, denen Alice eingehende Studien gewidmet hatte. Dieser heroische Gestus fand großen Zuspruch. Die Iren waren vielleicht nicht besonders praktisch veranlagt, dafür setzten sie sich stets bedingungslos dafür ein, die verwegensten Träume von Gerechtigkeit, Gleichheit und Glück zu verwirklichen. Mochte ein Scheitern auch unumgänglich sein. So selbstmörderisch der Plan von Pearse, Clarke, Plunkett und den anderen gewesen war, hatten jene sechs Tage des ungleichen Kampfes doch den unbezwingbaren, idealistischen, tollkühnen Geist des irischen Volkes zum Vorschein gebracht, auf den die Welt voller Bewunderung gesehen hatte. Wie himmelweit entfernt davon war die Haltung seiner im Lager von Limburg gefangenen Landsleute, die seinen Worten kein Gehör hatten schenken wollen. Das war die andere Seite Irlands: die der Unterworfenen, denen nach der jahrhundertelangen Kolonisierung der Wille zum Widerstand abhandengekommen war. War dies ein weiterer Irrtum gewesen? Was wäre geschehen, wenn die mit der *Aud* verschickten deutschen Waffen von den *Volunteers* am 20. April in Tralee Bay in Empfang genommen worden wären? Er stellte sich Hunderte Iren vor, wie sie auf Fahrrädern, Eseln, Maultieren, Karren und in Automobilen in sternklarer Nacht quer durch Irland gefahren wären und diese Waffen und Munition verteilt hätten. Hätte alles einen anderen Ausgang genommen mit diesen zwanzigtausend Gewehren, zehn Maschinengewehren und fünf Millionen Patronen in den Händen der Aufständischen? Zumindest hätten die Kämpfe länger gedauert, die Rebellen hätten sich besser verteidigen können und dem Feind schwerere Verluste verursacht. Erleichtert bemerkte Roger, dass er müde wurde. Der Schlaf würde all diese Bilder fortwischen und ihm seine Beklemmung nehmen. Allmählich nickte er ein.

Er hatte einen Traum, der angenehm begann. Immer wieder erschien ihm darin seine Mutter. Sie war hübsch und grazil und lächelte ihm unter einem großen Strohhut mit einem im Wind flatternden Band zu. Ein geblümter Schirm schützte ihr blasses Gesicht vor der Sonne. Sie sah ihn an, und er sah sie an, und nichts schien diesen stummen, liebevollen Dialog unterbrechen zu können. Da trat Hauptmann Casement aus dem Wald, in seiner Paradeuniform des leichten Dragonerregiments. Er blickte Anne Jephson wollüstig an. Diese obszöne Gier beängstigte Roger. Er wusste nicht, was er tun sollte. Eine schreckliche Vorahnung lähmte ihn, und doch war er unfähig, zu verhindern, was unvermeidlich geschehen würde. Mit Tränen in den Augen sah er zu, wie der Hauptmann seine Mutter in die Luft schwang. Er hörte sie aufschreien und dann unnatürlich auflachen. Voller Abscheu und Eifersucht sah er zu, wie sein Vater sie in den Wald trug. Sie verschwanden zwischen den Bäumen, ihr Lachen wurde schwächer, bis es ganz verhallte. Nun waren nur noch das Pfeifen des Windes und das Trillern der Vögel zu hören. Er weinte nicht. Die Welt war grausam und ungerecht, und es war besser, zu sterben, als solche Qualen zu erleiden.

Der Traum ging noch eine ganze Weile weiter, doch Roger erinnerte sich nicht mehr an seinen Ausgang, als er Minuten oder Stunden später, noch im Dunkeln, aufwachte. Er konnte sich nicht daran gewöhnen, nicht zu wissen, wie spät es war. Es gab ihm das beängstigende Gefühl, aus der Zeit verstoßen worden zu sein, in einem vagen Niemandsland zu leben.

Seit seiner Inhaftierung waren gut drei Monate vergangen, aber ihm war, als befände er sich seit Jahren hinter Gittern, in einer Isolation, die ihn langsam seines Menschseins beraubte. Er hatte es Alice nicht gesagt, doch wenn er irgendwann die Hoffnung gehabt hatte, die britische Regierung könnte das Gnadengesuch annehmen und seine Todesstrafe in eine Gefängnisstrafe umwandeln, so hatte er sie inzwischen verloren. Der Osteraufstand hatte in England eine erbitterte Rachlust ausgelöst, jene Verräter exemplarisch zu bestrafen, die in Deutschland, dem auf den Schlachtfeldern Flanderns bekämpften Feind, einen Alliierten Irlands sahen. Seltsam war nur, dass das Kabinett seine Entscheidung aufgeschoben hatte. Worauf wartete man? Wollte man seine Agonie verlängern, sollte er für seine Undankbarkeit gegenüber dem Land büßen, das ihn ausgezeichnet und geadelt und mit dessen Gegnern er sich im Gegenzug verschworen hatte? Aber nein, in der Politik hatten Gefühle keinen Platz, hier zählten allein Interessen und Zweckmäßigkeiten. Die Regierung war vermutlich damit beschäftigt, die Vor- und Nachteile seiner möglichen Hinrichtung abzuwägen. Könnte sie als Warnung dienen? Würde sie die Beziehungen zwischen der englischen Regierung und der irischen Bevölkerung verschlechtern? Die Verleumdungskampagne gegen ihn zielte darauf ab, ihm jegliche Sympathien zu rauben. Wer fände es schon bedauernswert, wenn ein Degenerierter, ein menschlicher Abschaum, an den Galgen gebracht würde?

Es war eine Dummheit gewesen, die Tagebücher offen herumliegen zu lassen, als er in die Vereinigten Staaten aufbrach. Eine Nachlässigkeit, die sich das Empire geschickt zunutze machte. Nun würde die Wahrheit über sein Leben, sein politisches Handeln und sogar seinen Tod für lange Zeit verschleiert bleiben.

Er schlief wieder ein. Dieses Mal hatte er einen Albtraum, an den er sich beim Aufwachen noch diffus erinnerte. Ein Vogel kam darin vor, ein Kanarienvogel, der traurig in seinem Käfig zwitscherte. Verzweifelt schlug er mit seinen goldenen Flügelchen, als könnte er so die Gitter auseinanderbiegen. Seine kleinen Pupillen huschten hin und her, als würde er um Erbarmen bitten. Roger, ein Kind in kurzen Hosen, sagte zu seiner Mutter, dass es keine Käfige oder zoologischen Gärten geben dürfte, dass die Tiere in Freiheit leben müssten. Gleichzeitig spürte er eine Gefahr nahen, etwas Heimtückisches, das zum Schlag ausholte. Er war schweißüberströmt und zitterte am ganzen Körper.

Er fuhr auf. Sein Herz raste so sehr, dass er sich kurz vor einem Herzinfarkt glaubte. Er bekam kaum Luft. Sollte er den Wärter rufen? Sofort verwarf er diesen Gedanken wieder. Was wäre besser, als hier und jetzt, auf dieser Pritsche, eines natürlichen Todes zu sterben, der ihn vor dem Schafott bewahren würde? Wenig später beruhigte sich sein Herzschlag, und er konnte weiter normal atmen.

Ob Pater Carey heute kommen würde? Gern würde er sich mit ihm unterhalten, über die Seele, die Religion, Gott und vielleicht ein klein wenig über Politik. Während er versuchte, die Bilder des Albtraums abzuschütteln, kam ihm das letzte Treffen mit dem Gefängniskaplan in den Sinn und das plötzliche Unbehagen, das zu seiner großen Bekümmerung zwischen ihnen entstanden war. Sie hatten von seinem Übertritt zum Katholizismus gesprochen. Pater Carey hatte ihn erneut daran erinnert, dass er nicht von »Übertritt« sprechen dürfe, da er als Kind getauft worden sei und damit der Kirche stets angehört habe. Es handele sich vielmehr um einen Akt der Bekräftigung, was keiner formalen Schritte bedürfe. Jedenfalls – und Roger bemerkte, dass Pater Carey an dieser Stelle zögerte und seine Worte sorgfältig wählte – habe Seine Eminenz Kardinal Bourne sich überlegt, dass Roger, wenn er dazu bereit sei, ein inoffizielles Dokument abfassen könnte, in dem er seinem Wunsch Ausdruck verleihen möge, zum katholischen Glauben zurückzukehren und gleichzeitig alte Fehler und Sünden zu widerrufen und zu bereuen.

Pater Carey war das Ganze offensichtlich äußerst unangenehm. Roger schwieg zunächst, dann sagte er ruhig:

»Ich werde kein Dokument unterzeichnen, Pater Carey. Mein Eintritt in die katholische Kirche wird ein privater Akt sein, mit Ihnen als einzigem Zeugen.«

»So soll es sein«, sagte der Kaplan.

Nach einer Weile fragte Roger:

»Kardinal Bourne bezieht sich, nehme ich an, auf die gegen mich gerichtete Kampagne, die Gerüchte über mein Privatleben? Soll ich dafür Reue zeigen?«

Pater Careys Atem ging schneller. Wieder suchte er nach Worten.

»Kardinal Bourne ist ein verständnisvoller Mensch mit großem Herzen«, sagte er schließlich. »Aber vergessen Sie nicht, Roger, er trägt die Verantwortung für den guten Ruf der Kirche in einem Land, in dem die Katholiken in der Minderheit sind und in dem noch immer viel Hass gegen uns geschürt wird.«

»Sagen Sie es mir ganz offen, Pater Carey, hat Kardinal Bourne meine Wiederaufnahme in die katholische Kirche unter die Bedingung gestellt, dass ich dieses Dokument unterzeichne, in dem ich mich selbst der unsäglichen Dinge bezichtige, derer mich die Presse beschuldigt?«

»Es ist keine Bedingung, nur eine Anregung«, sagte der Geistliche. »Sie können sie beherzigen oder nicht, das wird nichts ändern. Sie sind getauft. Damit sind und bleiben Sie ein Katholik. Sprechen wir nicht mehr über diese Angelegenheit.«

Und tatsächlich sprachen sie auch nicht mehr darüber. Doch von Zeit zu Zeit dachte Roger an diese Unterredung, und es stellte sich ihm die Frage, ob sein Wunsch, in den Schoß der Kirche seiner Mutter zurückzukehren, rein war oder von seinen gegenwärtigen Umständen befleckt. Hatten nicht vielleicht doch politische Gründe zu diesem Entschluss beigetragen? Um seine Solidarität mit den irischen Katholiken zu demonstrieren, die für die Unabhängigkeit waren, und seine Uneinigkeit mit der hauptsächlich protestantischen Minderheit, die weiterhin Teil Großbritanniens bleiben wollte? Welchen Wert besaß in den Augen Gottes ein Übertritt, der im Grunde nicht spiritueller Natur war, sondern der Sehnsucht entsprang, einer Gemeinschaft anzugehören, Mitglied einer großen Sippe zu sein? Für Gott käme ein solches Konvertieren vielleicht dem Armrudern eines Ertrinkenden gleich.

»Was jetzt wirklich zählt, Roger, sind weder Kardinal Bourne noch ich, noch die englischen oder irischen Katholiken«, sagte Pater Carey. »Was jetzt zählt, sind nur Sie. Ihre Wiederbegegnung mit Gott. Darin liegt die Kraft, die Wahrheit, der Frieden, den Sie nach einem so ereignisreichen Leben verdient haben, in dem Sie so viele Prüfungen zu bestehen hatten.«

»Ja, Pater Carey, ich weiß«, sagte Roger niedergeschlagen. »Aber eben das ist es ja. Ich bemühe mich, ich versichere es Ihnen. Ich versuche, mich an ihn zu wenden, von ihm erhört zu werden. Manchmal, sehr selten, habe ich das Gefühl, als wäre es mir gelungen. Dann verspüre ich endlich ein wenig Frieden, eine unglaubliche Gelassenheit. Wie in manchen Vollmondnächten damals in Afrika, wenn ich unter dem Sternenhimmel saß und kein Lüftchen ging und ringsum die Insekten zirpten. Dann war bisweilen alles so schön und friedlich, dass mir der Gedanke kam: ›Gott existiert. Wie könnte ich im Angesicht dieser Natur an seiner Existenz zweifeln?‹ Aber dann wieder, meistens, sehe ich ihn nicht, Pater Carey, antwortet er mir nicht, erhört er mich nicht. Und ich fühle mich sehr allein. Den größten Teil meines Lebens habe ich mich sehr allein gefühlt. Und jetzt erst recht. Doch von Gott allein gelassen zu werden ist noch viel schlimmer. Dann sage ich mir: ›Gott erhört mich nicht und wird mich nicht erhören. Ich werde so einsam sterben, wie ich gelebt habe.‹ Tag und Nacht quält mich das, Pater.«

»Er ist hier, Roger. Er hört Sie. Er weiß, was Sie fühlen. Dass Sie ihn brauchen. Er wird Sie nicht im Stich lassen. Wenn ich Ihnen etwas garantieren, mit absoluter Sicherheit sagen kann, dann, dass Gott Sie nicht im Stich lassen wird.«

Im Dunkeln auf seiner Pritsche liegend, dachte Roger, dass Pater Carey sich einer mindestens ebenso heldenhaften Aufgabe verschrieben hatte wie die Rebellen auf ihren Barrikaden: den verzweifelten, gebrochenen Menschen, die Jahre in Gefängniszellen zubringen oder aufs Schafott geschickt werden, Trost und Frieden zu spenden. Eine schreckliche Pflicht, die ihn, vor allem als jungen Geistlichen, sicherlich oft der Verzweiflung nahegebracht hatte. Doch nichts davon merkte man ihm an. Er wirkte stets ruhig, und seine verständnisvolle Art und seine Loyalität taten wohl. Gelegentlich hatten sie auch über den Aufstand geredet.

»Was hätten Sie getan, Pater Carey, wenn Sie in jenen Tagen in Dublin gewesen wären?«

»Denen, die danach verlangt hätten, geistlichen Beistand gespendet, wie all die anderen Priester dort.«

Er fügte hinzu, dass man dafür nicht mit der Überzeugung der Rebellen übereinstimmen müsse, Irlands Freiheit ließe sich einzig mit Waffen erkämpfen. Pater Carey lehnte jede Form der Gewalt strikt ab, doch er hätte Beichten abgenommen, die heilige Kommunion abgehalten, für diejenigen gebetet, deren Wunsch es gewesen wäre, und den Krankenschwestern und Ärzten geholfen. Wie etliche Geistliche und Nonnen, die von der Kirchenspitze darin bestärkt worden seien. Die Hirten müssten bei ihrer Herde bleiben, nicht wahr?

Er hatte recht, doch das änderte nichts daran, dass die Vorstellung von Gott den begrenzten menschlichen Verstand überforderte. Mit Herbert Ward hatte Roger oft darüber diskutiert. »Was Gott betrifft, so muss man glauben, der Verstand kann dabei nichts ausrichten«, war Herberts Meinung. »Wenn du versuchst, Gott zu denken, verflüchtigt er sich wie eine Rauchwolke.«

Roger hatte sein Leben lang zwischen Glauben und Zweifel geschwankt. Nicht einmal jetzt, an der Schwelle zum Tode, war er in der Lage, sich Gott mit dem gelösten Glauben seiner Mutter, seines Vaters oder seiner Geschwister zuzuwenden. Wie glücklich konnten sich diejenigen wähnen, die ihre Gewissheit über die Existenz des höchsten Wesens nie in Frage gestellt hatten, das ihrer Welt Ordnung und Sinn gab. Wer so fest glaubte, würde dem Tod fraglos mit einer Ergebenheit entgegensehen, die einem wie ihm, der stets Verstecken mit

Gott gespielt hatte, niemals zuteilwerden würde. Roger erinnerte sich, dass er einmal ein Gedicht mit ebendiesem Titel geschrieben hatte: »Versteckspiel mit Gott«. Doch Herbert Ward hatte ihn davon überzeugt, dass es nichts wert war, und er hatte es in den Papierkorb geworfen. Zu schade. Er hätte es jetzt gern noch einmal gelesen und überarbeitet.

Der Morgen graute. Licht fiel durch die Gitterstäbe des hohen Fensters. Bald würde jemand kommen, ihm das Frühstück bringen und ihn den Eimer mit seinen Verrichtungen ausleeren lassen.

Doch offenbar dauerte es heute länger, bis er zu seiner ersten Stärkung käme. Die Sonne stand inzwischen hoch am Himmel, ein kaltes goldgelbes Licht erhellte seine Zelle. Er las bereits eine ganze Weile die Maximen von Thomas von Kempen, man solle lieber die Belehrungen eines Besseren suchen, als dem eigenen Dünkel zu folgen, und wie unfruchtbar »mühevolles Grübeln über verborgene und dunkle Dinge« sei, »um derentwillen wir am Tage des Gerichts nicht werden bestraft werden, weil wir sie nicht erkannt haben«, als er hörte, wie der Schlüssel in der Tür umgedreht und sie aufgeschoben wurde.

»Guten Morgen«, sagte der Wärter und stellte eine Tasse Kaffee auf den Boden und legte ein Stück Schwarzbrot daneben. Oder war es heute Tee? Aus unerfindlichen Gründen gab es zum Frühstück einmal Tee, dann wieder Kaffee.

»Guten Morgen«, sagte Roger, stand auf und griff nach dem Eimer. »Irre ich mich oder sind Sie heute später dran als sonst?«

Der Wärter hielt sich an das Redeverbot und gab keine Antwort, wich auch seinem Blick aus, wie es Roger schien. Er trat zur Seite, um ihn vorbeizulassen, und Roger ging mit dem Eimer in der Hand in den verrußten Korridor hinaus. Der Wärter hielt sich zwei Schritte hinter ihm. Die Sommersonne, die an den dicken Mauern und auf dem Steinboden schimmerte, hob seine Stimmung. Er dachte an die Londoner Parks, an den Serpentine-See, die hohen Platanen, Pappeln und Kastanienbäume im Hyde Park, wie schön es wäre, jetzt ebendort entlangzuschlendern, sich unter die Spaziergänger, Reiter, Fahrradfahrer, die Familien mit Kindern zu mischen.

Im leeren Waschraum – die Anweisungen lauteten wohl, ihn nicht zu den allgemeinen Waschzeiten hierherzubringen – säuberte er den Eimer. Dann setzte er sich erfolglos auf eine Kloschüssel (sein Leben lang hatte er unter Verstopfung gelitten), ehe er die blaue Häftlingsjacke auszog, um sich Oberkörper und Gesicht zu waschen und abzuschrubben. Er trocknete sich mit einem feuchten Handtuch ab, das an einem Haken hing. Mit dem sauberen Eimer kehrte er langsam in seine Zelle zurück und erfreute sich wieder an der Sonne, die durch die vergitterten Fenster oben in der Wand fiel, und an den Geräuschen – ferne Stimmen, Hupen, Schritte, Motorenlärm, Quietschen –, die ihm das Gefühl gaben, erneut in die Zeit eingetreten zu sein, und die verstummten, kaum hatte der Wärter die Tür hinter ihm geschlossen.

Das Getränk hätte ebenso gut Tee wie Kaffee sein können. Doch so ungenießbar es auch sein mochte, tat die warme Flüssigkeit seinem Magen gut und linderte sein morgendliches Sodbrennen. Das Brot hob er für später auf, sollte ihn der Hunger überkommen.

Er legte sich auf die Pritsche und nahm die Lektüre der *Nachfolge Christi* wieder auf. Gelegentlich erschienen ihm die Sätze von einer geradezu kindlichen Einfalt, doch nur eine Seite weiter konnte er auf einen Gedanken stoßen, der ihn so aufwühlte, dass er das Buch schloss und den Worten nachsann. So schrieb der Mönch beispielsweise, es sei gut, zuweilen einige Beschwerden und Widerwärtigkeiten zu empfinden, denn sie riefen den Menschen oft in sein Herz zurück, damit er erkenne, »wie er hier ein Fremdling« sei, und seine Hoffnung nicht auf irgendetwas in der Welt setze, sondern nur auf Jenseitiges. Wie wahr. Der deutsche Mönch hatte vor fünfhundert Jahren in seinem Kloster in Agnetenberg etwas in Worte gefasst, das Roger nun am eigenen Leib erfuhr. Oder das er vielmehr von Kindheit an erfahren hatte, seit seine

Mutter gestorben und er für den Rest seines Lebens zu einem Waisen geworden war. Als ein Fremdling hatte er sich immer gefühlt, ob in Schottland, England, Afrika, Brasilien, Iquitos oder Putumayo. Einen Großteil seines Lebens hatte er dieses Weltbürgertum hochgehalten, das Yeats offenbar an ihm bewunderte: nicht einem, sondern allen Orten anzugehören. Lange Zeit hatte er sich gesagt, dass dieses Privileg ihm eine Freiheit ermöglichen würde, die niemand kannte, der an einem einzigen Ort verankert wäre. Doch Thomas von Kempen hatte recht, und er hatte sich keinem Ort je zugehörig gefühlt, weil das menschliche Dasein im Grunde eine Verbannung war, eine Verbannung in ein Tal der Tränen. Der Mensch lebte sein flüchtiges Schicksal, bis er nach dem Tod im Jenseits zum Quell des Lebens zurückkehren würde, für alle Ewigkeit.

Thomas von Kempens Ratschläge, um Versuchungen zu widerstehen, waren dagegen naiv. Ob dieser fromme Mann in seinem einsamen Kloster jemals von wirklichen Versuchungen heimgesucht worden war? Wenn ja, dann dürfte es ihm nicht so leichtgefallen sein, sie zu bekämpfen und zu wachen, »damit der Teufel nicht Raum findet zur Verführung, denn er schläft nimmer, sondern geht umher und suchet, welchen er verschlinge«. Für Thomas von Kempen war niemand so vollkommen, dass er nicht »von Zeit zu Zeit Versuchungen haben sollte«, auch trage der Mensch die Versuchung in sich, da er mit Verlangen geboren sei.

Roger selbst war oft schwach gewesen und hatte seinem Verlangen nachgegeben. Nicht so oft, wie er es in seinen Tage- und Notizbüchern notiert hatte, doch war dieses schriftliche Festhalten von Dingen, die man nicht erlebt, wohl aber begehrt hatte, nicht auch eine Form – eine schüchterne, feige –, sie zu leben und damit der Versuchung zu erliegen? Musste man auch für die Lust bezahlen, die man nicht wirklich, sondern allein in der Fantasie empfunden hatte? Würde er für alles, was er nicht getan, sondern nur ersehnt und niedergeschrieben hatte, büßen müssen?

Allerdings beinhaltete die Niederschrift von Dingen, die man nicht wirklich erlebt hatte, aber gern erlebt hätte, bereits eine Bestrafung: das Gefühl des Scheiterns und die Ernüchterung, die diese kleinen Lügengeschichten am Ende stets mit sich brachten. (Wie auch, ganz abgesehen davon, die tatsächlich gelebten Geschichten.) Doch nun hatten diese fahrlässigen Spielchen dem Feind ein vortreffliches Mittel in die Hand gegeben, um seinen Namen und seine Erinnerung in den Schmutz zu ziehen.

Andererseits war es nicht eindeutig ersichtlich, auf welche Versuchungen Thomas von Kempen sich bezog. Sie konnten schließlich zuweilen maskiert auftreten, sich hinter harmlosen Dingen, der Freude am Schönen verbergen. Roger erinnerte sich an seine Jugend und sein erstes Wohlgefallen an den schlanken, harmonisch muskulösen Körpern anderer Halbwüchsiger, das nichts Böses und Lüsternes in sich zu tragen, sondern ein Ausdruck ästhetischen Feingefühls und Schwelgens schien. Zumindest hatte er das lange Zeit geglaubt. Und genau dieser Schönheitssinn hatte ihn dazu bewogen, das Fotografieren zu erlernen, um diese prächtigen Körper zu verewigen. Doch irgendwann, er lebte bereits in Afrika, hatte er bemerkt, dass es kein ganz unschuldiges Schwelgen war, sondern darin noch etwas anderes lag, denn diese geschmeidigen, schweißbedeckten, sehnigen Körper mit der Sinnlichkeit von Wildkatzen riefen nicht mehr nur Bewunderung in ihm hervor, sondern auch eine unbezähmbare Lust, sie zu berühren, ein sündiges Verlangen. Und so waren die Versuchungen Teil seines Lebens geworden, hatten es durcheinandergebracht, mit Geheimnissen, Ängsten und Beklemmungen erfüllt, aber auch mit Augenblicken höchster Wonne. Und natürlich mit Reue und Bitterkeit. Ob Gott all das abwägen würde, wenn der Moment gekommen wäre? Würde er ihm vergeben? Ihn bestrafen? Er war eher neugierig als furchtsam. Als handele es sich nicht um ihn selbst, sondern um ein Denkspiel, ein zu lösendes Rätsel.

Da hörte er überrascht, wie sich erneut der Schlüssel im

schweren Schloss umdrehte. Als die Zellentür aufging, fiel gleißendes Tageslicht herein. Geblendet nahm Roger wahr, wie drei Personen eintraten. Ihre Gesichter konnte er nicht erkennen. Er erhob sich. Als sich die Tür schloss, sah er, dass er den Direktor des Pentonville-Gefängnisses vor sich hatte, dem er bis dahin nur zweimal begegnet war. Ein hagerer älterer Herr in dunklem Anzug, der ihn aus seinem faltigen Gesicht sehr ernst anblickte. Hinter ihm stand kreidebleich der Sheriff, daneben ein anderer Wärter mit gesenktem Kopf. Das Schweigen schien eine Ewigkeit zu dauern.

Schließlich sah der Direktor ihm in die Augen und ergriff zunächst zögerlich, dann immer bestimmter das Wort:

»Es ist meine Pflicht, Ihnen mitzuteilen, dass heute Morgen, am 2. August 1916, der Ministerrat der Regierung Seiner Majestät des Königs zusammengetreten ist, um über das von Ihren Anwälten eingereichte Gnadengesuch zu entscheiden, welches von den anwesenden Ministern einstimmig abgelehnt wurde. Folglich wird das Urteil des Tribunals, das Sie wegen Hochverrats gerichtet und verurteilt hat, am morgigen Tag, den 3. August 1916, um neun Uhr früh im Hof des Pentonville-Gefängnisses vollstreckt werden. Es ist üblich, dass der Häftling bei der Hinrichtung nicht seine Häftlingsuniform trägt, sondern ihm die Zivilkleidung überlassen wird, die bei seinem Eintritt ins Gefängnis einbehalten wurde. Dergleichen teile ich Ihnen mit, dass die katholischen Kaplane Pater Carey und Pater MacCarroll zu Ihrer Verfügung stehen, sollten Sie spirituellen Beistand wünschen. Es sind die einzigen Personen, mit denen Sie reden dürfen. Wenn Sie Ihren Angehörigen schreiben möchten, um Ihre letzten Verfügungen mitzuteilen, wird die Anstalt Ihnen entsprechendes Schreibmaterial zur Verfügung stellen. Wenn Sie noch einen anderen Wunsch haben, so können Sie diesen jetzt äußern.«

»Wann kann ich die Priester sehen?«, fragte Roger, und seine Stimme klang ihm selbst spröde und kalt.

Der Direktor wandte sich dem Sheriff zu, wispernd tauschten sie sich aus, dann antwortete der Sheriff:

»Sie werden am frühen Nachmittag kommen.«

»Danke.«

Nach einem kurzen Moment der Unentschlossenheit verließen die drei Männer die Zelle, und Roger hörte, wie die Tür zugeschlossen wurde.

XIV

Die vornehmlich Irland gewidmete Etappe in Rogers Leben begann mit einer Reise auf die Kanarischen Inseln im Januar 1913. Je weiter sich das Schiff über den Atlantik vom europäischen Festland entfernte, desto mehr Ballast fiel von ihm ab, verblassten die Bilder aus Iquitos und Putumayo, von den Kautschukstationen, Manaus, den Barbadiern, Julio C. Arana, den Intrigen des Foreign Office, fühlte er sich wieder in der Lage, sich auf Irland zu konzentrieren. Für die Eingeborenen des Amazonasgebietes hatte er getan, was in seiner Macht stand. Arana würde nicht mehr auf die Beine kommen, er hatte seinen guten Ruf und sein Vermögen verloren, und es war nicht ausgeschlossen, dass er den Rest seiner Tage im Gefängnis verbringen würde. Jetzt musste Roger sich um andere Einheimische kümmern, die irischen. Auch für sie galt es, sich von Despoten wie Arana zu befreien, die sie ausbeuteten, wenn auch auf eine raffiniertere, heuchlerischere Art als die peruanischen, kolumbianischen und brasilianischen Kautschukbarone.

Doch trotz der Erleichterung, die ihm die wachsende Distanz zu London verschaffte, machte ihm sowohl auf der Überfahrt als auch während des einmonatigen Aufenthalts in Las Palmas seine Gesundheit zu schaffen. Tag und Nacht verursachte die Arthritis ihm Beschwerden in Hüfte und Rücken, die Schmerztabletten richteten kaum noch etwas aus. Stundenlang lag er im Bett seines Hotelzimmers oder in einem Liegestuhl auf der Terrasse, mit kaltem Schweiß bedeckt. Das Gehen bereitete ihm selbst am Stock Mühe, er konnte, anders als bei früheren Reisen, keine langen Wanderungen durchs Land oder in die Berge unternehmen, aus Angst, unterwegs könnte der Schmerz einsetzen. Seine schönsten Erinnerungen an diese vier Wochen blieben die Stunden, in denen er mit der Lektüre von *The Old Irish World*, das Alice Stopford Green ihm geliehen hatte, in Irlands Vergangenheit eintauchte. Das Buch handelte von der Geschichte, der Mythologie, den Legenden und Traditionen Irlands und zeichnete das Bild eines abenteuerlustigen, fantasievollen, streitbaren und schöpferischen Volkes, das sich gegen eine raue Natur behaupten musste, seinen Mut in waghalsigen Wettkämpfen bewies, Lieder und Tänze schuf und ein reiches Brauchtum überlieferte. Glücklicherweise war es dem englischen Besatzer nicht gelungen, all dies gänzlich zu zerstören.

Am dritten Tag ging Roger nach dem Abendessen spazieren, durch das Hafenviertel von Las Palmas mit seinen Kaschemmen, Kneipen und Stundenhotels. Im Park Santa Catalina, neben dem Strand Las Canteras, näherte er sich, nachdem er das Terrain sondiert hatte, zwei jungen Männern, die wie Matrosen aussahen, und bat sie um Feuer. Sie wechselten ein paar Sätze. Sein fehlerhaftes, von portugiesischen Ausdrücken durchsetztes Spanisch amüsierte die beiden. Er schlug ihnen vor, etwas trinken zu gehen, doch einer war bereits verabredet, so dass er mit dem jüngeren, Miguel, zurückblieb, einem beinahe noch Halbwüchsigen mit dunklen Locken. Sie gingen in eine winzige verrauchte Kneipe namens Almirante Colón, wo eine nicht mehr ganz junge Frau von einem Gitarrenspieler begleitet sang. Nach dem zweiten Schluck Wein streckte Roger im Schutze des spärlichen Lichts seine Hand aus und legte sie auf Miguels Oberschenkel. Der nickte lächelnd. Ermutigt ließ Roger seine Hand bis zum Hosenschlitz des Jungen wandern, erspürte sein Glied, und eine Welle des Verlangens überkam ihn. Seit Monaten führte er ein asexuelles Dasein ohne Begehren und Fantasien. ›Wie viele Monate‹, dachte er, ›drei, sechs?‹ Jetzt war ihm, als würden mit der Erregung auch Jugend und Lebenslust wieder durch seine Adern schießen. »Können wir in ein Hotel gehen?«, fragte er Miguel. Der lächelte unbestimmt, machte jedoch keinerlei Anstalten aufzustehen. Stattdessen bestellte er noch ein Glas von dem herben Wein, den man ihnen serviert hatte. Als die Sängerin aufhörte, bezahlte Roger, und sie gingen nach draußen. »Sollen wir in ein Hotel gehen?«, fragte er auf der Straße nochmals hoffnungsvoll. Der junge Mann wirkte unentschlossen, vielleicht zögerte er seine Antwort aber auch nur hinaus, um sich bitten zu lassen und eine höhere Entlohnung für seine Dienste auszuhandeln. Während sie noch dort standen, fuhr Roger plötzlich ein stechender Schmerz in der Hüfte, stärker denn je zuvor. Er krümmte sich und stützte sich an einer Fensterbrüstung ab und kauerte sich auf den Boden. Miguel lief erschrocken weg, ohne auch nur zu fragen, was mit Roger los sei, oder sich zu verabschieden. Eine lange Weile saß Roger mit geschlossenen Augen da und wartete, bis der glühende Schmerz in seinem Rücken nachließ. Als er endlich aufstehen konnte, schleppte er sich vier Straßen weit, bis er einen Wagen fand, der ihn zu seinem Hotel brachte. Erst im Morgengrauen ließen die Schmerzen nach, und er fiel in einen unruhigen Schlaf. In seinen Albträumen wandelte er am Rande eines Abgrunds, den er jeden Moment hinabzustürzen drohte, und war dabei einer quälenden Lust ausgesetzt.

Einige Stunden später nahm er beim Frühstück sein Tagebuch zur Hand und vollzog langsam, in gedrängter Schrift, mehrere Male den Liebesakt mit Miguel, zunächst in einer schattigen Ecke des Santa-Catalina-Parks bei leisem Meeresrauschen, dann in einem muffigen Hotelzimmer, in dem man das Tuten der Schiffshörner hörte. Der dunkelhaarige Miguel ritt auf ihm, machte sich über ihn lustig, »ein alter Mann bist du, jawohl, ein uralter Mann«, und versetzte ihm dann Schläge auf sein Hinterteil, die ihn vor Schmerz oder Seligkeit aufstöhnen ließen.

Er versuchte sich an keinem sexuellen Abenteuer mehr, nicht während der ihm verbleibenden Zeit auf Gran Canaria und auch nicht anschließend während seiner Reise nach Südafrika, wo er sich mehrere Wochen in Kapstadt und Durban aufhielt und seinen Bruder Tom und seine Schwägerin Katje besuchte. Ihn lähmte die Furcht, er könnte sich durch die

Arthritis erneut einer so lächerlichen Situation ausgesetzt sehen wie in Las Palmas. Von Zeit zu Zeit verschaffte er sich selbst Vergnügen, wie so oft in so vielen Ländern, indem er mit hastiger Schrift lapidare Sätze in sein Tagebuch kritzelte, die manchmal ähnlich ordinär waren wie die sporadischen Liebhaber, mit denen er üblicherweise gegen Bezahlung einige Minuten oder Stunden verbracht hatte. Diese Selbsttäuschungen versetzten ihn in einen deprimiert benommenen Zustand, und er überließ sich ihr möglichst selten, denn nichts führte ihm so sehr vor Augen, wie einsam er mit seinem Geheimnis war und bis zu seinem Tod bleiben würde.

Er hatte das Buch über das alte Irland, das Alice ihm gegeben hatte, so gebannt gelesen, dass er seine Freundin um weitere Lektüre bat. Das Paket mit Büchern und Heften, das Alice ihm darauf schickte, erreichte ihn, kurz bevor er sich am 6. Februar 1913 auf der *Grantilly Castle* nach Südafrika einschiffte. Die ganze Überfahrt lang las er Tag und Nacht, und auch in Südafrika behielt er diesen Rhythmus bei, so dass er sich trotz der geografischen Entfernung in diesen Wochen Irland wieder sehr nahefühlte, dem gegenwärtigen Irland, seiner nahen und fernen Vergangenheit. Die Schmerzen in Rücken und Hüfte ließen glücklicherweise allmählich nach.

Die Begegnung mit Tom war mühselig. Roger hatte sich zu dieser Reise in der Hoffnung entschlossen, sie würde eine Annäherung an seinen älteren Bruder begünstigen, eine emotionale Bindung zwischen ihnen schaffen, die tatsächlich nie existiert hatte. Stattdessen musste er feststellen, dass sie einander fremd waren. Abgesehen von ihrer Blutsverwandtschaft hatten sie nichts gemeinsam. All die Jahre hindurch hatten sie sich geschrieben, in erster Linie, wenn Tom und seine erste Frau, die Australierin Blanche Baharry, Geldprobleme hatten und Roger um Hilfe baten. Er hatte sie ihnen nur verweigert, wenn die Beträge, um die Bruder und Schwägerin ihn baten, seine eigenen Mittel überstiegen. Tom hatte in zweiter Ehe die Südafrikanerin Katje Ackerman geheiratet, und zusammen führten sie in Durban eine kleine Pension, die jedoch nicht besonders florierte. Rogers Bruder wirkte älter, als er war, und hatte sich in einen typischen derben, sonnengegerbten Südafrikaner mit zwanglosen, leicht rüden Umgangsformen verwandelt, dessen Englisch inzwischen sogar eher südafrikanisch als irisch gefärbt war. Was in Irland, Großbritannien oder Europa passierte, interessierte ihn nicht. Alle Gespräche mit ihm drehten sich um die finanziellen Probleme, in denen sie steckten. Die erwarteten Touristen blieben aus, und die laufenden Kosten waren um einiges höher als ihre Einnahmen. Sie waren dieses Projekt voller Illusionen angegangen und fürchteten nun, die Pension unter Wert verkaufen zu müssen. Roger fand seine Schwägerin zwar unterhaltsamer und interessanter als seinen Bruder – sie hatte eine künstlerische Ader und Sinn für Humor –, trotzdem bereute er bald, sich auf die lange Reise begeben zu haben.

Mitte April trat er die Rückfahrt nach London an. Er war mittlerweile wieder wohlgemuter, und das südafrikanische Klima hatte die Arthritisbeschwerden gelindert. So konnte er in aller Ruhe über seine Zukunft im Foreign Office nachdenken. Er musste endlich eine definitive Antwort geben, weitere Freistellungen würde er nicht beantragen können. Entweder ging er als Konsul nach Rio de Janeiro, wie seine Vorgesetzten es von ihm erwarteten, oder er trat aus dem diplomatischen Dienst aus. Die Vorstellung, wieder in Rio zu sein, das ihm trotz seiner Naturschönheit nie gefallen und das er stets als feindselig empfunden hatte, erschien ihm unerträglich. Doch es war nicht nur das. Vor allem wollte er das Dilemma beenden, als Diplomat im Dienst eines Landes zu stehen, das er innerlich verurteilte. Während der Überfahrt nach Großbritannien stellte er Kalkulationen an: Seine Ersparnisse waren gering, doch er konnte noch die Pension hinzurechnen, die er für seine Beamtenjahre erhalten würde, und wenn er ein genügsames Leben führen würde – was ihm nicht schwerfiel –, könnte er zurechtkommen. Bei seiner Ankunft in London stand sein Entschluss fest. Und so begab er sich als Erstes ins

Außenministerium, um sein Ausscheiden aus dem diplomatischen Dienst bekannt zu geben, das er mit gesundheitlichen Problemen begründete.

Er blieb nur wenige Tage in London, die mit den Formalitäten beim Foreign Office und den Vorbereitungen für seine Reise nach Irland ausgefüllt waren. Er sah dieser Reise mit Freude entgegen, in die sich indes auch ein wenig Wehmut mischte, als würde er sich für immer von England verabschieden. Er traf sich zweimal mit Alice, wie auch mit seiner Schwester Nina, vor der er Toms schwierige finanzielle Lage in Südafrika verheimlichte, um ihr keine Sorgen zu bereiten. Er versuchte, Edmund D. Morel zu sehen, der seltsamerweise keinen der Briefe beantwortet hatte, die er ihm in den letzten drei Monaten geschrieben hatte. Doch sein alter Freund *Bulldog* konnte ihn nicht empfangen, führte Reisen und Verpflichtungen an, die ganz offensichtlich Vorwände waren. Was war los mit seinem alten Kampfgenossen, für den er so große Bewunderung und Zuneigung empfand? Warum verhielt er sich ihm gegenüber so kühl? War er durch Klatsch oder Intrigen gegen ihn aufgebracht worden? Einige Zeit später ließ Herbert Ward ihn in Paris wissen, Morel vermeide eine Begegnung mit Roger, weil er von dessen harter Kritik an England und dem Empire erfahren habe und Roger nicht ins Gesicht habe sagen wollen, wie ablehnend er derartigen politischen Einstellungen gegenüberstehe.

»Du bist ein Extremist geworden, ohne es gemerkt zu haben«, sagte Herbert scherzend, mit einem ernsten Unterton.

In Dublin mietete Roger ein winziges, heruntergekommenes Haus in der Lower Baggot Street 55, das einen ebenfalls winzigen Garten mit Geranien und Hortensien hatte, die Roger morgens goss. Es war ein ruhiges Viertel mit Handwerksbetrieben, Krämerläden und preiswerten Geschäften, sonntags gingen die Familien zur Messe, die Damen festlich aufgetakelt, die Männer in ihren dunklen Anzügen, mit Mützen und polierten Schuhen. Im Pub, in dessen Ecke Spinnennetze hingen und wo eine zwergenwüchsige Kellnerin bediente, trank Roger dunkles Bier mit dem Gemüsehändler, Schneider oder Schuster aus der Nachbarschaft, diskutierte über das Lokalgeschehen und sang alte Lieder. Doch die Berühmtheit, die er in England durch seine Kampagnen gegen die Missbräuche im Kongo und im Amazonasgebiet erlangt hatte, holte ihn auch in Irland ein, und sosehr er sich gewünscht hätte, ein einfaches und zurückgezogenes Leben führen zu können, traten, kaum hatte er sich in Dublin niedergelassen, zahlreiche Politiker, Intellektuelle, Journalisten und kulturelle Vereinigungen an ihn heran, um ihn zu Konferenzen und Veranstaltungen einzuladen und um Artikel zu bitten. Er stand sogar Modell für die bekannte Malerin Sarah Purser. Das Bild, das sie von ihm malte, zeigte einen verjüngten Roger mit selbstsicherer, triumphierender Ausstrahlung, in der er sich selbst nicht wiedererkannte.

Wieder einmal nahm er sein Studium des Altirischen auf. Dreimal pro Woche kam seine Lehrerin, Mrs. Temple, mit Stock, Brille und Schleierhütchen zu ihm, um ihm das Gälische beizubringen. Sie gab ihm Hausaufgaben auf, die sie dann mit Rotstift korrigierte und im Allgemeinen schlecht benotete. Warum fiel es ihm dermaßen schwer, die Sprache der Kelten zu erlernen, mit denen er sich so sehr identifizierte? Sonst war er nicht untalentiert, er beherrschte Französisch und Portugiesisch, daneben mindestens drei afrikanische Sprachen, und konnte sich auf Spanisch und Italienisch verständigen. Weshalb fiel ihm dann ausgerechnet diese alte Sprache so schwer, deren Förderung ihm doch so wichtig erschien? Alles, was er unter großer Anstrengung lernte, vergaß er nach wenigen Tagen wieder, manchmal nach ein paar Stunden. Deshalb kamen ihm mit der Zeit Zweifel, die er allerdings für sich behielt, erst recht bei politischen Diskussionen, in denen er aus Prinzip das Gegenteil erklärte, Zweifel darüber, ob es nicht illusorisch war, wie Professor Eoin MacNeill und der Dichter und Pädagoge Patrick Pearse davon zu träumen, das von den Besatzern verfemte, nur noch heimlich von einer Minderheit verwendete Idiom wiederzubeleben und erneut zur Muttersprache aller

Iren zu machen. Könnte es im künftigen Irland wirklich das Englische ersetzen, in Schulen, Zeitungen, in der Kirche und Politik? Öffentlich bejahte Roger dies stets, es sei nicht nur möglich, sondern auch notwendig, damit die Iren zu ihren Wurzeln zurückfänden. Es würde ein langer, über mehrere Generationen andauernder, jedoch unvermeidlicher Prozess sein, und Irland würde erst frei sein, wenn das Gälische wieder die offizielle Sprache wäre. Wenn er sich aber allein an seinem Schreibtisch in der Lower Baggot Street den Gälischübungen widmete, die Mrs. Temple ihm aufgab, sagte er sich, dass all das ein zweckloses Unterfangen war. Die Realität konnte nicht mehr rückgängig gemacht werden. Eine überwältigende Mehrheit der Iren sprach Englisch, lebte und fühlte in dieser Sprache, und dem nun ein Ende bereiten zu wollen wäre eine politische Kapriole, die gezwungenermaßen zu babylonischer Verwirrung führen müsste und sein geliebtes Irland zu einem kulturellen Relikt, einem vom Rest der Welt abgeschnittenen Kuriosum machen würde. War es das wert?

Im Mai und Juni 1913 sah sich sein ruhiges, den Studien gewidmetes Leben jäh unterbrochen, als er sich nach dem Gespräch mit einem Journalisten von *The Irish Independent*, der ihm von der Armut und einfachen Existenz der Fischer von Connemara erzählt hatte, spontan dazu entschloss, in diese westlich von Galway gelegene Region zu reisen, wo offenbar noch ein intaktes traditionelleres Irland existierte und die Bewohner das Altirische lebendig hielten. Allerdings war es keine geschichtsträchtige Rückständigkeit, die Roger in Connemara vorfand, sondern den bewegenden Kontrast zwischen der Schönheit der gemeißelten Bergketten, wolkenverhangenen Hänge und unberührten Sümpfe, an deren Ufern die aus der Gegend stammenden Ponys grasten, und den in entsetzlicher Armut lebenden Menschen, für die es weder Schulen noch Ärzte gab und die vollkommen sich selbst überlassen waren. Zudem waren gerade einige Fälle von Typhus aufgetreten, so dass man den Ausbruch einer gefährlichen Epidemie befürchten musste. Der Mann der Tat in Roger, der bisweilen ruhen mochte, jedoch niemals ganz einschlief, trat sofort in Aktion. Er schrieb einen Artikel für *The Irish Independent* mit dem Titel »Das irische Putumayo« und gründete einen Hilfsfonds, deren erster Unterstützer er selbst war. Gemeinsam mit der anglikanischen, der presbyterianischen und der katholischen Kirche sowie diversen Wohltätigkeitsorganisationen organisierte er öffentliche Veranstaltungen und ermunterte Ärzte und Krankenschwestern, als Freiwillige in die Dörfer von Connemara zu gehen, um das rudimentäre staatliche Gesundheitswesen zu unterstützen. Die Kampagne hatte Erfolg. Zahlreiche Spenden aus Irland und aus England gingen ein. Roger reiste dreimal in die Region, um den Betroffenen Medizin, Bekleidung und Lebensmittel zu bringen. Darüber hinaus gründete er ein Komitee, das die Einrichtung von Krankenstationen und Grundschulen in Connemara erwirken sollte. Zwei Monate lang traf er sich unermüdlich mit Priestern, Politikern, Intellektuellen und Journalisten. Er war selbst verblüfft über die Hochachtung, mit der ihm sogar Personen begegneten, die seine nationalistischen Positionen nicht teilten.

Im Juli fuhr er nach London zu einer ärztlichen Untersuchung, durch die sich das Foreign Office bestätigen lassen wollte, dass die gesundheitlichen Probleme, mit der er seinen Austritt aus dem Diplomatendienst begründet hatte, der Wahrheit entsprachen. Roger fühlte sich infolge der regen Geschäftigkeit, mit der er sich für eine Eindämmung der Epidemie in Connemara eingesetzt hatte, nicht schlecht, weshalb er davon ausging, bei der Untersuchung würde es sich um eine reine Formalität handeln. Doch die Diagnose der Ärzte fiel ernster aus, als er erwartet hatte: Die Arthritis in Wirbelsäule, Becken und Knien hatte sich verschlimmert. Er könne sie mit einer strengen Behandlung und viel Schonung lindern, heilbar sei sie jedoch nicht. Auch sei nicht auszuschließen, dass sie sich verschlimmern und zu einer Lähmung führen könne. Das Außenministerium nahm sein Austrittsgesuch an, und er wurde in allen Ehren pensioniert.

Vor seiner Rückkehr nach Irland entschloss er sich zu einem Abstecher nach Paris, um einer Einladung von Herbert und Sarita Ward zu folgen. Es freute ihn, sie wiederzusehen und ein paar Tage in der anheimelnden Atmosphäre der afrikanischen Enklave zu verbringen, zu der sie ihre Pariser Wohnung gemacht hatten. Die Wohnung wirkte wie eine Erweiterung des großen Ateliers, wo Herbert ihm einige seiner neuen Skulpturen zeigte. Es waren kraftvolle Werke aus Holz oder Bronze, des Ergebnis von drei Jahren Arbeit, die im Herbst in Paris ausgestellt werden sollten. Während Herbert sie ihm mit den entsprechenden Skizzen und Modellen erläuterte und Anekdoten dazu erzählte, hatte Roger zahllose Bilder aus ihrer gemeinsamen Zeit unter Stanley und Sanford vor Augen. Ihre Gespräche damals waren so bereichernd gewesen, Herbert hatte ihm von seinen Abenteuern auf der ganzen Welt erzählt, von den skurrilen Menschen, denen er in Australien oder an anderen Orten begegnet war, von den Büchern, die er gelesen hatte. Er war immer noch so scharfsinnig, jovial und optimistisch wie früher. Mit seiner Frau Sarita, einer reichen amerikanischen Erbin, ergänzte er sich vorzüglich, sie war ebenso abenteuerlustig und unkonventionell wie er. Gemeinsam unternahmen sie Wanderungen in Frankreich und Italien. Ihre Kinder hatten sie zu weltoffenen, wissbegierigen Menschen erzogen. Die Jungen gingen inzwischen auf ein Internat in England, verbrachten ihre Ferien aber stets in Paris. Das Mädchen, *Cricket*, lebte bei ihnen.

Die Wards führten ihn zum Abendessen in das Restaurant im Eiffelturm aus, von dem aus man die Seinebrücken und einige Pariser Stadtteile überblickte, und gingen mit ihm in die Comédie Française, wo Molières *Der eingebildete Kranke* gespielt wurde.

Doch die Tage, die Roger mit dem Ehepaar verbrachte, verliefen nicht nur harmonisch. Früher waren Herbert und er oft unterschiedlicher Meinung gewesen, ohne dass dies ihre Freundschaft beeinträchtigt hätte, im Gegenteil, die Diskrepanzen hatten sie häufig noch belebt. Das war diesmal anders.

Eines Abends diskutierten sie so heftig, dass Sarita eingreifen und sie bitten musste, das Thema zu wechseln. Herbert war Rogers Nationalismus in der Regel gelassen und sogar ein wenig amüsiert begegnet. Doch an diesem Abend beschuldigte er seinen Freund, sich zu sehr für die nationalistischen Ideen zu begeistern, dabei zu wenig rational, beinahe schon fanatisch zu sein.

»Wenn die Mehrheit der Iren Großbritannien loswerden will, schön und gut«, sagte er. »Aber ich persönlich glaube nicht, dass Irland viel damit gewinnt, eine Flagge, ein Wappen und einen Präsidenten zu haben. Noch dass seine wirtschaftlichen und sozialen Probleme dadurch gelöst werden. Meines Erachtens wäre es besser, man würde auf den Autonomievorschlag von John Redmond und seinen Anhängern eingehen. Die sind doch auch Iren, oder nicht? Und sie stellen eine große Mehrheit gegenüber denen dar, die wie du eine Abspaltung wollen. Wie auch immer, das alles beschäftigt mich, ehrlich gesagt, nicht besonders. Wohl aber zu sehen, wie intolerant du geworden bist. Früher hast du argumentiert, Roger. Jetzt gibst du nur noch Hassparolen gegen ein Land von dir, dass auch deines ist, das deiner Väter und Geschwister. Ein Land, für das du all die Jahre so verdienstvolle Arbeit geleistet hast. Anerkannterweise, nicht wahr? Du wurdest geadelt, man hat dir die höchsten Auszeichnungen des Königreiches verliehen. Bedeutet dir das gar nichts?«

»Soll ich mich zum Dank zum Kolonialismus bekehren?«, entgegnete Roger. »Soll ich für Irland akzeptieren, was wir beide für den Kongo ablehnen?«

»Irland kann man nicht mit dem Kongo vergleichen. Oder schneiden die Engländer in Connemara den Einheimischen vielleicht die Hände ab und zerschinden ihnen die Rücken mit der *Chicotte*?«

»Die Kolonisierungsmethoden in Europa sind nur raffinierter, Herbert, dafür aber nicht weniger grausam.«

In den letzten Tagen seines Aufenthalts in Paris vermied es Roger, das Gespräch auf Irland zu bringen. Er wollte seine

Freundschaft mit Herbert nicht aufs Spiel setzen. Bedrückt sagte er sich, dass sein zunehmender politischer Aktivismus ihn in Zukunft sicherlich immer weiter von Herbert entfernen, womöglich ihre Freundschaft zerstören würde, eine der engsten seines ganzen Lebens. Bin ich wirklich dabei, zu einem Fanatiker zu werden?, fragte er sich von da an bisweilen erschrocken.

Als er gegen Ende des Sommers nach Dublin zurückkehrte, konnte er sein Studium des Gälischen nicht mehr aufnehmen. Die politische Situation hatte sich zugespitzt, und sogleich wurde er tätig. Das von John Redmonds *Irish Parliamentary Party* befürwortete *Home Rule*-Projekt, das Irland ein Parlament und weitgehende Freiheiten in Verwaltung und Wirtschaft zugestanden hätte, war im November 1912 vom Unterhaus abgesegnet worden. Doch das Oberhaus hatte es zwei Monate später abgelehnt. Im Januar 1913 wurde in Ulster, Bastion der Unionisten mit einer englandtreuen, protestantischen Mehrheit, von Edward Henry Carson eine vehemente Kampagne gegen den Autonomieentwurf geführt. Die *Ulster Volunteer Force* wurde gegründet, eine politische Gruppierung und gleichzeitig eine Streitkraft von über vierzigtausend Freiwilligen, mit der die *Home Rule*-Regelung im Falle ihrer Ratifizierung bekämpft werden sollte. Die *Irish Parliamentary Party* von John Redmond setzte sich unterdessen weiter für die Autonomie ein. Nachdem auch die zweite Gesetzesvorlage vom Unterhaus angenommen und vom Oberhaus abgelehnt worden war, stimmte am 23. September das *Ulster Unionist Council* dafür, sich selbst zur provisorischen Regierung Ulsters zu erklären und vom restlichen Irland abzuspalten, sollte das Autonomieprojekt verabschiedet werden.

In einigen Artikeln für die nationalistische Presse, die Roger inzwischen unter seinem richtigen Namen verfasste, kritisierte er die Unionisten von Ulster. Er beschuldigte die dortige protestantische Mehrheit, die katholische Minderheit zu diskriminieren. Katholische Fabrikarbeiter würden aus politischen Gründen entlassen, den Verwaltungen der katholischen

Stadtteile würden Gelder und Zuschüsse gekürzt. »Sehe ich, was in Ulster geschieht«, schrieb er in einem Artikel, »fühle ich mich nicht mehr als Protestant.« Stets drückte er sein Bedauern darüber aus, dass die Haltung der Unionisten die Iren in zwei feindliche Lager gespalten hätte, was einmal tragische Konsequenzen haben werde. In einem anderen Artikel kritisierte er die anglikanischen Geistlichen, Übergriffe gegen die katholische Gemeinschaft mit ihrem Stillschweigen zu decken. Zeigte Roger sich in politischen Debatten auch skeptisch, ob die *Home Rule*-Regelung Irland aus seiner Abhängigkeit befreien könnte, waren seine Artikel diesbezüglich doch hoffnungsvoll: Wenn das Gesetz ohne Einschränkungen in Kraft treten würde und Irland ein Parlament bekäme, könnte es seine eigene Regierung wählen und seine Einkünfte selbst verwalten und befände sich somit zumindest an der Schwelle zur Unabhängigkeit. Wenn das den Frieden brächte, was machte es dann schon, dass die Außenpolitik weiterhin unter britischer Hoheit verbleibe?

In diesen Tagen freundete er sich noch enger mit zwei Iren an, die sich der Wahrung und Verbreitung der keltischen Sprache verschrieben hatten, Eoin MacNeill und Patrick Pearse. Vor allem die von Pearse favorisierte radikale Verschmelzung des Gälischen mit dem Unabhängigkeitsgedanken weckte in Roger große Sympathie. Pearse war als Jugendlicher der Gälischen Liga beigetreten und arbeitete als Autor, Journalist und Pädagoge. Er leitete zwei von ihm selbst gegründete Schulen, das Jungengymnasium St. Enda's und das Mädchengymnasium St. Ita's, die ersten Einrichtungen, in denen das Gälische auch Unterrichtssprache war. Darüber hinaus schrieb Pearse Gedichte und Theaterstücke sowie Broschüren und Artikel, in denen er seine These darlegte, dass Irlands Unabhängigkeit ohne eine Wiederbelebung der keltischen Sprache zwecklos sei, da Irland kulturell sonst weiter eine Kolonie bleiben würde. Darauf beharrte er. In seiner Jugend war er so weit gegangen, William Butler Yeats – dessen bedingungsloser Bewunderer er später werden sollte – als Verräter zu bezeichnen, weil der auf Englisch schrieb. Pearse war ein schüchterner Junggeselle von imposanter Statur, mit einem kleinen Sehfehler, unermüdlich in seiner Arbeit und ein charismatischer Redner. Sofern es nicht um das Gälische oder die Unabhängigkeit Irlands ging, war Pearse privat durchaus witzig und aufgeschlossen, gesprächig und extrovertiert; manchmal überraschte er seine Freunde damit, als alte Bettlerin verkleidet in Dublins Altstadt um Almosen zu bitten oder als kesse junge Dame vor den Türen der Pubs entlangzuspazieren. Ansonsten lebte er asketisch wie ein Mönch. Er wohnte bei seiner Mutter und seinen Geschwistern, trank und rauchte nicht. Sein bester Freund war sein Bruder Willie, ein Bildhauer, der in St. Enda's Kunst unterrichtete. Auf das Frontispiz über dem Tor der Schule, die von den bewaldeten Hügeln Rathfarnhams umgeben war, hatte Pearse einen Satz aus den irischen Sagen meißeln lassen, der dem mythischen Helden Cú Chulainn zugeschrieben wurde: »Was kümmert es mich, nur einen einzigen Tag und eine Nacht zu leben, wenn meine Abenteuer für immer erinnert werden.« Pearse wurde ein keusches Leben nachgesagt. Seinen katholischen Glauben praktizierte er mit militärischer Disziplin, häufig fastete er und trug sogar das grob gewebte Büßerhemd. In dieser politisch so turbulenten Zeit schien es Roger oft, seine unerschütterliche Zuneigung zu Patrick Pearse wurzele womöglich darin, dass er einer der wenigen Politiker war, der seinen Sinn für Humor nicht verloren hatte, und dass sein Aktivismus allein gewissen Prinzipien entsprang und ohne Eigeninteresse war: Ihm ging es um Ideen, Macht um ihrer selbst willen verachtete er. Beunruhigend fand Roger allerdings Pearse' Neigung, die irischen Patrioten als zeitgenössische Version der frühen Märtyrer zu überhöhen. »Wie das Blut der Märtyrer der Keim des Christentums war, so wird das Blut unserer Patrioten der Keim unserer Freiheit sein«, hieß es in einem Essay von Pearse. ›Ein schöner Satz‹, dachte Roger, ›aber nicht vielleicht doch etwas übertrieben?‹

In ihm selbst weckte die Politik widersprüchliche Gefühle.

Einerseits hatte sein Leben dadurch eine bislang ungekannte Intensität erfahren – endlich setzte er sich mit Leib und Seele für Irland ein! –, gleichzeitig verstimmte es ihn, seine Zeit mit den endlosen Debatten vergeuden zu müssen, die irgendwelchen Beschlüssen und konkreten Aktionen vorangingen oder auch im Wege standen, sich mit all den Machenschaften, Eitelkeiten und Borniertheiten auseinandersetzen zu müssen, die die tägliche politische Arbeit prägten. Er hatte schon früher vermutet, dass die Politik, wie alles, was Macht verheißt, das Beste im Menschen zutage bringen könnte – Idealismus, Heldentum, Opferbereitschaft, Großzügigkeit –, aber auch das Schlechteste, Hochmut, Neid und Ressentiment bis hin zur Grausamkeit. Nun konnte er sich davon überzeugen, dass dem tatsächlich so war. Er selbst hatte keinerlei politische Ambitionen, Macht reizte ihn nicht. Das mochte neben seinem Ruf als Verfechter der Menschenrechte in Afrika und Südamerika der Grund dafür sein, weshalb er in der nationalistischen Bewegung keine Feinde hatte. Zumindest nahm er das an, denn von allen Seiten brachte man ihm Respekt entgegen. Und im Herbst 1913 bat man ihn, als politischer Redner in der Öffentlichkeit aufzutreten.

Ende August war er nach Ulster gereist, wo er seine Kindheit und Jugend verbracht hatte. Er hatte den Auftrag bekommen, die irischen Protestanten untereinander zu vereinen, die den probritischen Extremismus von Edward Carson und seinen Anhängern ablehnten und deren Truppen im Zuge der Kampagne gegen die *Home Rule*-Regelung in aller Öffentlichkeit übten. Das Komitee Ballymoney, das Roger bei dieser Gelegenheit mitbegründet hatte, hatte zu einer Veranstaltung im Rathaus von Belfast eingeladen. Roger sollte einer der Redner sein, neben Alice Stopford Green, Hauptmann Jack White, Alex Wilson und einem jungen Aktivisten namens Dinsmore. Die erste öffentliche politische Rede seines Lebens hielt Roger damit am regnerischen Abend des 24. Oktober 1913, vor fünfhundert Anwesenden. Aus Nervosität schrieb er die Rede am Vorabend auf und lernte sie auswendig. Er ahnte, dass dieser Auftritt einem Schritt gleichkäme, der nicht mehr rückgängig zu machen sein würde. Er würde sein Leben in Zukunft einer Aufgabe widmen, die in gewisser Weise nicht minder gefährlich wäre wie manches, was er in den afrikanischen und südamerikanischen Urwäldern erlebt hatte. Für seine Rede, in der er sich entschieden dagegen aussprach, die Spaltung der Iren sei religiös und politisch zugleich – autonomistische Katholiken gegen unionistische Protestanten –, und in der er zur »Vereinigung der unterschiedlichen Glaubensvorstellungen und Ideale aller Iren« aufrief, erntete er großen Beifall. Nach der Veranstaltung umarmte ihn Alice und flüsterte ihm ins Ohr: »Ich wage eine Prophezeiung und sage dir eine große politische Zukunft voraus.«

In den folgenden acht Monaten hatte Roger das Gefühl, nichts anderes mehr zu tun, als Podien zu erklimmen und Ansprachen zu halten. Anfangs las er sie noch ab, im Laufe der Zeit gewöhnte er sich dann an, sie anhand einiger Stichworte zu improvisieren. Er reiste kreuz und quer durch Irland, nahm an öffentlichen Versammlungen und geheimen Treffen, an Debatten und Gesprächsrunden teil, in denen er stundenlang argumentierte und diskutierte, was häufig auf Kosten seines Schlafes und regelmäßiger Mahlzeiten ging. So kompromisslos in der politischen Arbeit aufzugehen begeisterte ihn, doch mitunter löste es auch tiefe Niedergeschlagenheit in ihm aus. Zudem quälten ihn wieder die Schmerzen in Rücken und Hüfte.

Ende 1913, Anfang 1914 stieg die politische Spannung in Irland weiter. Die Differenzen zwischen den Unionisten von Ulster und den Befürwortern der Unabhängigkeit spitzten sich so zu, dass ein Bürgerkrieg unmittelbar bevorzustehen schien. Im November 1913 wurde als Reaktion auf die Gründung der *Ulster Volunteers* von Edward Carson die *Irish Citizen Army*, die Irische Bürgerarmee, gegründet, in erster Linie auf Betreiben des Gewerkschafters und Arbeiterführers James Connolly. Die Bürgerarmee verstand sich als eine Miliz, deren vorrangiges Ziel darin bestand, die Arbeiter vor den

Übergriffen durch Arbeitgeber und Obrigkeit zu schützen. Ihr erster Kommandant, Hauptmann Jack White, hatte sich in der britischen Armee verdient gemacht, ehe er sich zum irischen Nationalismus bekannt hatte. Bei der Gründungszeremonie wurde ein von Eoin MacNeill, Patrick Pearse und Roger verfasstes Manifest verlesen; Roger selbst war zuvor von seinen politischen Mitstreitern nach London entsandt worden, um finanzielle Mittel für die nationalistische Bewegung zu beschaffen.

Beinahe zeitgleich mit der *Irish Citizen Army* wurden auf Initiative von Eoin MacNeill und unter Rogers Mitwirkung die *Irish Volunteers* gegründet. Die Organisation zählte vom ersten Moment an auf die Unterstützung der Untergrundorganisation *Irish Republican Brotherhood*, die Irlands Unabhängigkeit forderte. Ihr Hauptquartier war ein Tabakladen, in dem Tom Clarke, eine legendäre Figur in nationalistischen Kreisen, die Fäden zog. Clarke hatte wegen terroristischer Sprengstoffanschläge fünfzehn Jahre in britischen Gefängnissen gesessen. Danach ging er ins Exil in die Vereinigten Staaten, von wo aus ihn die Anführer von *Clan na Gael*, des amerikanischen Zweiges der *Irish Republican Brotherhood*, schließlich zurück nach Dublin schickten, um ihn dort mit Hilfe seines organisatorischen Geschicks ein Untergrundnetz aufbauen zu lassen. Und das hatte der inzwischen Zweiundfünfzigjährige getan, mit eisernem Willen und unermüdlicher Kraft. Seine wahre Identität war dabei vom britischen Geheimdienst nicht aufgedeckt worden. Beide Organisationen, denen viele Mitglieder parallel angehörten, sollten eine enge Zusammenarbeit eingehen, die sich in der Praxis allerdings nicht immer als konfliktfrei erwies. Auch Mitglieder der Gälischen Liga, der unter Arthur Griffith neu gegründeten *Sinn Féin*, der katholischen Gesellschaft *Ancient Order of Hibernians* und Tausende Privatpersonen schlossen sich den *Volunteers* an.

Bewegt hörte Roger zu, als am 25. November 1913 in der Rotunda in Dublin das Gründungsmanifest verlesen wurde.

Die *Volunteers* waren von Anfang an, wie MacNeill und Roger es angeregt hatten, eine militärische Bewegung, die landesweit Mitglieder rekrutieren, ausbilden und bewaffnen und in Trupps, Kompanien und Regimenter aufteilen sollte, für den Fall, dass es zu einer bewaffneten Aktion kommen würde, was angesichts der explosiven politischen Lage jederzeit möglich schien.

Roger arbeitete voller Enthusiasmus für die *Volunteers* und freundete sich mit deren Anführern an, darunter viele Dichter und Schriftsteller wie der Theaterautor und Universitätsdozent Thomas MacDonagh und der junge Joseph Plunkett, der trotz eines Lungenleidens und einer leichten körperlichen Behinderung außergewöhnlich engagiert arbeitete; er war ein ebenso überzeugter Katholik wie Pearse, las mit Vorliebe die Mystiker und war Mitbegründer des Abbey Theatre.

Rogers Einsatz für die *Volunteers* nahm ihn zwischen November 1913 und Juli 1914 rund um die Uhr in Anspruch. Täglich sprach er auf Versammlungen, in Städten wie Dublin, Belfast, Cork, Londonderry, Galway und Limerick vor Hunderten von Menschen oder in Dörfern vor kaum einer Handvoll Personen. Seine Reden begannen stets sehr bedacht (»Ich bin ein Protestant aus Ulster, der sich für die Selbstverwaltung und Befreiung Irlands vom englischen Kolonialjoch einsetzt«), doch je länger er sprach, desto überschwänglicher wurden seine Worte. Für gewöhnlich gab es donnernden Applaus.

Parallel war er in die strategischen Planungen der *Volunteers* eingebunden. Er gehörte zu denen, die betonten, dass die Unabhängigkeit nur mit Waffengewalt zu erreichen sei. Doch die Bewaffnung war eine kostspielige Angelegenheit, deshalb war es vonnöten, alle freiheitsliebenden Iren dazu zu bewegen, den *Volunteers* großzügige Spenden zukommen zu lassen.

So entstand die Idee, Roger in die USA zu schicken. Die irischen Gemeinschaften dort verfügten über große Geldmittel, und eine entsprechende Sensibilisierung würde die Spendenbereitschaft sicherlich noch vergrößern. Und wer eignete sich für eine solche Mission besser als der bekannteste Ire der Welt? Die *Volunteers* konsultierten John Devoy, Anführer der mächtigen amerikanischen Organisation *Clan na Gael*, die sich aus einer beträchtlichen Anzahl irischer Nationalisten zusammensetzte. Der in Kill in der irischen Grafschaft Kildare geborene Devoy hatte sich von Jugend an im Untergrund engagiert und war wegen Terrorismus zu fünfzehn Jahren Gefängnis verurteilt worden, von denen er allerdings nur fünf abgesessen hatte. Darauf hatte er sich bei der Fremdenlegion in Algerien verpflichtet. 1903 hatte er in den Vereinigten Staaten schließlich die Zeitung *The Gaelic American* gegründet, und inzwischen pflegte er enge Beziehungen zu Angehörigen des amerikanischen Establishments, so dass *Clan na Gael* über einigen politischen Einfluss verfügte.

Während John Devoy den Vorschlag prüfte, bemühte Roger sich weiter, die *Volunteers* bekannt zu machen und zu militarisieren. Er freundete sich mit Oberst Maurice Moore an, dem General-Truppeninspektor der *Volunteers*, mit dem er über die Insel reiste, um sich einen Eindruck zu verschaffen, wie die Ausbildung voranging und ob die Waffenverstecke sicher waren. Auf Betreiben von Oberst Moore wurde Roger in den Generalstab der Organisation aufgenommen.

Mehrmals wurde Roger nach London entsandt. Alice Stopford Green stand dort einem Komitee vor, das heimlich Spenden sammelte und in England und mehreren anderen europäischen Ländern Gewehre, Revolver, Granaten, Maschinengewehre und Munition kaufte und nach Irland schmuggelte. Bei diesen Londoner Treffen mit Alice und ihren Freunden erkannte Roger, dass der Krieg in Europa nicht mehr nur eine ferne Möglichkeit darstellte, sondern bedrohlich nahe rückte: Alle Politiker und Intellektuellen, die sich im Haus der Historikerin in der Grosvenor Road einfanden, waren der Meinung, dass Deutschland seine Entscheidung längst gefällt habe und die Frage nicht mehr sei, ob es zu einem Krieg kommen, sondern nur noch, wann er ausbrechen würde.

Unterdessen war Roger an die Nordküste von Dublin nach Malahide gezogen, doch wegen seiner politischen Umtriebe war er nur selten zu Hause. Kurz nach seinem Umzug warnten ihn die *Volunteers*, die *Royal Irish Constabulary*, die königlich irische Schutzpolizei, habe eine Untersuchung gegen ihn eingeleitet und er werde von der Geheimpolizei beschattet. Ein Grund mehr für seine Reise in die Vereinigten Staaten; er würde dort der nationalistischen Bewegung nützlicher sein als in Irland, wo man ihm womöglich hinter Gitter bringen würde. John Devoy vermeldete überdies, die Anführer von *Clan na Gael* würden seinen Besuch sehr befürworten, man sei der Meinung, seine Anwesenheit werde die Spendenbereitschaft erhöhen.

Roger willigte ein, die Mission in Angriff zu nehmen, zögerte seine Abreise allerdings wegen eines Projektes hinaus, das ihm sehr am Herzen lag: Am 23. April 1914 sollte die 900-Jahr-Feier der Schlacht von Clontarf begangen werden, in der die Iren unter ihrem König Brian Boru die Wikinger besiegt hatten. MacNeill und Pearse zeigten Verständnis, doch die übrigen Führungsmitglieder der *Volunteers* hielten diesen Aufschub für Zeitvergeudung. Warum Energie auf die Vergangenheit verschwenden, wenn doch die Gegenwart um so vieles wichtiger war? Nein, es war kein Moment für Ablenkungen. Das Vorhaben wurde nicht verwirklicht, ebenso wenig wie Rogers Vorschlag, eine Unterschriftenkampagne zugunsten einer eigenständigen irischen Teilnahme an den Olympischen Spielen zu initiieren.

Noch kurz vor der Reise trat Roger als Redner bei Versammlungen in Cork, Galway und Kilkenny auf, zumeist neben MacNeill, Pearse und zuweilen MacDonagh. Am St. Patrick's Day stieg er in Limerick bei der größten Veranstaltung, der er je beigewohnt hatte, derweil die Tribüne. Die allgemeine Situation wurde derweil von Tag zu Tag heikler. Die Unionisten von Ulster marschierten schwerbewaffnet auf, und ihre militärischen Manöver hielten sie so unverhohlen ab, dass die britische Regierung sich schließlich zu einer Geste genötigt sah und die eigene Militärpräsenz in Nordirland verstärkte. Im Zuge dessen kam es zu einer Meuterei auf dem britischen Armeeschiff Curragh, einer Episode, die Rogers politische Haltung entscheidend beeinflussen sollte. Die britischen Truppen und Seestreitkräfte waren bereits mobilisiert, da meldete Hauptkommandant General Sir Arthur Paget an die englische Regierung, dass ein Großteil der britischen Offiziere auf der Curragh ihn habe wissen lassen, sie würden im Falle eines Befehls, die *Ulster Volunteers* von Edward Carson anzugreifen, ihr Austrittsgesuch aus der Armee einreichen. Die englische Regierung gab nach, keiner der beteiligten Offiziere wurde bestraft.

Diese Begebenheit bestärkte Roger in seiner Überzeugung, dass die *Home Rule*-Regelung trotz aller Versprechungen niemals umgesetzt werden würde, weil keine englische Regierung, egal ob konservativ oder liberal, sie akzeptieren würde. Alle Iren, die wie John Redmond an die Autonomie glaubten, würden ein ums andere Mal enttäuscht werden. Eine Lösung für Irland konnte einzig die Unabhängigkeit sein, schlicht und einfach, doch die würde man ihnen nie im Guten gewähren. Pearse und Plunkett hatten recht, sie musste mittels politischer und militärischer Aktionen erzwungen werden, wozu große Opfer und heldenhafter Einsatz nötig waren. So hatten schließlich alle vormals unfreien Völker der Welt ihre Eigenständigkeit errungen.

Im April 1914 kam der deutsche Journalist Oskar Schweriner nach Irland. Er wollte eine Reportage über die arme Bevölkerung von Connemara schreiben. Da er von Rogers Einsatz für die von der Typhus-Epidemie betroffenen Dörfer gehört hatte, suchte er ihn auf. Gemeinsam reisten sie in die Region, begaben sich in die Fischerdörfer, Schulen und mittlerweile eingerichteten Krankenstationen. Roger übersetzte Schweriners Artikel für *The Irish Independent*. Die Gespräche mit dem deutschen Journalisten, der die nationalistischen Ideen befürwortete, bestärkten Rogers Auffassung, dass Irland sich im Kampf um die Unabhängigkeit mit Deutschland verbünden müsste, sollte es zu einer kriegerischen Auseinandersetzung zwischen dem Kaiserreich und Großbritannien kommen. Mit diesem mächtigen Verbündeten würden die Aussichten weitaus besser sein, England abzuringen, was Irland mit seinen dürftigen Mitteln – ein David gegen einen Goliath – allein niemals erlangen würde. Unter den *Volunteers* fand die Idee Anklang. Sie war nicht ganz neu, aber der unmittelbar bevorstehende Krieg verlieh ihr frische Überzeugungskraft.

Zu diesem Zeitpunkt wurde bekannt, dass es den *Ulster Volunteers* gelungen war, über den Hafen von Larne zweihundertsechzehn Tonnen Waffen nach Ulster einzuschmuggeln. Rechnete man diese zu dem bereits vorhandenen Arsenal, waren die unionistischen Milizen wesentlich besser ausgerüstet als die nationalistischen *Volunteers*. Roger musste dringend in die Vereinigten Staaten aufbrechen.

Zuvor begleitete er allerdings Eoin MacNeill nach London zu einem Treffen mit John Redmond. Trotz aller Rückschläge war Redmond weiterhin davon überzeugt, dass das Inkrafttreten der Autonomie-Regelung nur noch eine Frage der Zeit sei. Bei ihrer Unterredung sagte Redmond, er glaube an den guten Willen der liberalen britischen Regierung. Redmonds dynamische Art zu sprechen glich trotz seiner Dickleibigkeit einer Maschinengewehrsalve. Seine unbeirrbare Selbstsicherheit machte ihn Roger überaus unsympathisch. Warum war dieser Mensch in Irland so beliebt? Seine These, die Autonomie müsse in freundschaftlicher Zusammenarbeit mit den Engländern verwirklicht werden, fand den Zuspruch der meisten Iren. Doch sehr schnell würde dieses allgemeine Vertrauen in die Anführer der *Irish Parliamentary Party* verfliegen, daran hatte Roger keinen Zweifel, würde die Öffentlichkeit erst einmal erkennen, dass die englische Regierung die *Home Rule*-Regelung den Iren nur vorgaukelte, um sie ruhig zu halten und untereinander zu spalten.

Was Roger bei jener Unterredung am meisten irritierte, war Redmonds Satz, im Falle eines Krieges mit Deutschland müssten die Iren an Englands Seite kämpfen, aus prinzipiellen wie auch strategischen Gründen: Auf diese Weise würden die Iren das Vertrauen der englischen Regierung und Öffentlichkeit gewinnen, was wiederum die Bedingung für eine künftige Autonomie würde. Außerdem verlangte Redmond die Aufnahme von fünfundzwanzig Vertretern seiner Partei ins Zentralkomitee der *Volunteers*, worauf die *Volunteers* schließlich eingingen, um den Zusammenhalt der beiden Gruppierungen nicht zu gefährden. Doch selbst dieses Zugeständnis brachte Redmond nicht dazu, seine Meinung über Roger Casement zu ändern, den er immer wieder beschuldigte, ein »radikaler Revolutionär« zu sein. Dessen ungeachtet schrieb Roger in seinen letzten Wochen in Irland zwei freundliche Briefe an Redmond, in denen er ihn inständig bat, stets im Sinne einer irischen Einheit zu handeln. Roger versicherte ihm, dass er im Falle des Inkrafttretens der *Home Rule*-Regelung ihr erster Verfechter wäre. Sollte jedoch die englische Regierung wegen ihrer zaghaften Haltung gegenüber den Extremisten in Ulster die Autonomie nicht durchsetzen können, müssten die Nationalisten über eine Alternativstrategie verfügen.

Am 28. Juni 1914 befand Roger sich als Redner auf einer Versammlung der *Volunteers* in Cushendun, als die Nachricht eintraf, ein serbischer Terrorist habe in Sarajewo den österreichischen Thronfolger Erzherzog Franz Ferdinand erschossen. Zunächst maß niemand diesem Vorfall große Bedeutung bei, der wenige Wochen später zum Ausbruch des Weltkriegs führen sollte. Seine letzte Rede auf irischem Boden hielt Roger am 30. Juni in Carn, heiser vom vielen Sprechen.

Sieben Tage später ging er im Hafen von Glasgow heimlich an Bord der *Cassandra* – Nomen est omen –, die Kurs auf Montreal nahm. Er reiste unter falschem Namen in der zweiten Klasse und hatte auch sein äußeres Erscheinungsbild verändert: Statt seiner sonst so tadellosen Garderobe trug er einfache Kleidung, seine Haare waren anders geschnitten und er hatte sich den Bart abrasiert. Die Tage der Überfahrt waren seine erste Ruhepause seit langem. Überrascht wurde er sich bewusst, dass die Geschäftigkeit der letzten Monate seine Arthritisbeschwerden überspielt hatte, die Schmerzen waren erträglicher geworden. Im Zug von Montreal nach New York bereitete er den Lagebericht vor, den er John Devoy und den anderen Führungsmitgliedern von *Clan na Gael* erstatten wollte. Vor allem musste er sie darauf hinweisen, dass die *Volunteers* akut finanzielle Unterstützung für Waffenkäufe benötigten, da die derzeitige politische Entwicklung jederzeit zu einer gewaltsamen Eskalation führen konnte. Überdies würde er argumentieren, dass der Krieg eine außergewöhnliche Chance für die irischen Unabhängigkeitskämpfer darstellen könnte.

Roger traf am 18. Juli in New York ein. Er stieg im Belmont ab, einem bescheidenen Hotel mit vielen irischen Gästen. Am selben Tag machte er in Manhattan auf der Straße die Bekanntschaft von Eivind Adler Christensen. Reiner Zufall, wie er damals glaubte. Dass dieses Treffen vom britischen Geheimdienst, der ihn seit Monaten auf Schritt und Tritt überwachen ließ, hätte inszeniert sein können, kam ihm nicht in den Sinn. Er war fest davon überzeugt, ausreichende Vorsichtsmaßnahmen getroffen und Glasgow unbemerkt verlassen zu haben. Und er konnte auch nicht ahnen, wie sehr dieser vierundzwanzigjährige Norweger, der in Wahrheit nichts von dem halb verhungerten Herumtreiber hatte, als den er sich ausgab, sein Leben durcheinanderbringen würde. Ungeachtet seiner zerschlissenen Kleidung war Christensen der bestaussehende Mann, dem Roger je begegnet war. Während der Norweger sich auf Rogers Einladung hin mit Bier und Sandwich stärkte, spürte Roger beschämt, wie sein Herz schneller schlug. Er, der sonst so bedächtig war in seinen Gesten, so steif auf Umgangsformen bedacht, hätte im Lauf dieses Nachmittags und Abends mehrere Male beinahe vergessen, was sich gehört, so stark war sein Impuls, Eivinds muskulöse, blond behaarten Arme oder seine schmale Hüfte zu berühren.

Als er erfuhr, dass der junge Mann ohne Unterkunft war, schlug er ihm vor, mit in sein Hotel zu kommen, wo er für

ihn ein Zimmer auf demselben Flur nahm. Trotz seiner Müdigkeit tat Roger in dieser Nacht kein Auge zu. Sehnsüchtig
stellte er sich seinen neuen jungen Freund schlafend vor, den
athletischen Körper, die zerzausten blonden Haare, das fein
gezeichnete Gesicht, die womöglich leicht geöffneten Lippen.
Die Begegnung mit Eivind Adler Christensen hatte Roger so
aus der Bahn geworfen, dass er am folgenden Tag, während
der ersten Unterredung mit John Devoy in einem kleinen sti-
ckigen Raum, immer wieder an das Gesicht und die Gestalt
des Norwegers denken musste.

Dennoch machte der alte, erfahrene Revolutionär Devoy,
dessen Leben einem Abenteuerroman glich, großen Eindruck
auf Roger. Er war für seine zweiundsiebzig Jahre überaus
rüstig, eine ansteckende Energie ging von ihm aus. Mit einem
Bleistift, den er von Zeit zu Zeit mit der Zunge befeuchtete,
notierte er schweigend, was Roger ihm vortrug. Erst, als Roger geendet hatte, stellte er etliche Fragen, um weitere Einzelheiten zu erfahren. Dabei war Roger erstaunt, wie detailliert
John Devoy über die Ereignisse in Irland informiert war, sogar über Angelegenheiten, die eigentlich größter Geheimhaltung unterliegen sollten.

Ein besonders umgänglicher Mensch war der überzeu-
gungsstarke Devoy nicht. Gefängnis, Untergrund und jahre-
langer Kampf hatten ihn verhärtet, trotzdem wirkte er vertrauenswürdig, aufrichtig und ehrlich. Im Laufe ihrer Gespräche wurde deutlich, dass Roger und er in ihrer Einschätzung
der Lage absolut übereinstimmten. Auch Devoy war der Ansicht, dass es für die Autonomie zu spät sei, dass die irischen
Patrioten sich ganz auf die Unabhängigkeit konzentrieren
sollten. Und dass bewaffnete Aktionen die politischen Verhandlungen ergänzen müssten. Weil die englische Regierung
sich zu wirklichen Verhandlungen nur bereit zeigen würde, wenn militärische Operationen eine so schwerwiegende
Situation herbeigeführt hätten, dass die Unabhängigkeit Irlands für London das kleinere Übel darstellen würde. Auch
Devoy schien im Hinblick auf den unmittelbar bevorstehen-

den Krieg eine Annäherung der Nationalisten an Deutschland unausweichlich: Die logistische und politische Unterstützung durch das Kaiserreich würde die irischen Aussichten wesentlich verbessern. Devoy ließ Roger allerdings wissen, dass unter den amerikanischen Iren in diesem Punkt keine Einstimmigkeit herrsche. John Redmonds Thesen fänden auch hier Anhänger, wenngleich die Führungsspitze von *Clan na Gael* einer Meinung mit Devoy und Roger sei.

In den folgenden Tagen stellte Devoy ihm die Anführer der New Yorker Organisation sowie John Quinn und William Bourke Cockran vor, zwei einflussreiche amerikanische Anwälte, die sich für die irische Sache einsetzten. Beide unterhielten Beziehungen zu Regierungskreisen und ranghohen Parlamentariern.

Es entging Roger nicht, dass er auf den Versammlungen und Veranstaltungen, auf denen er als Redner auftrat, einen guten Eindruck auf die irische Gemeinschaft machte. Man kannte ihn wegen seines Engagements für Afrika und Südamerika, und sein ebenso überlegter wie emotionaler Redestil nahm das Publikum für ihn ein. Auf den Veranstaltungen in New York, Philadelphia und anderen Städten der Ostküste wurde besonders viel gespendet. Die Führungsmitglieder von *Clan na Gael* scherzten, sie würden noch zu Kapitalisten, wenn das so weiterginge. Die Organisation *The Ancient Order of Hibernians* lud ihn ihrerseits als Hauptredner zu einer Veranstaltung in Philadelphia ein, der größten, an der er in den Vereinigten Staaten teilnahm.

In Philadelphia lernte er einen weiteren der großen nationalistischen Führer im Exil kennen, Joseph McGarrity, der im *Clan na Gael* eng mit John Devoy zusammenarbeitete. Bei ihm befanden sie sich gerade, als die Nachricht eintraf, tausendfünfhundert für die *Volunteers* bestimmte Gewehre und zehntausend Patronen seien in der irischen Ortschaft Howth an Land geschmuggelt worden. Ausgelassen stießen sie auf die gute Nachricht an. Wenig später wurde allerdings bekannt, dass es bei Bachelor's Walk zu einem Zusammenstoß zwischen Iren und britischen Soldaten des Regiments *The King's Own Scottish Borderers* gekommen war, bei dem es drei Tote und über vierzig Verletzte gegeben hatte. Begann nun der Krieg?

Auf allen Reisen, den Versammlungen von *Clan na Gael* und den öffentlichen Veranstaltungen wurde Roger von Eivind Adler Christensen begleitet, den er als seinen Assistenten und Vertrauten vorstellte. Er hatte ihn neu eingekleidet und ihm die irische Problematik erläutert, die dem Norweger erklärtermaßen gänzlich unbekannt war. Doch Eivind Adler Christensen mochte ungebildet sein, dumm war er nicht, er lernte rasch und hielt sich bei Rogers Arbeitstreffen im Hintergrund. Weckte der junge Norweger unter den Iren Misstrauen, so behielten sie es für sich, zumindest stellten sie Roger keine indiskreten Fragen über seinen Begleiter.

Als im August 1914 der Weltkrieg ausbrach – am 4. August erklärte Großbritannien dem Deutschen Reich den Krieg –, hatten Devoy, McGarrity und Keating, der engste Führungskreis von *Clan na Gael*, gemeinsam mit Roger bereits beschlossen, dass Roger sich nach Deutschland begeben sollte. Er würde dabei all diejenigen repräsentieren, die dafür waren, im Kampf für die Unabhängigkeit eine strategische Allianz mit den Deutschen einzugehen, die den *Volunteers* politische und militärische Hilfe zukommen lassen sollten. Die *Volunteers* sollten dafür eine Kampagne gegen eine Einberufung der Iren in die britische Armee betreiben, wofür sowohl die Ulster Unionisten als auch die Anhänger von John Redmond eintraten. Das Projekt wurde mit einigen wenigen Führungsmitgliedern der *Volunteers*, darunter Patrick Pearse und Eoin MacNeill, beratschlagt, die es uneingeschränkt befürworteten. Die deutsche Botschaft in Washington, zu der *Clan na Gael* gute Beziehungen unterhielt, unterstützte die Pläne. Der deutsche Heeresattaché Franz von Papen kam nach New York und zeigte sich bei seinen beiden Unterredungen mit Roger hocherfreut über eine Annäherung zwischen *Clan na Gael*, den *Irish Revolutionary Brothers* und der deutschen Regierung. Nach Rückfrage in Berlin teilte er ihnen mit, Roger Casement sei in Deutschland willkommen.

Wie beinahe die ganze Welt hatte Roger den Krieg kommen sehen, und kaum war die Drohung Wirklichkeit geworden, schritt er mit unbändiger Energie zur Tat. Seine Parteinahme für das Reich geschah mit derart kategorisch antibritischen Deklarationen, dass selbst seine Genossen des *Clan na Gael* erstaunt waren, obwohl viele von ihnen ebenfalls auf einen deutschen Sieg hofften. Aus diesem Grund kam es zu einer heftigen Auseinandersetzung mit John Quinn – der ihn für ein paar Tage in seine luxuriöse Villa eingeladen hatte – als Roger seine Meinung kundtat, schuld an diesem Krieg sei im Grunde nur der Neid und das Ressentiment des dekadenten Englands gegenüber einer aufstrebenden Macht wie Deutschland. Deutschland repräsentiere die Zukunft, weil es wenige koloniale Altlasten mit sich herumschleppe, während das imperiale England zum Untergang verdammt sei.

Im August, September und Oktober 1914 arbeitete Roger wie zu seinen besten Zeiten Tag und Nacht, schrieb Artikel und Briefe, hielt Reden und Vorträge, in denen er England emphatisch beschuldigte, dieses europäische Debakel herbeigeführt zu haben, und beschwor die Iren, John Redmonds Sirenengesang, mit dem er sie dazu bringen wollte, der Armee beizutreten, kein Gehör zu schenken. Die liberale englische Regierung brachte die Autonomie-Regelung im Parlament durch, verschob ihr Inkrafttreten jedoch bis auf die Zeit nach dem Krieg. Eine Spaltung der *Volunteers* war unvermeidlich. Die Organisation war ungemein gewachsen, und Redmond und seine *Irish Parliamentary Party* waren darin deutlich in der Mehrheit. Sie konnten mit Sympathien von über hundertfünfzigtausend *Volunteers* rechnen, während Eoin MacNeill und Patrick Pearse gerade elftausend Mitstreiter hinter sich hatten. Doch das konnte Rogers Deutschlandbegeisterung nicht mindern, auf allen Versammlungen in den Vereinigten Staaten stellte er das Kaiserdeutschland weiter als Opfer in diesem Krieg und den würdigsten Verfechter der zivilisierten

Welt dar. »Aus deinem Mund spricht nicht Liebe zu Deutschland, sondern Hass gegen England«, warf John Quinn ihm während ihres Streitgespräches vor.

Im September 1914 erschien in Philadelphia der Band *Ireland, Germany and the Freedom of the Seas: A Possible Outcome of the War of 1914*, der Rogers deutschlandfreundliche Essays und Artikel versammelte. Noch im selben Jahr war das Buch in Berlin unter dem Titel *The Crime Against Ireland, and How the War May Right It* erhältlich.

Rogers Einsatz für das Kaiserreich beeindruckte die deutschen Diplomaten in den Vereinigten Staaten. Der deutsche Botschafter in Washington, Johann Heinrich Graf von Bernstorff, reiste zu einem privaten Treffen mit Roger und dem Führungstrio von *Clan na Gael*, Devoy, McGarrity und Keating nach New York. Franz von Papen war ebenfalls anwesend. In Absprache mit seinen Kampfgefährten war es Roger, der dem deutschen Diplomaten die Forderung der Nationalisten unterbreitete: fünfzigtausend Gewehre mitsamt Munition. Mit Hilfe der *Volunteers* könnten die Waffen in verschiedenen irischen Häfen heimlich an Land gebracht werden. Die Waffen würden einem antikolonialistischen militärischen Aufstand dienen, der einen bedeutenden Teil des englischen Heers binden würde, was von den Marine- und Streitkräften des Kaisers ausgenutzt werden könnte, um eine Offensive gegen die Garnisonen entlang der englischen Küste zu starten. Um in Irland eine deutschlandfreundliche Stimmung zu fördern, müsste die deutsche Regierung des Weiteren eine Garantieerklärung abgeben, dass sie im Fall eines Sieges die irischen Unabhängigkeitsbestrebungen unterstützen würde. Außerdem müsste sie sich verpflichten, den irischen Soldaten, die in deutsche Gefangenschaft geraten sollten, eine besondere Behandlung zuteilwerden zu lassen, sie von den englischen Soldaten zu trennen und ihnen die Möglichkeit zu geben, sich der Irischen Brigade anzuschließen, die »mit, aber nicht als Teil« des deutschen Heeres gegen den gemeinsamen Feind kämpfen sollte. Roger Casement würde diese Brigade ins Leben rufen.

Graf von Bernstorff, von stattlicher Erscheinung, Monokel im Auge, die Brust bedeckt mit Orden, hörte ihm aufmerksam zu. Hauptmann von Papen machte sich Notizen. Der Botschafter musste natürlich Rücksprache mit Berlin halten, doch er schickte voraus, der Vorschlag erscheine ihm vernünftig. Und tatsächlich teilte er ihnen wenige Tage später bei einem zweiten Treffen mit, die deutsche Regierung sei bereit, die Angelegenheit in Berlin zu bereden, und zwar mit Roger Casement als Repräsentanten der irischen Nationalisten. Er überreichte ihnen ein Schreiben an die deutschen Behörden, das die Bitte enthielt, Sir Roger während seines Aufenthalts in Deutschland in jeder Hinsicht zu unterstützen.

Roger begann unverzüglich, seine Abfahrt vorzubereiten. Die Ankündigung, er werde in Begleitung seines Assistenten Eivind Adler Christensen nach Deutschland aufbrechen, erstaunte Devoy, McGarrity und Keating. Doch Roger rechtfertigte es damit, dass der Norweger, da aus Sicherheitsgründen eine Route von New York über Christiania nach Berlin vorgesehen war, ihm als Dolmetscher sowohl in der norwegischen Hauptstadt als auch in Berlin von großem Nutzen sein würde, denn Eivind war auch des Deutschen mächtig. Um ein größeres Budget bat Roger deshalb nicht. Die dreitausend Dollar, die ihm der *Clan na Gael* für die Reise und den Aufenthalt in Berlin zur Verfügung stellte, würden für sie beide ausreichen.

Die New Yorker Iren stimmten glücklicherweise kommentarlos allem zu, denn Roger hätte nicht ohne Eivind wegfahren wollen. Mit ihm erlebte er einen zweiten Frühling, empfand er – und das Wort ließ ihn erröten – Liebe. So etwas hatte er bisher nicht gekannt. In seinem Leben hatte es immer nur sporadische Zufallsbekanntschaften gegeben, deren Namen er gleich wieder vergaß, oder die Wunschbilder, die seine Fantasie, Sehnsucht und das Alleinsein ihm in sein Tagebuch diktierten. Doch im Falle des »schönen Wikingers«, wie er ihn insgeheim nannte, hatte er während dieser Wochen und Monate das Gefühl, endlich eine dauerhafte emotionale Bindung über das Körperliche hinaus einzugehen, die der Einsamkeit ein Ende bereiten könnte, zu der ihn seine sexuelle Neigung bislang verurteilt hatte. Mit Eivind sprach er über solche Dinge nicht. Roger war nicht naiv, und häufig sagte er sich, dass der Norweger aller Wahrscheinlichkeit nach – oder vielmehr ganz sicher – aus bloßem Kalkül bei ihm blieb, weil er so zwei warme Mahlzeiten am Tag bekam, ein Dach über dem Kopf hatte, anständig eingekleidet wurde und überhaupt abgesichert war, wie er selber sagte. Trotzdem verlor Roger im Umgang mit dem jungen Mann bald jegliche Vorsicht. Eivind war liebevoll und fürsorglich und erfüllte Roger jeden Wunsch. Noch in den intimsten Momenten verhielt er sich taktvoll, nie zeigte er sich vulgär oder missbrauchte Rogers Vertrauen.

Sie besorgten sich Fahrkarten zweiter Klasse für die *Oskar II*, die Mitte Oktober von New York nach Christiania in See stechen sollte. Roger, dessen Pass auf den Namen James Landy ausgestellt war, veränderte sein Aussehen, indem er sich die Haare raspelkurz schneiden ließ und seine gebräunte Haut mit Creme bleichte. Auf hoher See wurde das Schiff von der britischen Marine abgefangen und nach Stornoway auf den Hebriden eskortiert, wo die Engländer es einer eingehenden Durchsuchung unterzogen. Doch Rogers wahre Identität wurde nicht aufgedeckt. Unversehrt trafen Eivind und er am Abend des 28. Oktober in Christiania ein. Nie hatte Roger sich besser gefühlt. Hätte man ihn gefragt, so hätte er geantwortet, er sei ein glücklicher Mensch.

Und doch begann mit ebendiesen Tagen, in denen das Glück ihm so hold schien, die bitterste Phase überhaupt, die Niederlage, die, wie er später denken sollte, sein gesamtes Leben überschatten würde. An ihrem Ankunftstag in der norwegischen Hauptstadt gab Eivind vor, von Unbekannten entführt und ins britische Konsulat gebracht worden zu sein, wo man ihn über seinen geheimnisvollen Begleiter ausgefragt habe. Einfältig hatte Roger ihm geglaubt. Und gedacht, dies verschaffe ihm eine günstige Gelegenheit, öffentlich die hinterhältigen Methoden der britischen Außenpolitik anzuprangern. Wie bedrückend, später herausfinden zu müssen, dass Eivind sich tatsächlich regelrecht angeboten hatte, ihn zu verkaufen. Wochen und Monate hatte Roger wegen dieses vermeintlichen Komplotts darauf vergeudet, wie besessen nutzlose Schreiben und Proteste zu verfassen, die der irischen Sache letztlich nichts gebracht und im Foreign Office und im britischen Geheimdienst zweifellos große Belustigung hervorgerufen hatten, wo man ihn als ziemlich stümperhaften Verschwörer betrachten musste.

Wann setzte seine Enttäuschung über Deutschland ein, dem er solche Bewunderung entgegengebracht hatte und in dem er ein Musterbeispiel an Kultur und Fortschritt hatte sehen wollen? Während seiner ersten Wochen in Berlin jedenfalls noch nicht. Auf der turbulenten Reise von Christiania in die deutsche Hauptstadt, in Begleitung von Richard Meyer, seinem Kontaktmann im Auswärtigen Amt, war er noch voller Hoffnung und überzeugt, dass Deutschland den Krieg gewinnen und dieser Sieg entscheidend für Irlands Unabhängigkeit sein würde. Seine ersten Eindrücke in dem herbstlich kalten, nebligen und verregneten Berlin waren ermutigend. Sowohl Unterstaatssekretär Arthur Zimmermann als auch Graf Georg von Wedel, Leiter der englischen Abteilung des Auswärtigen Amts, empfingen Roger freundlich und zeigten sich aufgeschlossen gegenüber seiner Idee, eine Brigade aus irischen Kriegsgefangenen zu formieren. Beide befürworteten den Plan, dass die deutsche Regierung eine Erklärung zugunsten der Unabhängigkeit Irlands abgeben sollte. Und am 20. November 1914 kam es auch tatsächlich zu einer solchen Erklärung, vielleicht nicht in der Deutlichkeit, die Roger sich erhofft hätte, aber unmissverständlich genug, um denen als Argument zu dienen, die wie er für ein Bündnis der irischen Nationalisten mit Deutschland eintraten. Doch trotz der Freude über diese Erklärung – er konnte das fraglos als seinen Erfolg verbuchen – und der Benachrichtigung durch den Staatssekretär für Äußere Angelegenheiten, die Oberste Hee-

resleitung habe die Zusammenlegung der irischen Kriegsgefangenen in einem einzigen Lager angeordnet, wo er sie würde
besuchen können, ahnte Roger langsam, dass die Wirklichkeit
sich seinen Plänen nicht beugen, sondern eher ihr Scheitern
herbeiführen würde.

Der erste Hinweis darauf, dass die Dinge sich ungünstig
entwickelten, war der einzige Brief von Alice Stopford Green,
den er in den achtzehn Monaten erhielt – mit einem transat-
lantischen Umweg über New York, wo Umschlag und Emp-
fänger ausgetauscht worden waren – und dem er entnahm,
dass die britische Presse über seinen Aufenthalt in Berlin berichtet hatte. Das habe eine heftige Polemik unter den Nationalisten ausgelöst, die eine Allianz mit Deutschland entweder favorisierten oder eben ablehnten. Alice missbilligte sie,
das schrieb sie ihm frei heraus. Und fügte hinzu, dass viele
Befürworter der Unabhängigkeit ihre Überzeugung teilten.
Man könne vielleicht, so Alice, eine neutrale irische Position
vertreten, ein Bündnis mit Deutschland hingegen nicht, nein.
Zehntausende Iren kämpften für Großbritannien. Was sollten
diese seine Landsleute denken, wenn die sichtbarsten Akteure
des irischen Nationalismus plötzlich gemeinsame Sache mit
dem Feind machten, der sie in den belgischen Schützengräben
unter Beschuss nahm?

Alice' Brief war ein Schlag. Dass der Mensch, den er am
meisten bewunderte und dem er sich in politischen Fragen
näher fühlte als irgendjemandem sonst, sein Handeln verurteilte und ihm das so unumwunden sagte, bestürzte ihn zutiefst. Von London aus stellte sich das Geschehen zweifellos
anders dar als für ihn, aber sosehr er auch nach Rechtferti-
gungen suchte, konnte er nicht einfach darüber hinweggehen,
dass seine Mentorin, seine Freundin und Lehrerin sein Tun
missbilligte und die Meinung vertrat, er würde Irlands Sache
eher schaden als nutzen. Von da stellte er sich ein ums andere
Mal die unheilvolle Frage: »Und wenn Alice recht hat und ich
mich geirrt habe?«

Im November schickte ihn die deutsche Regierung an

die Front nach Charleville, wo er mit den militärischen Befehlshabern den Plan der Irischen Brigade besprechen sollte. Roger sagte sich, dass sich seine Mitstreiter vielleicht umstimmen ließen, wenn es ihm gelänge, eine Streitkraft aufzustellen, die im Verbund mit der deutschen Armee für Irlands Unabhängigkeit kämpfen würde. Dann müssten sie einsehen, dass Sentimentalitäten in der Politik nichts zu suchen hatten, dass Irlands eigentlicher Feind England war und die Feinde des Feindes Freunde waren. Die kurze Reise empfand er als produktiv. Die in Belgien stationierten hohen deutschen Offiziere zeigten sich siegessicher. Die Idee einer Irischen Brigade wurde allseits begrüßt. Vom Krieg selbst bekam er nicht viel mit, außer den Truppenbewegungen auf den Landstraßen, den Lazaretten in den Dörfern, den gefangenen Soldaten, die in langen Reihen fortgeführt wurden, den Kanonenschüssen in der Ferne. Zurück in Berlin erwartete ihn eine gute Nachricht: Auf sein Gesuch hin hatte der Vatikan beschlossen, zwei Priester in das Lager zu schicken, in dem die irischen Gefangenen zusammengelegt wurden, den Augustinermönch Pater O'Gorman und den Dominikanermönch Pater Crotty. O'Gorman würde zwei Monate bleiben, Crotty so lange wie nötig.

Und wenn Roger Pater Crotty nicht kennengelernt hätte? Dann hätte er jenen schrecklichen Winter 1914-15 womöglich nicht überlebt, in dem ganz Deutschland, vor allem Berlin, von Schneestürmen gepeitscht wurde, Straßen und Wege unbefahrbar waren, orkanartige Winde Büsche entwurzelten, Vordächer abrissen und Fensterfronten zerbarsten und die Temperaturen auf bis zu zwanzig Grad unter Null sanken, während man wegen der Kriegsmängel kaum Heizmaterial hatte.

Rogers körperliche Beschwerden wurden wieder schlimmer, er konnte sich kaum aufrecht halten, und noch sitzend krümmte er sich vor Schmerzen in Hüfte und Becken. Etliche Male dachte er, dass er dieses Land im Rollstuhl verlassen würde. Auch die Hämorrhoiden setzten ihm wieder zu, jeder

Gang zur Toilette war eine Qual. Er fühlte sich geschwächt und müde, um zwanzig Jahre gealtert.

Während dieser Zeit war Pater Crotty seine einzige Rettung. Die Heiligen sind kein Mythos, es gibt sie wirklich, sagte sich Roger. Denn genau das war Pater Crotty. Nie beklagte er sich, die schlimmsten Umstände ertrug er lächelnd, er war stets gut gelaunt und optimistisch und der Überzeugung, dass es vieles gab, für das es sich zu leben lohnte.

Pater Crotty war nicht besonders groß, hatte spärliches graues Haar, ein rundes gerötetes Gesicht und helle, wache Augen. Er entstammte einer armen Bauernfamilie aus der Grafschaft Galway, und wenn er manchmal besonders froh gestimmt war, stimmte er gälische Wiegenlieder an, die seine Mutter ihm als Kind vorgesungen hatte. Als er erfuhr, dass Roger zwanzig Jahre in Afrika und beinahe ein Jahr im Amazonasgebiet gelebt hatte, erzählte er ihm, dass er seit dem Priesterseminar davon geträumt habe, als Missionar in ein fernes Land geschickt zu werden, der Dominikanerorden jedoch eine andere Bestimmung für ihn vorgesehen habe. Unter den Gefangenen war er ausgesprochen beliebt, weil er alle mit dem gleichen Respekt behandelte, ungeachtet ihrer Einstellung oder Konfession. Er hatte von Anfang an vorausgesehen, dass sich nur eine kleine Minderheit von Rogers Plänen überzeugen lassen würde, und so nahm er eine strikt unparteiische Haltung ein, sprach sich weder für noch gegen die Irische Brigade aus. »Alle, die hier sind, haben zu leiden und sind Kinder Gottes, also unsere Brüder, oder etwa nicht?«, fragte er Roger. In den langen Unterhaltungen, die sie führten, ging es selten um Politik. Über Irland sprachen sie hingegen viel, über seine Geschichte, Sagenhelden, Heiligen und Märtyrer. Allerdings waren die Iren, von denen Pater Crotty sprach, vor allem leiderprobte Arbeiter, die sich von morgens bis abends abrackerten und von der Hand in den Mund lebten, oder solche, die nach Amerika, Südafrika oder Australien hatten auswandern müssen, um nicht des Hungers zu sterben.

Eines Tages kam Roger schließlich auf die Religion zu sprechen. Pater Crotty war auch in dieser Hinsicht äußerst diskret und hatte es seinerseits vermieden, dieses konfliktreiche Thema anzuschneiden. Doch als Roger ihm von seiner spirituellen Not erzählte und ihm anvertraute, dass er sich immer stärker vom Katholizismus angezogen fühlte, dem Glauben seiner Mutter, ließ sich der Dominikanermönch bereitwillig darauf ein und beantwortete geduldig Rogers Fragen. Einmal bat Roger ihn ganz direkt um seine Meinung: »Glauben Sie, dass es richtig ist, was ich hier tue, Pater Crotty, oder sitze ich einem großen Irrtum auf?« Der Priester sagte ernst: »Ich weiß es nicht, Roger. Ich möchte Sie nicht belügen. Ich weiß es schlichtweg nicht.«

Auch jetzt, Anfang Dezember 1914, wusste Roger es noch nicht, als er sich nach einem ersten Rundgang durch das Lager von Limburg, in Begleitung der deutschen Generäle De Graaf und Exner, endlich an die mehreren hundert irischen Gefangenen richten konnte. Nein, die Wirklichkeit entsprach nicht seinen Vorstellungen. Er sollte sich später immer wieder verbittert seine Einfalt vorwerfen, wenn er sich an die verunsicherten, argwöhnischen, feindseligen Mienen der Gefangenen erinnerte, vor denen er inbrünstig über Irland, die Irische Brigade und die gemeinsame Mission gesprochen hatte. Wenn er sich an die vereinzelten Hochrufe auf John Redmond erinnerte, von denen er unterbrochen wurde, an das missbilligende, beinahe bedrohliche Raunen und die Grabesstille, die eintrat, als er geendet hatte. Und an die Erniedrigung, die es bedeutete, als er anschließend von deutschen Wachen hinausbegleitet werden musste, um Übergriffe und eine Eskalation der Situation zu vermeiden, auf die es eine Mehrheit der Gefangenen, ob sie seine Worte nun richtig verstanden hatten oder nicht, offenbar angelegt hatte.

Zu einer Eskalation kam es dafür bei Rogers zweitem Besuch in Limburg am 5. Januar 1915. Als er diesmal vor ihnen sprach, begnügten sich die Gefangenen nicht mehr damit, durch Mimik und abfällige Gesten Ablehnung zu demonstrieren. Sie pfiffen ihn aus und beschimpften ihn. »Wie viel hat Deutschland dir bezahlt?«, lautete der Zwischenruf, den er am häufigsten hörte. Das Geschrei war irgendwann so ohrenbetäubend laut, dass er nicht weiterreden konnte. Einige bewarfen ihn mit Kieselsteinen und spuckten in seine Richtung aus. Die deutschen Soldaten eskortierten ihn im Laufschritt aus dem Saal.

Über diesen Zwischenfall kam er nicht hinweg. Die Erinnerung daran sollte unablässig an ihm nagen.

»Bedeutet diese Abfuhr, dass ich klein beigeben muss, Pater Crotty?«

»Sie müssen tun, was Ihrer Meinung nach das Beste für Irland ist, Roger. Ihre Absichten sind rein. Mangel an Zustimmung ist nicht unbedingt ein Hinweis darauf, ob eine Sache gut oder schlecht ist.«

Fortan sah Roger sich zu einer aufreibenden Wahrung des Scheins gezwungen, da er vor der deutschen Regierung so tun musste, als wäre die Irische Brigade im Begriff, sich zu formieren. Tatsächlich hätten sich bislang nur einige wenige Freiwillige gemeldet, meldete Roger, er versicherte den Deutschen jedoch, dass sich das ändern würde, wenn die Gefangenen ihr anfängliches Misstrauen überwunden hätten und einsehen würden, dass ein Bündnis mit Deutschland das Beste für Irland und damit auch für sie, die Gefangenen selber sei.

Insgeheim wusste er allerdings inzwischen, dass dem nicht so war, dass es keine massiven Beitritte geben und die Brigade ein eher symbolisches Unterfangen bleiben würde.

Aber warum dann überhaupt weitermachen? Warum nicht lieber den Rückzug antreten? Weil dies einem Selbstmord gleichgekommen wäre, den Roger nicht begehen wollte. Noch nicht. Jedenfalls nicht auf diese Art. Deshalb handelte er, so schwer ihm auch ums Herz war, Anfang 1915, während er parallel viel Zeit mit der »Affäre Findlay« verlor, das die Irische Brigade betreffende Abkommen aus. Seine Verhandlungspartner, Graf Georg von Wedel und Graf Rudolf Nadolny, hörten aufmerksam zu, als er seine Bedingungen erläuterte, und machten sich Notizen. Bei ihrem nächsten Treffen teilten sie ihm mit, die deutsche Regierung sei bereit, auf seine Forderungen einzugehen: Die Brigade würde eine eigene Uniform und irische Offiziere haben, sie würde selbst entscheiden, an welchen Gefechtsorten sie in Aktion treten würde, und alle Unkosten würden der deutschen Regierung von der republikanischen Regierung Irlands zurückerstattet werden, sobald sich diese konstituiert habe. Roger wusste so gut wie seine Gegenüber, dass all das vollkommen hypothetisch war, denn Mitte 1915 zählte die Irische Brigade noch nicht einmal genügend Mitglieder, um eine Kompanie zu bilden; sie war gerade vierzig Mann stark, und einige würden vermutlich wieder abspringen. Oft drängte sich Roger die Frage auf: »Wie lange wird diese Farce noch andauern?« In seinen Briefen an Eoin MacNeill und John Devoy fühlte er sich verpflichtet, ihnen zu versichern, dass die Brigade zwar langsam, aber sicher Form annehme. Sie müssten unbedingt irische Offiziere entsenden, die sich um die Ausbildung kümmern und den Oberbefehl über die künftigen Regimenter und Kompanien übernehmen sollten. Man versprach es ihm, doch auch in Irland konnte man nicht Wort halten. Der Einzige, der eintraf, war Hauptmann Robert Monteith. Allerdings wog dieser unerschütterliche Hauptmann ein ganzes Bataillon auf.

Erste Vorboten dessen, was ihm bevorstehen sollte, erreichten Roger, als an den Bäumen gerade die ersten grünen Blättchen sprießten. Der Unterstaatssekretär des Auswärtigen Amts hatte ihm im Rahmen einer ihrer regelmäßigen Unterredungen ganz unvermittelt erklärt, die Oberste Heeresleitung halte seinen Assistenten Eivind Adler Christensen für nicht vertrauenswürdig. Es gebe Hinweise darauf, dass er ein Informant des britischen Geheimdienstes sei. Roger müsse sich auf der Stelle von ihm trennen.

Roger traf diese Verdächtigung aus heiterem Himmel, sie erschien ihm absurd. Als er Beweise forderte, antwortete man ihm, der deutsche Nachrichtendienst hätte so etwas nicht gemeldet, gäbe es nicht stichhaltige Gründe. Eivind wollte gerade für ein paar Tage nach Norwegen reisen, um seine Familie zu besuchen, und Roger ermunterte ihn dazu. Er gab ihm Geld und brachte ihn zum Bahnhof. Es war das letzte Mal, dass er ihn sah. Und von diesem Zeitpunkt an hatte Roger eine weitere Sorge: Konnte es sein, dass der junge Wikingergott ein Spion war? Er ließ die gemeinsamen Monate Revue passieren, durchkämmte sein Gedächtnis nach irgendetwas Suspektem, einem verräterischen Wort, irgendeinem Widerspruch. Er fand nichts. Und so versuchte er sich mit der Erklärung zu beruhigen, dass das Ganze eine Erfindung puritanischer deutscher Aristokraten war, die sie, weil sie den Verdacht hatten, Rogers Verhältnis zu Eivind könnte mehr als nur freundschaftlicher Natur sein, auseinanderbringen wollten. Doch die Zweifel ließen sich nicht abschütteln und verursachten Roger schlaflose Nächte. Als er erfuhr, dass Eivind von Norwegen aus in die Vereinigten Staaten zurückgekehrt war, ohne noch einmal in Deutschland Station gemacht zu haben, fühlte er sich erleichtert.

Am 20. April 1915 traf der junge Joseph Plunkett als Abgesandter der *Volunteers* und der *Irish Revolutionary Brothers* in Berlin ein. Er war auf einer abenteuerlichen Route quer durch Europa angereist, um den britischen Geheimdienst an der Nase herumzuführen. Wie hatte er sich mit seiner schwachen Konstitution auf eine so beschwerliche Unternehmung einlassen können? Er war gerade erst siebenundzwanzig Jahre alt, aber von Polio verkrüppelt, mager bis auf die Knochen, und die Tuberkulose zehrte ihn langsam auf. Als Sohn des wohlhabenden Grafen und Direktors des Nationalmuseums von Dublin, George Noble Plunkett, sprach Joseph ein aristokratisches Englisch. Dagegen kleidete er sich ohne jede Sorgfalt, seine Hosen waren ausgebeult, das Jackett war ihm zu groß, auf dem Kopf trug er stets einen übergroßen Hut. Doch man vergaß den grotesken Aufzug und den gebrechlichen Körper, sobald er begann, seine Ideen zu formulieren, was er ausgesprochen scharfsinnig tat und wobei er eine immense Bildung demonstrierte und sich voller Kampfbereitschaft und

Hingabe für die irische Sache einsetzte, was Roger schon früher beeindruckt hatte. Der zutiefst gläubige Plunkett schrieb mystische Gedichte und rezitierte gelegentlich spanische Verse von Johannes vom Kreuz und Teresa von Ávila. Wie Pearse hatte auch er sich früh zur radikalen Strömung innerhalb der *Volunteers* bekannt. Allerdings war es Roger, wenn er Pearse und Plunkett reden hörte, oft so vorgekommen, als würden die beiden im Grunde das Martyrium suchen, so überzeugt schienen sie, allein durch heroische Todesverachtung, wie die großen Helden der irischen Geschichte, von Cú Chulainn, Fionn mac Cumailh und Owen Roe O'Neill bis hin zu Wolfe Tone und Robert Emmet, sie immer wieder gezeigt hatten, allein durch ihren eigenen Tod, nach dem Vorbild der frühen christlichen Märtyrer, das Volk davon überzeugen zu können, dass die Freiheit sich einzig mit Waffengewalt erkämpfen lasse. Dass ein solches Opfer der Söhne Éires nötig sei, um ein befreites Land zu schaffen, in dem Gesetz, Christentum und Gerechtigkeit herrschen würden. Die leicht exzentrische Romantik von Plunkett und Pearse hatte Roger früher bisweilen befremdet. Jetzt aber, in der frühlingshaften Atmosphäre der blühenden Gärten und Parks von Berlin, bewegten Roger die Worte des soeben eingetroffenen Iren, und er wünschte sich, er hätte recht.

Plunkett brachte aufregende Nachrichten aus Irland mit. Die kriegsbedingte Spaltung innerhalb der *Volunteers* habe zu einer entscheidenden Klärung geführt, sagte er. Eine breite Mehrheit folge zwar weiterhin John Redmond, der den Anschluss an Großbritannien und die britische Armee befürworte, doch die den ursprünglichen *Volunteers* loyale Minderheit könne inzwischen auf Tausende von kampfwilligen Sympathisanten zählen, ein wahres Heer, das vereint und geschlossen ein klares Ziel vor Augen habe und bereit sei, für Irland zu sterben. Es gebe eine enge Zusammenarbeit zwischen den *Volunteers* und der *Irish Revolutionary Brotherhood* sowie der Bürgerarmee, der von Marxisten und Gewerkschaftlern wie Jim Larkin und James Connolly geschaffenen Volksarmee und Arthur Griffiths *Sinn Féin*. Sogar Sean O'Casey, der die *Volunteers* einst scharf angegriffen und »bürgerliche Muttersöhnchen« genannt hatte, heiße dieses Zusammenwirken nun gut. Das provisorische Komitee unter der Führung von Clarke, Pearse, MacDonagh und anderen arbeite Tag und Nacht an den Vorbereitungen zu einer bewaffneten Erhebung. Die Umstände seien günstig. Der Krieg in Europa habe eine einzigartige Gelegenheit geschaffen. Deutschlands Hilfe sei unverzichtbar. Es müsse Irland fünfzigtausend Gewehre liefern, vor allem aber die von der Royal Navy okkupierten irischen Häfen angreifen. Die gemeinsame Aktion könne womöglich einen deutschen Sieg herbeiführen. Irland würde dann endlich unabhängig und frei sein.

Plunkett sprach Roger aus dem Herzen. Auch Roger beharrte ja seit langem darauf, ein Angriff der deutschen Marine und Streitkräfte auf England sei absolute Bedingung für eine Erhebung in Irland. Ohne eine solche Abstimmung würde eine irische Rebellion zwangsläufig scheitern.

»Dabei vergessen Sie eines, Sir Roger«, unterbrach ihn Plunkett, als sie darüber diskutierten, »etwas, das wichtiger ist als Waffenstärke und Anzahl der Soldaten: die Mystik. Und die tragen wir in uns. Den Engländern fehlt sie.«

Sie befanden sich in einer halbleeren Wirtschaft. Roger trank Bier, Joseph Limonade. Sie rauchten. Plunkett erzählte ihm, dass Larkfield Manor, sein Haus im Dubliner Viertel Kimmage, als Waffenlager und Schmiede diene, Granaten, Bomben, Bajonette und Piken würden dort hergestellt und Flaggen genäht. Plunketts Gebaren war überspannt, momentweise wirkte er wie in Trance. Außerdem berichtete er, das provisorische Komitee habe beschlossen, die Pläne für den Aufstand vor Eoin MacNeill geheim zu halten. Roger stutzte. Warum sollte eine solche Entscheidung dem Gründer und Präsidenten der *Volunteers* verschwiegen werden?

»Wir alle respektieren ihn, niemand stellt Professor MacNeills Patriotismus und Integrität in Frage«, erklärte Plunkett. »Aber er ist zu weich. Er glaubt an die Kraft von

Argumenten und an friedliche Mittel. Er wird informiert werden, wenn es zu spät ist, um den Aufstand noch zu verhindern. Dann wird er sich uns ganz ohne Zweifel anschließen.«

Roger und Joseph arbeiteten die Einzelheiten der Erhebung in einem zweiunddreißigseitigen Plan aus, den sie dem Auswärtigen Amt und der Obersten Heeresleitung präsentierten. Aus dem Plan ging hervor, dass die britischen Streitkräfte in Irland in kleine Garnisonen zerstreut und insofern leicht einzunehmen waren. Die deutschen Diplomaten, Beamten und Offiziere hörten beeindruckt dem verkrüppelten, schlecht gekleideten jungen Mann zu, der sich zu verwandeln schien, sobald er den Mund aufmachte und mit messerscharfer Logik darlegte, wie vorteilhaft ein Zusammenspiel von nationalistischer Revolution und deutscher Invasion sei. Vor allem die des Englischen mächtigen Deutschen folgten gebannt Plunketts geschmeidiger, bisweilen aufbrausend überbordender Rhetorik. Doch selbst diejenigen, die kein Englisch verstanden und auf die Übersetzung durch den Dolmetscher angewiesen waren, betrachteten verblüfft die Vehemenz, mit der dieser unansehnliche Gesandte der irischen Nationalisten sprach und gestikulierte.

Die Deutschen hörten ihnen zu, notierten, worum Joseph und Roger sie baten, gaben jedoch keine definitive Antwort, weder was die Invasion betraf noch die fünfzigtausend Gewehre mitsamt Munition. All das würde man im Rahmen der allgemeinen Kriegsstrategie entscheiden. Das Kaiserreich billige die legitimen Bestrebungen des irischen Volkes und habe die Absicht, diese Bestrebungen zu unterstützen – weiter verpflichtete man sich nicht.

Joseph Plunkett blieb fast zwei Monate in Deutschland, wo er wie Roger sehr bescheiden lebte, und brach am 20. Juni in die Schweiz auf, um von dort über Italien und Spanien nach Irland zurückzureisen. Dass der Irischen Brigade nur so wenige Freiwillige beigetreten waren, bekümmerte den jungen Dichter nicht. Überhaupt konnte er dieser Truppe nur wenig abgewinnen. Weshalb?

»Um in der Brigade zu dienen, müssen die Gefangenen den Treueschwur brechen, den sie der britischen Armee geleistet haben«, sagte Joseph zu Roger. »Ich war immer dagegen, dass die Unsrigen sich in die Armee des Besatzers einziehen lassen. Aber wenn es nun einmal geschehen ist, können sie ihren vor Gott geleisteten Eid nicht brechen, ohne dabei zu sündigen und unehrenhaft zu handeln.«

Pater Crotty war während dieses Gesprächs zugegen, äußerte sich jedoch nicht. Den ganzen Nachmittag, den sie zu dritt verbrachten, hörte er, stumm wie eine Sphinx, dem Dichter zu, der die Unterhaltung beinahe allein bestritt. Später erst sagte er zu Roger:

»Dieser Junge ist zweifellos außergewöhnlich, was seine Intelligenz und seinen bedingungslosen Einsatz betrifft. Sein Glaubensverständnis ist das der frühen Christen, die bei den römischen Circusspielen von Löwen zerfleischt wurden. Und das der Kreuzritter, die Jerusalem zurückerobert und dabei alle Juden und Mohammedaner niedergemetzelt haben, die ihnen in den Weg kamen, Frauen und Kinder eingeschlossen. Ebendiese Inbrunst, diese Verherrlichung von Blut und Krieg ist an ihm spürbar. Doch ich gestehe, Roger, dass solche Menschen mir eher Angst als Bewunderung einflößen, auch wenn sie es sind, die die Geschichte schreiben.«

Roger und Joseph besprachen während dieser Tage häufig das Szenario, die Erhebung könne ausbrechen, ohne dass Deutschland gleichzeitig England angreife oder zumindest die von der Royal Navy besetzten Häfen auf irischem Territorium unter Beschuss nehme. Plunkett war dafür, selbst in diesem Fall an den Aufstandsplänen festzuhalten, um die günstige Gelegenheit, die der Krieg in Europa bot, nicht verstreichen zu lassen. Roger hielt das für selbstmörderisch. So heroisch und verwegen die Revolutionäre auch wären, das Empire würde sie mit seiner Maschinerie zermalmen. Und die Gelegenheit nutzen, etliche Festnahmen vorzunehmen. Die Befreiung Irlands würde um mindestens weitere fünfzig Jahre hinausgezögert.

»Heißt das, im Falle einer Revolution ohne deutsche Intervention wären Sie nicht auf unserer Seite, Sir Roger?«

»Natürlich werde ich auf eurer Seite sein. Aber in dem Wissen, dass es ein nutzloses Opfer sein wird.«

Der junge Plunkett blickte ihn lange an, mit einer Spur Mitleid, wie es Roger vorkam.

»Erlauben Sie mir, ganz offen mit Ihnen zu sprechen, Sir Roger«, murmelte er endlich, ernst wie jemand, der sich im Besitz einer absoluten Wahrheit wähnt. »Ich glaube, Sie haben da etwas nicht verstanden. Es geht nicht darum, zu gewinnen. Natürlich werden wir diese Schlacht verlieren. Es geht darum, durchzuhalten. Widerstand zu leisten. Tage, Wochen. So zu sterben, dass unser Tod und unser Blut die Iren in ihrem Patriotismus bestärkt, bis er zu einer unbezwingbaren Kraft wird. Es geht darum, dass für jeden von uns, der stirbt, hundert neue Revolutionäre auftauchen. Wurde so nicht auch das Christentum stark?«

Roger wusste nicht, was er antworten sollte.

In den Wochen nach Plunketts Abreise hatte Roger alle Hände voll zu tun. Er bemühte sich weiter darum, dass Deutschland diejenigen irischen Gefangenen befreie, bei denen es aus gesundheitlichen Gründen, wegen ihres Alters, ihres Bildungsstandes, ihrer beruflichen Qualifizierung oder ihrer guten Führung in Betracht zu ziehen war. Diese Geste würde in Irland guten Eindruck machen. Die deutschen Behörden zeigten sich zunächst ablehnend, ließen sich dann aber überzeugen. Es wurden Listen erstellt, man diskutierte über einzelne Namen. Schließlich wurden an die hundert Lehrer, Studenten und Geschäftsleute lauteren Rufs freigelassen. Die tagelangen Diskussionen, all das Hin und Her hatten Roger die letzte Kraft geraubt. Doch da er befürchtete, die *Volunteers* könnten auf Pearse und Plunkett hören und eine bewaffnete Aktion initiieren, ehe Deutschland sich dazu entschlossen hatte, England anzugreifen, setzte er alles daran, Reichskanzlei und Heeresleitung zu einer Antwort bezüglich der fünfzigtausend Gewehre zu bewegen. Doch man blieb vage.

Bis Graf Blicher bei einem Treffen im Auswärtigen Amt etwas sagte, das Roger beinahe vollends entmutigte:

»Sir Roger, Sie haben keine richtige Vorstellung von den Proportionen. Betrachten Sie einmal objektiv eine Landkarte und Sie werden sehen, wie wenig Irland in geopolitischer Hinsicht darstellt. So groß unsere Sympathien für Ihre Sache auch sind, andere Länder und Regionen sind im Hinblick auf die deutschen Interessen wesentlich relevanter.«

»Bedeutet das, wir können nicht mit den Waffen rechnen, Graf Blicher? Hat Deutschland den Plan einer Invasion verworfen?«

»Beides wird weiter erwogen. Wenn es nach mir ginge, würde ich eine Invasion in der nahen Zukunft ganz sicher ausschließen. Aber das werden die Fachleute entscheiden. In Kürze erhalten Sie eine verbindliche Antwort.«

Roger schrieb einen langen Brief an John Devoy und Joseph McGarrity, worin er erläuterte, weshab er gegen eine Erhebung ohne parallele deutsche Militäraktion war. Er beschwor sie, ihren Einfluss bei den *Volunteers* und der *Irish Revolutionary Brotherhood* geltend zu machen, um ein überstürztes, wahnwitziges Vorgehen zu verhindern. Gleichzeitig versicherte er ihnen, dass er nichts unversucht lasse, ihnen die Waffen zu beschaffen. Dessen ungeachtet schloss er mit dem dramatischen Bekenntnis: »Ich bin gescheitert. Hier kann ich nichts mehr ausrichten. Erlaubt mir, in die Vereinigten Staaten zurückzukehren.«

Sein Gesundheitszustand verschlimmerte sich erneut. Nichts konnte seine Arthritis lindern. Erkältungen mit hohem Fieber fesselten ihn ans Bett. Er war abgemagert und litt unter Schlafstörungen. Ausgerechnet da erfuhr er, dass *The New York World* einen Artikel veröffentlicht hatte, in dem stand, dass Sir Roger Casement sich in Berlin befinde und vom Kaiserreich große Geldsummen zur Unterstützung der Rebellion in Irland erhalte. Er schickte einen Protestbrief – »Ich arbeite für Irland, nicht für Deutschland« –, der jedoch nicht abgedruckt wurde. Seine Freunde in New York brachten ihn von dem Vorhaben ab, die Zeitung zu verklagen; er würde den Prozess verlieren, und *Clan na Gael* sei nicht bereit, Geld für ein Gerichtsverfahren zu vergeuden.

Im Mai 1915 leisteten die deutschen Behörden einer dringenden Bitte Rogers Folge: Am 20. des Monats wurden die fünfzig Freiwilligen der Irischen Brigade aus dem Lager von Limburg, wo sie sich den Anfeindungen ihrer Mitgefangenen ausgesetzt sahen, in das kleine Lager von Zossen bei Berlin verlegt. Zur Feier des Tages hielt Pater Crotty eine Messe ab, und es gab einen kleinen Umtrunk in kameradschaftlicher Atmosphäre, bei dem irische Lieder gesungen wurden. Roger fasste neuen Mut. Er kündigte den Brigadiers an, in einigen Tagen würden sie die von ihm entworfenen Uniformen erhalten, und bald würden irische Offiziere eintreffen, um ihre Ausbildung in die Hand zu nehmen. Sie würden als die erste Kompanie der Irischen Brigade, als die Pioniere einer bedeutenden Unternehmung in die Geschichte eingehen.

Unmittelbar im Anschluss an diese Zusammenkunft schrieb Roger einen weiteren Brief an Joseph McGarrity, in dem er von der Einrichtung des Lagers von Zossen berichtete und sich für die schwarzmalerischen Passagen seines letzten Schreibens entschuldigte. Er habe es in einem Moment der Mutlosigkeit verfasst, doch nun sehe er die Dinge wieder positiver. Joseph Plunketts Besuch und das Lager von Zossen hätten ihm neuen Ansporn gegeben. Er werde weiter am Aufbau der Irischen Brigade arbeiten. So klein sie auch sei, habe sie vor dem Hintergrund des europäischen Krieges doch starke Symbolkraft.

Zu Beginn des Sommers 1915 reiste er nach München. Er stieg im Basler Hof ab, einem einfachen, aber angenehmen Hotel. Die bayerische Hauptstadt deprimierte ihn nicht so sehr wie Berlin, auch wenn er hier noch zurückgezogener lebte. Seine Gesundheit verschlechterte sich zusehends, Schmerzen und Erkältungen hinderten ihn häufig daran, das Zimmer zu verlassen. Er nutzte die Zeit zu intensiver geistiger Arbeit.

Dabei trank er ständig Kaffee und rauchte ohne Unterlass starke Zigaretten, die den Raum verqualmten. Er stand in reger Korrespondenz mit seinen Kontakten in der Reichskanzlei und der Heeresleitung und wechselte tägliche Briefe mit Pater Crotty zu spirituellen und religiösen Themen. Die Antworten des Paters las er mehrmals und bewahrte sie auf wie einen kostbaren Schatz. Einmal versuchte er zu beten. Das hatte er seit langem nicht getan, zumindest nicht so ernsthaft. Er versuchte, Gott sein Herz zu öffnen, seine Zweifel und Ängste einzugestehen, seine Furcht, sich geirrt zu haben, und ihn um sein Erbarmen und seinen Beistand für alles Künftige zu bitten. Außerdem fasste er kurze Texte darüber ab, welche Fehler das unabhängige Irland vermeiden müsse, wie es aus der Erfahrung anderer Länder lernen solle, Korruption und Ausbeutung zu vermeiden, und dafür sorgen müsse, dass die Gesellschaft nicht in arm und reich, Mächtige und Hilflose gespalten würde. Doch für Momente verließ ihn der Mut: Was sollte er mit diesen Texten anstellen? Es hatte keinen Sinn, seine Freunde in Irland mit Abhandlungen über die Zukunft zu behelligen, während sie eine so übermächtige Gegenwart bewältigen mussten.

Am Ende des Sommers fühlte er sich etwas besser. Er begab sich zurück in das Lager von Zossen, wo die Soldaten der Brigade inzwischen seine Uniform und an den Mützen das irische Abzeichen trugen. Das Lager machte einen ordentlichen, organisierten Eindruck. Doch die mangelnde Beschäftigung und das Eingesperrtsein zehrten an der Moral der fünfzig Brigadiers, so sehr Pater Crotty sich auch bemühte, ihre Stimmung zu heben. Er organisierte sportliche Wettkämpfe, Unterricht und Vorträge zu verschiedenen Themen. Roger schien der Moment geeignet, ihnen eine Einsatzmöglichkeit vorzuschlagen. Sie setzten sich in einer großen Runde zusammen, und er erläuterte ihnen, wie sie aus Zossen fortkommen könnten. Wenn es ihnen momentan nicht möglich war, in Irland zu kämpfen, warum sollten sie es dann nicht an einem anderen Ort tun, wo um die Freiheit gefochten wurde, die sich die Brigade auf die Fahnen geschrieben hatte? Der Weltkrieg hatte sich bis in den Mittleren Osten ausgeweitet. Deutschland und die Türkei versuchten, die Briten aus ihrer ägyptischen Kolonie zu vertreiben. Sie könnten sich an diesem Kampf gegen die Kolonialmacht, für die Unabhängigkeit Ägyptens beteiligen. Da die Brigade noch klein war, müsste sie sich einer anderen Armee anschließen, doch sie würde dabei ihre irische Identität wahren.

Roger hatte diesen Vorschlag mit den deutschen Behörden abgesprochen, die ihre Zustimmung gegeben hatten. John Devoy und McGarrity waren einverstanden. Die Türkei würde die Brigade unter den von Roger gestellten Bedingungen in ihre Armee eingliedern. Es wurde lange debattiert. Am Ende erklärten sich siebenunddreißig Brigadiers bereit, für Ägypten zu kämpfen. Die übrigen erbaten sich Bedenkzeit. Andererseits wurden die Brigadiers von einer wesentlich akuteren Sorge umgetrieben: Die Gefangenen von Limburg hatten gedroht, sie bei den englischen Behörden anzuschwärzen, damit das britische Militär die Auszahlung der Soldatenpensionen an ihre Familien in Irland einstellen würde. Wenn das geschähe, würden ihre Eltern, Frauen und Kinder verhungern. Was würde Roger dagegen tun?

Es war anzunehmen, dass die britische Regierung Repressalien dieser Art ausüben würde, aber auf diesen Gedanken war Roger gar nicht gekommen. In die besorgten Mienen der Brigadiers blickend, konnte er ihnen nur versichern, dass ihre Familien niemals in Stich gelassen werden würden. Wenn sie keine Pensionen mehr bekämen, würden die patriotischen Organisationen ihnen beistehen. Noch am selben Tag schrieb er dem *Clan na Gael* mit der Bitte, einen Fonds einzurichten, um die Verwandten der Brigadiers zu unterstützen, die unter etwaigen Zwangsmaßnahmen zu leiden hätten. Doch er machte sich keine großen Illusionen: So wie die Dinge standen, würde alles Geld, das in die Kassen der *Volunteers*, der *Irish Revolutionary Brotherhood* und von *Clan na Gael* floss, für den Kauf von Waffen verwandt werden, das war die allerhöchste Priorität. Reumütig warf er sich vor, dass allein seinetwegen fünfzig irische Familien Hunger leiden und im folgenden Winter womöglich von der Tuberkulose dahingerafft würden. Pater Crotty versuchte ihn zu beruhigen, doch diesmal waren seine Worte ohne Wirkung. Das alles lastete schwer auf Rogers Gewissen und beeinträchtigte seine Gesundheit aufs Neue, und auch seelisch fühlte er sich so angegriffen wie während der schwierigsten Zeiten im Kongo und im Amazonasgebiet. Er fürchtete, den Verstand zu verlieren, wahnsinnig zu werden.

Er kehrte nach München zurück, von wo aus er weitere, die finanzielle Situation der Brigadiersfamilien betreffende Schreiben nach Irland und in die Vereinigten Staaten sandte. Da seine Briefe den Umweg über mehrere europäische Länder nahmen, wo sie jedes Mal neue Umschläge und Adressaten erhielten, damit der britische Geheimdienst sie nicht abfing, trafen die Antworten erst ein oder zwei Monate später ein. So lebte Roger in einem Zustand tiefster Niedergeschlagenheit, als endlich der schwungvolle und optimistische Hauptmann Robert Monteith eintraf, um die militärische Leitung der Brigade zu übernehmen. Der Offizier brachte das offizielle Versprechen mit, dass die Familien der Brigadiers, sollten sie Opfer von Repressalien werden, sofortige Hilfe von den irischen Revolutionären erhalten würden.

Hauptmann Monteith, der unmittelbar nach seiner Ankunft in Deutschland nach München reiste, um Roger aufzusuchen, war erschrocken, ihn so krank anzutreffen. Er brachte Roger große Bewunderung und tiefen Respekt entgegen. Er sagte, niemand in der irischen Unabhängigkeitsbewegung ahne, dass seine Gesundheit so angegriffen sei. Roger verbat ihm, darüber nach Irland zu berichten, und fuhr mit ihm nach Berlin zurück. Dort stellte er Monteith in der Reichskanzlei und in der Obersten Heeresleitung vor. Der junge Offizier brannte vor Ungeduld, sich an die Arbeit zu machen, und legte eine eherne Zuversicht hinsichtlich der Zukunft der Brigade an den Tag, die Roger längst verloren hatte. Die sechs Monate, die Robert Monteith mit ihm in Deutschland verbrachte, waren ebenso segensreich für Roger wie Pater Crottys Gegenwart. Beide hielten ihn davon ab, der völligen Verzweiflung anheimzufallen, die ihn vielleicht tatsächlich in den Wahnsinn getrieben hätte. Der Geistliche und der Offizier waren grundverschieden, doch sie verkörperten, wie Roger oft bemerkte, zwei irische Prototypen: den Heiligen und den Krieger. Er erinnerte sich an Unterhaltungen mit Patrick Pearse, der Altar und Waffen des Öfteren in einem Atemzug genannt und versichert hatte, die Verschmelzung dieser beiden Traditionen, jener der Märtyrer und Mystiker mit jener der Helden und Krieger, würde die spirituelle und physische Kraft erzeugen, mit der Éire seine Ketten sprengen würde.

Sie waren grundverschieden, aber Monteith wie Crotty waren durch und durch unverdorben, großzügig und setzten sich bedingungslos für ihre Ideale ein. Häufig schämte sich Roger für seine Zweifel und Zerrissenheit, wenn er sah, dass Pater Crotty und Hauptmann Monteith keine Zeit mit Wankelmut und Verzagtheit verloren. Sie hatten sich auf einen Weg begeben und folgten ihm, ohne ihr Ziel aus den Augen zu verlieren, ohne sich von irgendwelchen Widrigkeiten einschüchtern zu lassen, so überzeugt waren sie, dass am Ende der Sieg stehen würde: der Sieg Gottes über das Böse und der Irlands über seine Unterdrücker. Lerne von ihnen, Roger, werde wie sie, wiederholte er sich immer wieder stoßgebethaft.

Robert Monteith stand Tom Clarke sehr nahe, dem er ebenfalls große Ehrerbietung entgegenbrachte. Er sprach von dessen Tabakladen – dem geheimen Hauptquartier – an der Ecke der Great Britain Street und der Sackville Street als einem »heiligen Ort«. Nach den Worten des Hauptmanns war es der aus so vielen englischen Gefängnissen entronnene alte Fuchs Clarke, der im Verborgenen die Revolutionsvorbereitungen dirigierte. War das nicht bewundernswert? Von seinem kleinen Laden in einer schäbigen Straße des Dubliner Stadtzentrums aus hatte dieser hagere kleine, von Alter und Entbehrungen gezeichnete Veteran, der sein Leben dem Kampf für Irland gewidmet und dafür fünfzehn Jahre im Gefängnis gesessen hatte, eine militärisch-politische Untergrundorganisation aufgezogen, die *Irish Revolutionary Brotherhood*, die inzwischen im ganzen Land tätig war, und der britischen Polizei war es nicht gelungen, seiner habhaft zu werden. Roger fragte Monteith, ob die Organisation tatsächlich so gut strukturiert sei, wie man sagte. Mit maßloser Begeisterung antwortete der Hauptmann:

»Wir verfügen über Kompanien, Staffeln und Truppen mit jeweiligem Offizierkorps, über Waffendepots, Kuriere, Kodes und Losungen. Ich bezweifle, dass es in Europa ein effizienteres, motivierteres Heer als das unsere gibt, Sir Roger. Und ich übertreibe kein bisschen.«

Laut Monteith liefen die Vorbereitungen auf Hochtouren. Es fehlten nur noch die deutschen Waffen, und die Erhebung könnte beginnen.

Hauptmann Monteith machte sich sofort daran, die fünfzig Zossener Rekruten auszubilden und zu organisieren. Er begab sich auch oft ins Lager von Limburg, wo er versuchte, die dortigen Gefangenen von ihrem Widerstand gegen die Brigade abzubringen. Den einen oder anderen konnte er überzeugen, doch die große Mehrheit blieb feindselig. Monteith ließ sich davon nicht beirren. Seine Briefe an Roger, der sich erneut in München befand, waren überschwänglich und voller positiver Nachrichten über die winzige Brigade.

Einige Wochen später trafen sie sich in Berlin wieder. Bei einem Abendessen in einem kleinen, von rumänischen Flüchtlingen besuchten Restaurant in Charlottenburg fasste Hauptmann Monteith sich ein Herz und sagte so behutsam wie möglich:

»Sir Roger, auf die Gefahr hin, dass Sie es als eine aufdringliche Einmischung empfinden, aber Ihr Zustand ist besorgniserregend. Sie sind zu wichtig für Irland, für unsere Sache. Im Namen aller Ideale, für die Sie so viel getan haben, flehe ich Sie an, suchen Sie einen Arzt auf. Ihre Nerven sind überreizt. Das ist nicht verwunderlich bei all der Verantwortung und den Sorgen. Es musste so kommen. Sie brauchen jetzt Hilfe.«

Roger stammelte eine Ausflucht und wechselte das Thema. Doch die Worte des Hauptmanns hatten ihn verstört. War seine Unausgeglichenheit so unübersehbar, dass dieser respektvolle und zurückhaltende Offizier sich genötigt sah, ihm dies zu sagen? Roger beherzigte Monteiths Worte. Nachdem er einige Erkundigungen eingeholt hatte, entschloss er sich, den in Grunewald praktizierenden Dr. Oppenheim aufzusuchen. Oppenheim war ein alter Arzt, der erfahren und seiner Sache sicher wirkte. In zwei langen Sitzungen redete Roger über seinen Zustand, seine Beschwerden, Ängste, seine Schlaflosigkeit. Er wurde Gedächtnisproben und eingehender Befragungen unterzogen. Schließlich erklärte ihm Oppenheim, Roger müsse sich zu einer Behandlung in ein Sanatorium begeben. Andernfalls würde sich seine Geistesverfassung weiter verschlimmern. Er selbst rief bei seinem Münchner Kollegen und Schüler Dr. Rudolf von Hoesslin an, um Roger zu überweisen.

Roger ließ sich zwar nicht stationär behandeln, suchte Dr. Hoesslin aber mehrere Monate lang zweimal wöchentlich auf. Die Behandlung schlug an.

»Es erstaunt mich nicht, dass Sie nach allem, was Sie im Kongo und im Amazonasgebiet gesehen haben, unter diesen Störungen leiden«, sagte der Psychiater. »Bemerkenswert ist vielmehr, dass Sie nicht längst vollends wahnsinnig geworden sind oder Selbstmord begangen haben.«

Von Hoesslin war noch jung, musikbegeistert, erklärter Vegetarier und Pazifist. Er war gegen diesen Krieg, wie überhaupt gegen alle Kriege, und träumte davon, dass in der Welt eines Tages »der kantsche Frieden« herrschen möge, wie er sagte, die Grenzen abgeschafft und alle Menschen sich verbrüdern würden. Die Sitzungen mit Dr. von Hoesslin verließ Roger beruhigt und zuversichtlich. Ob allerdings eine wirkliche Besserung eintrat, vermochte er nicht zu sagen. Er fühlte sich immer bestärkt, wenn er auf seinem Weg tatkräftigen, idealistischen Menschen begegnete.

Zwischendurch reiste er mehrmals nach Zossen, wo Robert Monteith, wie zu erwarten, alle Rekruten für sich eingenommen hatte. Dank seiner Bemühungen war die Brigade um zehn Mann angewachsen. Die militärische Ausbildung verlief zufriedenstellend. Doch die Brigadiers wurden von den deutschen Soldaten und Offizieren immer noch wie Gefangene behandelt, teilweise auch schikaniert. Hauptmann Monteith setzte sich bei der Heeresleitung dafür ein, dass man den Brigadiers eine gewisse Bewegungsfreiheit einräumte, wie man es Roger versprochen hatte, so dass sie von Zeit zu Zeit ins Dorf gehen und in einem Wirtshaus ein Bier trinken könnten. Waren sie etwa nicht Alliierte? Warum behandelte man sie dann weiterhin wie Feinde? Bislang zeigten seine Eingaben keinerlei Wirkung, und so legte Roger offiziell Protest ein. Es kam zu einer heftigen Auseinandersetzung mit General Schneider, dem Kommandanten der Garnison Zossen, der ihm erklärte, man könne Männern nicht mehr Freiheiten gewähren, die undiszipliniert und streitsüchtig seien und sogar Diebstähle innerhalb des Lagers begingen. Laut Monteith waren diese Vorwürfe haltlos. Bei den einzigen Zwischenfällen dieser Art seien die Brigadiers zuvor von den deutschen Wachen beschimpft worden.

Rogers letzte Monate in Deutschland standen im Zeichen unablässiger Debatten mit der Regierung, die häufig zu Spannungen führten. Das Gefühl, betrogen worden zu sein, wurde bis zu seiner Abreise immer stärker. Das Kaiserreich hatte tatsächlich keinerlei Interesse an Irlands Befreiung, zu keinem Zeitpunkt hatte es ernsthaft eine gemeinsame Aktion mit den irischen Revolutionären erwogen, Reichskanzlei und Heeresleitung hatten seine Naivität und Gutgläubigkeit ausgenutzt und ihm Dinge in Aussicht gestellt, die sie niemals umzusetzen gedachten. Das Projekt, die Irische Brigade innerhalb des türkischen Heers kämpfen zu lassen, wurde ohne jede Erklärung abgebrochen, als es kurz vor der Umsetzung zu stehen schien. Zimmermann, Graf von Wedel, Hauptmann Nadolny und die übrigen Offiziere, die an den Planungen beteiligt gewesen waren, retteten sich plötzlich in Ausflüchte. Unter fadenscheinigen Vorwänden vermieden sie es, ihn zu empfangen. Und wenn es ihm doch gelang, mit einem von ihnen zu reden, war derjenige stets überaus beschäftigt, konnte ihm nur einige Minuten gewähren oder fiel Ägypten nicht in sein Ressort. Roger gab sich schließlich geschlagen. Sein Wunschgedanke, die Brigade solle eine kleine symbolische Streitkraft des irischen Kampfes gegen den Kolonialismus werden, löste sich in Luft auf.

Und mit der gleichen Inbrunst, mit der er Deutschland einst bewundert hatte, verspürte er nun einen Widerwillen gegen dieses Land, der mindestens ebenso groß war wie der, den er England gegenüber empfand. Das schrieb er in einem Brief an den New Yorker Anwalt John Quinn, worin er ihm auch von der schlechten Behandlung berichtete, die ihm von offizieller deutscher Seite zuteilgeworden war: »Ja, mein Freund: Mein Hass auf die Deutschen ist inzwischen so groß, dass ich lieber an einem britischen Galgen baumele, als hier zu sterben.«

Sein erregter Gemütszustand und das körperliche Unwohlsein zwangen ihn, nach München zurückzukehren und erneut Dr. von Hoesslin aufzusuchen. Der ordnete an, Roger müsse sich unverzüglich in ein bayerisches Sanatorium begeben, er habe keine andere Wahl: »Sie befinden sich am Rande eines Zusammenbruchs, von dem Sie sich nicht mehr erholen werden, wenn Sie sich jetzt nicht ausruhen und alles andere vergessen. Sonst wird das schwerwiegende psychische Folgen haben, unter denen Sie den Rest Ihres Lebens zu leiden haben werden.«

Roger fügte sich. Einige Tage verspürte er solchen inneren Frieden, dass er sich wie in einer körperlosen Schwebe fühlte. Die Schlafmittel verschafften ihm eine Nachtruhe von zehn bis zwölf Stunden. Dann unternahm er in der Morgenkühle des anhaltenden Winters lange Spaziergänge durch einen nahen Ahorn- und Eschenwald. Er rauchte nicht mehr und aß vegetarische Schonkost. Ihm war weder nach Lesen noch nach Schreiben zumute. Stundenlang schaute er einfach nur vor sich hin und kam sich vor wie ein Gespenst.

Aus dieser Lethargie wurde er eines sonnigen Märzmorgens 1916 von Robert Monteith gerissen. Wegen der Dringlichkeit der Angelegenheit hatte der Hauptmann eine Erlaubnis der deutschen Regierung erwirkt, ihn aufsuchen zu dürfen. Noch unter dem Eindruck des Geschehens überschlugen sich die Worte des Hauptmanns:

»Eine Eskorte hat mich aus Zossen geholt und nach Berlin zur Heeresleitung gebracht. Dort erwartete mich eine große Gruppe von Offizieren, darunter zwei Generäle. Sie haben mich informiert, dass das provisorische Komitee Irlands beschlossen hat, die Erhebung am 23. April durchzuführen. Das heißt in anderthalb Monaten.«

Roger fuhr aus dem Bett hoch. Seine Müdigkeit war mit einem Schlag verflogen, sein Herz trommelte wie wild. Er brachte kein Wort heraus.

»Sie wollen Gewehre, Maschinengewehre, Füsiliere, Offiziere, Munition«, fuhr Monteith benommen fort. »Das Schiff soll von einem U-Boot eskortiert werden. Die Waffen sollen am Ostersonntag gegen Mitternacht in Fenit bei Tralee Bay in der Grafschaft Kerry übergeben werden.«

»Dann werden sie also nicht auf eine Militäraktion der Deutschen warten«, brachte Roger schließlich hervor. Er sah ein Gemetzel vor sich, das Wasser des Liffey rot vor Blut.

»Die Botschaft enthält auch Instruktionen für Sie, Sir Roger«, fuhr Monteith fort. »Sie sollen in Deutschland bleiben, als Botschafter der neuen Republik Irland.«

Roger sank wie betäubt in sein Bett zurück. Seine Kameraden hatten die deutsche Regierung vor ihm von ihren Plänen unterrichtet. Außerdem befahlen sie ihm, hier zu bleiben, während sie selbst sich in einer wahnwitzigen Aktion umbringen lassen würden, ganz nach dem Geschmack von Patrick Pearse und Joseph Plunkett. Misstrauten sie ihm? Eine andere

Erklärung gab es nicht. Da sie wussten, dass er gegen einen Aufstand ohne simultanen deutschen Angriff war, dachten sie vermutlich, er würde in Irland nur stören. Lieber sollte er tatenlos in Deutschland sitzen und den extravaganten Botschafter einer Republik mimen, die die bevorstehende Rebellion mit ihrem abzusehenden Blutbad unwahrscheinlicher machte denn je.

Monteith schwieg.

»Wir fahren sofort nach Berlin, Hauptmann«, sagte Roger und richtete sich wieder auf. »Ich ziehe mich an, packe meinen Koffer und wir nehmen den nächsten Zug.«

So geschah es. Roger kritzelte gerade noch ein paar hastige Zeilen des Dankes an Dr. von Hoesslin. Während der langen Fahrt ging ihm das alles unaufhörlich im Kopf herum, nur gelegentlich wechselten Monteith und er ein paar Worte. Als sie in Berlin eintrafen, hatte er sich eine Strategie zurechtgelegt. Seine persönlichen Probleme waren jetzt nebensächlich. Erstens bestand die Priorität nun darin, zu organisieren, was seine Kameraden angefordert hatten: Gewehre, Munition und deutsche Offiziere, die die Militäraktionen effizient leiten könnten. Dafür musste er alle seine Energie aufwenden. Zweitens würde er selbst die Waffenladung nach Irland begleiten. Dort würde er die anderen zu überzeugen versuchen, dass sie warten müssten, bis der Krieg in Europa noch günstigere Umstände für eine Erhebung geschaffen hätte. Drittens musste er verhindern, dass die dreiundfünfzig Freiwilligen der Irischen Brigade nach Irland aufbrachen. Die britische Regierung würde sie ohne langes Federlesen als Landesverräter erschießen lassen, sollten sie in die Hände der Royal Navy geraten. Monteith sollte selbst entscheiden, was er zu tun gedenke. Wie Roger ihn kannte, würde er mit seinen Gefährten für die Sache in den Tod gehen wollen, der er sein Leben verschrieben hatte.

In Berlin stiegen sie, wie bereits zuvor, im Eden Hotel ab. Am nächsten Morgen begannen die Verhandlungen mit der Regierung. Die Treffen fanden in dem heruntergekommenen, hässlichen Gebäude der Obersten Heeresleitung statt. Hauptmann Nadolny empfing sie stets an der Tür und geleitete sie in einen Raum, in dem sich die Mitglieder der Reichskanzlei und der Armee befanden. Es waren ein paar neue Gesichter hinzugekommen. Als Erstes wurde ihnen mitgeteilt, eine Entsendung von Offizieren werde kategorisch ausgeschlossen. Dafür würden ihnen Waffen und Munition zugestanden. Mehrere Tage lang wurde darüber verhandelt, welches der beste Weg sei, sie an dem bezeichneten Datum sicher an den vereinbarten Ort zu bringen. Schließlich wurde entschieden, die Fracht auf der *Aud* zu befördern, einem konfiszierten englischen Schiff, das renoviert und frisch gestrichen unter norwegischer Flagge fahren würde. Allerdings dürften weder Roger noch Monteith noch einer der Brigadiers auf der *Aud* mitreisen. Dieser Punkt löste heftige Kontroversen aus, doch die deutsche Regierung wich von ihrem Standpunkt nicht ab. Die Anwesenheit irischer Landsleute an Bord gefährde die Tarnung, und es würde das Kaiserreich international in eine heikle Situation bringen, sollte das Manöver auffliegen. Daraufhin forderten Roger und Monteith, man solle ihnen eine Möglichkeit verschaffen, gleichzeitig mit der Waffenlieferung nach Irland zu gelangen. Stunden über Stunden wurden Vorschläge und Gegenvorschläge unterbreitet, versuchte Roger, die Anwesenden zu überzeugen, dass er vor Ort seine Gefährten dazu bringen könne, zu warten. Zu guter Letzt willigte die Oberste Heeresleitung ein, Roger und Monteith in einem U-Boot nach Irland zu bringen. Ein Brigadier würde sie stellvertretend für die Truppe begleiten.

Rogers Weigerung, die Brigade nach Irland reisen und sich dem Aufstand anschließen zu lassen, führte ebenfalls zu großen Auseinandersetzungen mit den Deutschen. Doch er wollte auf keinen Fall das Risiko eingehen, dass die Brigadiers kurzerhand standrechtlich erschossen würden, ehe sie auch nur die Gelegenheit hätten, zu den Waffen zu greifen. Diese Verantwortung würde er nicht auch noch auf sich nehmen.

Am 7. April teilte die Heeresleitung Roger mit, das U-Boot, in dem sie mitfahren sollten, sei abfahrbereit. Hauptmann Monteith ernannte Unteroffizier Daniel Julian Bailey zum Repräsentanten der Brigade. Er bekam falsche Papiere unter dem Namen Julian Beverly. Die Oberste Heeresleitung bestätigte Roger, nicht fünfzigtausend, immerhin aber zwanzigtausend Gewehre, zehn Maschinengewehre und fünf Millionen Patronen würden am vereinbarten Tag gegen zehn Uhr abends nördlich von Innistooskert Island bei Tralee Bay eintreffen. Ein mit zwei grünen Positionslichtern gekennzeichnetes Boot werde dort warten.

Von diesem 7. April bis zum Tag ihrer Abreise tat Roger kein Auge mehr zu. Er verfasste ein kurzes Testament, in dem er verfügte, seine gesamte Korrespondenz und Papiere sollten Edmund D. Morel übergeben werden, »einem außerordentlich gerechten und edlen Menschen«, damit Morel anhand der Dokumente »mein Andenken nach meinem Tod ins rechte Licht rücken und meinen Ruf wiederherstellen« möge. Obwohl Monteith ebenfalls ein Scheitern der Erhebung voraussah, drängte es ihn, sich auf den Weg zu machen. Roger und er tauschten sich noch einmal unter vier Augen aus, nachdem Hauptmann Böhm ihnen die Giftkapseln gegeben hatte, um die sie, für den Fall einer Gefangennahme, gebeten hatten. Es handelte sich um Curare aus dem Amazonasgebiet, mit sofortiger Wirkung, wie der Offizier ihnen erklärte. »Das Curare ist ein alter Bekannter von mir«, kommentierte Roger lächelnd. »In Putumayo habe ich gesehen, wie Indios mit Pfeilen, deren Spitzen in dieses Gift getaucht waren, auf Vögel schossen und sie in vollem Flug lähmten.«

Anschließend tranken Roger und Monteith in einer Kneipe ein Bier.

»Ich nehme an, es fällt Ihnen ebenso schwer wie mir, aufzubrechen, ohne von den Brigadiers Abschied zu nehmen und ihnen die Situation zu erklären«, sagte Roger.

»Das wird mir immer auf dem Gewissen lasten«, pflichtete Monteith ihm bei. »Aber es ist die richtige Entscheidung. Der

Aufstand ist zu wichtig, um zu riskieren, das etwas durchsickert.«

»Glauben Sie, wir haben eine Chance, ihn aufzuhalten?«

Der Hauptmann schüttelte den Kopf.

»Nein, das glaube ich nicht, Sir Roger. Aber Sie werden dort sehr respektiert, vielleicht gelingt es Ihnen ja, sie mit Ihren Argumenten zu überzeugen. Trotzdem müssen Sie verstehen, was in Irland vor sich geht. Seit so vielen Jahren haben wir uns auf das hier vorbereitet. Was heißt seit Jahren, seit Jahrhunderten. Wie viel länger sollen wir eine unterjochte Nation bleiben? Außerdem besteht gar kein Zweifel, dass England derzeit kriegsgeschwächter als Irland ist.«

»Haben Sie keine Angst vor dem Tod?«

Monteith lachte achselzuckend.

»Ich bin ihm schon oft begegnet. Während des Burenkriegs in Südafrika wäre es fast um mich geschehen. Ich nehme an, wir alle haben Angst vor dem Tod. Aber es gibt verschiedene Arten zu sterben, Sir Roger. Im Kampf für das Vaterland zu fallen zeugt von der gleichen Tapferkeit, wie das Leben für die Familie oder den Glauben zu geben, finden Sie nicht?«

»Ja, das stimmt«, pflichtete Roger ihm bei. »Ich hoffe nur, dass wir, sollte es dazu kommen, auch tatsächlich so sterben und nicht diese scheußliche amazonische Giftmischung schlucken müssen.«

Am Vorabend ihrer Abreise verbrachte Roger einige Stunden in Zossen, um sich von Pater Crotty zu verabschieden. Das Lager betrat er nicht. Er ließ den Dominikanermönch herausrufen, und gemeinsam machten sie einen langen Spaziergang durch den Wald, unter Tannen und Birken mit ersten Blättchen. Pater Crotty hörte Roger schweigend zu. Als Roger geendet hatte, bekreuzigte sich der Priester. Sein Schweigen hielt noch eine Weile an.

»In der Überzeugung nach Irland zu fahren, dass der Aufstand zum Scheitern verurteilt ist, kommt einem Selbstmord gleich«, sagte er schließlich.

»Ich fahre in der Absicht, ihn zu verhindern, Pater. Ich

werde mit Clarke, Plunkett, Pearse und den anderen Anführern reden. Ich werde ihnen die Gründe darlegen, weshalb mir das Opfer sinnlos erscheint. Statt die Unabhängigkeit zu beschleunigen, wird es sie hinauszögern. Und …«

Er verstummte, als er merkte, dass es ihm die Kehle zuschnürte.

»Was haben Sie, Roger? Wir sind Freunde, ich bin hier, um Ihnen zu helfen. Sie können mir vertrauen.«

»Es gibt da ein Bild, das mir einfach nicht aus dem Kopf geht, Pater Crotty. All diese patriotischen Idealisten, die sich niedermetzeln lassen werden, deren Familien zerstört, zur Armut verurteilt, entsetzlichen Repressalien ausgesetzt sein werden, sind sich zumindest bewusst, was sie tun. Aber wissen Sie, an wen ich die ganze Zeit über denken muss?«

Er erzählte dem Pater von dem Vortrag, den er 1910 in The Hermitage gehalten hatte, dem im Dubliner Vorort Rathfarnham gelegenen Gebäude der von Patrick Pearse gegründeten Schule St. Enda's. Nachdem er zu den Schülern gesprochen hatte, übergab er als Preis für den besten gälischen Aufsatz des Vorjahres ein Huitoto-Blasrohr, das er von seiner Reise ins Amazonasgebiet mitgebracht hatte. Es hatte ihn damals ungemein beeindruckt, wie sehr dieses Dutzend Jugendlicher Irland verehrte, wie glühend sie die Geschichte, die Helden und Heiligen heraufbeschworen, wie begeistert sie die alten keltischen Lieder sangen. Und von welch tiefem katholischen Glauben dieser inbrünstige Patriotismus begleitet wurde.

»Diese Jungen werden als Kanonenfutter in den Tod gehen, Pater Crotty. Mit Gewehren und Revolvern, die sie nicht einmal zu bedienen wissen. Hunderte, Tausende Unschuldige wie sie werden den Kanonen und Maschinengewehren, den Offizieren und Soldaten der mächtigsten Armee der Welt entgegentreten. Für nichts und wieder nichts. Ist das nicht schrecklich?«

»Natürlich ist das schrecklich, Roger«, nickte der Geistliche. »Aber vielleicht wäre es doch nicht ganz vergebens.«

Er machte eine lange Pause, ehe er langsam weitersprach.

»Irland ist ein zutiefst gläubiges Land, das wissen Sie. Vielleicht liegt es an der Besatzung, dass die Iren für die Botschaft Jesu aufgeschlossener als andere Völker sind. Oder an so überzeugenden Missionaren wie unserem heiligen Patrick, dass unser Glaube hier tiefere Wurzeln fasste als anderswo. Unsere Religion ist vor allem eine Religion der Leidtragenden. Der Hungrigen, Erniedrigten, Besiegten. Dieser Glaube hat unserem Land trotz der erdrückenden äußeren Umstände seine Einheit bewahrt. Und in unserer Religion spielt das Märtyrertum eine zentrale Rolle. Sich zu opfern, in den Tod zu gehen. Hat Jesus das nicht auch getan? Er ist Mensch geworden und hat sich den entsetzlichsten Grausamkeiten ausgeliefert. Verrat, Folter, der Tod am Kreuz. War das etwa vergebens, Roger?«

Roger dachte an Pearse, Plunkett und all die jungen Leute, die davon überzeugt waren, dass der Kampf um die Freiheit ebenso mystischer Natur war wie allgemeine Bürgerpflicht.

»Ich verstehe, was Sie sagen wollen, Pater Crotty. Ich weiß, dass Menschen wie Pearse, Plunkett und sogar Clarke, der als Realist und Pragmatiker gilt, den Aufstand als ein Opfer betrachten. Und dass sie sicher sind, dass ihr Tod ein Symbol sein wird, das die Iren aufrütteln wird. Ich begreife ihren Wunsch, sich zu opfern. Aber haben sie das Recht, andere mit in den Tod zu reißen, die nicht wissen können, was sie wissen, ahnungslose Jugendliche?«

»Ich hege keine Bewunderung für solchen Fanatismus, Roger, das habe ich Ihnen schon gesagt«, murmelte Pater Crotty. »Ein Christ fügt sich dem Märtyrertum, er sucht es nicht. Aber wurden die Fortschritte in der Menschheitsgeschichte nicht eben durch symbolische Gesten und Opfer erreicht? Was mich in diesem Moment viel mehr interessiert, sind Sie. Sollten Sie gefangen genommen werden, haben Sie gar keine Gelegenheit zu kämpfen. Man wird Sie wegen Landesverrats hinrichten.«

»Ich habe mich bewusst entschieden, Pater Crotty, und jetzt muss ich konsequent sein. Ich werde Ihnen nie genügend danken können, ich stehe zutiefst in Ihrer Schuld. Darf ich Sie um Ihren Segen bitten?«

Er kniete sich nieder, und Pater Crotty segnete ihn, bevor sie sich mit einer Umarmung voneinander verabschiedeten.

XV

Als Pater Carey und Pater MacCarroll die Zelle betraten, hatte Roger bereits Papier, Füllfederhalter und Tinte bekommen und mit fester Hand rasch zwei kurze Briefe verfasst. Einen an seine Cousine Gertrude und einen weiteren, der sich an alle seine Freunde richtete. Beide ähnelten sich im Wortlaut. An Gee schrieb er, nachdem er ihr seine große Zuneigung bekundet und ihr versichert hatte, welche schönen Erinnerungen er an die gemeinsam verbrachte Zeit habe: »Morgen, am Stephanitag, werde ich in den Tod gehen, den ich gesucht habe. Möge Gott mir meine Fehler verzeihen und meine Bitten erhören.« Der Brief an seine Freunde schloss im gleichen feierlichen Tonfall: »Meine letzte Botschaft an alle ist ein *Sursum Corda*. Ich wünsche denen, die mir das Leben nehmen, wie denen, die es zu retten versuchten, alles Gute. Alle sind jetzt meine Brüder.«

Der Henker John Ellis suchte ihn auf – dunkel gekleidet und in Begleitung eines nervösen jungen Assistenten, der sich als Robert Baxter vorstellte –, um seine Maße zu nehmen, da er, wie er Roger in aller Seelenruhe erklärte, anhand von Größe, Gewicht und Halsumfang die Höhe des Galgens und Dicke des Seils bestimme. Während er die Messlatte anlegte und die Zahlen in einem Heft notierte, erzählte er Roger, dass er nicht nur Henker sei, sondern auch ein Friseurgeschäft in Rochdale führe, wo ihm die Kunden häufig Geheimnisse über seinen zweiten Beruf zu entlocken versuchten, worüber er jedoch stets schweige wie ein Grab. Roger war froh, als er wieder weg war.

Wenig später brachte ihm ein Wärter einen letzten Schwung von Briefen und Telegrammen, die die Zensur passiert hatten. Sie stammten größtenteils von Unbekannten, die ihm entweder Glück wünschten oder ihn als Verräter beschimpften. Er sah sie nur flüchtig durch, einzig ein längeres Telegramm erregte seine Aufmerksamkeit. Es war von Julio C. Arana in Manaus aufgegeben worden und in einem so fehlerhaften Spanisch geschrieben, dass selbst Roger es bemerkte. Arana beschwor ihn, »sich redlich zu zeigen und vor einem menschlichen Gericht zu bekennen, welche Schuld, die bislang allein der göttlichen Gerechtigkeit bekannt ist, Sie durch Ihr Verhalten in Putumayo auf sich geladen haben«. Er beschuldigte ihn »Tatsachen erfunden und auf die Barbadier eingewirkt zu haben, so dass sie eingebildete Dinge gestanden, die sich niemals zugetragen haben«, mit dem einzigen Ziel, »an Titel und Reichtümer zu gelangen«. Er schloss mit den Worten: »Ich verzeihe Ihnen, aber Sie müssen um der Gerechtigkeit willen jetzt vollständig und aufrichtig die wahren Tatsachen offenbaren, die niemand besser kennt als Sie.« Roger dachte, dass immerhin nicht Aranas Anwalt, sondern Arana selbst dieses Telegramm geschrieben hatte.

Er war ganz ruhig. Die Angst, die ihn in den vorangegangenen Tagen und Wochen gelähmt hatte, war fort. Er war jetzt sicher, dass er gefasst in den Tod gehen würde, wie Pearse, Clarke, Plunkett, Connolly und all die anderen fraglos auch, die sich in der Osterwoche in Dublin beherzt für Irlands Freiheit geopfert hatten. Er fühlte sich eigentümlich gelassen, bereit, vor Gott zu treten.

Pater Carey und Pater MacCarroll kamen mit ernsten Mienen herein und schüttelten ihm freundschaftlich die Hand. MacCarroll hatte ein nervöses Zucken um die Nase, das etwas sonderbar wirkte. Roger war ihm drei oder vier Mal begegnet, hatte sich dabei jedoch nur kurz mit ihm unterhalten. Pater Careys Anwesenheit war dafür ganz selbstverständlich. Roger gab ihm das Exemplar von Thomas von Kempens *Nachfolge Christi* zurück.

»Ich weiß nicht, was ich damit tun soll, verschenken Sie es. Es ist das einzige Buch, das ich hier im Pentonville-Gefängnis lesen durfte. Und es hat mir gute Gesellschaft geleistet. Sollten Sie jemals mit Pater Crotty sprechen, sagen Sie ihm, dass er recht hatte. Thomas von Kempen war wirklich ein heiliger Mann, einfach und weise.«

Pater MacCarroll teilte Roger mit, der Sheriff kümmere sich um seine Zivilkleidung und werde sie ihm bald bringen. Sie sei in der Gefängnisaufbewahrung schmutzig geworden, und Mr. Stacey habe persönlich dafür gesorgt, dass sie gewaschen und gebügelt werde.

»Ein braver Mann«, sagte Roger. »Er hat seinen einzigen Sohn im Krieg verloren und ist selbst vor Schmerz mehr tot als lebendig.«

Nach einer kurzen Pause bat er die beiden Priester, seinen Übertritt zum Katholizismus vorzunehmen.

»Wiedereintritt, nicht Übertritt«, erinnerte Pater Carey ihn erneut. »Sie waren immer katholisch, Roger, so hatte Ihre Mutter es beschlossen, die Sie so geliebt haben und die Sie bald wiedersehen werden.«

In der engen Zelle hatten sie kaum Platz, sich hinzuknien. Zwanzig oder dreißig Minuten lang beteten sie, erst schweigend, dann sagten sie mehrere Vaterunser und Ave Marias, die Geistlichen sprachen den Anfang jedes Gebets, Roger beendete es.

Danach zog Pater MacCarroll sich zurück, und Pater Carey nahm Roger die Beichte ab. Der Priester setzte sich an den Bettrand, Roger blieb zunächst auf den Knien und begann die lange, unendlich lange Aufzählung seiner wirklichen oder vermeintlichen Sünden. Als er nicht mehr dagegen ankämpfen konnte und in Tränen ausbrach, zog Pater Carey ihn zu sich aufs Bett hoch. Roger redete lange, fragte vieles, erinnerte sich, und er spürte, dass er sich seiner Mutter immer weiter näherte. Für Momente schien es ihm, als ob die schlanken Umrisse Anne Jephsons flüchtig vor ihm auftauchten, ehe er wieder nur die rote Backsteinwand der Zelle vor Augen hatte.

Er fing immer wieder zu weinen an, konnte sich nicht erinnern, jemals so geweint zu haben, und er versuchte gar nicht, die Tränen zurückzuhalten, so sehr befreiten sie ihn von aller Anspannung und Verbitterung und verliehen nicht nur seiner Seele, sondern auch seinem Körper eine große Leichtigkeit. Pater Carey saß reglos da und ließ ihn reden. Von Zeit zu Zeit stellte er eine Frage, machte eine Bemerkung, gab einen kurzen beruhigenden Kommentar ab. Nachdem er Roger seine Buße aufgegeben und ihn von seinen Sünden freigesprochen hatte, umarmte er ihn: »Sei neuerlich willkommen in dem Haus, das immer deins war, Roger.«

Wenig später ging die Zellentür wieder auf, und Pater Mac-Carroll trat ein, gefolgt von dem Sheriff. Mr. Stacey brachte ihm den dunklen Anzug, die Weste, das weiße Hemd mit Stehkragen und die Krawatte, Pater MacCarroll hatte seine Stiefel und Strümpfe in der Hand. Es war die Kleidung, die Roger zuletzt an dem Tag getragen hatte, als er im Gerichtssaal des Old Bailey zum Tod durch Erhängen verurteilt worden war. Die Kleidungsstücke waren tadellos sauber und gebügelt, die Schuhe waren frisch geputzt und poliert.

»Ich danke Ihnen, Sheriff, das ist sehr freundlich.«

Mr. Stacey nickte. Sein aufgeschwemmtes Gesicht sah so trübselig aus wie immer, er vermied es, Roger in die Augen zu sehen.

»Dürfte ich duschen, bevor ich die Sachen anziehe, Sheriff? Es wäre schade, sie mit meinem verdreckten Körper zu beschmutzen.«

Mr. Stacey nickte, diesmal mit einem verschwörerischen Lächeln. Dann verließ er die Zelle.

Roger und die beiden Geistlichen setzten sich nebeneinander auf die Pritsche. Lange verharrten sie so, schwiegen, beteten zusammen oder unterhielten sich. Roger erzählte von seiner Kindheit, den ersten Jahren in Dublin und Jersey, den Ferien, die er mit seinen Geschwistern bei seinem Onkel und seiner Tante in Schottland verbrachte. Den Schotten MacCarroll erfreute Rogers Bemerkung, seine frühen Aufenthalte in Schottland seien in ihrer unbeschwerten Glückseligkeit paradiesische Erfahrungen gewesen. Leise sang er ihnen Kinderlieder vor, die seine Mutter und seine Tante ihnen beigebracht hatten. Und er erinnerte sich wieder, wie sehr ihn die Ruhmestaten der leichten Dragoner in Indien fasziniert hatten, von denen sein Vater, Hauptmann Casement, berichtete, wenn er guter Laune war.

Dann fragte er die Geistlichen, wie sie Priester geworden seien. Waren sie aus Berufung ins Priesterseminar eingetreten oder hatten die Umstände, Entbehrungen, Armut, der Wunsch nach einer guten Ausbildung sie dazu gebracht, wie es bei vielen irischen Geistlichen der Fall war? Pater MacCarroll hatte sehr früh seine Eltern verloren. Er war von alten Verwandten aufgenommen worden, die ihn in eine Gemeindeschule schickten, deren Pfarrer ihn bald ins Herz schloss und ihm zuredete, dass sein Weg die Kirche war.

»Und wie hätte ich nicht auf ihn hören sollen?«, fragte Pater MacCarroll. »Doch ehrlich gesagt, bin ich nicht besonders überzeugt ins Seminar eingetreten. Gottes Ruf ereilte mich später, während der Studienjahre. Die Theologie interessierte mich sehr. Ich hätte mich gern ganz ihrem Studium und dem Unterrichten gewidmet. Aber wie wir alle wissen, der Mensch denkt und Gott lenkt.«

Pater Careys Fall war ein ganz anderer. Er entstammte einer Familie wohlhabender Kaufleute aus Limerick, die ihren katholischen Glauben nicht praktizierten, so dass er in keinem besonders religiösen Umfeld aufwuchs. Dennoch hatte er sich schon sehr früh berufen gefühlt, er konnte sogar eine Begegnung benennen, die möglicherweise entscheidend gewesen war: Mit dreizehn oder vierzehn Jahren hatte er auf einem eucharistischen Kongress einen Missionar namens Pater Aloyssus von seiner zwanzigjährigen Arbeit mit anderen Mönchen und Nonnen in den Urwäldern von Mexiko und Guatemala reden hören.

»Er war ein so guter Redner, dass ich vollkommen in seinen Bann geriet«, bekannte Pater Carey. »Es ist ihm zu verdanken, dass ich heute hier bin. Ich habe ihn nie wieder gesehen oder von ihm gehört. Aber ich werde mich immer an seine

Inbrunst, seine Stimme, seine Art zu reden und seinen langen Bart erinnern. Und an seinen Namen: Pater Aloyssus.«

Als die Zellentür aufging und das übliche karge Mahl hereingebracht wurde – Brühe, Salat und Brot –, bemerkte Roger erst, dass sie sich wohl mehrere Stunden lang unterhalten hatten. Es dämmerte, der Tag ging zur Neige, die letzten Sonnenstrahlen funkelten an den Gitterstäben des kleinen Fensters. Roger wies das Essen zurück.

Er musste daran denken, wie er auf einer der Expeditionen während seines ersten Jahres auf dem Dunklen Kontinent einige Tage in einem kleinen Dorf bei einer Ethnie verbracht hatte, an deren Namen er sich nicht mehr erinnerte (die Bangui vielleicht?). Mit Hilfe eines Dolmetschers hatte er sich mit mehreren Einwohnern unterhalten. Und so hatte er erfahren, dass die Alten der Gemeinschaft, wenn sie den Tod nahen spürten, ihre wenigen Habseligkeiten zu einem Bündel schnürten und unauffällig, ohne sich von irgendjemandem zu verabschieden, in den Dschungel gingen. Dort suchten sie sich einen stillen Ort, am Ufer eines Flusses oder Sees, im Schatten eines großen Baums, im Schutz der Felsen eines Hochplateaus, und ließen sich nieder, um auf den Tod zu warten. Eine weise, elegante Art zu gehen.

Pater Carey und Pater MacCarroll wollten die Nacht über bei ihm bleiben, doch Roger brachte sie davon ab. Er versicherte ihnen, es gehe ihm gut, er fühle sich friedvoll wie in den letzten drei Monaten nicht. Er wolle lieber allein bleiben und ausruhen. Und er machte einen so beherrschten Eindruck auf die Geistlichen, dass sie sich schließlich verabschiedeten.

Als sie gegangen waren, blieb Roger eine Weile in Betrachtung der Kleidungsstücke versunken, die der Sheriff ihm hingelegt hatte. Aus irgendeinem seltsamen Grund war er überzeugt gewesen, man würde ihm die Kleidung bringen, die er bei seiner Gefangennahme an jenem trostlosen Morgen des 21. Aprils getragen hatte, in der keltischen Rundfestung McKenna's Fort mit ihren verfallenen, von Moos und

Unkraut überwucherten feuchten Steinen, umgeben von Bäumen, in denen die Vögel zwitscherten. Drei Monate war es erst her, und es schien ihm doch wie eine Ewigkeit. Was war wohl aus dieser Kleidung geworden? Ob sie mit seiner abgeschlossenen Akte ins Archiv gewandert war? Den Anzug, den Mr. Stacey hatte bügeln lassen und in dem er in ein paar Stunden sterben würde, hatte sein Anwalt Gavan Duffy gekauft, damit er vor Gericht respektabel aussähe. Um ihn nun nicht zu zerknittern, breitete er ihn unter der dünnen Matratze seiner Pritsche aus. Er selbst legte sich darauf, in Erwartung einer schlaflosen Nacht.

Erstaunlicherweise dämmerte er nach wenigen Minuten ein, wohl für mehrere Stunden, denn als er die Augen leicht erschrocken wieder aufschlug, war es zwar noch dunkel in der Zelle, doch hinter dem Fenstergitter ließ sich die Morgendämmerung erahnen. Er hatte von seiner Mutter geträumt. Sie hatte betrübt ausgesehen, und er, als Kind, hatte sie mit den Worten getröstet: »Sei nicht traurig, bald sehen wir uns wieder.« Er verspürte keine Furcht, nur wünschte er, dass es schon vorüber wäre.

Nicht viel später – vielleicht kam es ihm aber nur so vor – ging die Tür auf, und von der Schwelle aus sagte der Sheriff mit müdem Gesicht und roten Augen, als hätte er keine Sekunde geschlafen:

»Wenn Sie duschen möchten, dann müssen Sie das jetzt tun.«

Roger nickte. Als sie den langen, verrußten Korridor entlangschritten, fragte Mr. Stacey ihn, ob er ein wenig habe ruhen können. Roger antwortete, er habe einige Stunden geschlafen, und der Sheriff murmelte: »Das freut mich für Sie.« Und während Roger sich vorstellte, wie wohltuend der kalte Wasserstrahl auf seinen Körper prasseln würde, teilte ihm Mr. Stacey mit, mehrere Personen hätten die ganze Nacht vor dem Gefängnistor mit Plakaten gegen die Todesstrafe protestiert, gebetet und Kruzifixe hochgehalten. Auch einige Priester und Pastoren seien darunter gewesen. Roger fühlte sich sonderbar, als ginge ihn das alles nichts mehr an, als wäre ein anderer an seine Stelle getreten. Er blieb lange unter dem kalten Wasser stehen, seifte sich sorgfältig ein, schrubbte sich mit beiden Händen ab. Als er zurück in die Zelle kam, erwarteten ihn bereits Pater Carey und Pater MacCarroll. Sie erzählten ihm, inzwischen hätten sich noch viel mehr Menschen vor den Toren des Pentonville-Gefängnisses versammelt, die beteten und Plakate schwenkten. Viele kämen aus dem vornehmlich irischen Viertel Holy Trinity und seien dem Aufruf des Gemeindepfarrers Edward Murnaue gefolgt. Allerdings gebe es auch eine Gruppe, die Hochrufe auf die Hinrichtung des »Verräters« ausbringe. Roger ließen diese Neuigkeiten gleichgültig. Die Geistlichen warteten draußen, während er sich anzog. Verblüfft stellte er fest, wie sehr er abgenommen hatte. Hemd, Anzug und auch die Schuhe waren ihm zu groß.

Von den beiden Geistlichen flankiert und gefolgt vom Sheriff und einem bewaffneten Wärter, begab er sich in die Gefängniskapelle, die er zuvor noch nicht betreten hatte. Sie war klein und düster, trotzdem strahlte der ovale Saal einen gewissen Frieden aus. Pater Carey zelebrierte den Gottesdienst, Pater MacCarroll assistierte als Messdiener. Roger verfolgte bewegt die Zeremonie, wusste allerdings nicht, ob es an den Umständen lag oder an der Tatsache, dass er zum ersten und letzten Mal die heilige Kommunion empfangen würde. ›Es wird meine erste Kommunion und meine Wegzehrung sein‹, dachte er. Nach der Kommunion wollte er Pater Carey und Pater MacCarroll etwas sagen, fand jedoch keine passenden Worte, so dass er schweigend für sich betete.

In der Zelle stand das Frühstück neben seinem Bett, doch auch jetzt war ihm nicht nach essen zumute. Er fragte, wie spät es sei, und diesmal sagte man es ihm: acht Uhr vierzig. ›Mir bleiben noch zwanzig Minuten‹, dachte er. Unmittelbar darauf kam der Gefängnisverwalter mit dem Sheriff und drei Männern in Zivil herein, einer von ihnen zweifellos der Arzt, der als Beamter der Krone hinterher seinen Tod feststellen sollte, sowie der Henker und sein junger Assistent. Der robuste Mr. Ellis war wie die anderen schwarz gekleidet, hatte aber die Ärmel hochgekrempelt, um bequemer arbeiten zu können. In der Hand hielt er ein zusammengerolltes Seil. Mit rauer Stimme bat er Roger höflich, die Hände auf dem Rücken zu verschränken, da er ihn fesseln müsse. Während er dies tat, stellte Mr. Ellis ihm eine Frage, die Roger ganz und gar absurd vorkam: »Tue ich Ihnen weh?« Roger schüttelte den Kopf.

Pater Carey und Pater MacCarroll murmelten Bittgebete. Zwischen ihnen legte er den langen Weg durch ihm unbekannte Teile des Gefängnisses zurück: Treppen, Korridore, ein kleiner Hof, alles menschenleer. Roger nahm es kaum wahr. Er betete, antwortete auf die Fürbitten und war froh, dass seine Schritte fest waren und er nicht weinen musste. Von Zeit zu Zeit schloss er kurz die Augen und bat Gott um Erbarmen, doch im Geiste sah er immer nur das Gesicht von Anne Jephson vor sich.

Schließlich traten sie auf einen sonnenüberfluteten freien Platz hinaus. Ein Trupp bewaffneter Wärter erwartete sie rings um ein viereckiges Holzgestell mit einer kleinen Treppe von acht oder zehn Stufen. Der Gefängnisverwalter las mehrere Sätze vor, sicherlich das Urteil, Roger schenkte ihm keine Beachtung. Der Verwalter fragte ihn, ob er etwas sagen wolle. Roger schüttelte den Kopf, doch leise murmelte er: »Irland.« Er drehte sich zu den Priestern um, die ihn beide umarmten. Pater Carey segnete ihn.

Da trat Mr. Ellis heran und bat ihn, sich hinabzubeugen, damit er ihm die Augen verbinden könne. Roger senkte den Kopf, der Henker legte ihm die Binde an und tauchte ihn in Dunkelheit. Es kam ihm vor, als sei Mr. Ellis' Griff nicht mehr so entschlossen und beherrscht wie zuvor, als er ihm die Hände gefesselt hatte. Der Henker fasste ihn am Arm und führte ihn langsam die Stufen hinauf.

Er vernahm das Rascheln von Bewegungen, die Gebete der Priester und schließlich ein Wispern von Mr. Ellis, der ihn erneut bat, den Kopf zu senken und sich etwas vorzubeugen, *please, Sir*. Roger gehorchte, und spürte, wie ihm das Seil um den Hals gelegt wurde. Ein letztes Mal hörte er Mr. Ellis wispern: »Wenn Sie die Luft anhalten, geht es schneller, Sir.« Er tat, wie ihm geheißen.

Epilog

I say that Roger Casement
Did what he had to do.
He died upon the gallows,
But that is nothing new.
W. B. Yeats

Die Geschichte von Roger Casement wirft nach seinem Tod ihre Schatten, erlischt und glimmt wieder auf wie einer jener Feuerwerkskörper, die in die Nacht aufsteigen, in einem donnernden Sternenregen explodieren und stumm verebben, ehe sie kurz darauf mit erneutem Geschmetter den Himmel entflammen.

Wie der anwesende Arzt, Dr. Percy Mander, festhielt, verlief die Hinrichtung »ohne jeden Zwischenfall«, der Tod trat sofort ein. Vor der Beisetzung nahm der Mediziner auf Anordnung der britischen Behörden, die wissenschaftliche Beweise für die »perversen Neigungen« des Hingerichteten wünschten, mit zu diesem Zweck übergezogenen Gummihandschuhen eine Exploration des Anus und Enddarms vor. Dabei stellte er fest, dass »mit bloßem Auge« sowohl Anus, als auch »der untere Dickdarm, soweit meine Finger vordringen konnten« eine deutliche Erweiterung aufwiesen. Der Arzt schlussfolgerte, dass dieser Befund »die Praktiken, denen der Hingerichtete offenbar zugeneigt war«, bestätige.

Nach dieser Prozedur wurde der Leichnam Roger Casements ohne Grabstein oder auch nur ein Kreuz mit seinen Initialen verscharrt, neben der ebenfalls namenlosen letzten Ruhestätte von Dr. Crippen, einem einige Jahre zuvor hingerichteten, berühmten Mörder. Der Erdhaufen, der zu Rogers Grabmal wurde, lag neben dem *Roman Way*, der Römerstraße, über die zu Beginn des ersten Jahrtausends unserer Zeitrechnung die römischen Legionen einmarschierten, um diesen entlegenen Winkel Europas zu zivilisieren, der später einmal England sein würde.

Bald schon schien Roger Casements Geschichte dem Vergessen anheimzufallen. Die Eingaben, die Anwalt Gavan Duffy bei den britischen Behörden im Namen von Rogers Geschwistern machte, die den Leichnam nach Irland überführen und dort christlich bestatten lassen wollten, wurden nicht nur zu diesem Zeitpunkt abgelehnt, sondern noch über ein halbes Jahrhundert bei jedem erneuten Antrag der Familie. Lange Zeit nahm außer einigen wenigen Personen – darunter der Henker John Ellis, der in den Memoiren, die er kurz vor seinem Selbstmord schrieb, festhielt, dass »von allen Menschen, die ich hinrichten musste, keiner tapferer starb als Roger Casement« – niemand seinen Namen in den Mund. Man vergaß ihn, in England wie in Irland.

Es dauerte, bis er in das Pantheon der irischen Unabhängigkeitshelden aufgenommen wurde. Die infame Kampagne, die der britische Geheimdienst mit der Veröffentlichung von Auszügen seiner geheimen Tagebücher unternommen hatte, um ihn in Misskredit zu bringen, war erfolgreich. Bis heute wirkt sie nach: Die dunkle Aura von Homosexualität und Pädophilie umgab Roger Casement das ganze 20. Jahrhundert hindurch. Seine Person erregt Missfallen in einem Land wie Irland, das bis vor wenigen Jahren von einer rigiden Moral beherrscht war und wo allein der Verdacht einer »sexuellen Perversion« dem Betreffenden Schimpf und Schande einbrachte. Roger Casements Name wurde allein in politischen Essays, Zeitungsartikeln und wissenschaftlichen Abhandlungen erwähnt.

Doch auch in Irland wandelten sich die Sitten und die Sexualmoral, so dass ihm nach und nach, wenn auch noch immer mit gewissen Vorbehalten, die Anerkennung zuteilwurde, die er verdiente; als einer der großen Gegner des Kolonialismus seiner Zeit sowie ein Verteidiger der Menschenrechte und Eingeborenenkulturen und ein aufopfernder Verfechter der Unabhängigkeit Irlands. Langsam sahen seine Landsleute ein, dass ein Held und Märtyrer kein abstrakter Prototyp und kein Muster an Perfektion ist, sondern ein Mensch voller Widersprüche, mit seinen Tugenden und Schwächen, weil ein Mensch, wie José Enrique Rodó schrieb, »viele Menschen ist«, was heißen will, dass Engel und Dämonen sich in seinem Wesen unentwirrbar durchdringen.

Die Kontroverse um die sogenannten *Black Diaries* verstummte nie und wird es wohl nie tun. Gab es sie wirklich, schrieb Roger Casement sie von eigener Hand, mit all ihren vulgären Obszönitäten, oder wurden sie vom britischen Geheimdienst gefälscht, um den einstigen Diplomaten der Krone auch moralisch und politisch hinzurichten, zur exemplarischen Abschreckung möglicher künftiger Verräter? Jahrzehntelang weigerte sich die englische Regierung, unabhängigen Historikern und Graphologen Einsicht in die Tagebücher zu gewähren, mit der Begründung, sie fielen unter das Staatsgeheimnis, was den Verdacht erhärtete, es handele sich um eine Fälschung. Als die Geheimhaltung vor wenigen Jahren aufgehoben wurde und die Forscher die Tagebücher studieren und wissenschaftlichen Analysen unterziehen konnten, ging die Debatte weiter. Vermutlich wird sie das noch lange, und das ist nicht schlecht. Soll Roger Casement uns ruhig weiterhin rätselhaft bleiben und damit vor Augen führen, dass man einen Menschen eben nie ganz zu ergründen vermag, dass er in all seiner Komplexität nicht rational zu erklären ist. Es ist mein persönlicher Eindruck – der des Schriftstellers natürlich –, dass Roger Casement diese berüchtigten Tagebücher zwar schrieb, aber das Geschriebene nicht gelebt hatte, zumindest nicht alles, dass vieles darin Übertreibung und Fantasie ist, er viele Dinge notierte, weil er sie gern getan hätte, es jedoch nicht konnte.

Im Jahr 1965 gewährte die englische Regierung unter Harold Wilson schließlich eine Rückführung der sterblichen Überreste Casements. Ein Militärflugzeug brachte sie am 23. Februar desselben Jahres nach Irland, wo eine öffentliche

Gedenkfeier abgehalten wurde. Vier Tage lang stand der Sarg wie der eines nationalen Helden in der Garrison Church of the Saved Heart. Eine auf mehrere hunderttausend Menschen geschätzte Menge zog an ihm vorbei, um ihm ihren Respekt zu erweisen. Unter militärischem Geleit wurde er an einem regnerischen grauen Vormittag zur Pro-Cathedral gebracht, wo ihm vor dem historischen Gebäude des Hauptpostamtes, Hauptquartier des Aufstands von 1916, militärische Ehren zuteilwurden, ehe der Sarg zum Friedhof von Glasnevin gebracht und in der Erde versenkt wurde. Éamon de Valera, Irlands erster Präsident, verdienter Veteran des Aufstands von 1916 und ein Freund Roger Casements, erhob sich von seinem Sterbebett, um eine der ergreifenden Reden zu halten, mit denen man bedeutende Männer zu verabschieden pflegt.

Weder im Kongo noch im Amazonasgebiet hat Roger Casement eine Spur hinterlassen, so viel er auch dafür getan hat, die schweren Verbrechen zu Zeiten des Kautschukbooms publik zu machen. Dafür stößt man wenigstens in Irland vereinzelt auf Orte, an denen seiner gedacht wird. In Antrim beispielsweise, auf der Anhöhe des Glen von Glenshesk, der hinabführt bis in die kleine Bucht von Murlough, unweit des Familienhauses der Casements, Magherintemple, hatte *Sinn Féin* ihm ein Denkmal errichtet, das die radikalen nordirischen Unionisten zerstörten. Die Trümmer liegen noch dort. In Ballyheigue, in der Grafschaft Kerry, steht auf einem kleinen Platz am Meer eine von dem irischen Bildhauer Oisin Kelly angefertigte Statue Roger Casements. Im Kerry County Museum von Tralee befindet sich der Fotoapparat, den Roger 1911 auf seiner Reise ins Amazonasgebiet benutzt hatte, und auf Anfrage kann der Besucher auch den groben Mantel in Augenschein nehmen, den er in dem deutschen U-Boot trug, das ihn nach Irland brachte. Der private Sammler Sean Quinlan bewahrt auf seinem Grundstück in Ballyduff, nahe der Mündung des Shannon in den Atlantik, das Boot auf, in dem – wie er heftigst versichert – Roger Casement, Hauptmann Monteith und Unteroffizier Bailey in Banna Strand anlandeten. In der gälischen Schule »Roger Casement« von Tralee präsentiert der Direktor in seinem Büro den Keramikteller, von dem Roger Casement in der *Public Bar Seven Stars* gegessen hatte, als er seinem Prozess im Appellationsgericht von London beiwohnte. In McKenna's Fort steht eine schwarze Steinstele, deren Inschrift auf Gälisch, Englisch und Deutsch an die Gefangennahme Rogers durch die *Royal Irish Constabulary* am 21. April 1916 erinnert. Und in Banna Strand, wo Roger an jenem Tag an Land ging, steht ein kleiner Obelisk mit seinem und Robert Monteiths Konterfei. An dem Morgen, als ich vor ihn trat, war er vom weißen Kot der Möwen bedeckt, die kreischend durch die Luft segelten, und ringsum blühten die wilden Veilchen, die Roger beim Anbruch jenes Tages so sehr rührten, an dem er nach Irland zurückkehrte, um gefangen genommen, verurteilt und gehängt zu werden.

Madrid, 19. April 2010

Danksagung

Ich hätte diesen Roman nicht ohne die bewusste oder unbe-
wusste Hilfe etlicher Menschen schreiben können, die mich
auf meinen Reisen im Kongo und im Amazonasgebiet, in Irland, den Vereinigten Staaten, Belgien, Peru, Deutschland und
Spanien unterstützt haben, mir Bücher und Artikel zukommen ließen, Zutritt zu Archiven und Bibliotheken verschafften, mir Auskunft und Ratschläge erteilten und mir vor allem
mit ihrer Freundschaft zur Seite standen, wenn ich angesichts
der Schwierigkeiten des Projektes meine Kräfte schwinden
fühlte. Unter ihnen sei vor allem Verónica Ramírez Muro für
ihre unvergessliche Hilfe während meiner Reise durch Irland
und bei der Fertigstellung des Manuskriptes erwähnt.

Ich allein bin verantwortlich für alle Fehler, die dieses Buch
enthalten mag, doch das, was unter Umständen gelungen ist,
wäre nicht möglich gewesen ohne diese Menschen, denen ich
hiermit danken möchte:

Im Kongo: Oberst Gaspar Barrabino, Ibrahima Coly, Bot-
schafter Félix Costales Artieda, Botschafter Miguel Fernández
Palacios, Raffaella Gentilini, Asuka Imai, Chance Kayijuka,
Placide-Clement Mananga, Pablo Marco, Pater Barumi Mi-
navi, Javier Sancho Más, Karl Steinecker, Dr. Tharcisse Synga
Ngundu de Minova, Juan Carlos Tomasi, Xisco Villalonga,
Émile Zola und die »Poètes du Renouveau« von Lwemba.

In Belgien: David van Reybrouck.

Im Amazonasgebiet: Alberto Chirif, Pater Joaquín García
Sánchez und Roger Rumrill.

In Irland: Christopher Brooke, Anne und Patrick Casement, Hugh Casement, Tom Desmond, Jeff Dudgeon, Sean
Joseph, Ciara Kerrigan, Jit Ming, Angus Mitchell, Grif-
fin Murray, Helen O'Carroll, Séamas O'Siochain, Donal J.
O'Sullivan, Sean Quinlan, Orla Sweeney und dem Personal
der *National Library of Ireland* und des *National Photogra-
phic Archive*.

In Peru: Rosario de Bedoya, Nancy Herrera, Gabriel Meseth, Lucía Muñoz-Nájar, Hugo Neira, Juan Ossio, Fernando Carvallo und dem Personal der *Biblioteca Nacional*.

In New York: Bob Dumont und dem Personal der *New York Public Library*.

In London: John Hemming, Hugh Thomas, Jorge Orlando Melo und dem Personal der *British Library*.

In Spanien: Fiorella Battistini, Javier Reverte, Nadine Tchamlesso, Pepe Verdes, Antón Yeregui und Muskilda Zancada.

Héctor Abad Faciolince, Ovidio Lagos und Edmundo Murray.

Inhalt